GW00671594

Using German Synonyms

Companion titles to *Using German Synonyms*

Further titles in preparation

Using German Synonyms

MARTIN DURRELL

Henry Simon Professor of German, University of Manchester

CAMBRIDGE
UNIVERSITY PRESS

PUBLISHED BY THE PRESS SYNDICATE OF THE UNIVERSITY OF CAMBRIDGE
The Pitt Building, Trumpington Street, Cambridge, United Kingdom

CAMBRIDGE UNIVERSITY PRESS
The Edinburgh Building, Cambridge CB2 2RU, UK
40 West 20th Street, New York, NY 10011–4211, USA
477 Williamstown Road, Port Melbourne, VIC 3207, Australia
Ruiz de Alarcón 13, 28014 Madrid, Spain
Dock House, The Waterfront, Cape Town 8001, South Africa

http://www.cambridge.org

© Cambridge University Press 2000

The book is in copyright. Subject to statutory exception
and to the provisions of relevant collective licensing agreements,
no reproduction of any part may take place without
the written permission of Cambridge University Press.

First published 2000
Reprinted 2005

Printed in the United Kingdom at the University Press, Cambridge

Typeface Bembo (The Monotype Corporation) 10.5/12pt   System 3B2 [CE]

A catalogue record for this book is available from the British Library

Library of Congress cataloguing in publication data

Durrell, Martin.
Using German synonyms / Martin Durrell.
    p.   cm.
Includes bibliographical references and index.
1. German language – Synonyms and antonyms.
2. German language – Usage.   I. Title.
PF3591.D87   2000
438.1–dc21   99–056319

ISBN 0 521 46552 4 hardback
ISBN 0 521 46954 6 paperback

Contents

Acknowledgements

I must acknowledge a debt of gratitude to a large number of people without whose willing assistance this book would not have been possible. My colleague Dr. Wiebke Brockhaus read and commented on the whole manuscript and the work has benefitted enormously from her advice and many helpful suggestions. Thomas Despositos, Frank Munique and Petra Storjohann and a large number of friends and colleagues in Germany, Austria and Switzerland, provided much material and were kind enough to answer many questions on individual points of usage. The Austrian Institute in London and the Swiss Consulate in Manchester furnished me with information on vocabulary relating to the institutions of those countries. Much of the raw material was furnished, often unwittingly, by English and German students in Manchester over the years, whose queries and problems have provided constant stimulation. I am immensely grateful, too, to all colleagues at the Institut für Deutsche Sprache in Mannheim, where I spent several weeks collecting and checking much of the material which has found its way into this book. This visit was generously supported by the Deutscher Akademischer Austauschdienst. Most of the examples illustrating usage were taken or adapted from the huge volume of corpus data available in Mannheim, which was also invaluable in checking collocation frequencies. Last, but not least, I must express my deep gratitude to Dr Kate Brett at Cambridge University Press for her continued help, encouragement and patience during the preparation and editing of the book.

Abbreviations

adj. decl.	adjectival declension
attrib.	attribute
AU	Austrian usage
CH	Swiss usage
comp.	comparative
DAT	dative case
esp.	especially
etw	*etwas*
fig.	figurative(ly)
hum.	humorous
INF	infinitive
jdm	*jemandem*
jdn	*jemanden*
jds	*jemandes*
lit.	literally
N	North German usage
NE	Northeast German usage
NW	Northwest German usage
occ.	occasionally
o.s.	oneself
part.	participle
pej.	pejorative(ly)
pl.	plural
pred.	predicate(-ively)
R1	colloquial spoken register
R2	register neutral
R3	formal written register
R3a	literary register
R3b	non-literary register
S	South German usage
sb	somebody
SE	Southeast German usage
sth	something
superl.	superlative
SW	Southwest German usage
swh	somewhere

Introduction

1 The purpose of this book

Mastering vocabulary tends to be an underestimated skill in learning a foreign language. From the first stages in learning a new language we are aware that it has unfamiliar sounds which we have to pronounce reasonably accurately if we are to make ourselves understood, and the grammatical structures can immediately present us with quite unfamiliar concepts – like noun gender, which is found in nearly all European and many non-European languages, but not in English. However, especially at the outset, we often think of vocabulary mainly in terms of simply learning the foreign equivalents for familiar terms like *clock*, *cook*, *live* or *street*, because we tend to assume that there is a one-to-one correspondence in terms of meaning between the words of the foreign language and the words of our own.

However, just as each language has its own individual set of sounds, and its own individual grammar, so the structure of its vocabulary, too, is unique. It is not just that the words are different, but they reflect a different perspective on the world. Each language gives meaning to the world by dividing up the things, events and ideas in it in different ways through its vocabulary, categorizing them in other terms and drawing different distinctions. This means, first, that another language may have words which have no precise equivalent in our own – English, notoriously, has no word which corresponds precisely to German *gemütlich*, and German lacks a straightforward equivalent for the English noun *mind*. Secondly, though, and more importantly, it means that there are very few simple one-to-one correspondences between the words of the foreign language and the words of our own. Learning the vocabulary of a foreign language is not just a matter of learning individual words; we have to learn how to operate with a completely different set of meanings and concepts.

It is common, for example, for one language to make distinctions which another does not have, and it is quite natural for the learner to fail to pick these up initially. Germans learning English who simply learn that the English word for *Uhr* is *clock* can quite easily come out with a sentence like *I regret that I cannot tell you the time because I am not wearing a clock*, as German, unlike English, does not differentiate between 'timepieces worn on the person' (i.e. *watches*) and 'other timepieces' (i.e. *clocks*). And if English learners are told that the German for *live* is *leben*, they may well then say *Ich lebe in der Frankfurter Straße*, which will sound odd, since German, unlike everyday English, normally distinguishes between *leben* (i.e. 'be alive, exist') and *wohnen* (i.e. 'dwell') – for details see the entry **leben**.

In all languages most words, especially the most frequent ones, cover a wide range of possible related senses (this is known as **polysemy**), and it is very rare for apparently equivalent words in different languages to cover exactly the same range. German *kochen*, for example, can be used to refer to 'boiling' (in general, of liquids, e.g. *das Wasser kocht*), to 'cooking by boiling' (e.g. *Ich habe ein Ei gekocht*), or to 'cooking' in general (e.g. *Mein Bruder kocht gern*). This covers at least the range of senses of the two English words *cook* and *boil* (with the result that unwary Germans may say something like *Do not cook this shirt* in English), but other equivalents (e.g. *simmer*) may be used in other contexts (for details see the entry **kochen**).

Given this, learners of a foreign language need to learn not just the individual words of the language, but the semantic distinctions between words of related meaning so that they can use the appropriate one for effective communication. Conventional bilingual dictionaries are often little help here, as they frequently give a fairly undifferentiated list of possible German equivalents for a particular English word without providing much detail on how those German equivalents are actually used or the types of context where one might be preferred to another. Considerations of space are, of course, a factor here, and larger dictionaries are able to give more information than smaller ones. Nevertheless, it is never the prime purpose of a bilingual dictionary to provide detailed information on semantic distinctions, and the conventional organization of such dictionaries, with words listed alphabetically, militates against this.

Dictionaries of synonyms, on the other hand, aim to group words of related meanings together so that the user can select an appropriate word for a context. If they are designed for native speakers, they often simply provide lists of words under various headings from which native speakers can select what they consider to be the right word using their intuition and knowledge of the language. This is the case with the familiar *Roget's Thesaurus* for English or the *DUDEN: Sinn- und sachverwandte Wörter* (1986) for German. But a dictionary of synonyms for foreign learners will need to explain in more detail, preferably with examples, the semantic distinctions between the words in each group. This is an essential tool in learning a foreign language. Such a dictionary enables learners to see quickly what words are available to express particular ideas and helps them more efficiently than any other kind of reference work to choose the one which best expresses what they want to say. It also assists the actual process of learning the foreign language, since it has been shown that vocabulary is very effectively acquired and retained in semantically related sets. This also has the advantage that if you have learnt the words together, the semantic distinctions between them are easier to recall.

This book, then, aims to provide detailed information on a large number of sets of semantically related German words for more advanced learners whose first language is English, in order to help them extend and improve their command of the vocabulary of German. Naturally, the vocabulary is huge and diffuse and no such work could hope to cover all such sets. Ultimately, too, each word in German has its individual characteristics, although we shall see some of the general principles on which the vocabulary is structured later in this introduction. A choice was made of those more frequent sets of words which experience in teaching German at all levels has shown to present most differences from English, i.e. where the range of meanings of the German words does not correspond to that of the nearest English equivalents. However, unlike in other dictionaries of German synonyms for English learners (Beaton 1996 and Farrell 1977), each entry here consists of groups of words which are semantically related in German (and thus given under a German head-word) rather than consisting primarily of sets of German translation equivalents for specific English words. This follows the principle established in the earlier books in this series, *Using French Synonyms* (Batchelor and Offord 1993) and *Using Spanish Synonyms* (Batchelor 1994). It also reflects the diminishing importance of translation in modern foreign language teaching and seeks to stress the importance for foreign learners of understanding how the vocabulary of German is structured in its own individual way and thereby to help them to acquire those distinctions in meaning which are relevant for German.

2   Understanding the organization of the vocabulary

2.1   Semantic fields

It has long been accepted that the vocabulary (often referred to as the **lexis**) of each language does not just consist of many thousands of isolated unrelated elements (words), but that it has a coherent, if complex structure. In particular, the meaning of an individual word is determined in part by other words of similar meaning which exist in the language. If the English word *street* does not mean quite the same as German *Straße*, this is because we make a difference, which does not exist in the same way in German, between *street* and *road*, so that what we call a *road* is usually different from what we call a *street*. There is a close semantic relationship between these words, they are used in similar contexts and refer to similar things, but they are distinct, in that *street* usually refers to a thoroughfare between buildings in a built-up area but a *road* to a highway between built-up areas. We can extend this set by more words with similar meanings, such as *alley, lane, avenue, highway, thoroughfare*, all of which have slight semantic distinctions in their turn from *street* and *road*. And we can establish a similar set for German, which will include (at least) *Allee, Autobahn, Fahrbahn, Gasse, Pfad, Straße* and *Weg*, all of which are semantically distinct from one another – and these distinctions are in most cases quite different from the ones which apply in English (for details see the entry **Straße**).

Such sets of words with relatively slight semantic distinctions between them which refer to similar things and are used in similar contexts are known as **semantic fields** or **lexical fields**. Characteristically, if not always, they are words between which the speaker has a choice at a particular point in the chain of speech, so that, for instance, many of the German words given in the last paragraph could be used in a sentence like *Sie ist auf diesem/dieser . . . gefahren* or *Wir gingen langsam den/die . . . entlang.* In this way, each of the entries in this book is a semantic field, and what we aim to do is explain those slight differences of meaning which distinguish the words in each field from each other.

Semantic fields, however, are not closed sets. Except in some special cases (like colour adjectives), their boundaries are rarely clear-cut and one semantic field will often overlap with another or shade into it. In such cases a decision often had to be taken as to what could be considered the core words in a particular semantic field and to exclude others which seemed less central in order not to overburden the number of words grouped under a particular headword. In general, a maximum of twenty words is dealt with in any individual entry. In many instances, cross-references are then given to the relevant entries for closely related semantic fields, e.g. from **sehen** to **ansehen** and vice-versa. Also, the range of meaning of some words is such that they participate in more than one semantic field; *treffen*, for example, is to be found here under **schlagen** as well as **treffen**.

2.2   Words, lexemes and lexical items

Up to now, we have been referring to the 'words' of a language. However, this term is notoriously ambiguous. In a certain sense, *machte, machst* and *gemacht* are all 'words' of German. But, equally, these are all forms of the 'word' *machen*, in another sense of 'word', i.e. the basic form which is listed in a dictionary. In German, conventionally, this is the infinitive form for verbs, though we could equally well think of it in terms of a root form like *MACH*. To avoid this ambiguity, the term **word-form** is often used to refer to this first sense of 'word', and **lexeme**, or **lexical item**, for the second sense, and it is these latter which we are dealing with in this book. In practice, 'lexical item' is perhaps the preferable term, because the entries in this book do not only consist of individual words, but very often also of phrases and idioms which have the function of single entities, like *in Ordnung bringen* (under **ordnen**) or *sich in die Haare kriegen* (under **kämpfen**). For convenience and simplicity, we shall continue to use the term 'word', but it should always be understood in the sense of 'lexical item'.

2.3 Synonymy

The title of this book, like that of all 'dictionaries of synonyms' is rather misleading. In the strictest sense of the term **synonymy** (or **absolute synonymy**) synonyms are words which could be exchanged for each other in any context without any distinction in meaning whatsoever. In practice, it is very rare to find sets of words in any language which are absolute synonyms by this definition. As is clear from the above paragraph on semantic fields, the entries in this book consist not of absolute synonyms, but of words whose meanings are so closely related that we can consider them to belong to the same semantic field, like German *schmal* and *eng* (see under **breit/schmal**). Nevertheless, their meanings are distinct in most contexts, and they are thus not absolute synonyms, but **near–synonyms**.

A single semantic field, though, typically contains many words whose range of meaning overlaps to a certain extent. In such cases, we often find that one word can be substituted for the other in some contexts without producing an appreciable difference in meaning, whereas there will be other contexts where the distinction in meaning between them is clear, or where one can be used and not the other. Thus, although the distinction between *leben* and *wohnen* mentioned above (see under **leben**) is quite clear in most contexts, and we must say *Ich wohne in der Frankfurter Straße* and NOT *Ich lebe in der Frankfurter Straße*, there are some contexts where the distinction between 'be alive' and 'dwell' is unimportant or irrelevant, and either can be used without a clear difference in meaning. This is, for example, the case with *leben* and *wohnen* when a general area rather than a particular location is referred to, as, for instance, in *Wir wohnen/leben auf dem Lande*. Such instances of overlap are very common between words of similar meaning; this is known as **partial synonymy**.

Many words which appear to have identical meanings are not absolute synonyms because their usage is different, in that they are typical of more colloquial or more formal language, or of one part of the German-speaking world rather than another. Such cases are explained in section **3** below, under **register** and **regionalism**.

2.4 Sense relations

Although the semantic distinctions between words in a semantic field can often be individual and specific to the particular words involved, there are a number of more general sense relations which are of immense importance in the organization of the lexis as a whole and which can be found within many semantic fields.

antonymy
It may appear paradoxical, but one of the closest relationships holding between words within a semantic field is that of oppositeness of meaning, or **antonymy**. This aspect of semantic structure is familiar to

everyone through pairs of adjectives like *groß/klein* or *lang/kurz*. A few entries in this book deal specifically with fields consisting primarily of such pairs, because the meanings of the German words involved differ from their nearest English equivalents and are best understood specifically through the relationship of antonymy. This is particularly the case with the pairs *breit/schmal* and *weit/eng*, which are treated under **breit/schmal**. But the relationship is important in many entries, e.g. under **schlecht**, where the difference between *schlecht* and *schlimm* in German becomes clear when it is realised that only *schlecht*, but not *schlimm*, is an antonym of *gut*. This means that things which are *schlecht* could be good under the right conditions – so that we can talk about *ein schlechter Aufsatz*. Things that are *schlimm* are inherently bad and cannot be good under any circumstances, so that we must talk about *ein schlimmer Unfall* or *ein schlimmer Fehler*, not *ein schlechter Unfall*.

A further type of antonymy is **converseness**. This is a kind of 'mirror-image' relationship and can best be illustrated by pairs of verbs like *kaufen* and *verkaufen*, where one, e.g. *Johann verkaufte das Mofa an Marie* is the converse of the other, e.g. *Marie kaufte das Mofa von Johann* (see **kaufen** and **verkaufen**). In a number of cases English and German differ in how they express converseness, with one of the languages having separate verbs for each side of the action whereas the other uses the same verb for both sides. Thus, German uses *leihen* for both *lend* and *borrow*, as in *Er hat mir das Geld geliehen* and *Ich habe das Buch von ihm geliehen* (see **leihen**), whilst English uses *rent* for both *mieten* and *vermieten*, *Sie hat Erich die Wohnung vermietet* but *Erich hat die Wohnung von ihr gemietet* (see **mieten**).

hyponymy

Many semantic fields contain a word (or words) with a more general meaning and a number of words whose meaning is more specific. Thus, *sterben* is the general word in German for 'die', whilst other words, such as *erfrieren*, *verdursten* and *verhungern* denote various ways of dying, i.e. 'die of cold', 'die of thirst', 'die of hunger' (see **sterben**). These more specific words are known as 'hyponyms' of the more general word and are said to stand in a relationship of **hyponymy** to it – typically a 'kind of' or 'sort of' relationship.

It is quite common for two languages to differ quite markedly in how they structure their vocabulary in this way. In English, we have a general word (usually called a **superordinate term**) *put*, and a number of words which express various ways of putting things in places, i.e. *hang*, *lay*, *stand*, *stick*, etc. In German, though, there is no superordinate term in this semantic field, and we always have to make a choice of the appropriate one from the specific terms *hängen*, *setzen*, *stecken*, *stellen*, etc. (see **stellen**). English learners thus need to be aware that there is no direct equivalent for the English verb *put*, and that they need to make clear in every context how something is being 'put' somewhere. On the other hand, languages may lack specific hyponyms for a superordinate term. English lacks single words to express specific ways of dying, and instead uses phrases, like *die of cold*, *die of thirst*, etc. The result is that English users frequently fail to use the specific hyponyms in German where they are appropriate and overuse the superordinate term.

It is well known that compound words are a characteristic feature of German, but it is important to be aware that most compound words are hyponyms of the head-word, i.e. the word which forms the last element of the compound. Thus, *Aktentasche, Brieftasche, Einkaufstasche, Handtasche, Reisetasche*, etc. are all types (i.e. hyponyms) of *Tasche* (see **Tasche**). Realising this semantic aspect of German word-formation and being able to use it effectively is a vital way of extending command of the lexis of German, and many entries in this book show examples of how English learners can express themselves more precisely in German by using compounds.

collocation

Many words can be used in almost any appropriate context – the adjective *gut*, for example, can be used with many nouns. Typically, though, there are also many words whose use is limited to certain contexts, i.e. verbs which can only be used with certain classes of nouns (or even an individual noun) as subject or object, or adjectives which can only be used with a certain restricted class or group of nouns. In English, for example, we can usually only talk about a *nugget* of gold, or a *clot* of blood. In such instances we say that these words are only used in **collocation** with certain other words, or that they have **collocation restrictions**.

Collocation restrictions can vary significantly between languages. In some cases, the foreign language lacks a restriction which is present in one's own. German, for example, does not have restricted words like *nugget* and *clot*, but uses the more general word *Klumpen* 'lump' and talks about *ein Klumpen Gold* just as it talks about *ein Klumpen Kohle* or *ein Klumpen Butter*. On the other hand, the foreign language may have restrictions which are unknown in English. In German, for instance, *essen* is used only of human beings, and *fressen* of animals, whereas both *eat* in English (see **essen**). In English we can *pour* both liquids and granular materials (like sand), whereas in German we can use *gießen* only for liquids, and other words, such as *streuen*, have to be used for sand, etc. (see **gießen**). And whereas the most usual equivalent for *spread (out)* is *ausbreiten, spreizen* is used of legs, fingers and toes (see **ausbreiten**).

Learning about collocation restrictions is an essential part of learning how to use a foreign language effectively, especially at more advanced levels. At the most general level, it is always important to find the right word for the context in order to be able to say what we mean efficiently, and a major aim of this book is to help the English-speaking learner do this in German. But although collocation restrictions can seem frustratingly arbitrary at times, they can be of immense help to foreign learners when they realise that it means that the choice of one word in the chain of speech very often determines the next one – in other words that words always tend to keep the same company. For this reason, all the entries in this book give full details about collocation restrictions and care has been taken to select examples of usage which illustrate typical contexts and collocations.

valency

Different verbs need different elements to make a grammatical sentence. The verb *geben*, for example, needs three: a subject (in the nominative), a direct object (in the accusative) and an indirect object (in the dative), e.g. *Gestern hat **sie ihrem Bruder das Buch** gegeben.* Other verbs, like *telefonieren*, only need one element, i.e. a subject, e.g. ***Ich** habe eben telefoniert.* Very many verbs, though, like *schlagen*, need two, i.e. a subject and a direct object, e.g. ***Sie** hat **den Ball** geschlagen*, and a large number, like *warten*, have a subject and a phrase with a particular preposition, e.g. ***Sie** hat nicht **auf mich** gewartet*, where *warten auf* corresponds to English *wait for*. The elements a verb needs to form a grammatical sentence are called the **complements** of the verb, and the type and number of complements required by a particular verb so that a grammatical sentence can be constructed with it is known as the **valency** of the verb.

Verb valency can involve significant differences between English and German. First of all, German shows the link between the complements and the verb (e.g. what is the subject or direct object of the verb) through the use of the various cases. In English, nouns do not inflect to show case, and the relationship of the complements to the verb is indicated by their position, with the subject, for instance, always coming immediately before the main verb. This means that it is vital for English learners of German to learn the valency of each verb, i.e. the construction used with it, in order to be able to use the verb in context. In practice this means that the learner should always learn German verbs in typical sentences containing them, and for this reason all verbs dealt with in this book are given with an indication of their valency.

Secondly, German verbs tend to be more restricted in their valency than English ones, so that a particular German verb may correspond to a particular English verb in certain constructions only. For instance, many English verbs, like *leave* or *change*, can be used as **transitive** verbs (i.e. with a subject and a direct object) or as **intransitive** verbs (i.e. with only a subject and no direct object). Thus, we can say, in English, *She left the village* and *She has changed her appearance* (using *leave* or *change* transitively), as well as *She left* and *She has changed* (using *leave* or *change* intransitively). This is often not possible in German, and we have to use different verbs or different constructions to reflect the transitive and intransitive uses of these English verbs. For *leave*, *verlassen* is the usual equivalent for the transitive use, e.g. *Sie hat das Dorf verlassen*, but *abfahren* or *weggehen* is needed for the intransitive, e.g. *Sie ist abgefahren* or *Sie ist weggegangen* (see **verlassen** and **weggehen**). For *change*, and similarly with many other verbs, a transitive verb (in this case *verändern*) corresponds to the English transitive use, e.g. *Sie hat ihr Aussehen* *verändert*, but the related reflexive verb (here *sich verändern*) is used for the intransitive, e.g. *Sie hat sich verändert* (see **ändern**). In practice, it will be found that a large number of the differences in usage between the German verbs treated in this book are, strictly speaking, due less to differences in meaning than to differences in valency.

Finally, a number of verbs are used in different constructions (i.e. with a different valency) with different meanings. For example, *halten*, used intransitively, means 'stop', e.g. *Der Zug hält* (see **halten**). Used transitively, though, it means 'hold' or 'keep', e.g. *Er hielt sein Wort* (see **behalten**). In such cases, each different valency with a distinct meaning is listed separately in this book, sometimes, as in the case of *halten*, under different head-words (with cross-references as appropriate) because the distinct meanings belong to different semantic fields.

3 Variation and the vocabulary of German

No language is completely uniform and unvarying. There is immense variation in German depending on the individual speaker and the situation in which the language is being used. Choice of vocabulary can be influenced by what the language is being used for and where in the German-speaking countries the speaker comes from. This kind of variation can be initially confusing and frustrating for the foreign learner, who may find using a particular word in the wrong situation (what Germans call a *Stilbruch*) makes people smile, or is told that a particular expression is not said 'here', possibly with the implication that it is not very good German. One of the aims of this book is to inform English-speaking learners about such variation in German so that they can find the appropriate word for the particular situation. We can usefully distinguish two kinds of variation: that which depends on the *use* to which the language is being put, and that which depends on the *users*, i.e. the area they come from or the social group to which they belong.

3.1 Register: variation according to use

People express themselves in different ways, using different vocabulary when they use language for different purposes. The choice of word can depend, for example, on whether the context is formal or informal, whether one is writing or speaking, and on who one is addressing. Such differences are known as differences of **register**, and the vocabulary of German is rich in these. For example, to express the notion of 'receive', one might use *kriegen* in everyday informal speech, but one would avoid this word in writing. A more neutral term is *bekommen*, which can be used in almost any context. On the other hand, *empfangen* or *erhalten* are normally only employed in rather formal written language and can sound very stilted or affected (or at best out of place) in speech (see **bekommen**).

In this book we are only concerned with register variation as it affects the lexis. In order to communicate effectively in a foreign language the learner has to learn which words are appropriate in which situations, not least because using the wrong ones in the wrong place can sound comical, pompous, or even rude. It is a major aim of this book to make English-speaking learners aware of register variation in German so that they can use vocabulary appropriate to the situation, and most of the semantic fields treated here have examples of words which are restricted in their usage to particular registers.

Following the model established in *Using German* (Durrell 1992), the register of the words dealt with in the entries in this book is indicated where necessary by using a set of labels which divide the scale of register in German into three broad headings as follows:

R1: The register of casual colloquial speech. It is used between equals who know each other quite well to discuss everyday topics, and it is the natural mode of speech for most Germans in informal situations. A large number of words, like *kriegen*, are characteristic of this register, but most Germans will avoid them in writing as too colloquial or 'slangy'. There is also a fondness for exaggeration, as shown by the many words corresponding to English *terribly* or *awfully* listed under **schrecklich**, and often a lack of precision in the vocabulary, with words of more general meaning being used rather than more specific terms, for example *denken* or *wissen* for *remember* (see **sich erinnern**). A simple word may be also used rather than a more specific compound, for example *Laden* rather than *Rollladen* or *Fensterladen* (see **Vorhang**).

This register has a wide range, from a socially perfectly acceptable conversational language to gross vulgarisms, which are indicated here by the label **R1★**. Words designated by this are generally thought of as offensive and the foreign learner is best advised simply to note them and to avoid using them.

R2: Essentially, this is a label for words which are relatively neutral in terms of register and can be used equally well in colloquial spoken language as in formal writing. In practice, most words in German, and most words treated in this book, fall under this heading, so that any word not given a marking for register here should be taken as belonging to this category as it is not specific to a particular register.

R3: This is the most formal register of German. It is characteristic, first and foremost, of the written language, and many words specific to it are rarely used in speech, especially in casual everyday usage. Typically, when we are writing we have time to be more careful in our choice of words and observe fine distinctions of meaning than when we are speaking. This means that many semantic fields treated in this book have a good number of words specific to this register which exhibit distinctions of meaning which are ignored in casual speech. It is useful to note two major types within this register, differentiated as follows:

R3a: The literary language as established and codified over the last two centuries and still typical of creative writing, even popular fiction. It can have a rather archaic or scholarly ring to it, but it has very high prestige, and mastering it is considered the mark of a good education. Indeed, many Germans still think of it as the 'best', and possibly the only 'correct' form of German.

R3b: The register of modern non-literary prose of all kinds, as found in the serious press, business letters, official documents, instruction manuals and general writing on science, history, economics, etc. At its worst, especially in official documents, this register can be wooden and heavy, with much use of long compound words (like *Erwerbstätigkeit* or *Berufstätigkeit* for 'employment', see **Beruf**) and a preference for noun constructions over verb constructions (like *einen Entschluss fassen* for *sich entschließen*, see **beschließen**). It has been much criticized, especially by proponents of **R3a**, as *Beamtendeutsch* or *Papierdeutsch*, but at its best it can be very precise in expression and show remarkable conciseness, and most Germans consider it appropriate for all kinds of non-literary writing.

Of course, these labels can only be a rough guide to usage. The scale of register is continuous; there are no natural divisions and language users are not always consistent. However, the labels have proved easy to operate with, and they are useful in giving an initial indication of the restrictions on the use of particular words. Much speech or writing cannot be assigned as a whole to one of the above categories, and more than anything it is a question of the greater or lesser use of words characteristic of one register or another. Many words also cover a wider span than these categories, i.e. they are typically used in all registers *except* colloquial speech, or in all registers *except* formal writing. Such usage is indicated here by the labels **R2/3** or **R1/2** respectively. Other words are not absolutely restricted in their usage to a single register, but they are particularly common in **R1** or **R3**; these are indicated as 'esp. **R1**' or 'esp. **R3**'.

3.2   Regionalism: variation according to user

It is a characteristic feature of language in use that people, normally quite subconsciously, use forms and expressions which indicate their membership of particular social groups. This may relate to social class (this is very typical of language use in England), or to the region where the speaker comes from. A standard form of German emerged relatively late, reflecting the long political fragmentation of the German-speaking lands, and such regional variation is an important feature of German, so that the learner will encounter it at a much earlier stage and to a much greater degree than, say, in French. It is particularly pervasive in the vocabulary, where, unlike in pronunciation and grammar, there is no recognized authority. Regional variation can affect very frequent items of vocabulary, as in the case of southern *Samstag* and northern *Sonnabend* for *Saturday*, and in many semantic fields, but especially in relation to areas of everyday life, such as food and drink, and traditional trades, there are instances where no single word has ever gained full acceptance over the whole of the German speech area. And it is particularly the case that there is considerable variation between the various German-speaking countries, with different words being in common use in Austria and Switzerland from those which are most widespread in Germany.

Such variation can be confusing for foreign learners, who naturally want to know what the 'real' German equivalent is for a particular English word, but are confronted with a number of words for, say, *butcher* (see **Fleischer**) or *pavement/sidewalk* (see **Bürgersteig** – in this instance we find comparable variation between British and American usage). As often as not, they will be unaware that they are dealing with regional variants. In the main, they need to know which words are regionally restricted and which, if any, are used most widely and most generally accepted. In this book, we aim to provide information about the existence and distribution of such regional synonyms within a large number of semantic fields, and they are signalled by a rough indication of the area in which they are used, i.e.:

N: North of the river Main. Where necessary, this area is split into *NW* and *NE* along the border of the new (post-1990) federal *Länder*.

S: South of the river Main. Where necessary, this area is split into *SW* and *SE* along the western borders of Bavaria and Austria.

CH: German-speaking Switzerland

AU: Austria

As a general rule, words marked as used in *S*, *SW* or *SE* are also current in Switzerland and/or Austria unless a separate form is given.

It must be stressed that the above are very broad indicators; it would be impossible to give absolutely precise information about the regional distribution of many words without overburdening the user with detail. It is also the case, in this age of mass communication, that words which have been typical of a particular area become more widely known and often become fashionable in other areas. Over the last twenty or thirty years, for instance, northern *tschüss* 'goodbye' has been spreading rapidly into southern Germany, displacing traditional regional alternatives like *SW ade*, especially among the younger generation in towns and cities.

There is a close link between regional and register variation, in that regional variants tend to be more frequent in more colloquial registers (i.e. **R1**). Formal **R3**, on the other hand, is typically much less regionally marked. However, although a majority of the regional variants given in this book are used predominantly in **R1**, this is not universally the case.

Austrian and Swiss variants, in particular, are commonly found in all registers of standard German in those countries. And there are a few words, like *schauen* (see **sehen**), which most German speakers use mainly in more formal registers (**R3**), but which are used commonly in all registers in some regions (in this case, *S*).

4 Consulting this book

4.1 The entries

As explained in **2.1** above, each entry in this book consists of a semantic field, i.e. a group of German words of related meaning. Each field is given under a head-word which was felt best to represent the core meaning of the field. In most cases it is that word in the field which has the most general meaning or the widest range of usage, or which is used most frequently. In many instances, it will be a **superordinate term** as explained in **2.4** under **hyponymy**, but that is by no means always the case, as many fields lack such a word. These head-words are arranged in the book in alphabetical order.

Obviously, if a book of this nature were to cover the bulk of the vocabulary of German it would be too huge and unwieldy to use, and a selection had to be made of those semantic fields which were felt to be most useful for the advanced English-speaking learner of German. As explained in **1** above, this choice was typically determined by considering which fields experience has shown to present most differences to English in terms of their meaning structure, i.e. where most semantic distinctions are present which are unfamiliar to the English learner. In some cases, though, an entry was felt to be justified because of the large number of register or regional variants which it contained (see **3.1** and **3.2** above).

4.2 The layout of the entries

Each field treated is presented in the same way. The German head-word is given at the top left, with an English equivalent at the top right which is intended to indicate the general concept covered by the field. The head-words are ordered alphabetically throughout the book. The individual German words which make up the semantic field are listed in alphabetical order in the left-hand column below the head-word, together with any relevant grammatical information (see **4.3** below) and, if necessary, an indication of whether it is specific to a particular register or region (see **3**). English glosses are given underneath each German word together with any relevant comments on the usage of the word, in particular any collocation restrictions (see **2.4**). The primary purpose of these English glosses is to bring out the distinctive meaning of the German word as clearly as possible, and to show how its meaning differs from that of the other words in the field; they are not simply the most usual translation equivalents of the German word such as would be found in a bilingual dictionary. Examples of usage are given opposite each German word, in the right hand column. These examples have been carefully selected, in most cases from actual usage in modern speech or writing, in order to illustrate typical contexts in which the word in question is used.

As explained in **1**, many of the most frequent words have a wide range of meaning, i.e. they exhibit **polysemy**. In many instances this means that not all possible senses of a particular word are treated under a single head-word, but only those meanings which fall into the relevant semantic field. Thus, *laufen* appears under **fließen** in the sense 'run (of liquids)' and also under **gehen** in the sense 'run (of people and animals)' or 'walk (**R1**)'. In potentially confusing cases, or in cases of overlap, cross-references are given to other senses treated in this way in the book; they can also always be found through the indexes. A few German words have such a wide range of senses that it seemed appropriate (and more manageable for the user) to use them as the head-word for two distinct semantic fields. The noun **Essen**, for example, is the head-word for two fields: one containing the words denoting 'food' and another with the words which denote 'meal'.

In the vast majority of fields treated the words naturally all consist of the same parts of speech, i.e. they are all nouns, verbs or adjectives. There are some exceptions, though, where German commonly expresses a particular area of meaning within a specific field using a different part of speech. Thus, under **gern haben**, we also list the combination of the adverb *gern* with a verb (i.e. *gern* + VERB), because a characteristic way of expressing the notion 'like' in German is to use *gern* with an appropriate verb, e.g. *Ich tanze gern*, 'I like dancing'.

4.3   Grammatical information

Using words is not simply a matter of knowing the meanings of words but also knowing how to use them in context. In order to do this we need to know about their grammatical features, and for this reason basic grammatical information is provided about all the German words given in this book. This varies depending on whether we are dealing with adjectives, nouns or verbs.

It should be noted that this grammatical information relates only to the word as used in the sense relevant to the semantic field being treated. The verb *feuern*, for example, is transitive in common usage only in the **R1** meaning *jdn feuern*, i.e. 'fire sb (from a job)' given under **entlassen**. In other main senses, e.g. 'heat (with oil, gas, etc.)', it is intransitive.

The grammatical features of a number of words vary according to register or region. For example, *Balg* 'kid, brat' has the plural form (¨er) in *N*, but the form (¨e) in *S* (see **Kind**). Any such variation is indicated by the same markers as are used for lexical variants.

adjectives

It is a characteristic of German that there is no formal distinction between adjectives and adverbs. Many German adjectives can be used adjectivally or adverbially without alteration, whereas in English we typically add -*ly* to an adjective to make it into an adverb. German *schnell*, for example, can correspond to English *quick* or *quickly*. Problematic instances where this is not so, i.e. where a particular word is unexpectedly only used as an adverb, or only used as an adjective, are indicated by marking the relevant word as (not adv.) or (only adv.).

Some German adjectives are only used predicatively, i.e. after the verb *sein*. This is the case, for example, of the **R1** adjective *spitze* ('super', see **ausgezeichnet**); we can say *Sein neues Auto ist spitze*, but NOT *ein spitzes Auto*. This is indicated by marking the adjective as (only pred.). On the other hand, a small number of adjectives, usually marked (not pred.), are never used predicatively.

nouns

The gender of German nouns is indicated by putting *der*, *die* or *das* after the noun. The way they form the plural is shown by putting the plural suffix in brackets after the definite article, together with an umlaut if the plural noun has one, or a dash if it does not. If there is no change in the plural this is indicated by a dash alone. Nouns may thus appear as in the following examples:

> **Vertrag**, der (¨e)
> **Wiese**, die (-n)
> **Viertel**, das (-)

Some masculine nouns take a different ending in the accusative, dative and genitive singular cases. For these nouns the genitive ending is given before the plural ending, e.g.:

> **Pfaffe**, der (-n, -n) (i.e. der Pfaffe, den/dem/des Pfaffen, die Pfaffen)
> **Gedanke**, der (-ns, -n) (i.e. der Gedanke, den/dem Gedanken, des Gedankens, die Gedanken)

German very commonly uses adjectives as nouns. These have an initial capital letter, as they are nouns, but they keep their adjective endings. They are shown as follows:

> **Reisende(r)**, die/der (adj. decl.)

Some nouns, notably those which denote a mass or a collective idea, do not have a plural form (or the plural form, if it exists, is used very rarely), e.g. *Rindvieh* 'cattle' (see **Kuh**). Such nouns are marked '(no pl.)'. Other nouns, like *Lebensmittel* (see **Essen**[1]) are almost always used in the plural and are marked '(pl.)'.

verbs

For the reasons explained in **2.4**, all the German verbs listed in this book are given with an indication of their valency. The following examples, taken from various entries in the book, illustrate how some of the most common valency models in German are presented here. Others follow a similar pattern of presentation.

sterben *die*	Intransitive verb, used with a subject in the nominative case, e.g. *Sie stirbt.*
etw **annehmen** *accept sth*	Transitive verb, used with a direct (accusative) object denoting a thing, e.g. *Sie nahm das Angebot an.*
jdn **wundern** *surprise sb*	Transitive verb, used with a direct (accusative) object denoting a person, e.g. *Dieser Vorfall hat mich gewundert.*
jdn/etw **verbessern** *correct sb/sth*	Transitive verb, used with a direct (accusative) object denoting a person or a thing, e.g. *Sie hat mich verbessert.*
(etw) **essen** *eat (sth)*	Verb which can be used transitively with a direct object denoting a thing, e.g.: *Sie isst die Wurst*, or without an object, e.g. *Ich habe schon gegessen.*
sich **beeilen** *hurry*	Reflexive verb, used with a reflexive pronoun and no other objects, e.g. *Wir müssen uns beeilen.*
sich/jdn/etw **ändern** *alter (sb/sth)*	Verb which is used with a reflexive pronoun corresponding to an English intransitive verb, e.g. *Hier hat sich viel geändert*; or with a direct (accusative) object denoting a person or a thing, e.g. *Sie hat ihre Meinung geändert.*
jdm/etw **misstrauen** *mistrust sb/sth*	Verb used with a dative object denoting a person or a thing, e.g. *Warum soll er mir misstrauen?*
jdm etw **geben** *give sb sth*	Verb used with a direct (accusative) object denoting a thing and a dative object denoting a person, e.g. *Sie hat ihrem Freund Geld gegeben.*
sich jds/einer Sache **bedienen** *make use of sb/sth*	Reflexive verb, used with a reflexive pronoun and an object in the genitive case denoting a person or a thing, e.g. *Er bediente sich versteckter Methoden.*
(auf jdn/etw) **warten** *wait (for sb/sth)*	Verb which can be used with no object, e.g. *Ich habe dort gewartet*, or with a prepositional object introduced by *auf* followed by the accusative case, e.g. *Ich habe dort auf dich gewartet.*
sich um jdn/etw **kümmern** *look after sb/sth*	Reflexive verb, used with a reflexive pronoun and a prepositional object introduced by *um*, e.g. *Ich werde mich um das Essen kümmern.*

jdn/etw wohin **stellen** *put sb/sth swh*	Transitive verb which is used with a direct (accusative) object denoting a person or a thing, and a phrase indicating direction, e.g. *Er stellt den Besen in die Ecke.*

Most verb prefixes are either separable, like *ab-*, *an-* and *auf-*, or inseparable, like *be-*, *er-* and *ver-*. Separable verbs always have the stress on the prefix, e.g. *'abgeben*, whilst inseparable verbs have the stress on the verb root, e.g. *be'deuten*. A few prefixes, however, notably *durch-*, *über-*, *um-* and *unter-* are sometimes separable and sometimes inseparable, and the stress is marked on all such verbs in this book to show whether the prefix is separable or inseparable, e.g. *'übergießen* or *über'gießen* (see **gießen**).

4.3 Indexes

There are two indexes. The German word index lists all the German words dealt with in the entries, and the English word index contains all the English words used in the definitions of the German words treated. Both the German and English words are indexed to the head-words of the entries for the various semantic fields. In this way the user can access the material starting from either language. All main words within a phrasal expression are indexed separately, so that *nicht alle Tassen im Schrank haben* (see **verrückt**) can be found both under *Tasse* and under *Schrank*.

4.4 Spelling

We have adopted for this book the revised spelling which was introduced in schools in the German-speaking countries in 1998 and which will be the only officially recognized alternative from 2005. All words are thus spelled according to the principles laid out in the recognized authoritative works, i.e. *Bertelsmann. Die neue deutsche Rechtschreibung* (Gütersloh 1996) and the 21st edition of *DUDEN: Rechtschreibung der deutschen Sprache* (Mannheim 1996).

Abmachung   *agreement*

Abkommen, das (-)
  agreement (esp. formal, signed)

Die Siegermächte schlossen das Potsdamer Abkommen im August 1945.

Abmachung, die (-en)
  agreement (accepted as binding, but not necessarily formal)

Das würde aber gegen unsere Abmachung verstoßen. Es bleibt also bei unserer Abmachung von gestern.

Absprache, die (-n)
  arrangement (spoken)

Er hat sich einfach ohne vorherige Absprache bei uns gemeldet.

Agreement, das (-s) (**R3b**)
  agreement (esp. informal diplomatic 'gentlemen's' agreement)

Die Gespräche schlossen mit einem Agreement über die Behandlung der ausgewiesenen Asylbewerber.

Kontrakt, der (-e) (**R3b**)
  contract (esp. commercial)

Der Kontrakt über die Lieferung von Rohstoffen wurde nicht verlängert. Unsere englischen Lieferanten haben den Kontrakt nicht eingehalten.

Übereinkommen, das (-)
  understanding, arrangement, agreement

Außerdem wird ein Übereinkommen zum Schutz des Rheins gegen die Verunreinigung durch Chloride angestrebt.

Übereinkunft, die (¨e) (**R3**)
  understanding, arrangement, agreement

Eine Übereinkunft in dieser Frage wird eine wesentliche Grundlage für eine künftige europäische Energiepolitik bilden.

Verabredung, die (-en)
  arrangement, agreement (mutual); appointment

Er hat sich nicht an unserer Verabredung gehalten. Sie hat heute um zwei eine Verabredung mit dem Chef.

Vereinbarung, die (-en)
  arrangement, agreement (mutual decision about course of action)

Nach den endgültigen Vereinbarungen über seinen Besuch beim Präsidenten wird Kohl am Sonntag nach Washington abfliegen.

Vertrag, der (¨e)
  contract (commercial), treaty (diplomatic), agreement (legally binding)

Sie haben heute einen neuen Vertrag für drei Jahre abgeschlossen. Mit dem Vertrag von Versailles wurde Deutschland militärisch entmachtet.

ändern   *change, alter*
[see also **ersetzen**]

etw **abändern** (**R3**)
  alter, revise, amend sth (i.e. change or correct details)

Können wir den Antrag, die Bestimmungen, den Plan, die Textstelle, das Urteil, die Verfassung abändern?

(sich) **abwechseln**
  alternate, vary, take turns (with things)

Bei langen Fahrten wechseln wir uns am Steuer immer ab. Regen und Schnee wechselten (sich) miteinander ab.

sich/jdn/etw **ändern**
  change, alter (sb/sth) (typically a relatively abrupt, or conscious change, resulting in a striking difference)

Sie hat ihre Meinung, ihren Namen, ihre Pläne geändert. Du wirst ihn nicht ändern können. Bei uns hat sich viel/nichts geändert. Die Zeiten ändern sich. Sie hat sich in letzter Zeit geändert.

jdn/etw **austauschen**
  exchange sb/sth (typically not commercially)

Sie tauschten Ansichten, Briefmarken, Briefe, Bilder, Erfahrungen, Erlebnisse, Gedanken aus. Die beiden Länder haben die Gefangenen ausgetauscht.

jdn/etw **auswechseln**
  (ex)change, replace, substitute sb/sth (esp. sth broken or used, or sb injured)

Alle paar Wochen mussten wir die Birnen auswechseln. Der verletzte Spieler wurde ausgewechselt.

etw (gegen etw) **eintauschen**
  exchange, swap sth (receive or give sth in exchange for sth else)

Er war froh, die feucht-kühle Regenatmosphäre gegen die wohlige Temperatur des Schiffes eintauschen zu können.

etw **tauschen**
  exchange, swap sth (for another – or something else – of the same kind or the same value)

Sie tauschen Briefmarken. Er tauschte seine Wohnung gegen eine größere. Sie tauschte einen schnellen Blick mit ihm. Ich möchte nicht mit ihr tauschen.

etw ´**umändern**
  alter, revise, modify sth (i.e. give a new form to sth, esp. clothes, buildings or texts)

Man will die Kaiserstraße total umändern. Ich will den Rock, die Zeichnung, den Entwurf jetzt umändern.

´**umschalten**
  change (channels, stations)

Sie wollte lieber auf einen anderen Sender umschalten.

´**umschlagen**
  change (suddenly, of weather, mood), *veer* (of wind)

Das Wetter schlug über Nacht um, und es hat Frost eingesetzt. Die ausgelassene Stimmung schlug plötzlich in Agression um.

´**umsteigen**
  change (trains, boats, planes, etc.)

Wir mussten in Mailand umsteigen, um nach Bergamo zu kommen.

etw (gegen/in etw) ´**umtauschen**
  exchange sth (goods, money)

Ich möchte 100 Dollar in Schilling umtauschen. Sie tauschte das Kleid gegen ein rotes um.

etw (in etw) ´**umwandeln**
  convert, transform sth (into sth else, usually intentionally)

Bei 760mm Luftdruck und 0 °C wird Wasser in Eis umgewandelt. Sie war wie umgewandelt.

etw (in etw) ´**umwechseln**
  change sth (money)

Der Bankbeamte wechselte ihr den 100-Dollarschein in D-Mark um.

sich/jdn/etw **verändern**
*change, alter sb/sth (esp. appearance or
concrete things, typically slightly,
gradually or unintentionally)*

Sie hat den Ton verändert. Diese Erlebnisse
haben ihn innerlich verändert. Er will die
Welt verändern. Das Aussehen der Stadt hat
sich stark verändert. Sie hat sich in zwanzig
Jahren kaum verändert.

etw (mit etw) **vertauschen**
exchange, switch sth (usually by mistake)

Sie hat ihren Mantel, ihren Schirm mit
meinem vertauscht.

jdn/etw (in etw) **verwandeln**
change, transform sb/sth (into sth)
(completely different)

Sie verwandelte den Prinzen in einen Frosch.
Der Krieg hat die Landschaft in eine Wüste
verwandelt. Durch Erhitzen wird Wasser in
Dampf verwandelt.

jdn/etw (mit jdm/etw) **verwechseln**
mix sb/sth up, confuse sb/sth (with sb/sth)

Wir haben in der Eile unsere Mäntel
verwechselt. Ich verwechsle die beiden
Zwillinge immer.

sich **wandeln** (in etw) (**R3**)
change, develop (into sth) (typically a long
process)

Seine Liebe wandelte sich in Hass. Das
Aussehen der Stadt hat sich seit dieser Zeit
nur unwesentlich gewandelt.

(etw) **wechseln**
exchange sth, change (sth) (i.e. substitute one
for another of the same kind)

Er hat ein Rad, das Thema gewechselt.
Kannst du mir zehn Mark wechseln? Das
Programm wechselt regelmäßig. Das Wetter
wechselt ständig.

anfangen
begin, start

allmählich/langsam (**R1**) + VERB
begin/start to VERB sth (esp. relating to
emotional response)

Allmählich/Langsam wurde sie ärgerlich.
Allmählich/Langsam verliere ich die
Geduld.

anbrechen (**R3a**)
start, set in, break (of period of time)

Der Tag, der Frühling bricht an. Eine neue
Zeit ist angebrochen.

(etw)/(mit etw) **anfangen**
begin, start (sth) (actions or processes
stretching forward in time or space)

Das Leben fängt mit vierzig erst an. Er fängt
seine Arbeit/mit der Arbeit an. Hast du den
Brief schon angefangen? Sie fängt an, alt zu
werden.

seinen **Anfang nehmen** (**R3b**)
begin, start (esp. of abstract things,
developments starting at a particular time)

Mit diesem Abkommen nahm eine neue
politische Epoche ihren Anfang. Die
Probleme nahmen dort ihren Anfang.

angehen (**R1**)
start, begin (at a specific time)

Wann geht das Theater, die Vorstellung an?
Die Schule geht morgen wieder an.

anheben (**R3a**)
begin, start (suggests solemnity or
significance)

Jetzt hob eine neue Ära an. Er hob an, den
Wortlaut einigermaßen beherrschend, die
Messe zu singen.

anlaufen
start up (of motor); (**R3b**) *start* (of large-scale processes, a 'run' in the cinema or theatre, etc.)

Der Motor, die Maschine läuft an. Die Werbekampagne läuft demnächst an. Der Film läuft erst im Juli in Österreich an.

anspringen
start up (of engine)

Bei der Kälte springt der Motor nicht an. Dann hörte ich den anspringenden Rotor eines Hubschraubers.

(etw)/(mit etw) **beginnen** (**R2/3**)
begin, start (sth) (actions or processes stretching forward in time or space)

Die Vorstellung beginnt um 19.30 Uhr. 1995 begann man mit dem Bau des neuen Theaters. Sie beginnt, alt zu werden. Sie hat ihre Arbeit/mit ihrer Arbeit begonnen.

einsetzen
start, begin, break (at a specific point in time)

Bei diesen Worten setzte die Musik ein. Auch im Westen setzten in der Nacht verbreitet Schauer ein. Nach 1945 setzte eine stürmische Entwicklung ein.

losgehen (**R1**)
start, begin (e.g. performance, at a specific time)

Gleich geht es wieder los. Wann geht der Film, das Konzert, das Spiel, die Vorstellung los?

(mit etw) **loslegen** (**R1**)
get started (with sth) (with enthusiasm)

Sie krempelten die Ärmel hoch und legten mit der Arbeit los. Er legte gleich los mit seiner Erzählung.

starten
start (up), take off (esp. of motors, aeroplanes and in races)

Das Flugzeug ist pünktlich gestartet. Sein Auto startet auch im Winter gut. Die Fahrer starteten bei der Tour de France.

etw **starten**
start sth (process, action, race, machinery)

Ich startete den Motor. Der Pilot startete die Triebwerke. Demnächst startet man einen neuen Versuch, eine Werbekampagne.

Angst haben   *be afraid*

(vor jdm/etw) **Angst haben** (**R1/2**)
be afraid of sb/sth

Sie hatte (große) Angst vor Spinnen, vor dem großen Hund. Ich habe Angst vor dem Examen.

um jdn/etw **Angst haben** (**R1/2**)
be afraid, fear for sb/sth

Seit der Wirtschaftskrise hat er Angst um seine Stelle.

jdn **in Angst versetzen** (**R3**)
frighten sb, make sb afraid

Die plötzliche Erscheinung versetzte sie in große Angst.

jdn **ängstigen** (**R3a**)
make sb anxious/frightened

Das Geräusch hat ihn geängstigt. Die Dunkelheit ängstigt das Mädchen.

jdm ist (**R1**: ich bin) **bange**
sb feels scared/afraid

Ihr war bange vor dem Examen. Mir ist (angst und) bange.

um jdn/etw **bangen** (**R3a**)
  fear for sb/sth

Die Bevölkerung der Provinz bangt um ihre Zukunft. Er bangte um den Ruf seines Städtchens.

(es) **bangt** jdm vor etw (**R3a**)
  sb fears sth

Ihr bangt vor der Zukunft. Ihnen bangte vor diesen Tieren.

jdn **beängstigen** (**R3a**)
  frighten, alarm sb [most often in pres. part.]

Seine Drohungen beängstigten mich. Ihn überkam ein beängstigendes Gefühl.

etw **befürchten**
  be afraid of sth (esp sth nasty happening)

Er befürchtet, dass man ihn anzeigen wird/angezeigt zu werden. Sie befürchtet das Schlimmste.

(vor jdm/etw) **erschrecken** (**R3a**)
  [STRONG VERB: *erschrak – erschrocken*]
  be scared/startled (by sb/sth)

Sie erschrak vor dem Hund, bei diesem Anblick. Er war (zu Tode) erschrocken.

jdn **erschrecken**
  [WEAK VERB: *erschreckte – erschreckt*]
  frighten/scare/startle sb

Der große Hund erschreckte ihn. Der Anblick erschreckte sie sehr. Du siehst erschreckend aus.

fürchten + CLAUSE (**R1/2**)
  be afraid (that sth nasty will happen)

Nach dem Unfall hat sie gefürchtet, dass der Mann sie anzeigen würde.

jdn/etw **fürchten** (**R3**)
  be in awe of, fear, dread sb/sth

Er fürchtet den Tod nicht. Er fürchtete keinen Gegner. Man fürchtete ihn wegen seiner Strenge.

um jdn/etw **fürchten** (**R2/3**)
  worry, be anxious about sb/sth

Sie fürchtet um ihre Gesundheit. Kuweit fürchtet um seine Unabhängigkeit.

sich (vor jdm/etw) **fürchten** (**R2/3**)
  be frightened of/dread sb/sth (concrete danger)

Das Kind fürchtet sich sehr vor der Hitze. Sie fürchten sich davor, allein bleiben zu müssen.

(es) **grault** jdm/sich **graulen** (vor jdm/etw) (**R1**)
  be scared (of sb/sth) (used esp. of children)

Dem Kind grault es vor der Katze, im dunklen Haus. Nun graulen sich die meisten Landwirte vor der Zukunft.

(es) **graust** jdm/sich **grausen** (vor jdm/etw) (**R3a**)
  sb dreads/is terrified of sb/sth (have a phobia)

Da muß es auch dem Bundeskanzler grausen. Sie graust sich vor Würmern, Spinnen.

(es) **graut** jdm (vor jdm/etw) (**R3**)
  sb has a dread (of sb/sth) (typically sth which might happen)

Ihr graute (es) vor der Rache ihres Vaters. Ihm graut es davor, allein zu sein.

(es) **gruselt** jdm/sich **gruseln** (vor jdm/etw)
  sb's flesh creeps (at sb/sth)

Es kann einem heute noch bei diesem Film gruseln. Sie gruselte sich in der Höhle.

etw **scheuen**
  shrink, shy away from sth

Er hat keine Mühe gescheut. Gebranntes Kind scheut das Feuer. Sie haben keine Kosten gescheut.

sich (vor etw) **scheuen**
shrink from, be afraid of sth

Sie hat sich nicht davor gescheut, diesen Fall der Polizei zu melden.

(vor jdm/etw) **Schiss haben (R1★)**
be shit scared (of sb/sth)

Ich habe echt Schiss vor der Prüfung am Montag.

annehmen¹   *accept*
[see also bekommen]

etw **akzeptieren**
accept, agree with, acknowledge sth (e.g. suggestion, argument)

Ich habe das Angebot, seine Entschuldigung akzeptiert. Er muss akzeptieren, dass er nichts ändern kann.

jdn **akzeptieren**
accept sb (e.g. as a friend, colleague)

Ich habe ihn als Partner akzeptiert. Sie wurde von der Gruppe akzeptiert.

etw **annehmen**
accept sth (i.e. take sth offered)

Sie nahm das Angebot, die Bedingungen, das Geschenk, das Paket, den Scheck, die Stelle, den Vorschlag an.

jdn (in etw) **aufnehmen**
admit sb (to sth)

Sie wurde in den Verein, in das Krankenhaus aufgenommen.

etw **einsehen**
recognize, realize sth

Sie wollte eigentlich nicht einsehen, dass sie sich geirrt hatte.

etw **gelten lassen**
accept, take sth as valid

Ich lasse diesen Einwand, diese Erklärung, diesen Widerspruch nicht gelten.

etw **hinnehmen**
put up with, tolerate sth

Wir mussten die Niederlage, unser Schicksal als unvermeidlich hinnehmen.

etw auf sich **nehmen**
take sth on (e.g. task, often burdensome)

Er will die Verantwortung dafür nicht auf sich nehmen. Sie hat die Schuld auf sich genommen.

etw **über´nehmen**
take sth on (e.g. task, responsibility)

Er will die Verantwortung nicht übernehmen. Ich werde die Kosten übernehmen.

zusagen
accept (of invitations)

Weißt du, ob, Monika und Peter für heute Abend schon zugesagt haben?

annehmen²   *suppose*
[see also denken, erraten]

etw **annehmen**
assume, presume, suppose sth

Ich nehme an, dass er schon im Büro ist. Es ist anzunehmen, dass sie ihn in der Stadt gesehen hat.

etw **ahnen**
    sense, suspect sth (i.e. have an idea that sth is
    the case)

Sie konnte nicht ahnen, dass sie ihn nie
wiedersehen würde. So etwas habe ich
geahnt. Davon habe ich nicht das mindeste
geahnt.

mutmaßen + CLAUSE (**R3a**)
    conjecture, surmise that (i.e. conclude sth on
    the basis of the available facts)

Da er nicht zurückgekehrt war, hatte man
gemutmaßt, dass er gefangen worden war.

etw **vermuten**
    suspect sth (i.e. regard sth – often sth bad or
    unpleasant – as probable)

Er vermutete sofort böse Absichten. Sie
vermutete, dass er nicht kommen würde. Die
Polizei vermutet Brandstiftung. Ich vermute
ihn in der Bibliothek.

etw **voraussetzen**
    assume, presuppose sth (absolute condition)

Diese Tatsache darf man wohl als bekannt
voraussetzen. Ich setze voraus, dass Sie
Englisch können.

---

ansehen   *look*
    [see also **sehen**]

jdn/etw **anblicken** (**R3**)
    look at sb/sth (in a certain way)

Sie blickte ihn lange, feindselig, lächelnd an.
Wütend blickte sie ihren Sohn an.

jdn/etw **angucken** (**R1**)
    look at sb/sth

Sie hat mich aber sehr komisch angeguckt.
Guck das Ding doch an!

jdn/etw **anschauen** (**R3**;*S*)
    look at sb/sth

Sie schaute ihn gespannt, prüfend, ruhig,
interessiert an.

jdn/etw **ansehen**
    look at sb/sth

Sie sah ihn nachdenklich, forschend, schief,
unsicher, mit Verachtung an. Wir sollten sein
neues Auto ansehen.

sich jdn/etw **ansehen**
    have a (good) look at sb/sth; watch sth (match,
    show, etc.)

Ich will mir sein neues Auto, deine Bilder
ansehen. Morgen Abend will ich mir
unbedingt das Spiel gegen Inter-Mailand
ansehen.

jdm etw **ansehen**
    tell, see sth by looking at sb

Das sieht man ihm schon an. Jeder sieht ihm
sein Glück, sein Alter an.

jdn/etw **beobachten**
    observe, watch sb/sth (typically sb/sth
    moving)

Er hat sie heimlich, kritisch beobachtet. Sie
beobachtete ihn, wie er den Brief aus der
Schublade nahm. Die Polizei hat ihn
beobachten lassen.

(sich) jdn/etw **besehen**
    look at sb/sth (from all angles or in every
    detail)

Lass dich mal von allen Seiten besehen. Das
will ich mir aber etwas genauer besehen.

etw **besichtigen** *(have a) look at, visit sth (place of interest)*	Wir konnten die Porta Nigra und die Kaiserthermen in Trier besichtigen.
etw **betrachten (R3)** *look at, view sb/sth (intensively)*	Lange betrachtete sie die Aquarelle in der Albertina.
fernsehen *watch television*	Du siehst zu viel fern. Kinder sollten nicht stundenlang fernsehen.
hinsehen *look (in a certain direction)*	Sieh doch mal hin! Wenn man genau hinsieht, kann man die schwache Stelle schon erkennen.
jdn/etw **mustern** *scrutinize, inspect sb/sth*	Unverhohlen musterte sie den armen Manfred von Kopf bis Fuß.
(jdm/etw) **zusehen** *watch (sb/sth)*	Du kannst ihm bei der Arbeit, beim Fussballspiel, beim Turnier zusehen. Sieh zu, dass du rechtzeitig nach Hause kommst.

NB: With the register or regional restrictions indicated, *sich angucken* (**R1**) and *sich anschauen* (**R3**; *S*) are alternatives to *sich ansehen*; *begucken* (**R1**) and *beschauen* (**R3**; *S*) to *besehen*; *hingucken* (**R1**) and *hinschauen* (**R3**; *S*) to *hinsehen*; and *zugucken* (**R1**) and *zuschauen* (**R3**; *S*) to *zusehen*.

Several simple verbs meaning 'see, look', etc. (see **sehen**) can be prefixed with *an-* and used to mean 'look at', with the specific sense indicated by the simple verb, e.g. *angaffen* (**R1**) 'gawp at', *anglotzen* (**R1**) 'stare at', *anstarren* 'gaze at', etc.

---

antworten   *answer*

(jdm) (auf etw) **antworten** *answer, reply, respond (to sb) (to sth)*	Sie hat (mir) auf meine Frage nicht geantwortet. Sie antwortet darauf mit einem Lächeln. Er antwortete, dass er gern mitreisen würde.
etw **beantworten** *answer sth, reply, respond to sth (quite fully)*	Sie hat meine Frage (mit ja) beantwortet. Sie hat meinen Brief beantwortet.
(jdm) (auf etw) **Antwort geben** *answer, give a reply (to sb) (to sth)*	Gibt denn keiner Antwort? Sie hat mir keine Antwort auf meine Frage gegeben.
(jdm) (auf etw) **entgegnen (R3)** *reply, retort (to sb) (to sth) (contradicting other person)*	Darauf wusste sie nichts zu entgegnen. Auf diesen Vorwurf entgegnete sie ihm, dass sie nichts davon gewusst habe. „Nein", entgegnete er heftig.
(jdm) (auf etw) **erwidern (R3)** *reply, respond (to sb) (to sth)*	Ich wusste nicht, was ich ihr auf ihre Frage erwidern sollte.

sich **an-/ausziehen**
[see also **tragen**]

get (un)dressed

(etw) **ablegen**
　remove sth, take (sth) off (esp. outer garment)

Wollen Sie nicht (den Mantel) ablegen? Sie legte ihren Schmuck ab.

sich/jdn **ankleiden** (**R3**)
　get dressed / dress sb

Sie kleidete sich für das Theater an. Die Mutter kleidete den Jungen an.

etw **anlegen** (**R3**)
　put sth on (esp formal clothing)

Er legte seine Uniform an. Sie legte ihr neues Abendkleid, ihren besten Schmuck an.

etw **antun** (**R1**)
　put sth on

Tu dir doch schnell einen Pulli an.

sich/jdn **anziehen**
　get dressed / dress sb

Zieh dich schnell an, wir müssen gleich weg. Sie war gut, warm angezogen. Er zog das Baby an.

etw **anziehen**
　put sth on (clothes)

Er hatte sein neues Hemd angezogen. Sie zog sich die Strümpfe, die Schuhe, die Bluse an. Was soll ich anziehen?

sich/jdn **auskleiden** (**R3**)
　get undressed / undress sb

Sie kleidete sich schnell aus. Sie kleidete den Jungen aus.

sich/jdn **ausziehen**
　get undressed / undress sb

Sie ging ins Schlafzimmer und zog sich aus. Er hatte das Kind schon ausgezogen.

etw **ausziehen**
　take sth off (clothes)

Er zog (sich) die Handschuhe, den Mantel, die Jacke, den Pulli aus.

jdn **bekleiden** (**R3**)
　clothe sb (i.e. provide clothes for sb)

Nach der Katastrophe musste die Bevölkerung bekleidet und versorgt werden. Er bekleidete den Bettler, die Armen.

jdn **einkleiden**
　kit sb out (esp. new set of clothes or uniform)

Ich muss die Familie neu einkleiden. Die Rekruten wurden eingekleidet.

sich/jdn **entkleiden** (**R3**)
　get undressed / undress sb (completely)

Er musste sich im Gefängnis entkleiden. Sie entkleidete das Kind.

sich/jdn + ADV **kleiden**
　dress o.s./sb + A D V (i.e. in a particular way)

Sie kleidet sich immer elegant. Sie kleidet ihre Kinder immer ganz ordentlich. Sie war ganz in Rot gekleidet.

in etw **steigen** (**R1**)
　put sth on (clothes)

Sie stieg in die Kleider, in die Hose.

sich **´umziehen**
　get changed (clothes)

Wir waren so nass, dass wir uns sofort umziehen mussten. Wir wollen uns für das Theater umziehen.

Arbeit   *work*
[see also Beruf]

Arbeit, die (-en)
   work (as activity and product), piece of work,
   labour

Sie hat diese schwere Arbeit ausgeführt.
Seine Arbeit erhielt einen Preis. Sie hat mit
dem Kind viel Arbeit.

Anstrengung, die (-en)
   effort, exertion

Bei dieser Arbeit hat sie große
Anstrengungen gemacht.

Bemühung, die (-en)
   effort, endeavour

Trotz aller Bemühungen gelang es uns nicht,
sie zu retten. Ich dankte ihr für ihre
Bemühungen.

Beschäftigung, die (-en)
   occupation, activity

Er muss eine Beschäftigung haben, sonst
langweilt er sich. Sie ist vorübergehend ohne
Beschäftigung.

Einsatz, der (no pl.)
   effort, commitment

Ich lobte ihn für seinen Einsatz. Der Einsatz
hat sich gelohnt. Unter Einsatz aller Kräfte
konnten die Verunglückten gerettet werden.

Maloche, die (no pl.) (*NW*)
   work, drudgery

Jeden Tag haben wir die gleiche Maloche.
Nur mit richtiger Maloche ist viel Geld zu
verdienen.

Mühe, die (-n)
   trouble, bother

Diese Arbeit hat ihn viel Mühe gekostet. Tu
das bitte, wenn es dir keine Mühe macht. Ich
habe den Schlüssel ohne Mühe gefunden.

Tätigkeit, die (-en) [see also Tat]
   activity, occupation

Das gehört zu den Tätigkeiten eines Lehrers.
Sie sucht eine gut bezahlte Tätigkeit im
Verlagswesen.

Werk, das (-e)
   *work (esp. **R2/3**, esp. creative product);*
   work (general, in a few set phrases); works,
   factory

Es handelt sich um ein kostbares, wertvolles
Werk. Das ist dein Werk! Wir suchen die
BASF-Werke in Ludwigshafen.

---

arbeiten   *work*

arbeiten
   work

Sie hat fleißig, ordentlich, sorgfältig
gearbeitet. Er arbeitet bei der Bahn, in einer
Fabrik, bei der Post. Sie hat sich müde/krank
gearbeitet.

ackern (*N*)
   work hard, slog

Wir müssen alle für weniger Geld mehr
ackern. Er ackert von früh bis spät.

etw **bearbeiten**
   work (on), treat sth

Er hat Holz und Metall bearbeitet. Er hat das
Thema ausführlich bearbeitet.

sich **betätigen**
*be busy, occupy oneself (typically not
professionally)*

Ich habe mich niemals politisch betätigt. Er
betätigt sich nebenberuflich als Schriftsteller.
Er betätigt sich gern draußen im Garten.

fleißig sein
be diligent, hard-working, industrious

Sie sind fleißig wie die Bienen/Ameisen.
Was seid ihr heute aber fleißig gewesen!

hackeln (*AU*)
work (hard), have a job

Der Franz hackelt jetzt im alten
Donauhafen.

malochen (*NW*)
work hard, slog

Allerdings müssen sie für den Bahama-
Urlaub den Rest des Jahres tüchtig
malochen.

schaffen
(**R1**) *be active, busy;* (*SW*) *work*

Sie schafft von morgens bis abends.
(*SW*) Der Peter schafft heute nicht, der hat
frei.

schuften (**R1**)
work hard, slog

Der Christian schuftet aber für zwei. Sie hat
sich in dieser Fabrik krank geschuftet.

tätig sein (esp. **R3b**)
work, be employed, be busy

Der Schlosser ist seit einem Jahr in unserem
Werk tätig. Sie ist als Juristin im Staatsdienst
tätig. Sie ist unermüdlich tätig.

etw **verarbeiten**
work on, process sth

In diesem Werk werden nur feinste
Rohstoffe verarbeitet. Hier wird Holz zu
Papier verarbeitet.

werken
work (manually, in **R1** *often ironic)*

Er werkt von früh bis spät. Die Kinder sollen
in der Küche werken.

wirken (**R3**)
work (to significant effect; also of things)

Er wirkte zwanzig Jahre als
Entwicklungshelfer in Ostafrika. Das Gift
wirkte erstaunlich schnell.

ärgerlich   *annoyed*
[see also **aufgeregt**]

ärgerlich
annoyed, irritated, cross; annoying

Er macht ein ärgerliches Gesicht. Er war
darüber/auf sie sehr ärgerlich. Das war ein
ärgerlicher Vorfall.

aufgebracht
outraged, incensed, very angry

Sie war ganz aufgebracht über diese
Bemerkung von ihm. Er sagte es mit
aufgebrachter Stimme.

böse [see also **schlecht**]
[in this sense, only used pred. of people]
angry, cross (of people); *aggressive* (of
animals)

Sie war böse auf mich/mit ihrem Freund. Sie
bekam böse Augen. Sie hat ihn böse
angeschaut. Sei mir doch bitte nicht böse.
Der Hund ist böse.

bitterböse (esp. **R1**)
extremely cross

Sie schaute ihn bitterböse an. Er machte ein bitterböses Gesicht.

empört
indignant, incensed

Sie war richtig empört über diese unverschämte Bemerkung von dem Professor.

entrüstet
highly indignant, outraged, incensed

Er macht ein entrüstetes Gesicht. Die Dorfbewohner sind entrüstet über die Stilllegung der Bahnlinie.

erbost
infuriated

Sie blickte ihn erbost an. Ich war über sein Verhalten erbost.

erzürnt (**R3**)
incensed, angry

Der Professor war erzürnt über das Verhalten seiner Assistenten. Erzürnt verließ der Minister den Saal.

fuchsteufelswild (**R1**)
livid

Sie ist fuchsteufelswild geworden, als sie davon gehört hat.

grimmig
furious, grim

Herr Wiechert sieht heute grimmig aus. Sie machte ein grimmiges Gesicht. Der Mann lachte grimmig.

rasend
furious, livid, enraged

Er macht mich noch rasend. Da könnte ich rasend werden.

sauer (**R1**)
cross, mad

Der ist sauer, weil er zu Hause bleiben muss. Er ist richtig sauer auf die Marlene.

verärgert
annoyed, angry

Er zeigte sich über diese Behandlung sehr verärgert. Sie ist so verärgert, dass sie mich nicht sehen will.

wütend
furious, angry

Sie war wütend auf den Lehrer. Sie hat ihn wütend gemacht. Sie wurde wütend, als sie das hörte.

wutentbrannt (**R3**), **wutschäumend**, **wutschnaubend** (**R1**)
absolutely furious, foaming with rage

Er stürmte wutentbrannt, wutschäumend, wutschnaubend aus dem Haus.

zornig
angry

Sie machte eine zornige Bewegung. Sie war zornig auf ihn, über diese Zumutung.

atmen

breathe

Atem/Luft holen/schöpfen (**R3a**)
take, draw (a) breath

Sie hörte mit dem Graben auf und holte/schöpfte kurz Atem. Er hielt an und holte tief Luft.

atmen *breathe*	Sie atmete leicht, mühsam, regelmäßig, schwer, tief, unruhig. Der alte Mann atmete nicht mehr.
(etw) **ausatmen** *breathe (sth) out*	Er atmete hörbar, kräftig, langsam, tief aus.
(etw) **einatmen** *breathe (sth) in*	Sie atmete durch die Nase, tief ein. Sie atmete die frische Luft, den Duft ein.
hecheln *pant (typically of dogs)*	Der Hund blickte hechelnd zu ihm hinauf.
jappen (*N*)/**japsen** (**R1**) *gasp, pant (of people)*	Er hatte Kreislaufstörungen und japste ständig nach Luft.
keuchen *gasp, puff, pant*	Er lief keuchend auf das Gartentor zu. Er keuchte unter der schweren Last.
pusten (**R1**) *puff, blow*	Er pustete in das Feuer. Der Polizist meinte, er hätte getrunken, also musste er in die Tüte pusten.
schnauben *snort (typically of horses)*	Die Pferde schnaubten, als wir den Wald erreichten. Der Lehrer schnaubte, als er die Ausreden hörte.
schnaufen (**R1**) *wheeze, puff, pant;* (**SW**) *breathe*	(**R1**) Er schnaufte angestrengt, wütend, unruhig. (**SW**) Hier kann man kaum noch schnaufen.
(sich) **verschnaufen** (**R1**) *take a breather*	Sie legten sich hin, um (sich) ein bißchen zu verschnaufen.

aufgeregt — *excited*
[see also **ärgerlich**]

ängstlich [see also **Angst haben**] *anxious (having a nervous or timid disposition, or being worried in a particular situation)*	Leo stand schon draußen vor der Garage und blickte ängstlich auf seine Armbanduhr. Er war ein ängstlicher Typ.
aufgeregt *excited, agitated, nervous (often apparent)*	Die Kinder waren vor Freude ganz aufgeregt. Ihre Stimme klingt aber sehr aufgeregt.
bewegt (**R2/3**) *moved, emotional*	Sie erklärte es ihm mit bewegter Stimme. Der Alte war vor Freude tief bewegt.
erregt (**R2/3**) *excited, aroused, agitated (through strong emotion, possibly with no outward sign)*	Sie wurde immer erregter, während er sprach. Er war vor Wut ganz erregt. Es folgte eine erregte Auseinandersetzung.

gereizt
irritated, irritable

Heute Abend war sie blass, müde und gereizt. Ich bin nach diesen Auftritten immer gereizt.

gerührt [see also **berühren**]
moved, touched

Wir tun so, als wären wir gerührt über die Gastfreundschaft, die man uns zuteil werden lässt.

kribb(e)lig (R1)
edgy, nervous

Wenn man lange nicht gegessen hat, wird man gereizt, nervös, kribbelig.

nervös
nervous

Er machte plötzlich einen nervösen, geradezu verstörten Eindruck. Er paffte nervös an seiner dicken Zigarre.

zapp(e)lig (R1)
fidgety, edgy, uneasy

Sie wurde allmählich zappelig, als sie die Geschichte hörte.

aufhören
[see also **beenden, halten, lassen**]

cease

(etw) **abbrechen**
break (sth) off, stop (sth) suddenly

Er hat das Gespräch, sein Studium, die Verhandlungen abgebrochen. Die Musik brach ab.

(mit etw) **aufhören**
cease, finish (sth), come to an end

Der Regen hat endlich aufgehört. Es hat aufgehört zu regnen. Er hat mit seiner Arbeit aufgehört.

ausfallen
cease functioning, fail (because of defect)

Der Strom ist heute früh ausgefallen. Über Chicago fiel ein Triebwerk aus.

aussetzen
cease functioning (esp. suddenly, temporarily)

An der Autobahnauffahrt setzte der Motor plötzlich aus. Ihr Herz hat ausgesetzt.

(mit etw) **einhalten (R3)**
pause (in/with sth), stop (temporarily)

Sie hielten kurz mit der Arbeit ein. Er hielt mit dem Lachen, dem Reden ein.

etw **einstellen (R3)**
stop, cease sth, not continue with sth

Die Firma hat die Produktion einstellen müssen. Jetzt hat sie auch die Zahlungen eingestellt.

´**innehalten (R3)**
pause

Er war beim Sprechen müde geworden und hielt kurz inne.

etw **lassen**
stop, leave sth (i.e. not do it)

Lassen Sie bitte diese Bemerkungen. Er kann das Rauchen nicht lassen. Lass das, ich mach's schon.

etw **unter´brechen**
interrupt sth

Sie musste ihre Reise unterbrechen. Sie wollte ihre Arbeit nicht unterbrechen.

etw **unter′lassen** (**R3**)
refrain, desist from (doing) sth, not do sth

Sie werden gebeten, das Rauchen zu
unterlassen. Unterlassen Sie bitte diese
Bemerkungen!

ausbreiten   *spread*

sich/etw **ausbreiten**
spread (sth) (out), extend (sth) (evenly in all
directions)

Sie breitete die Arme aus. Der Vogel breitet
seine Flügel aus. Er breitet die Papiere auf
dem Tisch aus. Das Feuer breitete sich
schnell aus. Der Wald breitet sich bis zum
Fluss aus.

sich/etw **ausdehnen**
expand, extend (sth), stretch (sth) out (time or
space, with or without movement – esp.
over a wide area)

Wir wollen den Abend nicht zu lange
ausdehnen. Die Stadt dehnte sich im Laufe
der Zeit aus. Ein Tief dehnt sich über die
Britischen Inseln aus. Die Sitzung dehnte sich
bis Mitternacht.

sich/etw **ausweiten**
expand, spread, extend (sth) (esp. increasing
in significance)

Die Unruhen drohten sich zu einer
Revolution auszuweiten. Die Liste der
gefährlichen Stoffe wird aufgrund neuer
Erkenntnisse erheblich ausgeweitet.

sich/etw **breiten** (**R3a**)
spread, extend (sth)

Über den Esstisch wird ein frisches weißes
Leintuch gebreitet. Ein Lächeln breitete sich
über ihr Gesicht.

sich/etw **dehnen**
stretch, lengthen, extend (sth)

Sie hat das Gummiband so lange gedehnt, bis
es riss. Er dehnte sich nach dem Schlaf. Die
Ärmel des Pullovers haben sich beim
Waschen sehr gedehnt.

etw **erstrecken** (*AU*)
extend, defer (a period of time)

Der Chef möchte jetzt die Frist, den Termin
erstrecken.

sich **erstrecken**
extend, stretch (over an area, without
movement)

Der Wald erstreckt sich bis ins Tal. Seine
Kritik erstreckte sich auch auf seine
Kollegen.

sich/etw **erweitern**
expand, enlarge, widen (sth) (i.e. make larger
in area; also of abstract things)

Er will seine Kenntnisse erweitern. Der
Flughafen soll jetzt erweitert werden. Am
Darmstädter Kreuz erweitert sich die A67
von drei auf vier Spuren.

um sich **greifen**
spread (esp. of pernicious things)

Die Epidemie, das Feuer, die Seuche griff
rasch um sich.

etw **spreizen**
spread sth (typically of legs, fingers or toes,
or a bird's wings or tail)

Er spreizte die Beine, die Finger, die Zehen.
Der Vogel spreizte den Schwanz, die Flügel.

etw **streuen** [see also **gießen**]
   spread, strew, scatter sth (i.e. sth granular or
   in loose particles)

Er streute Sand auf den Boden, Samen auf den Acker, Zucker auf den Kuchen. Sie hat den Vögeln Futter gestreut.

auf etw ´**übergreifen**
   spread (from one thing/place to another)

Das Feuer griff auf die Scheune über. Die Probleme der Stadtjugend greifen auf ländliche Gegenden über. Der Krebs greift auf andere Organe über.

sich/etw **verbreiten**
   disseminate, spread (sth) (patchily over a
   wide area, often of abstract things)

Die Soldaten verbreiteten Panik. Meine Freunde sind über das ganze Land verbreitet. Das Gerücht verbreitete sich rasch. Der üble Geruch verbreitet sich über ein großes Gebiet.

sich/etw **verbreitern**
   widen sth, make sth wider; become wider

Man will jetzt die Hauptstraße verbreitern. Das Angebot an Konsumgütern hat sich wesentlich verbreitert.

sich/etw **verteilen**
   distribute, disperse (sth)

Sie verteilte ihr Geld unter den Armen. Er verteilte Flugblätter an die Passanten. Wir verteilten uns über den ganzen Platz.

---

ausgezeichnet   *excellent*

ausgezeichnet
   excellent

Er ist ein ausgezeichneter Redner. Der Wein war ausgezeichnet. Sie kann ausgezeichnet Deutsch.

cool (**R1**, esp. teenagers)
   cool, fabulous

Die neue CD von dem ist total cool. Der Jochen ist ein echt cooler Typ.

dufte (**R1**)
   smashing, great

So ein Kaminabend kann unwahrscheinlich dufte werden. Das Essen schmeckt dufte.

erstklassig
   first-class, first-rate

Wir wohnten nur in erstklassigen Hotels. Er ist ein erstklassiger Fußballer.

exzellent (**R2/3**)
   excellent

Herr von Hamm gilt als ein exzellenter Museumsfachmann. Das ist ein exzellenter Wein.

fabelhaft (**R1**)
   splendid, fabulous

Unser Urlaub auf Kreta war einfach fabelhaft. Die Gegend ist fabelhaft schön im Sommer.

fantastisch (**R1**)
   fantastic

Sie hat aber fantastisch gespielt. Das war doch ein fantastischer Film.

fein
   *fine; (esp. **R1**) excellent, great, splendid*

Er liebt feine Weine. Der ist aber ein feiner Kerl. Fein, dass du gekommen bist!

geil/affengeil (R1, esp. teenagers)
brilliant, wicked

Der hat aber echt geil ausgesehen. Ich finde es affengeil, dein neues Auto.

glänzend
brilliant, splendid

Das war doch eine glänzende Idee. Er ist ein glänzender Tänzer. Mir geht es glänzend.

großartig
wonderful, superb, splendid

Mit diesem Film hatte sie einen großartigen Erfolg. Sie hat großartig gespielt.

gut
good

Er hat gut gearbeitet. Sie haben gute Chancen. Er ist ein guter Schüler. Sie liest nur gute Bücher.

herrlich
marvellous, splendid

Vom Turm aus hat man einen herrlichen Blick. Heute war ein herrlicher Tag.

hervorragend
excellent, outstanding

Er gratulierte ihr zu dieser hervorragenden Leistung.

ideal
ideal

Zum Pferderennen war das Gelände geradezu ideal. Für uns war sie die ideale Lehrmeisterin.

klasse (R1)
great

Der neue Lehrer ist doch klasse, oder? Sie hat klasse ausgesehen. Das ist ein klasse Auto.

knorke (old R1)
smashing

Das ist doch eine knorke Sache. Sein Onkel ist einfach knorke.

phänomenal
phenomenal

Er besitzt eine phänomenale Fähigkeit, sich rasch in die kompliziertesten Materien einzuarbeiten.

picobello (R1)
super, first-class, immaculate

Ihre Wohnung war picobello. Er ist immer picobello angezogen.

prima (R1)
fantastic, great

Er fand die Band prima. Es war ein ganz prima Fest. Alles hat ja prima geklappt.

sagenhaft (R1)
fantastic, terrific

Der hat aber ein sagenhaftes Tor geschossen. Unsere neue Wohnung ist sagenhaft groß.

spitze (R1)
[only pred.]
great

Dein schwarzes Top sieht spitze aus. Sein neues Auto ist doch spitze!

super (R1)
super, smashing, great

Dieser Film ist doch super! Monika hat eine super Kassette gekauft. Die haben super gespielt gestern.

tipptopp (R1)
first-class, immaculate

Frau Schöne war wieder tipptopp angezogen. Ihre Bude sieht tipptopp aus.

toll (R1)
fantastic, great

Das war doch eine tolle Idee. Einfach toll, deine neuen Schuhe. Die hat wieder toll gesungen.

trefflich (R3a)
splendid, excellent

Es gibt in Amerika treffliche Privatschulen. Er ist ein trefflicher Wissenschaftler.

vortrefflich (R2/3)
splendid, excellent, superb

Nun erwies sich, welch vortreffliche Arbeit seine Untergrundagenten geleistet hatten.

vorzüglich
splendid, excellent, superb

Hier wächst ein vorzüglicher Wein. Sie machte ihm ein Kompliment über sein vorzügliches Deutsch.

Ball   *ball*

Ball, der (¨e)
ball (esp. soft or elastic, so that it can bounce)

Er hat den Ball eingeworfen, abgegeben, gestoppt, ins Tor geschossen. Es ist ein Fußball, Gummiball, Lederball, Tennisball.

Knäuel, der/das (-)
ball (of string, wool, etc.); tangle (metaphorically of other things or people)

Auf dem Tisch lag ein Knäuel Bindfaden, Garn, Seide, Wolle. Die Jungen wälzten sich, zu einem unentwirrbaren Knäuel geballt, am Boden.

Kugel, die (-n)
ball (of hard, non-bouncing material, or dough, pastry, etc.); sphere; bullet

Es waren Kugeln aus Eisen, Glas, Holz, Metall, Stahl, Stein, Teig. Die Erde ist eine Kugel. Die Kugel verfehlte ihr Ziel.

---

bedecken   *cover*

etw **abdecken**
put a (protective) cover on sth; cover sth (abstract or commercial); take the cover off sth

Wir müssen jetzt das Schwimmbecken mit einer Plane abdecken. Irgendwie müssen wir das Risiko abdecken. Willst du bitte den Tisch abdecken?

jdn/etw **bedecken**
cover sb/sth (general, literal senses)

Schnee bedeckte die Wiesen. Sie bedeckte das Gesicht mit den Händen. Der Himmel ist bedeckt. Der Rock bedeckte kaum ihre Knie.

etw **beziehen**
put a (loose) cover on sth

Am Samstag muss ich die Betten frisch beziehen. Ich will diesen Sessel neu beziehen lassen.

jdn/etw **decken**
cover sb/sth (mainly non-literal senses, or with ref. to roofs); set (table)

Sie haben unseren Rückzug gedeckt. Die Versicherung hat den Schaden nicht gedeckt. Das Dach ist mit Stroh gedeckt. Der Tisch ist für sechs Personen gedeckt.

jdn/etw **verdecken** [see also **verbergen**]
cover and conceal sb/sth, hide sb/sth from view

Wolken verdeckten die Sonne. Sie verdeckte das Loch in der Wand mit einem Bild. Er verdeckte sein Gesicht mit den Händen.

jdn/etw **zudecken**
cover sb/sth up/over (completely)

Die Grube wurde mit einer großen Zeltplane zugedeckt.

bedeuten   *mean*

etw **bedeuten**
[not used in passive]
mean, signify sth

Bedeutet das, dass Sie ausziehen müssen? Sie hat ihm viel bedeutet. Diese Wolken können einen Sturm bedeuten. Was bedeutet dieses Wort?

etw **besagen** (R2/3)
[the object is a clause or indefinite; not used in passive]
make sth clear, imply, express sth

Diese Vorschrift besagt, dass man hier keinen Alkohol bekommt. Das Telegramm wurde nicht beantwortet, aber das hat nichts zu besagen.

etw **heißen**
[the object is a clause or an indefinite; not used in passive]
be meant, have a particular meaning or import

Das heißt also, dass sie keine Zeit für mich hat. Wie heißt *Schwein* auf Russisch? Was soll das heißen? Ich weiß genau, was dieses Zeichen heißt. Das will schon etwas heißen.

jdn/etw **meinen** [see also **denken**]
[the subject is a person]
intend sb/sth, have sb/sth in mind

Wen/Was meint sie mit dieser Bemerkung? Welches Buch meinst du? Ich meine doch etwas ganz anders. Ich habe es nicht böse gemeint.

sich **beeilen**   *hurry*
[see also **rasen**]

sich **beeilen**
hurry, hasten

Beeile dich doch, sonst kommen wir zu spät. Du musst dich aber mächtig beeilt haben. Er beeilte sich, die Angelegenheit zu regeln.

wohin **eilen** (R3a)
hurry swh (mainly of people)

Er eilte schnellen Schrittes durch den Park zurück zum Schloss. Sie eilte ihrem Bruder entgegen. Er eilte ihm zu Hilfe und kam ebenfalls ums Leben.

eilen / es **eilt** (jdm mit etw)
be urgent (of things)

Der Brief eilt nicht / es eilt nicht mit dem Brief. Die Angelegenheit eilt sehr / Mit dieser Angelegenheit eilt es sehr.

Eile haben / in **Eile sein** (R3)
be in a hurry

Ich habe ihm gesagt, dass ich in Eile bin, weil ich dich abholen musste. Der Mörder hatte keine Eile.

es **eilig haben**
  be in a hurry

Ich habe es heute sehr eilig, ich muss um 10 Uhr am Bahnhof sein.

wohin **hasten** (**R3**)
  rush swh (typically agitated, often in context of an unpleasant situation)

Sie hasteten in panischem Schrecken durch die Straßen. Als Andrea das erfuhr, hastete sie die Treppe hinunter. Er hastet von Termin zu Termin.

pressieren / es **pressiert** (jdm mit etw) (**S**)
  (be in a) hurry (people); *be urgent* (things)

Pressier doch ein bisschen! Es pressiert dir ja so, mein Kleiner. Lass dir Zeit, es pressiert nicht mit dem Heiraten.

sich **ranhalten** (**R1**)
  get a move on, hurry (up)

Wenn du dich richtig ranhältst, kommst du noch rechtzeitig an.

sich **schicken** (**SE**)
  hurry (of people)

Schickt euch doch, sonst kommen wir zu spät. Da haben wir uns eh schicken müssen.

schnell machen (**R1**)
  get a move on, hurry

Mach doch schnell, es ist schon fünf vor halb. Wir müssen schnell machen, die Taxe wartet schon.

sich **sputen** (**N**)
  hurry (of people)

Du musst dich aber sehr sputen, wenn du fertig werden willst.

sich **tummeln** (**AU, NW**)
  hurry (of people)

Du hast dich aber sehr getummelt. Tummele dich doch ein bißchen. Jetzt müssen wir uns aber tummeln.

etw **über´eilen**/sich (mit etw) **über´eilen**
  rush sth [most often in past part.]

Ich will die Sache nicht übereilen. Du sollst dich mit der Sache nicht übereilen. Es war leider eine etwas übereilte Entscheidung.

---

beenden   *finish*
  [see also **aufhören, halten, schließen**]

etw **abschließen**
  conclude, complete sth, bring sth to an end

Sie schloss ihr Studium mit dem Staatsexamen ab. Die Bundesregierung schloss ein Abkommen mit Polen ab.

etw zum **Abschluss bringen** (**R3b**)
  finish sth, bring sth to an end

Durch dieses Abkommen wurden Jahre des Streits zum Abschluss gebracht.

zum **Abschluss kommen** (**R3b**)
  be completed, come to an end

Sicher gibt es Teile der Erde, wo dieser Prozess noch lange nicht zum Abschluss gekommen ist.

etw **aufheben** (**R3b**)
  conclude sth, bring sth to an end (officially or formally)

Der Präsident hob die Sitzung um 20 Uhr auf. Die preußischen Truppen hoben die Belagerung der Stadt auf.

irgendwie **ausgehen**
   finish, end (in a certain way)

Wie sind die Wahlen ausgegangen? Das Spiel ging unentschieden aus. Alles ging für ihn gut aus.

ausklingen (R3a)
   finish, end (in a particular way, often leaving a pleasant memory)

Seine Rede klang mit einer Mahnung an alle Bürger aus. Das Fest klang gemütlich aus.

etw **beenden**
   finish sth, bring sth to an end (a state or an activity)

Ich habe den Brief noch nicht beendet. Er hat sein Studium mit Erfolg beendet. Als er die Vorlesung beendet hatte, war er ganz erschöpft.

etw **beendigen (R3)**
   finish sth, bring sth to an end (a state or an activity)

Der Irak wollte den Krieg jetzt beendigen. Das Projekt soll im Jahre 2005 beendigt werden.

etw **beschließen (R3)**
   end, conclude sth (typically an event or an activity)

Er hat seine Rede mit folgenden Worten beschlossen. Man beschloss das Programm mit dem Singen der Nationalhymne.

enden (R3)
   (come to an) end, finish

Der Kurs endet im Mai. Das wird nicht gut enden. Der Beifall schien nicht enden zu wollen. Die Buslinie endet an der Grenze.

etw ein **Ende bereiten/machen/setzen (R3)**
   put an end to sth

Dieser Vorfall hat seiner politischen Karriere ein Ende bereitet/gesetzt. Jetzt müssen wir diesem Unsinn ein Ende machen.

(etw) zu **Ende** + VERB
   finish VERB +ing (sth)

Sie wollte die Geschichte zu Ende erzählen. Sie hat das Stück zu Ende gespielt.

zu **Ende gehen/sein**
   come to/be at an end

Das Fest ging erst in den frühen Morgenstunden zu Ende. Meine Geduld geht zu Ende.

etw **erledigen**
   finish sth off (typically a task or a duty)

Jetzt müssen wir aber noch einige Formalitäten erledigen. Ich muss noch meine Einkäufe erledigen.

etw **fertig** + VERB [see also **bereit**]
   finish VERB +ing sth

Sie hat den Brief fertig geschrieben. Das Haus wurde letzte Woche fertig gebaut.

(mit etw) **fertig sein/werden**
   [see also **bereit**]
   be finished, have/get sth finished

Das neue Rathaus ist fertig. Bist du schon fertig mit deiner Arbeit? Ich war schon gestern mit dem Auftrag fertig.

(etw) **schließen**
   conclude, close, wind up (sth)

Er schloss die Sitzung um sieben. Die Versammlung schloss um sieben. Er schloss seinen Brief mit einigen höflichen Floskeln.

etw **voll'enden (R3)**
   complete sth

Sie hat ihr achtzehntes Lebensjahr vollendet. Er hat sein großes Werk nicht vollenden können.

befehlen   *order*

etw anordnen (R3b)
decree, instruct sth (esp. of sb acting in official capacity)

Die Regierung ordnete an, dass die Streikenden zur Arbeit zurückkehren sollten. Der Minister hat die Untersuchung der Katastrophe angeordnet.

jdn anweisen (+zu+INF) (R3)
give sb instructions (to do sth)

Die Direktorin wies ihn an, sich unverzüglich bei ihr zu melden. Er wies die Bank an, das Konto zu schließen.

jdn (zu etw) auffordern
call on sb, tell sb (to do sth)

Er forderte sie dringend auf, das Zimmer zu verlassen. Ich wurde zur sofortigen Zahlung aufgefordert.

jdm etw auftragen (R3)
instruct, tell sb (to do sth)

Man hat ihn aufgetragen, alles wegzuräumen. Es wurde ihm aufgetragen, an der Tür aufzupassen.

jdn (mit etw) beauftragen
give sb an instruction, commission (to do sth)

Man hat mich beauftragt, die Konferenz vorzubereiten. Der Rechtsanwalt ist beauftragt, meine Interessen wahrzunehmen.

jdm (etw) befehlen
order, command sb (to do sth)

Man befahl ihm zu warten. Den Soldaten wurde befohlen, die Brücke zu sprengen. Der General befahl den Rückzug.

etw befehligen (R3b)
have/be in command of sth (in military terms)

Der Admiral befehligt den Flottenverband. Der Oberst befehligte die Truppen jenseits der Wolga.

jdn wohin beordern (R3)
order, summon sb to go swh (in an official capacity)

Der Diplomat wurde nach Ulan Bator beordert. Dort stand ein Verkehrspolizist und beorderte ihn nach rechts.

etw bestellen
order sth (to be supplied)

Er bestellte drei Platzkarten für das Spiel am Sonntag. Ich habe beim Versandhaus eine neue Bluse bestellt. Sie bestellte einen großen Braunen.

jdn (wohin) bestellen
instruct sb to come to see one (swh)

Der Chef hat mich für 8 Uhr in sein Büro bestellt. Man hatte ihn zur Polizei bestellt.

jdm etw gebieten (R3a)
command, order sb (to do sth) (esp. of abstract ideas)

Mein Gewissen gebietet mir zu sprechen. Das gebietet uns unsere Verantwortung für die sichere Gegenwart und Zukunft unseres Volkes.

jdn (etw) heißen (R3a)
tell, bid sb (to do sth)

Sie hieß ihn stehen (zu) bleiben. Er hieß seine Truppen, die Burg bis zum letzten Mann zu verteidigen.

etw **kommandieren**/ jdn **kommandieren** (**R1**)
    be in command of sth (military); order sb about

Er kommandierte die Einheiten im Weichselgebiet. Von dem lasse ich mich nicht herumkommandieren.

etw **verfügen** (**R3b**)
    order, decree sth (officially)

Das Gericht verfügte, dass er den Schaden ersetzen sollte. Das Gericht verfügte die Schließung des Lokals.

(jdm) etw **verordnen** (**R3b**)
    prescribe sth (for sb) (of doctors)

Dr. Jellinek hat mir Bäder, Bettruhe, eine Brille, eine Diät, eine Kur, ein Medikament verordnet.

(jdm) etw **verschreiben**
    prescribe (sb) sth (of doctors, esp. by written prescription)

Dr. Nowak hat mir diese Pillen verschrieben. Du solltest dir etwas für dein Rheuma verschreiben lassen.

(jdm) etw **vorschreiben**
    stipulate, prescribe sth, lay sth down (for sb)

Das Gesetz schreibt vor, dass die Geschäfte sonntags geschlossen bleiben. Ich lasse mir von dir nichts vorschreiben.

---

begraben   *bury*

jdn **beerdigen** (**R2/3**)
    bury, inter sb (with funeral rites)

Meine arme Mama wurde auf dem kleinen ruhigen Friedhof Brenntau beerdigt.

jdn **begraben**
    bury sb (also in extended senses)

Sie wurde auf dem Friedhof begraben. Man begrub den Toten bei Nacht und Nebel. Sie wurde unter den Trümmern ihres Hauses begraben.

jdn **beisetzen** (**R3**)
    inter sb (also ashes; with solemn funeral rites)

Beide wurden auf dem amerikanischen Nationalfriedhof Arlington bei Washington beigesetzt.

jdn **bestatten** (**R3**)
    inter sb (with solemn funeral rites)

Der verstorbene Dichter wurde in der Westminster-Abtei in London bestattet.

jdn **einäschern** (**R3**)
    cremate sb

Der Verstorbene wurde eingeäschert und seine Urne wurde auf dem städtischen Friedhof beigesetzt.

jdn/etw **einscharren** (**R3**)
    bury sb/sth (simply cover sb/sth with earth)

Man ließ ihn unfeierlich und ohne Grabrede einscharren, wie es mit anderen Selbstmördern geschah.

etw **vergraben**
    bury sth

Rollo wusste genau, wo die Seeräuber den Schatz vergraben hatten. Er vergrub sein Gesicht in den Händen.

jdn **verscharren** (**R3**)
    bury sb (simply cover sb with earth)

Der Totengräber hatte die Leiche der jungen Frau heimlich verscharrt.

behalten   *keep*

etw **aufbewahren** (**R3**)
    keep sth safe (esp. valuable things)

In diesem Kästchen bewahrte er seinen
Anteil am Schmuck seiner Mutter auf. Wir
ließen das Gepäck am Bahnhof
aufbewahren.

etw **aufheben** [see also **heben**]
    keep sth, look after sth (i.e. not throw it
    away)

Wir müssen die Quittung sorgfältig
aufheben. Hebst du mir bitte die Tasche bis
heute abend auf? Du hebst dir das Beste
immer bis zum Schluss auf.

jdn/etw **aufrechterhalten**
    keep, maintain sth (abstract things, up to
    previous standard); keep sb going

Wir können den Frieden nicht
aufrechterhalten. Wie lange ließ sich diese
Lüge aufrechterhalten? Sein Glaube hatte ihn
aufrechterhalten.

jdn/etw **behalten**
    keep, retain possession of sb/sth

Du darfst das Buch ruhig eine Weile
behalten. Sie durfte das Kind, den Hund
nicht behalten. Ich kann nicht so viele
Zahlen im Kopf behalten.

etw **beibehalten**
    retain sth, stick to sth, keep sth unchanged

Die Regierung behält ihren bisherigen
politischen Kurs bei. Er hat die
eingeschlagene Richtung beibehalten.

etw **bewahren** (**R2/3**) [see also **retten**]
    preserve, maintain sth (sth abstract, esp. in
    difficult situations)

Er hat trotzdem seinen Humor bewahrt. Das
neue Regime konnte die sozialen Strukturen
von früher nicht bewahren.

etw **einhalten**
    keep, adhere (to), observe sth (an obligation
    or duty); not deviate from sth

Er hat den Termin, sein Versprechen, sein
Wort, alle Paragraphen der Gesetze
eingehalten. Die Maschine konnte ihren
Kurs einhalten.

jdn/etw **erhalten**
    keep, preserve, maintain sb/sth (i.e. prevent
    deterioration or loss)

Die Möbel sind erstaunlich gut erhalten.
Ich will mich durch Sport fit erhalten.
Der Patient wurde künstlich am Leben
erhalten.

jdn/etw **halten** [see also **halten**]
    keep sb/sth (i.e. not let move or change,
    not deviate), observe, stick to sth

Er hielt sein Wort. Sie hielt den Takt. Er
hielt den Fuß gegen die Tür. Niemand/
Nichts hält dich doch hier. Sie hielt ihm das
Essen noch warm.

sich **halten**
    remain in good condition; maintain a course/
    position

Die Ananas halten sich nicht mehr. Die
Maschine hält sich auf einer Höhe von
10 000 Metern. Halten Sie sich am Bahnhof
links.

sich an jdn/etw **halten**
    keep/stick to sb/sth, abide by sb/sth

Du mußt dich an die Gesetze, dein
Versprechen halten. Wir müssen uns an die
Tatsachen halten.

etw **unter´halten**

   keep, maintain sth (in good order); keep sth going (i.e. not let it decline)

Die Gemeinde unterhält die Anlage, den Park, die Straßen. Wir unterhalten gute Beziehungen zu unseren Nachbarländern.

etw **verwahren**

   (R3) keep sth (valuable) safe; (N) save sth for later

Diese Papiere läßt man am besten im Tresor verwahren. (N) Ich will die Schokolade für heute Abend verwahren.

etw **wahren (R3)**

   keep, maintain, preserve sth (sth abstract)

Dadurch hat er das Gesicht wahren können. Die Schweiz hat seit fast zwei Jahrhunderten ihre Neutralität gewahrt.

jdn/etw **zurückhalten**

   hold sb/sth back, detain sb, withhold sth

Eine dringende Angelegenheit hielt sie in Karlsruhe zurück Sie konnte die Tränen, ihren Zorn nicht zurückhalten.

bekommen

[see also **annehmen**[1], **besorgen**]

receive, get

etw **bekommen**

   receive, get sth

Ich habe Geld, keine Antwort, das Buch, etwas zu essen bekommen. Was bekommen Sie für Ihren alten Mercedes? Sie bekam ein Kind.

etw/jdn **empfangen (R3)**

   receive, be given sth (esp. sth special); receive sth (a broadcast); receive sb (formally)

Er empfing das Sakrament der Taufe, einen hohen Orden. Hier können wir Westfernsehen empfangen. Der Botschafter empfängt die Gäste.

etw **in Empfang nehmen (R3b)**

   receive sth (esp. a commercial delivery)

Wir haben die Lieferung am 1.9. in Empfang genommen.

etw **entgegennehmen (R3)**

   receive sth, be given sth (typically sth official)

Er hat das Paket an der Tür entgegengenommen. Der Architekt nahm den Auftrag entgegen. Er nahm die Glückwünsche freudig entgegen.

etw **erhalten (R3)**

   receive, be given sth (the recipient is a passive participant)

Ich habe heute das Paket erhalten. Sie erhielt keine Auskunft darüber. Er erhielt drei Jahre Gefängnis. Bronze erhält man aus Kupfer und Messing.

etw **kriegen (R1)**

   get, receive sth (the recipient may be an active participant)

Der Junge hat eine Modelleisenbahn zu Weihnachten gekriegt. In Fulda kriegen wir keinen Anschluß mehr. Ich kriege 5 Brötchen.

beleuchten   *illuminate*
[see also glänzen]

etw **beleuchten**
illuminate sth, light sth up (shine light onto
sth or provide sth with light); examine sth

Die Straße ist schlecht beleuchtet. Das Auto
war vorschriftsmäßig beleuchtet. Zwanzig
Lampen beleuchteten den Saal. Wir wollen
das Problem näher beleuchten.

etw **erhellen (R3a)**
illuminate sth, light sth up (so that it is
clearly visible); shed light on sth

Ein Blitz erhellte das ganze Tal. Viele Kerzen
erhellten das Mittelschiff des Doms. Sie
wollten die Gründe für diese Entscheidung
erhellen.

jdn/etw **erleuchten**
[used most often in passive]
illuminate sth, light sth up (esp. suddenly, or
a light coming from inside); (R3a) inspire
sb/sth

Ein Blitz erleuchtete die Landschaft. Der
Saal, die ganze Stadt war festlich erleuchtet.
Sie sah die hell erleuchteten Fenster des alten
Schlosses. Diese Philosophie erleuchtete die
ganze Menschheit.

benutzen   *use*

etw (auf etw) **anwenden**
apply sth (to sth)

Wir sollen die neuen Methoden richtig
anwenden. Kann man diese Regel auch auf
diesen Fall anwenden?

etw/jdn **ausnutzen (N)** / **ausnützen (S)**
exploit sth/sb, take advantage of sth (often
pejorative)

Er nutzte ihre Schwäche gewissenlos aus.
Man hat die billigen Arbeitskräfte schamlos
ausgenutzt. Diese Gelegenheit muss man gut
ausnutzen.

etw **bedienen (R3)**
operate sth (typically sth large or complex)

Er wusste nicht, wie man die Spülmaschine
bediente. Nach der Ausbildung konnte sie
diese neue Maschine bedienen.

sich jds/einer Sache **bedienen (R3)**
make use of sb/sth

Die Geheimdienste bedienen sich verdeckter
Methoden. Auch der Bundeskanzler hat sich
dieses Mannes bedient.

etw **benutzen (N)** /**benützen (S)**
make use of sth (typically for a specific
purpose)

Wir müssen den Haupteingang benutzen.
Wir benutzen das Arbeitszimmer auch als
Gästezimmer. Darf ich das Telefon
benutzen?

etw **gebrauchen**
use sth (esp. for its intended purpose), put
sth to use, find a use for sth

Welche Seife gebrauchst du? Heute kann ich
einen Regenschirm gut gebrauchen. Man
kann das Wort in diesem Kontext nicht
gebrauchen.

etw **nutzen (N)** /**nützen (S)**
make use of sth (i.e. not miss the
opportunity)

Sie nutzte jede freie Minute zur
Weiterbildung. Er nutzte die Zeit (dazu),
sich auszuruhen. Sie hat den Termin als
Vorwand genutzt.

(jdm) **nutzen** (*N*) /**nützen** (*S*) [most often used with a negative or in a question] *be of use (to sb)*	Diese Ratschläge nutzen uns wenig/nichts. Was nutzt es, wenn wir hier herumstehen? Ein günstiger Kredit würde der Firma viel nutzen.
(jdm) **von Nutzen sein** [not usually used with a negative] *be of use (to sb)*	Einem guten Polizisten sind diese Kenntnisse sicher von Nutzen.
mit etw ´**umgehen** (**R1/2**) *know how to use sth*	Weißt du, wie man mit diesem Fotoapparat umgeht? Sie geht geschickt mit dem Pinsel um.
etw **verbrauchen** *use sth up, consume sth*	Bei uns wird zu viel Energie verbraucht. Sie hat bei dieser Arbeit viel Zeit verbraucht. Wir haben den ganzen Vorrat verbraucht.
etw **verwenden** (**R2/3**) *utilize sth, put sth to use (stressing purpose or final product)*	Den Stoff konnte sie für ihren neuen Rock verwenden. Wir haben viel Mühe auf dieses Projekt verwendet.
etw **verwerten** (**R3**) *utilize sth, find a use for sth (typically in an original way)*	Der Betrieb konnte diese neuen Ergebnisse für seine Produkte verwerten. Diese Erlebnisse hat er in seinem neuen Roman verwertet.
sich etw **zunutze machen** *make use of sth, take advantage of sth*	Sie machte sich diese Gelegenheit zunutze. Ich habe mir seine Unerfahrenheit zunutze gemacht.

bereit   *ready*

bereit (only pred.) *prepared, willing (to do sth)*	Bist du bereit, mir zu helfen? Der Zug ist zur Abfahrt bereit. Angelika ist zu allem bereit. Die Regierung hat sich zu Verhandlungen bereit erklärt.
bereitwillig (not pred.) *willing, ready/readily*	Er war ein bereitwilliger Helfer. Sie hat uns bereitwillig Auskunft gegeben.
fertig [see also **beenden**, **müde**] *finished, completed*	Ihre Fotos sind fertig. Bist du immer noch nicht fertig? Bist du fertig mit dem Aufräumen? Das Projekt ist noch nicht ganz fertig.

Berg   *hill, mountain*

Abhang, der (¨e) *hill-/mountainside*	Wir standen vor einem jähen, steilen, sanften Abhang. Sie rutschten den Abhang hinunter.

Anhöhe, die (-n)
  high point, elevation, hill(top)

Von dieser Anhöhe aus hat man einen wunderbaren Blick aufs Meer.

Berg, der (-e)
  mountain, hill

Sie kletterten mühsam den Berg hinauf. Im Büro warten Berge von Akten auf mich.

Böschung, die (-en)
  embankment (e.g. at side of road or railway)

Man will die Böschungen an der neuen Autobahn mit Bäumen bepflanzen.

Buckel, der (-)
  (*R1*) *hillock, bump* (e.g. in road); (*SW*) *hill*

(**R1**) Hier hat das Straßenpflaster viele Buckel. (*SW*) Der Aussichtsturm steht auf einem Buckel.

Gebirge, das (-)
  mountains, hills, mountain range

Dieses Jahr verbringen wir unseren Urlaub im Gebirge. Der Himalaja ist das höchste Gebirge der Welt.

Gipfel, der (-)
  summit, peak

Wir erreichten den Gipfel kurz vor zwölf. Der Gipfel des Brocken lag im Nebel.

Hang, der (¨e)
  slope, incline, hill-/mountainside

Mühsam kletterten wir den Hang hinunter. Unser Haus liegt am Hang. Wir konnten schon die bewaldeten Hänge der Voralpen sehen.

Höhe, die (-n) (**R2/3**)
  elevation, high point, hill(top)

Die Stadt ist von bewaldeten Höhen umgeben. Vom Turm aus sah man schon die Höhen des Weserberglandes.

Hügel, der (-) (esp. *N*)
  (small) hill (often solitary); *heap* (of earth)

Wir fuhren einen sanften Hügel hinauf. Auf dem Rasen waren viele Maulwurfshügel.

Beruf
[see also **Arbeit**]

job, profession

Amt, das (¨er)
  office, official position (paid or honorary, in church, state or other organization)

Er musste sein Amt als Außenminister niederlegen. Sie hat das höchste Amt im Staat bekleidet.

Anstellung, die (-en)
  (position of) employment, appointment (typically non-manual)

Sie hat eine neue Anstellung gefunden. Die Anstellung neuer Arbeitskräfte ist jetzt unmöglich geworden.

Arbeitsplatz, der (¨e)
  position, job (general); *place of work*

In diesem Betrieb gibt es keine freien Arbeitsplätze. Sie verlor ihren Arbeitsplatz. Sie wohnt nicht weit von ihrem Arbeitsplatz.

Aufgabe, die (-n)
  task (a specific task set sb)

Ich betrachte es als meine Aufgabe, ihm zu helfen. Sie musste diese unangenehme Aufgabe ausführen.

Auftrag, der (¨e)
specific piece of work (relating to sb's trade or profession); *order, commission*

Sie hat den wichtigen Auftrag pünktlich erledigt. Unsere Firma hat den Auftrag bekommen, die Kabelung zu renovieren.

Beruf, der (-e)
profession, occupation, trade (skilled)

Er ist Ingenieur von Beruf. Sie übt einen interessanten Beruf aus. Er hat keinen festen Beruf.

Berufstätigkeit, die (no pl.) (**R3b**)
(professional) employment

Steigende Berufstätigkeit von Frauen wird nun nicht nur gefordert, sondern auch gefördert.

Erwerbstätigkeit, die (no pl.) (**R3b**)
(gainful) employment

Seit dem Herbst ist hier die Erwerbstätigkeit um mehr als eine Million gesunken.

Geschäft, das (-e) [see also **Laden**]
business

Sein Geschäft geht jetzt gut. Sie hat das Geschäft ihrer Mutter übernommen. Er betreibt zweifelhafte Geschäfte.

Gewerbe, das (-)
trade (skilled – can be used pejoratively), *small business*; *farm* (**CH**)

Sie war im graphischen Gewerbe tätig. Die Gemeinde will Handwerk und Gewerbe fördern. Der Waffenhandel ist ein schmutziges Gewerbe.

Handel, der (no pl.)
trade

Er treibt einen blühenden Handel mit der neusten Software. Der Handel mit Landminen wird demnächst verboten.

Handwerk, das (no pl.)
(skilled) trade

Der Schlosser verstand sein Handwerk. Er hat dieses Handwerk erlernt.

Job, der (-s) (**R1**)
job (esp. occasional, casual or part-time)

Sie sucht einen Job für die Ferien. In dieser Gegend gibt es nicht viele gut bezahlte Jobs.

Metier, das (no pl.)
profession (requiring particular skills; often used humorously)

Die Politik ist doch kein aufrichtiges Metier. Das gehört nicht zu meinem Metier. Er hat sein Metier beherrscht.

Position, die (-en)
position (of respect, in a company or organization)

Sie stieg in eine leitende Position in der Firma auf. Ein Mann in seiner Position kann sich solche Fehler nicht leisten.

Posten, der (-)
post, position (typically secure and responsible, often official)

Der Posten des Direktors soll bald ausgeschrieben werden. Als Beamter hat er einen sicheren Posten.

Stelle, die (-n) (esp. **R1**)
[more precisely, esp. **R3b**: Arbeitsstelle]
job, position (specific)

Sie hat sich um eine gut bezahlte Stelle beworben. Diese Stelle wird demnächst ausgeschrieben. Er eignet sich nicht für diese Stelle.

Stellung, die (-n)
job, position, employment (of a particular, often responsible kind)

Ich will mich nach einer neuen Stellung umsehen. Ich möchte mich um die ausgeschriebene Stellung einer technischen Zeichnerin bewerben.

berühren   *touch*
[see also bewegen, fühlen, greifen]

jdn/etw **abtasten**
    touch sb/sth all over (exploring or looking
    for sth)

Der Sicherheitsbeamte tastete ihn nach
versteckten Waffen ab. Das Licht der
Taschenlampe tastete die Wände ab.

jdn/etw **anfassen**
    get hold of sb/sth

Die Pflanze ist giftig, du sollst sie nicht
anfassen. Er fasst mich immer an, wenn er
mit mir spricht.

jdn/etw **angreifen** (*S*)
    get hold of sb/sth

Ich habe den heißen Teller nicht angreifen
wollen. Hier darfst du nichts angreifen.

jdn/etw **anrühren**
    [most often with a negative]
    touch sb/sth, get hold of sb/sth

Rühr mich nicht an! Ich habe das Kind nie
angerührt. Diese Tiere sind vollkommen
reglos, bis man sie anrührt. Er hat seine
Suppe nicht angerührt.

jdn/etw **antasten**
    [often with a negative]
    touch sb/sth (with care); *infringe, encroach on*
    sth (abstract)

Das Thema wurde nicht ausführlich
diskutiert, sondern nur angetastet. Der Staat
darf die Freiheit des Individuums nicht
antasten.

jdn/etw **antatschen** (**R1**)
    touch sb/sth (clumsily)

Tatsch mir nicht alles so an mit deinen
dreckigen Pfoten!

etw **befühlen**
    feel sth, inspect sth (touching it in several
    places)

Die Ärztin befühlte vorsichtig das
gebrochene Gelenk.

jdn/etw **befummeln** (**R1**)
    paw, fondle sb/sth

Der Arzt hat ihn von oben bis unten
befummelt und doch nichts gefunden.

jdn/etw **begrapschen** (*N*)
    fondle, grope sb/sth (pejorative)

Die Annemarie hat ihm eine geklebt, als er
sie begrapschen wollte.

jdn/etw **berühren**
    touch sb/sth, make contact with sb/sth (slightly
    and possibly unintentionally); *touch sb*
    (emotionally)

Ihr Kleid berührte fast den Boden. Sie
berührte ihn leicht am Arm. Du hast dieses
Thema berührt. Sie standen so nah
aneinander, dass sich ihre Schultern berührten.
Diese Nachricht hat mich tief berührt.

jdn/etw **betasten**
    feel sth, inspect sb/sth (by touching it)

Vorsichtig betastete sie das gebrochene
Gelenk. Er betastete sorgfältig die vielen
kleinen Metallstücke.

jdn/etw **betatschen** (**R1**)
    paw, grope sb/sth

Er betatschte alles in ihrem Wohnzimmer.
Im Gang bedrängte und betatschte er die
Frau, die sich heftig wehrte.

an etw **rühren** (**R3**)
    make contact with sth (slightly)

Wir wollen nicht an die Freiheiten der
ansässigen Bevölkerung rühren. Er rührte
sacht an ihren Arm.

jdn **rühren** (**R3**)
  touch, move sb (emotionally)

Ihre Stimme klang ängstlich und besorgt, und das rührte ihn. Das hat sie zu Tränen gerührt.

jdn/etw **tätscheln**
  pat sb/sth

Er tätschelte den Hals des Pferdes/dem Pferd den Hals. Er tätschelte ihr die Hand.

wohin **tatschen** (**R1**)
  paw, grope somewhere

Tatsch mir doch bitte nicht an die frisch geputzten Scheiben!

---

beschließen   *decide*

(etw) **beschließen**
  decide (on) (sth)/reach a decision (to do sth) (in general sense)

Sie beschloss, ihn doch zu heiraten. Der Bundestag beschloss die Änderung der Gesetzesvorlage. Die UNO wird nur zu beschließen brauchen.

einen **Beschluss fassen** (**R3b**)
  reach a (collective) decision, pass a resolution

Das Parlament hat gestern den Beschluss gefasst, die Steuern zu senken.

etw **bestimmen**
  fix, decide, determine sth (time, place, course of action, etc.)

Das Problem ist, dass Margrit immer alles selber bestimmen will. Der Professor hat den Prüfungstermin bestimmt.

etw **entscheiden**
  decide/settle sth (e.g. dispute, question, game)

Das Gericht musste entscheiden, wer Recht hatte. Die Frage ist noch nicht entschieden.

sich (für/gegen etw) **entscheiden**
  [see also **wählen**]
  decide for/against sth (of a number of alternatives)

Ich habe mich für/gegen einen neuen BMW entschieden. Wir entschieden uns (dafür), einen BMW zu kaufen.

eine **Entscheidung treffen/fällen** (**R3b**)
  reach a decision (i.e. settle sth)

Die Entscheidung in dieser Streitfrage soll nächste Woche getroffen werden.

sich (zu etw) **entschließen**
  reach a (firm) decision to (do) sth (after careful deliberation)

Sie entschloss sich dazu, ihn zu heiraten. Ich habe mich zur Annahme des Vorschlags entschlossen.

(zu etw) **entschlossen sein**
  be determined/resolved (to do sth)

Ich bin fest entschlossen, die Stelle am Montag zu kündigen.

einen **Entschluss fassen** (**R3b**)
  make a decision

Ich fasste rasch den Entschluss, am nächsten Tag nach Warschau zu reisen.

sich etw **vornehmen**
  resolve, plan (to do) sth

Ich habe mir vorgenommen, Jura zu studieren. Sie hatte sich für heute allerhand vorgenommen.

beschränken   *restrict, limit*

etw **begrenzen**
   limit (i.e. not allow to get bigger)

Durch diese Maßnahme konnte man das
Risiko begrenzen. Unser Wissen ist begrenzt.

sich/etw (auf etw) **beschränken**
   restrict o.s./sth (to sth) (i.e. set a clear limit)

Wir müssen uns auf das Wesentliche
beschränken. Durch diese Maßnahme wollte
man die Macht der Staatsbeamten
beschränken.

jdn/etw **einengen**
   *constrict, restrict sb (i.e. limit freedom of
   movement or action); narrow sth down*

Wir können den Begriff etwas einengen. Sie
wurden in ihren Freiheiten eingeengt.

jdn/etw **einschränken**
   *restrict sb/sth, cut back on sth (typically
   implies a reduction)*

Das hat ihn in seinen Berufschancen
eingeschränkt. Man hat die Kompetenzen
der Beamten eingeschränkt.

---

beschuldigen   *accuse, blame*
   [see also **vorwerfen**]

jdn **anklagen**
   [with *wegen*, or (**R3b**) etw (gen), or a
   clause]
   *accuse sb (of sth), charge sb (with sth) (esp. a
   crime)*

Man hat ihn wegen schwerer
Körperverletzung (**R3b**: der schweren
Körperverletzung) angeklagt. Sie wurde
angeklagt, das Gold gestohlen zu haben.

jdn etw **anlasten**
   lay the blame for sth on sb

Man hat den Diebstahl einem Landstreicher
angelastet. Man wollte mir die ganze Schuld
an diesem Unfall anlasten.

jdn **beschuldigen**
   [used with a clause, or (**R3b**) etw (gen)]
   *accuse sb (of sth), blame sb (for sth) (not
   exclusively a legal term)*

Er beschuldigte den Arzt, er habe ihn mit
seinen Spritzen vergiften wollen. Der
Botschafter hat in einem Brief an
Außenminister Fischer die Bundesregierung
des Rechtsbruchs beschuldigt.

jdn **bezichtigen** (**R3**)
   [used with a clause, or etw (gen)]
   *accuse sb (of sth), blame sb (for sth) (not
   exclusively a legal term)*

Man bezichtigte die Franzosen, diesen Krieg
angezettelt zu haben. Man kam auf den
Gedanken, den Reichspräsidenten des
Landesverrats zu bezichtigen.

jdm etw **zur Last legen**
   accuse sb of sth

Die Sabotage wurde dem
Gewerkschaftsführer zur Last gelegt.

jdm etw **in die Schuhe schieben** (**R1**)
   *lay the blame for sth on sb (i.e. blame sb who
   was innocent)*

Doris hat versucht, es ihrem Bruder in die
Schuhe zu schieben, aber ich habe gesehen,
wie sie den Stein geworfen hat.

jdm **die Schuld** (an etw) **geben**
   blame sb (for sth)

Er hat ihr die Schuld daran gegeben, dass sie
den Zug verpassten. Sie gab ihm die Schuld
an der ganzen Geschichte.

an etw **schuld sein/Schuld haben** *be to blame for sth*	Wer ist an dem Streit schuld? Ich war schuld daran, dass wir den Zug verpassten. Der Radfahrer hatte an dem Unfall Schuld.

sich beschweren

[see also **kritisieren**]

complain

sich (über jdn/etw) **beklagen** *express annoyance, complain (about sb/sth)* (usually to a third person)	Die Nachbarn beklagten sich bei ihm über den Lärm. Er beklagte sich über seinen Chef. Ich kann mich nicht beklagen.
sich (über jdn/etw) **beschweren** *make a (formal) complaint (about sb/sth) (so that it should be put right)*	Ich habe mich schon beim Geschäft über meinen neuen Laptop beschwert. Er rief den Kellner und beschwerte sich über die schlechte Bedienung.
(über jdn/etw) **klagen** *complain, express concern, dissatisfaction (about sb/sth)*	Er klagte über ihre Unverschämtheit. Sie hat nie darüber geklagt, dass der Lärm von Tag zu Tag stärker wurde. Sie werden nichts zu klagen haben.
(etw) **reklamieren** *complain (about sth) (esp. faulty goods)*	Da hat schon wieder einer reklamiert, weil sein Fernseher nicht richtig funktioniert. Er hat sofort reklamiert, weil der Betrag nicht stimmte.

besorgen

[see also **bekommen, kaufen**]

get, obtain

jdn/etw **auftreiben** (R1) *get hold of sb/sth (with difficulty)*	Ich habe das letzte Exemplar aufgetrieben. Wie willst du noch zweitausend Mark auftreiben?
(jdm) etw **beschaffen** *procure, obtain sth (for sb) (with difficulty)*	Ich werde mich bemühen, Ihnen den nötigen Betrag, die Erlaubnis, den Eintritt zu beschaffen.
(jdm) etw **besorgen** *get, obtain sth (for sb)*	Wer hat dir die Bücher, das Flugticket, die Opernkarten, die Taxe, die Wohnung besorgt?
etw **erwerben** (R3) *acquire, gain sth*	Nach dem Tod ihrer Tante erwarb sie ihr Haus in Essen. Spielberg will die Filmrechte erwerben. Sie hat auf diesem Gebiet reiche Kenntnisse erworben.
jdm etw **verschaffen** *secure, obtain sth for sb (stressing ways and means, i.e. influence, negotiation or tactics)*	Sein Onkel konnte ihm eine gutbezahlte Stelle verschaffen. Wie hast du dir die Erlaubnis dazu verschafft? Ich muss mir ein Alibi verschaffen.

besprechen
[see also sprechen]

discuss

(mit jdm) etw **bekakeln** (*N*)
talk sth over, discuss sth (with sb)

Wir müssen die ganze Angelegenheit erst einmal richtig bekakeln.

über etw/etw **beraten** [see also raten]
discuss sth (of a group, weighing alternatives)

Wir wollen den neuen Plan beraten. Sie beraten noch über die Ausführung des Projekts.

sich (mit jdm) (über etw) **beraten**
discuss (sth) (with sb), consult (with sb) (about sth) (esp. to reach an agreed decision)

Er beriet sich mit seiner Frau über den Kauf einer neuen Wohnung. Ich habe mich mit ihm darüber beraten.

etw (mit jdm) **bereden** (**R3**)
discuss sth, talk (sth) over (with sb)

Lass uns die Sache erst noch einmal bereden, bevor eine Entscheidung nötig ist.

sich (mit jdm) (über etw) **bereden** (**R3**)
discuss (sth), confer (about sth) (with sb)

Ich habe mich mit ihm noch nicht über diese Angelegenheit beredet.

etw (mit jdm) **besprechen**
discuss sth, talk sth over (with sb) (exchange ideas)

Die Studenten besprechen das Problem eingehend. In dieser Sendung werden die Ereignisse der Woche besprochen. Ich habe das Ganze mit meiner Freundin gründlich besprochen.

sich (mit jdm) (über etw) **besprechen**
discuss (sth), confer (about sth) (with sb)

Er besprach sich mit seinem Steuerberater. Wir müssen uns noch mit einem Bauingenieur über den Anbau besprechen.

(etw)/(über etw) **diskutieren**
discuss, debate sth (exchange contrasting opinions)

Marianne und ich haben stundenlang (über Politik) diskutiert. Wir haben (über) den Vorschlag diskutiert.

etw (mit jdm) ´**durchkauen** (**R1**)
talk sth over (with sb) (to excess)

Wir haben seine Pläne gestern Abend bei einer Flasche Wein richtig durchgekaut.

etw (mit jdm) ´**durchsprechen**
discuss sth thoroughly (with sb)

Diesen Vorschlag müssen wir erst noch in aller Ruhe durchsprechen.

etw **erörtern** (**R3**)
discuss sth (consider details in order to understand sth)

Kompetente Fachleute haben diese Frage schon in den 60er Jahren eingehend erörtert. Im Parlament wurde der Vorschlag gründlich erörtert.

---

betrügen
[see also vortäuschen]

deceive

jdn **anlügen**
tell lies to sb (blatantly)

Die beiden Gauner haben uns gestern maßlos angelogen.

jdn **anschmieren** (**R1**) *take sb for a ride*	Mit dem alten Fahrrad hat er dich aber richtig angeschmiert.
jdn **belügen** *tell lies to sb*	Er wollte sie fragen, ob er sie ein einziges Mal belogen habe.
(jdn) **bescheißen** (**R1★**) *cheat, swindle (sb)*	Das musst du mir aber schriftlich geben, sonst bescheißt du mich noch.
(jdn) **beschummeln** (**R1**) *cheat, swindle (sb) (relatively trivial matter)*	Dabei hat er mich auch noch um hundert Mark beschummeln wollen.
(jdn) **beschuppen/beschupsen** (**N**) *cheat, swindle (sb) (relatively trivial matter)*	Zuerst hat der kleine Kerl da auf dem Markt mich beschupsen wollen.
jdn **beschwindeln** (**R1/2**) *cheat, swindle sb (relatively trivial matter)*	Von dir lass ich mich aber nicht beschwindeln. Ihre Söhne haben sie beschwindelt.
jdn (um etw) **betrügen** *deceive, cheat, swindle, defraud sb (out of sth)*	Sie hatte ihn belogen und betrogen. Er hat sie um über zweitausend Mark betrogen.
jdn **einseifen** (**R1**) *take sb in, con sb*	Er hat sich von dem Vertreter an der Haustür einseifen lassen.
flunkern (**R1**) *(tell a) fib*	Das sollst du dem Johann nicht glauben, er flunkert immer.
jdn **hereinlegen** (**R1**) *take sb for a ride, take sb in*	Da bist du ganz schön hereingelegt worden. Ich merkte aber, dass er mich hereinlegen wollte.
jdn **hinter´gehen** *deceive sb (by abusing or betraying sb's trust)*	Dieser Mann hat seinen Geschäftspartner jahrelang hintergangen.
jdn aufs **Kreuz legen** (**R1**) *take sb for a ride*	Ich lasse mich von denen doch nicht aufs Kreuz legen.
lügen *lie, tell lies*	Sie lügt nie. Ich müsste lügen, wenn ich das sagen wollte. Wer einmal lügt, dem glaubt man nicht.
mogeln (**R1**) *cheat (esp. at games or exams)*	Wenn der gewonnen hat, hat er sicher gemogelt. Ich glaube, der hat gestern beim Skat gemogelt.
jdn übers **Ohr hauen** (**R1**) *take sb for a ride*	Ich lasse mich nicht wieder so übers Ohr hauen, das kannst du glauben.
jdn (um etw) **prellen** (**R1**) *cheat, deceive sb (out of sth)*	Er hat Hunderte von alleinstehenden Frauen betrogen, ihnen die Ehe versprochen und sie um mehr als eine Million Mark geprellt.

schummeln (R1)
cheat (esp. at games or exams)

Wenn ich nicht in Latein geschummelt hätte, wäre ich sicher sitzengeblieben.

schwindeln (R1)
tell fibs

Wenn er sagt, er wäre heute nicht in der Kneipe gewesen, dann schwindelt er.

(jdn) täuschen (R2/3)
deceive sb (mislead sb as to the facts, not necessarily deliberately)

Der erste Eindruck täuscht oft. Mein Gedächtnis hat mich getäuscht. Sie alle täuschten dich so geschickt, dass du ahnungslos bliebst.

(jdn) trügen (R3a)
deceive (sb) (mostly in set phrases)

Der Schein trügt. Wenn mich nicht alles trügt, kenne ich ihn schon.

über´vorteilen
cheat sb (gain an advantage for o.s.)

Jedoch rechnete er die kommende Abwertung mit ein und hatte nicht im Sinn, den Nachbarn zu übervorteilen.

jdm etw weismachen
make sb believe sth (which is probably not true)

Wollen Sie uns weismachen, dass Sie nicht wissen, was er regelmäßig während seiner Freizeit trieb?

---

betrunken   *drunk*

angeheitert
merry

Nach einem einzigen Glas Wein war Sabine schon angeheitert.

angesäuselt (R1)
tipsy

Die Gäste waren alle schon etwas angesäuselt, als wir ankamen.

angetrunken
fairly drunk

Der angetrunkene Fahrer des BMW 735i wurde an der Unfallstelle festgenommen.

benebelt (R1)
muzzy-headed

Harald war nach dem zweiten Glas Sekt schon leicht benebelt.

berauscht (R3)
intoxicated, inebriated (not only alcohol)

Er war von der Macht, vom Erfolg, von dem neuen Wein berauscht.

beschwipst (R1)
tipsy

Er war schon beschwipst und wusste, dass er eigentlich nicht fahren sollte.

besoffen (R1)
plastered, smashed, sozzled

Der war gestern Abend so besoffen, dass er die Haustür nicht aufmachen konnte.

betrunken
drunk (the most general, neutral term)

Der Angeklagte wurde in betrunkenem Zustande auf dem Marktplatz aufgefunden.

blau (R1)
plastered, smashed, sozzled

Der Hannes ist gestern Abend schon wieder mal blau nach Hause gekommen.

hackevoll, sternhagelvoll (R1)
blotto, roaring drunk

Um Mitternacht waren die Studenten alle sternhagelvoll.

stink-, stockbesoffen (R1★)
pissed (as a newt)

Er hat einen Schnaps nach dem anderen getrunken und ist jetzt stockbesoffen.

stockbetrunken (R1)
blotto, roaring drunk

Er war stockbetrunken und kann sich an nichts erinnern.

trunken (R3a)
intoxicated, inebriated (not only alcohol)

Sie war trunken vor Freude, Begeisterung, Glück. Der Sieg, die Idee machte sie trunken.

voll (R1)
plastered, smashed, sozzled

Der Hannes Meyer wird schnell agressiv, wenn er voll ist.

---

bewegen
[see also berühren]

move

etw **bewegen**
move, shift, budge sth

Nur zusammen konnten sie den schweren Schrank von der Stelle bewegen. Seit dem Unfall kann er das linke Bein nicht mehr bewegen.

jdn **bewegen (R3)**
move sb (emotionally), *preoccupy sb*

Niemand wusste, was ihn so bewegte. Der Film hat mich tief bewegt. Dieses Problem bewegt die Wissenschaftler schon lange.

sich **bewegen**
move, be in motion (typically unspecified movement in same place; never expresses motion of people in a particular direction)

Der Preis bewegt sich gewöhnlich zwischen 100 und 120 Mark. Die Blätter bewegten sich sanft. Er konnte sich nicht von der Stelle bewegen. Die Erde bewegt sich um die Sonne.

sich in **Bewegung setzen**
begin to move

Dann sah er, wie die Maschine sich plötzlich in Bewegung setzte.

sich **fortbewegen** [see also gehen]
move (i.e. proceed in a particular direction)

Er konnte sich kaum/nur langsam/nur an Krücken fortbewegen.

etw **regen (R3)**
move sth (esp. part of the body)

Ich kann vor Kälte kaum noch die Finger regen. Der Kranke regte kein Glied.

sich **regen (R2/3)**
stir, move slightly, start to move

Er schlief ganz ruhig und regte sich überhaupt nicht. Es war alles still, und nichts regte sich. Leise Zweifel regten sich in mir.

(etw) **rücken**
move, shift (sth) (esp. in jerks, often of furniture)

Er rückte den Stuhl näher an den Tisch heran. Rücken Sie bitte eins weiter. Er rückte auf dem Sofa näher zu ihr. Der Uhrzeiger rückte auf zwölf.

etw **rühren** [see also **mischen**]
[often with a negative]
move (esp. part of body)

Er konnte vor Kälte die Glieder nicht mehr rühren. Er hat zu Hause keinen Finger gerührt.

sich **rühren**
[often with a negative]
move (at all), stir, budge

Du sollst dich nicht von der Stelle rühren. Er hat keinen Finger gerührt, uns zu helfen. Im ganzen Haus rührte sich nichts.

sich/etw (wohin) **verlagern**
move, shift, transfer (sth) (to another place or position, so that it has a different centre or focus)

Er verlagerte das Gewicht auf das andere Bein. Dadurch wird das Problem nur verlagert, aber nicht gelöst. Die Unruhen haben sich nach Berlin verlagert.

etw/jdn (wohin) **verlegen** (**R3b**)
move, shift, transfer sb/sth (somewhere) (i.e. put in another place or time – often in official contexts)

Die Haltestelle wurde während der Straßenarbeiten verlegt. Der Patient wurde auf die Intensivstation verlegt. Die Sitzung muss auf Montag verlegt werden.

etw **verrücken**
move sth (esp. furniture, in jerks, to another place); displace sth

Wenn wir den Tisch verrücken, haben wir mehr Platz im Zimmer. Die Grenzen dürfen nicht verrückt werden. Verrücken Sie bitte nichts.

etw/jdn (wohin) **versetzen**
move, transfer sb/sth (i.e. set down in another place – of people esp. in connection with job)

Mein Onkel wurde 1981 nach Bautzen versetzt. Der Apfelbaum muss versetzt werden, bevor er größer wird. Die Mauer soll um drei Meter versetzt werden.

---

bieten   *offer*

(jdm) etw **anbieten**
offer (sb) sth (typically a person offering sth for acceptance or purchase)

Darf ich Ihnen ein Glas Wein anbieten? Ihr wurde eine Stelle in Zwickau angeboten. Er bot mir an, mich mit dem Wagen heimzufahren.

jdm etw **antragen** (**R3a**)
offer sb sth (abstract)

Er hat uns freundlicherweise seine Hilfe angetragen. Sie hat ihm das Du angetragen.

(jdm) etw **bieten**
*offer, provide, present (sb) sth (typically make sth – usually abstract – available, also of money, or (**R3a**) offering a hand or an arm)*

Ein größeres Auto bietet mehr Komfort. Der Gipfel bot einen prächtigen Anblick. Er hat mir 100 Mark dafür geboten. (**R3a**) Er hat ihr den Arm, die Hand geboten.

(jdm) etw **darbieten** (**R3**)
offer, proffer, present (sb) sth (esp. food, also hand, performance)

Den Gästen wurde ein festliches Essen dargeboten. Nach der Fest wurden Tänze aus Ungarn dargeboten.

blass   *pale*

blass
  [emphatic, of faces (esp. **R1**): *leichenblass,
  totenblass*]
  pale (i.e. with diminished natural colour),
  faint (of abstracts)

ein blasses Blau, Grün, Rot; ein blasses Licht.
Sie wurde blass vor Angst, vor Erregung, vor
Schreck. Uns blieb nur eine blasse Hoffnung.

blässlich
(rather) *pale, palish*

Nach der Krankheit sah sie lange Zeit immer
noch etwas blässlich aus.

bleich (R2/3)
  [emphatic, of faces (also **R1**): *geisterbleich,
  käsebleich, kreidebleich, totenbleich*]
  pale, pallid (i.e. colourless, looking
  unnatural or unhealthy)

ein bleiches Aussehen, bleiche Wangen,
bleiches Licht. Sie war bleich wie Wachs. Ihr
Gesicht war bleich vor Angst, vor
Aufregung, vor Schrecken, vor Wut. Das
bleiche Mondlicht schien durch die Äste der
Tannen.

fahl (R3a)
  [emphatic, of faces: *aschfahl*]
  pale, pallid, wan (esp. of unhealthy facial
  colour or unnatural light)

ein (asch)fahles Gesicht; ein fahles Blau, eine
fahle Haut, ein fahles Licht. Das fahle Licht
des Mondes schien in das Zimmer.

hell [see also **farbig**]
  pale, light (in colour)

Sie trug ein Kleid in einem hellen Rot/ein
hellrotes Kleid. Sie hat eine sehr helle Haut.

käsig (R1)
  pasty, pale, pallid (esp. of unhealthy facial
  colour)

So konnte er auch nicht sehen, wie Mama
bei dem Anblick käsig im Gesicht wurde.

Boden   *ground*

Boden, der (¨)
  ground (i.e. what people walk on), *soil;
  bottom, base* (of container, sea, cake, pants,
  etc.); *floor* (i.e. = *Fußboden*)

Der Boden war hart, weil wir Frost hatten.
Diese Pflanzen wachsen nur auf reichen
Böden. Das Schiff liegt am Meeresboden.
Meine Brille ist auf den Boden gefallen.

Erdboden, der (no pl.)
  ground (consisting of earth or soil)

Sie schliefen im Wald auf dem nackten
Erdboden. Es war, als hätte ihn der Erdboden
verschluckt. Diese Städte wurden dem
Erdboden gleichgemacht.

Erde, die (no pl.)
  earth, ground (i.e. the planet and its surface),
  soil (as material for growing plants)

Die Erde dreht sich um die Sonne. Wir
haben auf der nackten Erde geschlafen. Er hat
den Blumentopf mit Erde gefüllt.

Erdreich, das (no pl.)
  soil (esp. in relation to its composition)

Der Regen versickerte ins Erdreich. Südlich
von Dresden ist das Erdreich sehr hart.

Fußboden, der (¨)
  floor (in a dwelling)

Der Fußboden war mit chinesischen
Teppichen bedeckt. Er hat den Fußboden
gescheuert.

Gelände, das (-) [see also **Gegend**]
(open) country, ground(s), terrain

Vor uns lag ein bergiges, hügeliges, unwegsames, zerklüftetes Gelände. Sie haben das Gelände für eine Fabrik erworben.

Grund, der (no pl.)
bottom (of sea, valley, receptacle); ground (chiefly in some set phrases); (AU) plot

Der See war so klar, dass man auf den Grund schauen konnte. Er hat das Glas bis auf den Grund geleert. Die kleine Stadt wurde 1944 bis auf den Grund zerstört. (*AU*) Der nachbarliche Grund war unverbaut.

Grundstück, das (-e)
plot, lot (of land)

Die beiden Grundstücke liegen am Hang. Sie wollten das Grundstück verpachten.

Klumpen, der (-)
lump, clod (of earth)

Beim Ausgraben warf er die schweren Erdklumpen weit von sich.

Land, das (no pl.)
land, ground (esp. tract(s) of agricultural land)

Westlich von hier ist das Land unfruchtbar. Sie besitzt 50 Morgen Land oberhalb von Reutlingen.

Scholle, die (-n)
sod, clod (of earth, as turned over when digging or ploughing); (R3a) soil (fig.)

Am nächsten Tag lagen frisch umgebrochene Schollen auf dem Acker. (**R3a**) Er kehrte zur heimatlichen Scholle zurück.

---

brauchen   *need*
[see also **Not, nötig**]

jds/einer Sache **bedürfen** (**R3**)
need, require sb/sth (i.e. sb/sth is absolutely essential)

In dieser Situation bedarf er der Hilfe, der Ruhe, eines guten Freundes. Das bedarf keiner weiteren Erklärung. Es bedarf einiger/ nur geringer Mühe.

jdn/etw **benötigen** (**R3**)
need sb/sth (for a specific, objective, practical reason)

Das Krankenhaus benötigt zwei neue Chefärzte. Man benötigt drei Stunden für die Reise. Zur Einreise benötigen wir ein Visum.

jdn/etw **brauchen**
need sb/sth, be in need of sb/sth (i.e. sb/sth is required or desirable)

Ich brauche Erholung, Freunde, Geld, Hilfe, Ruhe, einen neuen Teppich. Das brauche ich dir nicht zu sagen (**R1**: . . . nicht sagen).

müssen + I N F
need/have to do sth

Man musste ihn nicht zweimal bitten. Man muss nicht reich sein, um glücklich zu sein. Das muss dringend gemacht werden.

jdn/etw **nötig haben** (**R2/3**)
need sb/sth (i.e. sb/sth is objectively necessary)

Sie hat einen Erholungsurlaub im Gebirge nötig. Er hat es bitter nötig, dass man ihm hilft.

brechen   *break*

(etw) (von etw) abbrechen
break, snap (sth) off (from sth), break the end off sth

Sie brach den Griff ab. Er hat den Bleistift, die Erzählung abgebrochen. Der Zweig ist abgebrochen. Die Verbindung brach ab.

(etw) aufbrechen
break sth open (by force); open up (wounds, buds, surfaces)

Der Dieb hat die Truhe mit einem Stemmeisen aufgebrochen. Die Narbe, die Eisdecke, die Knospe ist aufgebrochen.

(etw) aufreißen
rip, tear, break (sth) open

Ungeduldig riss sie den Brief auf. Die Tüte riss auf, und alles fiel heraus. Die Naht ist aufgerissen.

(etw) brechen
break (sth) (cleanly, of hard objects or abstract things)

Sie hat sich beim Skifahren das Bein gebrochen. Er hat sein Wort, seinen Eid, den Rekord gebrochen. Das Licht bricht durch die Wolken.

(etw) ´durchbrechen
break (sth) in two; break, burst through (sth)

Er hat den Zweig durchgebrochen. Der Steg über den Bach ist durchgebrochen. Erst am Nachmittag brach die Sonne durch.

etw durch´brechen
break through sth (obstacle)

Die Menge hat die Polizeisperre durchbrochen. Das Flugzeug durchbrach die Schallmauer.

etw einschlagen
smash sth (in/down) (by hitting it, esp. window)

Der Junge hat eine Fensterscheibe eingeschlagen. Er wollte mir die Zähne einschlagen.

(etw) entzweibrechen (R3)
break (sth) in two/into pieces

Er hat den Stock entzweigebrochen. Die chinesische Vase brach entzwei.

kaputtgehen (R1)
break (esp. not be working or useable)

Mir ist heute beim Abwaschen ein Teller kaputtgegangen. Das Geschäft geht langsam kaputt.

etw kaputtmachen (R1)
break, smash sth (esp. so that it doesn't work or can't be used again)

Er war so wütend, dass er die Maschine mit einem schweren Hammer kaputtmachte. Vorsicht, sonst machst du mir noch die Uhr kaputt!

kaputt sein (R1)
be broken (i.e. not be working or useable)

Von dem Teeservice sind schon zwei Tassen kaputt. An dem Auto ist schon wieder was kaputt.

(etw) reißen
snap, rip, tear (sth) (apart) (non-solid things)

Vor Wut riss er den Brief in tausend Stücke. Du sollst nicht so fest ziehen, sonst reißt die Schnur.

etw unter´brechen
interrupt sth

Er hat das Gespräch, sein Studium unterbrochen. Wir unterbrachen unsere Reise in Augsburg.

(etw) **zerbrechen**
   break (sth) (into fragments)

Ich habe beim Abwaschen zwei Gläser
zerbrochen. Die Vase fiel zu Boden und
zerbrach.

(etw) **zerreißen**
   snap, rip, tear (sth) (of non-solid things, into
   small pieces, typically with some force)

Am liebsten hätte sie den Brief in tausend
Stücke zerrissen. Der Junge hat an einem
Nagel die Hose zerrissen.

etw **zerschlagen**
   break, smash sth (into fragments, esp.
   deliberately)

In seiner Wut hat er mit dem Beil das ganze
Mobiliar zerschlagen. Dir zerschlage ich noch
alle Knochen.

jdn/etw **zerschmettern**
   smash, shatter, crush sb/sth

Sie wollten ihre Feinde zerschmettern. Sein
Knie wurde von einer Gewehrkugel
zerschmettert.

(etw) **zersplittern**
   splinter (sth) (wood, bone), shatter (sth) (glass)

Der Sturm hat den Mast zersplittert. Beim
Aufprall zersplitterte die Windschutzscheibe.

zerspringen
   shatter (suddenly, from internal pressure)

Es knallte so laut, dass beide Vitrinen in
Stücke zersprungen sind.

---

breit/schmal   *broad/narrow*

breit
   broad, wide (in terms of dimension)

Der Fluss, die Straße, die Hand, der Hof ist
breit. Der Tisch ist nur 1,50m breit.

eng
   narrow, tight, close (of expanses, openings
   and spaces, often implying too narrow or
   tight: the opposite of *weit*)

Die Straße, das Zimmer, der Raum, das
Kleid, die Gasse, der Schuh, das Tor ist eng.
Die großen Möbel machten das Zimmer sehr
eng. Sie waren enge Freunde.

schmal [see also **dünn**]
   narrow (in terms of dimension: the
   opposite of *breit*), *slim* (of people)

Das Brett, der Durchgang, die Straße, ist
schmal. Sie hat sehr schmale Hüften. Sie
überquerten den Fluss an der schmalsten
Stelle.

weit
   broad, wide (of expanses, openings and
   spaces)

ein weiter Ärmel, eine weite Ebene, ein
weites Rock, ein weites Tal, weite Schuhe.
Das Kleid ist mir zu weit.

Brot   *bread*

Brosamen, die (pl.) (**R3a**; *SW*)
   breadcrumbs

Sie hat schon die Brosamen vom Tischtuch
geschüttelt.

Brösel, die (pl.) (*SE*)
   breadcrumbs

Die echten Schnitzel paniert man mit
Semmelbröseln.

Brot, das (-e) *bread; loaf* (esp *N*)	Bei uns gibt es jeden Tag frisches Brot auf dem Tisch. Er ging zum Bäcker und kaufte zwei Brote.
Brötchen, das (-) (esp *N*) *roll*	Jeden Morgen ging sie zum Bäcker und kaufte frische Brötchen.
Brotkrumen, die (pl.) (*N*) *breadcrumbs*	Nach dem Essen fegte sie die Brotkrumen vom Tisch.
Hörnchen, das (-) *croissant*	Diese Hörnchen gibt es inzwischen bei fast jedem Bäcker in Deutschland.
Kipfe(r)l, das (-/-n) (*AU*)/ **Gipfel**, der (-) (*CH*) *croissant*	Zum Frühstück hat es bei uns immer frische Kipferln/Gipfel gegeben.
Kruste, die (-n) (*NW*) *crust*	Das Roggenbrot von diesem Bäcker hat eine schöne dunkle Kruste.
Laib, der (-e) (*SW*) *loaf*; (*SE*) *round loaf*	Sie hatte fürs Wochenende noch zwei Laib Mischbrot beim Bäcker bestellt.
Rinde, die (-n) *crust*	Siehst du, wie der Kleine die Rinde immer abschneidet?
Semmel, die (-n) (*SE*, *NE*) *roll*	Zum Frühstück gab es immer diese schönen weißen Semmeln.
Weck, der (-e)/**Wecken**, der (-) (*SE*) *long loaf*; (*SW*) *roll*	Diese runden Brötchen heißen in Baden Wecken oder Weckle, in der Schweiz immer Weggli.

Buch   *book*

Band, der (¨e) *volume*	Das Lexikon erschien in zwanzig Bänden. Er kauft einen schmalen Gedichtband. Das spricht Bände.
Bestseller, der (-) *bestseller*	Erst sein drittes Buch wurde zu einem richtigen Bestseller und wurde in viele Sprachen übersetzt.
Buch, das (¨er) *book*	Neuerdings werden Bücher auch im Supermarkt verkauft. Sie hat das Buch noch nicht gelesen.
Heft, das (-e) *book, booklet* (sewn or stapled, not firmly bound); *exercise-book*; *issue* (of a magazine)	Er kaufte ein kleines Heft mit Kurzgeschichten. Der Lehrer sammelte die Hefte ein. Das nächste Heft der Zeitschrift erscheint erst nach Ostern.

Novelle, die (-n)
  short novel (or long short story)

Der Tod in Venedig ist Thomas Manns wohl bekannteste Novelle, vor allem durch den Film von Visconti.

Paperback, das (-s)
  paperback

Ihr neuer Roman ist im Herbst als Paperback erschienen.

Roman, der (-e)
  novel

Ich lese jetzt viele historische Romane. Der Roman ist ziemlich lang, aber er liest sich sehr leicht.

Schinken, der (-) (**R1**)
  hefty tome (pejorative)

Sie liest schon wieder so einen dicken historischen Schinken.

Schmöker, der (-) (**R1**)
  book, tome (for light reading)

Sie liest nur noch diese langweiligen, sentimentalen Schmöker.

Schwarte, die (-n) (**R1**)
  weighty old tome (probably unreadable)

Er hat sich mehrere von diesen alten Schwarten bei Tante Uschi ausgeliehen.

Taschenbuch, das (¨er)
  paperback

Sein Erfolgsroman erschien erst viel später als Taschenbuch.

Wälzer, der (-) (**R1**)
  hefty tome (probably unreadable)

Diesen dicken Wälzer liest du doch nie zu Ende.

Burg   *castle*

Burg, die (-en)
  castle (i.e. typical medieval fortress)

Auf dem hohen Felsen hinter der Stadt erhob sich die Ruine einer mittelalterlichen Burg.

Festung, die (-en)
  fortification, fort

Die Festung wurde von den Türken gestürmt und eingenommen.

Schloss, das (¨er)
  stately home, palace, mansion

Das kurfürstliche Schloss aus dem 18. Jahrhundert steht inmitten eines großangelegten Parks.

Bürgersteig   *pavement/sidewalk*

Bordstein, der (-e) (**N**)
  kerb/curb

Ich bin heute Morgen mit dem Rad gegen den Bordstein gefahren.

Bord(stein)kante, die (-e) (**NE**)
  kerb/curb

Für die Autos ist diese hohe Bordkante eigentlich recht gefährlich.

Bürgersteig, der (-e) (**N**)
  pavement

Auf dem Bürgersteig standen überall geparkte Autos.

Fußweg, der (-e) (*N*) *pavement*	Man sollte lieber auf dem Fußweg gehen als auf der Straße.
Gehsteig, der (-e) (*SE*) *pavement*	Benützen Sie bitte den Gehsteig, dann gehen Sie sicherer.
Gehweg, der (-e) (*SW*) *pavement*	Nach dem Regen waren die Gehwege am Rheinufer alle matschig.
Randstein, der (-e) (*S*) *kerb/curb*	Mit dem Kinderwagen musste sie am Randstein immer aufpassen.
Trottoir, das (-s) (*SW*) *pavement*	Sie ist heute früh auf dem nassen Trottoir ausgerutscht.

Bürste *brush*

Bartwisch, der (-e) (*AU*) *(hand-)brush*	Sofort hat sie ihm einen Bartwisch und eine Schaufel gebracht.
Bürste, die (-n) *brush (stiff)*	die Scheuerbürste, Schuhbürste, Spülbürste, Kleiderbürste, Teppichbürste, Handbürste, Drahtbürste, Zahnbürste.
Besen, der (-) *brush, broom (for sweeping)*	ein weicher, neuer, abgenutzter Besen. Er fegte das Zimmer mit einem Besen.
Handbesen, Handfeger (*N*), der (-) *(hand-)brush*	In der Küche waren Handbesen und Kehrschaufel zum Saubermachen.
Pinsel, der (-) *brush (soft brush, e.g. for painting, shaving, pastry)*	Ich brauche einen neuen Rasierpinsel. Der Maler trug die Farbe mit einem feinen Pinsel auf.

denken *think*
[see also **annehmen**[2], **sich vorstellen**]

der **Ansicht sein** (**R2/3**) *be of the opinion*	Ich bin ganz deiner Ansicht. Er war der Ansicht, dass sie sich geirrt hatte.
(etw) **denken** *think (sth) (i.e. use the mind, have sth in the mind as an idea)*	Er war so müde, dass er kaum mehr denken konnte. Ich habe gedacht, du wolltest nicht mehr kommen. Was denkst du über den / von dem Vorschlag?
an etw **denken** [see also **sich erinnern**] *think of sth, remember sth*	Wir denken daran, nach Gera umzuziehen. Wie nett, dass du an meinen Geburtstag gedacht hast. Denk bitte daran, den Hund zu füttern.

etw **durch′denken**
  think sth out/through

Er scheint seinen Plan gründlich durchdacht zu haben. Er hat das Problem lange durchdacht.

jdm **einfallen**
  occur to sb (i.e. sth comes into sb's mind, sb thinks of sth)

Zu diesem Thema fällt mir nichts ein. Ihr Name will mir nicht einfallen. Plötzlich fiel mir ein, dass es sein Geburtstag war.

etw **erwägen** (R3)
  consider sth, deliberate sth (thoroughly)

Die Bundespost erwägt, das Höchstgewicht der Pakete auf 10 Kilo festzusetzen.

(jdm) (etw) **glauben**
  believe (sb) (sth) (i.e. consider sth to be true or possible)

Ich glaube, ich sehe ihn morgen. Ich glaubte, ihn zu kennen. Es ist kaum zu glauben. Er glaubt ihr alles. Er glaubt alles, was sie ihm erzählt.

an jdn/etw **glauben**
  believe in sb/sth

Ich glaube nicht an seinen Erfolg. Sie glaubte nicht an seine Zuverlässigkeit.

(an etw) **knobeln** (R1)
  puzzle, think long and hard (about sth)

Sie knobelten lange an dem Rätsel, an dem Problem, an Verbesserungen. Wir knobelten, wie wir es machen konnten.

etw **meinen** [see also **bedeuten**]
  hold sth as an opinion

Der Arzt meinte, dass er den Kranken noch retten konnte. Meinst du, das hat keiner gemerkt? Was meinst du zu dem Ergebnis?

der Meinung sein
  be of the opinion

Er war der Meinung, sie habe ihn auf die Probe stellen wollen. Ich bin ganz deiner Meinung.

(über jdn/etw) **nachdenken**
  reflect (on sb/sth), consider (sb/sth)

Sie hat lange, angestrengt, gründlich, intensiv über dieses Problem nachgedacht.

(sich) (etw) **über′legen**
  [*sich* is obligatory if a noun follows]
  consider (sth), deliberate (about sth) (typically a decision)

Er hat lange überlegt, bevor er sich entschied. Das muss gut/reiflich überlegt werden. Das hättest du dir vorher überlegen müssen. Sie überlegte (sich), ob sie zusagen könnte. Er überlegte sich die Sache gründlich.

---

dick   *thick, fat*
  [see also **dünn**]

beleibt (R3)
  corpulent, stout (esp. of older people, rather euphemistic)

Ein beleibter Herr von etwa siebzig Jahren schritt herein. Frau Schultz war eine beleibte ältere Dame.

dicht
  thick, dense (i.e. close packed or nearly impenetrable)

ein dichter Wald, dichter Nebel. Der Verkehr auf der A7 war heute sehr dicht. Er hat sehr dichtes Haar. Diese Gegend ist dicht bevölkert, besiedelt.

dick
thick, fat (i.e. measuring a long way through or round; also (**R1/2**) of viscous liquids)

ein dicker Ast, ein dickes Buch, eine dicke Mauer, eine dicke Suppe. Das Brett ist 2,5cm dick. Helmut ist jetzt dick geworden. Er hat dicke Beine.

dickflüssig (R3)
viscous (of liquids)

Aus dem Loch in dem Kanister strömte dickflüssiges Öl.

dickleibig (R3)
corpulent, fat (only of people)

Hinter der Theke stand der dickleibige Gastwirt.

dicklich
plump(-ish), tubby, fairly fat

Er sah eine Frau mit einem dicklichen Gesicht. Ellen war ein dickliches Kind.

drall
sturdy, strapping, buxom (of young women)

Seine dralle Frau Hulda ist breithüftig und passt besser zum Familiennamen Trampel als ihr Mann.

feist
(too) fat, obese, gross (pej.)

Sie hatte ein feistes Gesicht, feiste Hände, feiste Wangen.

fest (CH)
fat

Unser Chauffeur war ein großer, fester Mann aus dem Emmental.

fett
fat (of animals; (**R1**, pej.) of people); *fatty* (of things)

Auf dem Teich schwamm eine fette Ente. Er war fett geworden, weil er zu viel Kuchen gegessen hatte. Ich esse keine fetten Speisen.

fettig
greasy

eine fettige Salbe, Creme. Meine Haare sind ganz fettig geworden, ich muss sie waschen.

fettleibig (R3)
obese, corpulent

Die Wirtin war eine fettleibige Frau von etwa 50 Jahren.

fleischig
fat (and flabby)

Er hatte unschöne, fleischige Arme, Hände.

füllig
full, plump (of people, euphemistic)

Sie hatte eine ziemlich füllige Figur. Sophie war eine freundliche, füllige Frau von 30.

korpulent
corpulent, fat (euphemistic, esp. of older people)

Frau Meier war in diesen Jahren etwas korpulent geworden.

mollig (R1)
plump, chubby, cuddly (esp. of younger women)

Sie war eine kleine, mollige Dame. Rubens hat mit Vorliebe mollige junge Frauen gemalt.

plump
podgy, fat (and rather ungainly)

Sie hatte eine plumpe Gestalt, plumpe Hände, Füße. Sie wirkt in dem Kleid plumper als sie ist.

pummelig (R1)
chubby (esp. of children and younger women)

Es war ein pummeliges Mädchen, Baby. In dem Mantel sieht sie recht pummelig aus.

rundlich (R1)
plump, rotund

Regine war eine rundliche Blondine von etwa 25. Sie ist ein wenig rundlich geworden.

üppig
plump, full (and voluptuous, of women)

eine Frau mit üppigen Körperformen. Sie hat eine reizend üppige Figur.

vollschlank
having a fuller figure (euphemistic, of women; typically used in **R3b** fashion writing)

Wir führen modische Kleider für vollschlanke Damen. Sie war eine vollschlanke Fünfzigerin.

wohlgenährt
well fed (and thus quite corpulent; usually mocking)

Auf dem Marktplatz standen die wohlgenährten Bürger der Stadt. Er sieht eigentlich ziemlich wohlgenährt aus.

Diele   *hall(way)*

Diele, die (-n)
entrance hall, hallway

Frau Gunther machte auf, und wir traten in eine geräumige Diele, wo wir unsere Mäntel ablegten.

Flur, der (-e)
corridor; (**N**) *entrance hall*

Ein langer, dunkler Flur führte vom Esszimmer zur Küche.

Gang, der (¨e)
passage(way), corridor; (**S**) *entrance hall*

Wir stellten die Koffer in den Gang, der Portier sollte sie zu unserem Wagen bringen.

Korridor, der (-e)
corridor; (**NE**) *entrance hall*

Wir gingen durch viele lange, helle Korridore, bis wir den Krankensaal erreichten, wo Martine lag.

Vorzimmer, das (-) (**AU**)
entrance hall, hallway

Sie trat durch die Wohnungstüre und gelangte in ein großes, gut möbliertes Vorzimmer mit zwei Sesseln und einem alten Bauernschrank.

Ding   *thing*

Affäre (**AU**: **Affaire**), die (-n)
affair, business (generally unpleasant, scandalous or embarrassing); (**R1**) *matter*

Er hat sie in eine peinliche Affäre verwickelt. Er hat sich aus der Affäre ziehen können. (**R1**) Es war eine Affäre von etwa zehn Minuten.

Angelegenheit, die (-en)
matter, affair, concern

Das ist meine Angelegenheit. Ich musste eine peinliche Angelegenheit klären. Kann ich Sie in einer dringenden Angelegenheit sprechen?

Chose, die (no pl.) (**R1**)
business, matter (usually negative); *stuff*

Ich wollte mit der ganzen Chose nichts mehr zu tun haben. Die ganze Chose stinkt.

Ding, das (-e; **R1**: -er)
thing, (concrete) object; *matters* (in plural)

Wie heißt das Ding? Sie hat die wichtigsten Dinge mitgenommen. Es sind Dinge, die nur ihn angehen. Für diese Dinger hat er 100 Mark bezahlt?

Dings/Dingsbums/Dingsda das (**R1**)
(no pl.)
whatsit, thingummy

Gib mir bitte mal das Dingsda aus dem Schrank. Willst du mir bitte das Dingsda reichen?

Gegenstand, der (¨e)
object; (**AU**) *subject* (at school)

Es handelt sich um wertvolle Gegenstände. Seine Rede wurde zum Gegenstand scharfer Kritik. (**AU**) Mathe ist sein liebster Gegenstand.

Objekt, das (**R3b**) (-e)
object (esp. 'object of interest', goal); *property* (real estate)

Das ist ein lohnendes Forschungsobjekt. Als Weltmeister ist er das Objekt der allgemeinen Neugier. Dieses Grundstück ist ein wertloses Objekt.

Sache, die (-n)
thing (in pl. esp. in the vague sense of 'things'), *matter, affair*

Räumen Sie bitte Ihre Sachen weg. Nimm doch warme Sachen mit! Das ist eine unangenehme Sache. Sie haben dort die tollsten Sachen erlebt.

Zeug/Zeugs, das (no pl.) (**R1**)
things, stuff, gear (often pej.)

Hier liegt so viel Zeug(s) herum, räum es bitte auf. Das ist doch nur dummes Zeug, was du da redest.

NB: English *thing* often has no direct equivalent in German, as a neuter adjective or indefinite pronoun can be used without a noun, e.g. *das Wichtige* 'the important thing', *einiges* 'a few things'.

---

drohen   *threaten*

(jdm) etw **androhen** (**R3**)
threaten (sb with) sth

Der Polizist drohte ihm eine Geldstrafe, ein Gerichtsverfahren an. Ihm wurde fristlose Kündigung angedroht.

jdn (mit etw) **bedrohen**
threaten, menace sb (with sth) (immediate danger or physical threat to existence)

Sie bedrohte ihn mit dem Revolver. Das Hochwasser bedrohte die Stadt. Er fühlte sich bedroht.

(jdm) (mit etw) **drohen**
threaten (sb) (with sth) (issue threat or warning of sth unpleasant, also used of things)

Der Chef drohte, ihm fristlos zu kündigen. Der Chef drohte ihm mit fristloser Kündigung. Die alte Holzbrücke drohte einzustürzen.

dumm

[see also verrückt]

albern
  silly, foolish (like a child)

Das war doch ein wirklich alberner Film. Gestern Abend hat er sich albern benommen.

begriffsstutzig (*AU*: -stützig)
  dense, slow-witted, obtuse

Bilde dir ja nicht ein, diese Polizisten sind alle begriffsstutzig.

blöd(e) (R1/2)
  stupid, idiotic, daft (of people, actions or things)

Gestern hat sie sich richtig blöd benommen. Stell dich nicht so blöd an! Was war das für eine blöde Frage! Das blöde Auto springt nicht an.

blödsinnig
  stupid, idiotic (lacking in sense, of abstract things)

Das war aber eine blödsinnige Antwort, Frage. Dieses blödsinnige Geschwätz geht mir auf die Nerven.

deppert (*SE*)
  dopey, daft

Ich pumpe dir nichts mehr, ich bin doch nicht deppert. Reden Sie doch nicht so deppert!

dämlich (R1) / damisch (*SE*)
  daft, very stupid

Bist du wirklich so dämlich gewesen, dass du das geglaubt hast? Es war eine dämliche Idee. Das war vielleicht ein damischer Kerl!

doof (R1)
  daft, dumb (fairly mild)

Das war aber echt doof von dir, dass du da mitgemacht hast.

dumm
  dumb, stupid, thick, unintelligent

Das war nur dummes Geschwätz, was sie da geredet haben. Das war aber eine wirklich dumme Frage. Sie machte ein dummes Gesicht.

dümmlich
  foolish, stupid (appearing so, esp. of smile, grin)

Die beiden Jungen grinsten dümmlich. Sie machte ein dümmliches Gesicht.

duss(e)lig (*N*)
  stupid (quite strong)

Das war aber ein dussliger Kerl, der hat bloß dagestanden und zugeguckt.

einfältig
  simple-minded, naïve

Er war schon immer sehr einfältig. Sie hat ein paar einfältige Fragen gestellt, sonst nichts.

gehirnamputiert (R1)
  brain-dead

Du bist wohl gehirnamputiert, du sollst dich nicht so abspeisen lassen von denen.

idiotisch
  idiotic

Das war doch eine völlig idiotische Frage. Das war vielleicht idiotisch, dass ich das vergessen habe.

läppisch
  silly, ridiculous

Das war ein wirklich läppischer Einfall. Sie hat sich läppisch angestellt, benommen.

närrisch
> *foolish* (i.e. like a fool, also in context of Carneval)

Der hat immer diese närrischen Einfälle. Zu dieser Zeit sind alle im Rheinland närrisch.

saublöd/-dumm (R1★)
> *bloody stupid*

Diese saublöden Antworten regen mich auf. Dieser saudumme Kerl ist dann abgehauen.

schwachsinnig (R1)
> *feeble-minded, daft*

Der neue Chef muss schwachsinnig sein, wenn er so viele Menschen entlassen will.

schwer von Kapee (R1)
> *slow on the uptake, dense*

Dein Bruder ist aber schwer von Kapee, der hat's immer noch nicht herausgekriegt.

stupide (R3)
> *stupid, mindless*

Er aber hielt diese braven Bürger für ausgesprochen stupide.

töricht (R3)
> *foolish, stupid*

Er war immer ein törichter Mensch, der alles glaubte, was man ihm sagte.

unterbelichtet (R1)
> *dim, dense, thick*

Sie ist wohl etwas unterbelichtet, anders lässt sich das nicht erklären.

unvernünftig
> *stupid, irrational* (contrary to common sense)

Es war sehr unvernünftig von ihm, bei dieser Hitze im Freien spazieren zu gehen.

dunkel — *dark*

dunkel
> *dark*

Es ist schon zu dunkel, um noch zu lesen. Ich möchte einen dunklen Anzug. Das ist ein dunkles Kapitel in der Geschichte.

dämmrig (R3a also: dämmerig)
> *like twilight, not quite dark*

Es wird schon dämm(e)rig. In den Kirchen ist das Licht oft dämmrig.

düster (R3; N also: duster)
> *gloomy, sombre, sinister*

Ich hasse diese düsteren Gänge. Es herrschte eine düstere Stimmung. Er warf ihr einen düsteren Blick zu.

finster (R2/3)
> *(completely) dark, grim; (S) dark*

In der Scheune war es so finster, dass ich mich gar nicht zurechtfand. Es waren finstere Zeiten. Er brütete finstere Pläne aus.

halbdunkel
> *nearly dark, dim*

Im halbdunklen Flur stand ein weißer Schemel vor ihnen.

schumm(e)rig (N)
> *nearly dark* (but not unpleasant)

Im schummrigen Licht sieht sie ganz niedlich aus. Die Beleuchtung war schummrig.

stockdunkel, -duster, -finster (R1)
> *pitch dark*

Im Keller war es stockdunkel, so dass wir überhaupt nichts mehr sehen konnten.

trübe (R1 also: **trüb)**
dull, dim, gloomy, murky

Das Wasser war sehr trübe. Es war ein trüber Herbstabend. Wir waren in trüber Stimmung.

zappenduster (N)
pitch dark

Es war eine zappendustere Nacht, und wir konnten die Schiffe auf der Elbe nicht sehen.

dünn   *thin*
[see also **dick, schwach**]

dünn
thin (opposite of *dick*), *sparse* (opposite of *dicht*), *weak* (of liquids, abstract things)

Er hat dünne Arme, Beine. Auf dem Tisch lag eine dünne Schicht Staub. Die Gegend ist dünn besiedelt. Der Aufsatz war sehr dünn.

dürftig
inadequate, feeble, poor, scanty (i.e. lacking substance or value)

Der Aufsatz ist sehr dürftig. Sie gab mir eine dürftige Ausrede. Sie lebte in dürftigen Verhältnissen.

dürr
skinny, scraggy, scrawny; dried up, withered

ein dürrer Mensch, ein dürres Pferd, ein dürrer Körper; dürre Blätter, ein dürrer Ast.

hager
gaunt, lean (often disproportionately long or tall)

Er war ein hagerer alter Mann. Sie hatte ein hageres Gesicht, eine hagere Gestalt.

mager
lean, skinny, meagre

Sie war eine magere Person, hatte ein mageres Gesicht. Jetzt kommen die mageren Jahre. Das Ergebnis war etwas mager.

schlank
slim, slender (well proportioned)

Das Kleid macht sie recht schlank. Sie hat schlanke Hände, eine schlanke Figur. Am Fluss standen einige schlanke Pappeln.

schmächtig
slight, frail, weedy

Else war eine schmächtige und kränkliche Frau. Herbert war schon immer klein und schmächtig.

schmal [see also **breit**]
slim, slender, delicate (i.e. not broad across, esp. of people; also of books)

Sie hat schmale Hüften, Augen, Schultern, ein schmales Gesicht. Sie kaufte einen schmalen Gedichtband.

spärlich
sparse, meagre, scanty

Im Zimmer war eine spärliche Beleuchtung. Das Land ist spärlich bevölkert. Sie war nur spärlich bekleidet.

spillerig (N)
spindly

Grete war ein spilleriges Mädchen.

spindeldürr (R1)
spindly, thin as a rake

Sie hat spindeldürre Arme, Beine. Er war ein spindeldürres Männchen.

zaundürr (*SE*)
   spindly, thin as a rake

Die Therese aus Krems ist doch ein richtig zaundürres Mädel.

zierlich
   delicate, dainty

Angelika war eine kleine, zierliche junge Frau. Sie hatte eine zierliche Figur, zierliche Hände, Füße.

---

ehrlich   *honest*

anständig
   decent, respectable

Er ist ein anständiger Kerl. Sie war anständig gekleidet. Er hat uns anständig behandelt.

aufrichtig
   sincere, honest, genuine

Er war immer ein aufrichtiger Freund, Mensch. Sie hat mir aufrichtig ihre Meinung gesagt.

bieder
   worthy (often pej. except in **R3**, implying old-fashioned, naïve or complacent)

Der biedere Alte wollte für seine Hilfe keine Belohnung. Der brave, biedere Bürger versteht das alles nicht.

ehrbar (**R3**)
   respectable, honourable (often ironic, esp. if used in **R1/2**)

Die Bauern hier sind ehrbare Leute. Er hält seinen Beruf für durchaus ehrbar. Er wollte ehrbar handeln.

ehrenhaft
   honourable

ein ehrenhafter Mann, ehrenhafte Absichten. Er hat nicht sehr ehrenhaft gehandelt.

ehrenwert (**R3**)
   worthy, honourable, respectable

Die Ratsherrn waren ehrenwerte Leute. Er übt einen ehrenwerten Beruf aus.

ehrlich
   honest, true

Er ist ein ehrlicher Mensch. Das war eine ehrliche Antwort. Er meint es ehrlich. Ehrlich gesagt, . . .

freimütig
   candid, frank

Sie gestand freimütig ihre Fehler ein. Er äußerte sich sehr freimütig über die Finanzlage des Landes.

rechtschaffen
   upright, decent (esp. against the odds or against expectations)

Mein Nachbar ist ein rechtschaffener Mann. Diese Leute sind trotz ihrer Armut rechtschaffen und brav.

redlich
   honest, upright (can imply simplicity or narrow-mindedness)

Er hat es wenigstens redlich mit dir gemeint. Er betrachtete sich als ein redlicher Mensch. Er hat sich redlich darum bemüht.

Eigentum   *property*

Besitz, der (no pl.)
   possession, property (i.e. what is in your
   possession), *estate*

Wie kam er in den Besitz dieser Dokumente?
Die Ware geht mit der Bezahlung in Ihren
Besitz über.

Besitztum, das (¨er) (**R3**)
   possessions; property, estates

Die Besitztümer der Kirche wurden
säkularisiert. Das Landgut Badminton gehört
zum Besitztum des Herzogs von Beaufort.

Eigentum, das (no pl.)
   property (i.e. what belongs to you);
   ownership

Alle vorgesehenen Bauten müssen Eigentum
des Landes Hessen werden. Das Grundstück
ist in unser Eigentum übergegangen.

Habseligkeiten, die (pl.)
   possessions, belongings (implying of little
   value)

Auf der Flucht konnten sie nur ein paar
Habseligkeiten mitnehmen. Sie packte ihre
Habseligkeiten zusammen.

Immobilien, die (pl.)
   real property (i.e. land & buildings), *real
   estate*

Er spekuliert in Immobilien. Sie erwarb
Immobilien an der Côte d'Azur.

Realitäten, die (*AU*) (pl.)
   real property (i.e. land & buildings), *real
   estate*

Herr Jellinek handelte in Realitäten und hat
ein Büro in der Josefstadt.

Vermögen, das (no pl.)
   fortune, wealth

Er wird ein großes Vermögen erben. Das
Bild kostete mich ein Vermögen. Er haftet
mit seinem ganzen Vermögen dafür.

NB: The distinction between *Eigentum*, i.e. what you actually own, and *Besitz*, i.e.
what is in your possession, is made consistently only in legal **R3b**.

Eingang   *entrance, entry*

Aufnahme, die (no pl.)
   admittance (e.g. to a club)

Man besprach die Aufnahme eines neuen
Mitglieds in den Verein, in die Partei.

Einfahrt, die (-en)
   entrance, way in, arrival (vehicles)

Vorsicht bei der Einfahrt des Zuges! Das
Haus hat eine breite Einfahrt.

Eingang, der (¨e)
   entrance, way in (on foot)

Der Park hat vier Eingänge. Sie hat das Haus
durch den Haupteingang verlassen.

Einlass, der (no pl.)
   admission (i.e. being allowed in)

Irgendwie konnte sie sich Einlass verschaffen.
Sie stand vor der Tür und bat um Einlass.

Einreise, die (-n)
   entry (to a country)

Bei der Einreise muss man 30 Mark
wechseln. Ihr wurde die Einreise verweigert.

Eintrag, der (¨e)
   entry (written)

Der Detektiv überprüfte die letzten Einträge
im Gästebuch.

Eintritt, der (no pl.)
entry, entrance, admission (the act of entering)

Was kostet der Eintritt? Beim Eintritt ins Zimmer bemerkte er die Blutflecken auf dem Teppich.

Zugang, der (¨e)
(point of) access

Der freie Zugang nach Berlin soll gesichert bleiben. Alle Zugänge zur Fabrik waren von Streikenden besetzt.

Zutritt, der (no pl.)
right of entry, admittance

Zutritt nur mit Sonderausweis! Ihr wurde der Zutritt zum Kaisersaal verweigert.

Einkommen   *income*

Besoldung, die (-en)
pay (esp. state employees)

Die Besoldung der Soldaten ist an die allgemeine wirtschaftliche Entwicklung anzupassen. Sie wird nun in eine andere Besoldungsgruppe umgestuft.

Einkommen, das (-)
income (in a specified period)

Nach 1995 betrug sein Einkommen DM 4500 monatlich. Sie hat ein regelmäßiges Einkommen.

Einkünfte, die (pl.)
income (esp. including unearned income)

Neben seinem Gehalt hat er noch Einkünfte aus seinen Immobilien.

Gage, die (-n)
pay, *fee* (esp. for actors or artists)

An der Staatsoper bekommt sie schon eine feste Gage. Pavarotti verlangt eine hohe Gage für jeden Auftritt.

Gehalt, das (*AU*: der) (¨e)
salary

Als Angestellter bekommt er ein monatliches Gehalt von DM 3700, das auf sein Bankkonto überwiesen wird.

Lohn, der (¨e)
wage(s)

Die Bergarbeiter streikten um einen höheren Lohn. Die Löhne wurden freitags ausgezahlt.

Pension, die (-en)
pension (for state employees)

Als emeritierter Professor bezieht er eine hohe Pension.

Rente, die (-n)
pension, annuity, private income

Nach dem 65. Geburtstag hat man Anspruch auf eine Rente. Meine Mutter hatte eine bescheidene Rente.

Salär, das (-e) (*CH*)
salary

Die Kantonalbank hat ihm ein recht hohes Salär angeboten.

Sold, der (no pl.)
pay (esp. military; nowadays old-fashioned **R3** or used with pej. sense)

Die Soldaten meuterten, weil sie keinen Sold bekommen hatten. Man vermutete, dass er im Sold des CIA stand.

Verdienst, der (pl. rare)
earnings

Ihr kleiner Verdienst reichte kaum aus.
Wegen seiner Krankheit war er jahrelang
ohne Verdienst.

einzig   *single*

einfach
single (i.e. not multiple); *simple, plain*

Das ist aber ein einfaches Problem. Sie hat es
sich einfach gemacht. Sie trug einfache
Kleidung. Sie nahm ein einfach gefaltetes
Blatt.

Einzel- + NOUN
single, individual (i.e. only one, of a person
or thing)

die Einzelkabine; das Einzelbett; der
Einzelgänger; das Einzelkind; die
Einzelnummer; das Einzelteil; das Einzelhaus;
die Einzelperson; der Einzelfall.

einzeln
single, individual, separate

Auf dem Parkplatz war ein einzelnes Auto.
Jeder einzelne Fehler muss korrigiert werden.
Die Zeugen wurden einzeln verhört.

einzig
single, sole, only

Ein einziges Beispiel genügt. Sie ist nur ein
einziges Mal gekommen. Wir waren die
einzigen Gäste. Er hat kein einziges Wort
gesagt.

einzigartig
unique

Das Museum hat eine einzigartige Sammlung
moderner Gemälde. Es war ein einzigartiger
Vorfall.

schlicht
simple, plain (without decoration or
artificiality)

Sie trug ein schlichtes Kleid. Seine schlichten
Worte machten einen großen Eindruck auf
das einfache Volk.

Ende   *end, finish*

Abschluss, der (no pl.)
conclusion (i.e. what finishes or rounds sth
off)

Die Verhandlungen stehen kurz vor dem
Abschluss. Dem Roman fehlt ein richtiger
Abschluss.

Ausklang, der (¨e) (**R3**)
conclusion, finale (the final winding-down)

Wegen des Streits zwischen Uwe und seinem
Vater hatte die Feier einen unangenehmen
Ausklang. Dieser Tag sollte einen schönen
Ausklang haben.

Beendigung, die (no pl.)
ending, completion

Nach Beendigung des Streites zwischen den
Brüdern versöhnten sich die Familien
wieder.

Ende, das (no pl.)
  end, finish (i.e. the point in time or space where sth stops)

Wir kommen erst Ende nächster Woche. Es geschah am Ende des Krieges. Sie standen am Ende der Straße. Ich habe das Buch von Anfang bis Ende gelesen. Dieser Skandal bedeutete das Ende seiner Karriere.

Finale, das (-)
  finale (e.g. the final scene or last number in the show); *final* (in sports; *CH*: der Final)

Das Finale des dritten Aktes wurde ausgezeichnet gesungen. Die Bayern erreichten das Finale des Europapokals.

Schluss, der (¨e)
  end, conclusion, finish (i.e. the concluding stage or portion of sth)

Am Schluss der Sitzung wurde der nächste Termin festgelegt. Wir müssen langsam zum Schluss kommen. Der Film hat einen unwahrscheinlichen Schluss. Wir hielten bis zum Schluss durch.

---

entdecken   *discover*
[see also **finden, fragen, lernen, merken**]

etw **ausfindig machen**
  find sth (after a prolonged search)

Sie konnten seine Adresse, ihre Wohnung, das Versteck nicht ausfindig machen.

etw **auskundschaften**
  find, spy, scout sth out

Dieses Geheimnis müssen wir auskundschaften. Die Polizei hat seine Adresse bald ausgekundschaftet.

dahinterkommen (+ CLAUSE) (**R1**)
  find out (that/whether/what/why…)

Wir konnten einfach nicht dahinterkommen, was sie vorhatte / wo die Briefe versteckt waren.

jdn/etw **entdecken**
  discover, discern, spot sb/sth (i.e. find or see sb/sth for the first time)

Er hat sofort meinen Irrtum entdeckt. Die Jungen entdeckten das Vogelnest in der Hecke. Die Wikinger haben Amerika entdeckt.

etw in **Erfahrung bringen** (esp **R3b**)
  find sth out (by investigation)

Ich habe in Erfahrung gebracht, dass Ihr Mann mit einer jungen Dame nach Lindau gefahren ist.

etw **erfahren**
  learn sth, get to know sth, hear of sth

Hast du inzwischen erfahren, wo sie wohnt? Wir haben durch Zufall gerade jetzt davon erfahren. Wann erfahre ich das Ergebnis?

etw **erfragen**
  find sth out by inquiring

Ich musste mir den Weg zu euch erst erfragen. Die Namen der anderen erfragte ich unterwegs.

etw **erkunden** (**R3b**, esp. military)
  find sth out, ascertain sth (esp by reconnoitring)

Sie wollten das Gelände, die Sachlage, die Stellung des Feindes erkunden.

jdn/etw **ermitteln**
   ascertain, determine, establish sb/sth

Ich habe die genauen Zahlen nicht ermitteln können. Die Polizei konnte den Täter schnell ermitteln.

etw **feststellen** (R2/3)
   realize, discover, ascertain sth

Man hat festgestellt, dass das Waldsterben durch sauren Regen verursacht wird. Man hat die Höhe des Schadens festgestellt.

etw **herausbekommen** (R1/2)
   find/work sth out

Ich konnte nicht herausbekommen, ob er letzte Woche wirklich dort gewesen ist.

etw **herausfinden** (R1/2)
   find/work sth out

Habt ihr schon herausgefunden, wie das Gerät funktioniert?

etw **herauskriegen** (R1)
   find/work sth out

Ich konnte nicht herauskriegen, wo sie gestern Abend gewesen ist.

etw **spitzbekommen/spitzkriegen** (R1)
   cotton on to sth, tumble to sth

Die Kleine hat jetzt spitzgekriegt, wie sie die Tür aufmacht.

von etw **Wind bekommen/kriegen** (R1)
   get wind of sth (esp sth you are not
   supposed to know)

Sie hat Wind davon bekommen, dass er gestern mit Anna beim Kegeln war.

Entfernung   *distance*

Abstand, der (¨e)
   distance, gap, space, interval (typically short,
   between points in space or time; distance
   between people)

Im Regen muss man einen größeren Abstand zum Vordermann halten. Der Abstand zwischen ihnen hatte sich verkleinert. Die Lieferungen folgten in unregelmäßigen Abständen.

Distanz, die (-en)
   distance (esp. in technical senses (R3b), or
   reserve between people)

Die Distanz zwischen beiden Punkten beträgt 45 mm. Er hatte nicht die nötige Distanz, um objektiv urteilen zu können. Sie blieb mir immer auf Distanz.

Entfernung, die (-en)
   distance (specific distance from 'here', or
   between relatively distant points)

Die Burg erhob sich vor ihm in einiger Entfernung. Bei diesen Entfernungen braucht man schon ein Auto. Die Entfernung zum Graben betrug 150 m.

Ferne, die (no pl.) (R2/3)
   distance (unspecific large distance in time
   or space)

In der Ferne sahen wir zwei Schiffe. Wir haben sie aus der Ferne beobachtet. Unsere Pläne sind in weite Ferne gerückt.

Strecke, die (-n)
   distance (to be covered), stretch, route

Wir legten eine beträchtliche Strecke zurück. Die Strecke bis zur Grenze schaffen wir in einer halben Stunde. Sie fliegt diese Strecke oft.

entkommen

[see also **fliehen**]

escape

(aus etw) **ausbrechen**
  break out, escape (from swh) (esp. captivity)

Gestern sind zwei Häftlinge aus dem Zuchthaus ausgebrochen.

(aus etw) **auskommen** (*SE*)
  escape (from swh) (captivity)

Die Küken sind ausgekommen und laufen über den Hof. Ein Gefangener ist aus dem Gefängnis ausgekommen.

sich (aus/von etw) **befreien**
  liberate o.s., escape (from sth) (i.e struggle free from sth)

Der Fuchs befreite sich aus der Falle. Er befreite sich von seinen Fesseln. Er hat sich endlich von seinen Schulden befreit.

(mit etw) **davonkommen**
  get away (with sth) (i.e. with less harm or injury than expected)

Beim Unfall ist sie mit ein paar blauen Flecken, mit dem Schrecken davongekommen. Sie ist mit einer Geldstrafe davongekommen.

(aus etw)/(jdm/etw) **entfliehen** (**R3a**)
  escape, flee (from swh) (captivity), *escape sb/ sth* (guards / sth abstract)

Der Gefangene ist aus dem Gefängnis / seinen Wächtern entflohen. Sie wollte der Hektik der Großstadt entfliehen.

etw **entgehen**
  escape, elude sth (esp. unpleasant fate, by good fortune)

Nur durch einen Zufall entging er dem Tod. Sie entging der Gefahr, der Rache, der Strafe, der Versuchung.

jdm **entgehen** [see also **verpassen**]
  escape sb (i.e. sb's notice, attention)

Dieser Fehler, diese Gelegenheit ist mir leider entgangen.

(jdm / etw / aus etw / wohin) **entkommen**
  escape (sb / sth / from swh / to swh), get away (general)

Sie entkam ihren Verfolgern, der Gefahr. Der Dieb ist der Polizei entkommen. Sie entkam aus dem brennenden Haus. Er ist über die Grenze entkommen.

(jdm/etw) **entrinnen** (**R3a**)
  escape sb/sth (narrowly; esp. unpleasant fate)

Sie ist der Gefahr, dem Tode entronnen. Er ist der Stasi entronnen.

(jdm) **entschlüpfen**
  elude sb, slip from sb's clutches; slip out (of words)

Die Katze wand sich so heftig, dass sie mir entschlüpfen konnte. Verzeihung, diese Bemerkung ist mir so entschlüpft.

(etw / aus etw) **entspringen** (**R3**)
  [only used in perf. or past part.]
  escape (from swh) (esp. custody, emphasizing speed of escape)

Ein Schwerverbrecher ist (aus) dem Gefängnis entsprungen. Der Löwe ist (aus) dem Käfig entsprungen.

(aus etw) **entweichen** (**R3**)
  escape (from swh) (stealthily and with difficulty); *leak* (gases, liquids)

Die beiden Verdächtigen sind gestern aus dem Gefängnis in die Schweiz entwichen. Gas ist aus der Leitung entwichen.

(jdm / etw / aus etw / wohin) **entwischen** (**R1**) *escape (sb / sth / from swh / to swh), get/slip away* (esp. by cunning)	Er ist aus dem Gefängnis / ins Ausland / durch die Hintertür entwischt. Jetzt kannst du mir nicht mehr entwischen!
jdm **durch die Lappen gehen** (**R1**) *give sb the slip*	Der Polizei ist dieser Gauner schon wieder durch die Lappen gegangen.
sich (vor jdm/etw) (wohin) **retten** *find refuge (from sth/sb) (to swh), save o.s.*	Er konnte sich ins Ausland, über die Grenze retten. Die Gäste haben sich vor dem Feuer über die Hintertreppe gerettet.
das **Weite suchen** (**R1**) / **gewinnen** (**R3a**) *take to one's heels*	Die beiden Ganoven haben das Weite gesucht, bevor man sie verhaften konnte.

entlassen   *dismiss*

jdn **entlassen** *dismiss sb, make sb redundant*	Drei Hafenarbeiter wurden wegen Verdachts auf Diebstahl (fristlos) entlassen. Wir mussten wegen des Konjunkturrückgangs fünfzig Arbeiter entlassen.
jdn **feuern** (**R1**) *fire, sack sb*	Nach dem dritten Einbruch hat man den Hausmeister gefeuert.
fliegen (**R1**) *get the sack*	Montag ist Gerhard geflogen, weil er im Waschraum geraucht hat.
jdn **hinaus-/rausschmeißen** (**R1**) *chuck sb out, give sb the boot*	Die haben gestern Herbert rausgeschmissen, weil er immer zu spät gekommen ist.
jdm (*AU*, **R1**: jdn) **kündigen** *give sb notice*	Man hat ihm gekündigt, weil er diesen Unfall verursacht hat.

entschuldigen   *excuse* (verb)

Abbitte leisten/tun (**R3**) *make an apology*	Sie musste der Dame wegen ihres Benehmens Abbitte leisten.
jdn/etw **entschuldigen** *excuse sb/sth*	Unter diesen Umständen muss man sein Verhalten entschuldigen. Entschuldigen Sie bitte, wenn ich Sie unterbreche.
sich (bei jdm) (für etw) **entschuldigen** *apologize (to sb) (for sth)*	Er hat sich nicht einmal bei dir entschuldigt. Er wollte sich für diese Beleidigung entschuldigen.
(jdn) um **Entschuldigung bitten** *beg sb's pardon, apologize to sb*	Ich bitte tausendmal um Entschuldigung. Er hat dich nicht einmal um Entschuldigung gebeten.

jdm (etw) **vergeben** (R3) *forgive sb (for sth)*	Sie hatte ihm das Unrecht längst vergeben. Ich kann ihr diese Bemerkung nicht vergeben.
(jdm) etw **verzeihen** (R3) *forgive, pardon (sb) sth*	Ich verzeihe es ihm nie, dass er mich betrogen hat. Verzeihen Sie bitte die Störung.
jdn um **Verzeihung bitten** (R2/3) *beg sb's pardon, apologize to sb*	Ich bitte Sie tausendmal um Verzeihung. Sie musste ihn wegen dieses Fehltritts um Verzeihung bitten.

Entschuldigung   *excuse* (noun)

Ausflucht, die (¨e) [most often in pl.] *excuse (evasive or deceptive)*	Ich weiß nicht, warum er immer zu solchen Ausflüchten greifen muss. Er erfand immer wieder neue Ausflüchte.
Ausrede, die (-n) *excuse (invented)*	Das ist aber eine faule Ausrede! Der Spitzbub hat immer eine passende Ausrede bereit.
Entschuldigung, die (-en) *excuse, apology*	Die Mutter hat ihm eine Entschuldigung geschrieben. Er murmelte eine Entschuldigung. Für ein solches Benehmen gibt es keine Entschuldigung.
Fisimatenten, die (pl.) (R1) *excuses (invented)*	Das sind alles nur Fisimatenten! Mach mir nur keine Fisimatenten!
Vorwand, der (¨e) *pretext*	Er suchte einen Vorwand, die Arbeiter zu entlassen. Sie verschwand unter dem Vorwand, Kopfschmerzen zu haben.

Ereignis   *event*
[see also Gelegenheit]

Begebenheit, die (-en) (R3) *occurrence (esp. out of the ordinary)*	Sie erzählte von einer merkwürdigen Begebenheit. Der Roman beruht auf einer wahren Begebenheit.
Ereignis, das (-se) *event, incident (i.e. significant occurrence)*	Dieses war ein bedeutendes, großes, historisches, merkwürdiges, trauriges, Ereignis. Seit diesem Ereignis sind viele Jahre vergangen.
Fall, der (¨e) *case*	im Falle eines Krieges; auf alle Fälle, auf jeden, keinen Fall. Wir haben für alle Fälle gesorgt. Es handelt sich um einen traurigen Fall.

Geschehen, das (no pl.) (**R3**)
  events, happenings (typically a structured
  grouping or sequence of events)

Nach diesem Geschehen in der jüngsten
Vergangenheit betrachtet das polnische Volk
seine nächsten Nachbarn im Westen immer
noch mit Misstrauen.

Geschehnis, das (-se) (**R3**)
  event (decisive, esp. of historical
  significance)

Thomas berichtete von den Geschehnissen
der letzten Nacht.

Vorfall, der (¨e)
  incident (esp. unexpected, unplanned or
  unpleasant)

Der Vorfall wurde der Polizei sofort
gemeldet. Gestern ereignete sich auf dem
Marktplatz ein eigenartiger Vorfall. Solche
Vorfälle häufen sich.

Vorgang, der (¨e)
  event (seen as process); pl.: *series of events*

Sie schilderte uns den genauen Vorgang des
Unfalls. Die Vorgänge vor dem Putsch sind
uns nicht bekannt.

Vorkommnis, das (-se) (**R3**)
  occurrence (usually unpleasant, to be
  reported as of concern to others)

Die Polizei hat sofort nach Bekanntwerden
der Vorkommnisse ihre Ermittlungen
hinsichtlich der Ursachen aufgenommen. Sie
meldete uns ein äußerst peinliches
Vorkommnis.

Zwischenfall, der (¨e)
  incident (single, unforeseen, also political)

Gleich zu Anfang kam es zu blutigen
Zwischenfällen. An der serbischen Grenze
ereignete sich ein bedauerlicher Zwischenfall.

Erfahrung   *experience*

Erfahrung, die (-en)
  experience (i.e. knowledge, skill)

Das weiß ich aus eigener Erfahrung. Sie hat
viel Erfahrung auf diesem Gebiet. Mit ihr
habe ich ein paar schlechte Erfahrungen
gemacht.

Erlebnis, das (-se)
  experience (i.e. an experienced event)

Dort hatten wir viele interessante Erlebnisse.
Sie wurde von den Erlebnissen ihrer
Kindheit stark geprägt. Ich habe ein
schreckliches Erlebnis gehabt.

---

sich **erinnern**   *remember*

an etw **denken** [see also **denken**]
  bear sth in mind, think of sth (esp. **R1** in this
  sense)

Denk bitte daran, dass wir Brot brauchen.
Ich denke oft an dieses Wochenende in
Brighton. Wie nett, dass du an meinen
Geburtstag gedacht hast.

jdm **einfallen**
  come to sb's mind, occur to sb

Das richtige Wort, sein Name fiel mir nicht
ein. Das wird dir schon wieder einfallen. Jetzt
fällt mir ein, wo ich diese Frau gesehen habe.

sich etw **einprägen**
  memorize sth, commit sth to memory

Sie sollten sich seine Worte fest, gut einprägen. Diese Grundsätze müssen sie sich einprägen.

sich jds/einer Sache **entsinnen** (**R3**)
  remember, recollect sth

Er entsann sich kaum, ihr schon begegnet zu sein. Ich entsinne mich seiner nur noch schwach.

jdn (an jdn/etw) **erinnern**
  remind sb (of sb/sth)

Bitte erinnere ihn morgen früh an seinen Arzttermin. Ich will nicht mehr daran erinnert werden.

(jdn) an jdn/etw **erinnern**
  be reminiscent of, recall sb/sth

Seine Nase erinnert an ein Kaninchen. Ihre Frisur erinnert an Leni. Sie erinnert sehr an ihre Mutter.

sich (an jdn/etw) **erinnern**
  remember, recall (sb/sth)

Ich erinnere mich (daran), dass sie sehr hübsch war. Viele erinnern sich gern an ihre Studienjahre. Ich erinnere mich an den Vorfall.

NB: The construction with *erinnern* in the meaning 'remember' varies with region and register. In **R3a** *sich erinnern* is used with a genitive, e.g. *Ich erinnere mich des Vorfalls*. In **AU** *sich erinnern* is used with *auf*, e.g. *Ich erinnere mich auf den Vorfall*. In **N** simple *erinnern* is used, e.g. *Ich erinnere den Vorfall*.

sich etw ins **Gedächtnis zurückrufen**
  call sth to mind, recall sth

Der Besuch hatte mir manche Kindheitserlebnisse ins Gedächtnis zurückgerufen.

jds/einer Sache **gedenken** (**R3a**)
  remember, recall sb/sth (with thanks or respect, esp. on solemn occasion)

Man gedachte der Opfer des Faschismus. Heute gedenken wir der Gefallenen beider Weltkriege.

jdn (an etw) **mahnen** (**R3**)
  remind sb of sth (formally, esp. a duty or an account)

Der Händler mahnte ihn wegen der nicht bezahlten Rechnung. Sie mahnte ihn an sein Versprechen.

sich jdn/etw **merken** [see also **merken**]
  remember sb/sth (i.e. retain in the memory)

Ich kann mir diese neuen Postleitzahlen einfach nicht merken. Diesen Ausdruck muss ich mir merken.

etw **wissen** [see also **wissen**]
  know, remember sth (esp. **R1** in this sense, often with *nicht* or *noch*)

Ich weiß nicht mehr, wann der Zug ankommt. Weißt du noch, wie man eine Glühbirne auswechselt?

(an etw) **zurückdenken**
  think back (on sth)

So weit ich zurückdenken kann, hat sie nie viel Make-up getragen. Sie dachte gern an diese Zeiten zurück.

erkennen   *recognize, realize*
[see also merken, verstehen, wissen]

jdn/etw **anerkennen**
recognize, acknowledge, accept sb/sth

Das neue Regime wurde sofort anerkannt.
Seine Leistungen, Verdienste wurden
anerkannt. Man erkannte ihn als Experten
auf diesem Gebiet an.

sich etw **bewusst sein/werden**
etw **ist/wird** jdm **bewusst**
be/become aware of sth, realize sth

Allmählich wurde (sich) Hannes bewusst,
dass er allein im Zimmer war. Ich bin mir /
Es ist mir bewusst, dass ich mich getäuscht
habe.

etw **einsehen**
*see, accept, realize, acknowledge sth (come –
often reluctantly – to an understanding
why sth is the case)*

Sie wollte nicht einsehen, daß sie sich
getäuscht hatte. Ich sehe jetzt ein, daß ich im
Irrtum war. Ich sehe nicht ein, warum ich
mich bei ihr entschuldigen sollte.

jdn/etw (an etw) **erkennen**
recognize sb/sth (by sth), realize, discern sth

Er hat sie an ihrem weißen Haar erkannt. Im
dunklen Zimmer konnte man nichts
erkennen. Sie erkannte, dass es nicht anders
ging. Er hat die Gefahr erkannt.

zu der **Erkenntnis kommen** + CLAUSE
(**R2/3**)
come to the realization, realize that

Ich bin zu der Erkenntnis gekommen (**R3b**:
gelangt), dass ich ohne Brille nicht mehr
lesen kann.

etw **feststellen**
realize, discover, ascertain sth

Man hat eine grundsätzliche Veränderung
festgestellt. Er stellte fest, dass er nicht mehr
laufen konnte.

etw **ist/wird** jdm **klar** (esp. **R1**)
sb is/becomes aware of sth, realizes sth

Mir ist/wurde es völlig klar, dass ich ihr nicht
trauen konnte. Ihm ist noch nicht klar,
worauf es ankommt.

etw **sehen** (esp. **R1**) [see also sehen]
*see, recognize sth (i.e. perceive that sth is the
case)*

Siehst du jetzt, dass deine Reaktion
übertrieben war? Ich sehe, dass ich mich
geirrt habe / dass ich zu spät gekommen bin.

erklären   *explain*
[see also verstehen]

etw (als etw) **auffassen**
*interpret sth (as sth) (take sth to have a
certain meaning)*

Ich habe seine Bemerkung falsch aufgefasst.
Sollen wir das als Kompliment oder als
Drohung auffassen?

etw **auslegen** (**R2/3**)
*explain, interpret sth (establish what sth
means)*

Es wird wahrscheinlich darauf ankommen,
wie die Juristen den Wortlaut dieser
Paragraphen auslegen.

etw **deuten** (R2/3)
    explain, interpret sth (explain the meaning
    of sth)

In seinem Misstrauen hat er diese ihm
unerklärliche Zärtlichkeit wiederum falsch
gedeutet. Wie sollte sie dieses Zeichen
deuten?

(jdm) etw **erklären** [see also **sagen**]
    explain sth (to sb)

Das brauche ich (dir) wohl nicht noch einmal
zu erklären. Das lässt sich schwer erklären.
Sie erklärte ihm, dass er Unrecht hatte.

(jdm) etw **erläutern**
    explain, elucidate sth (to sb) (make sth
    comprehensible)

Das kann ich Ihnen durch ein Beispiel
erläutern. In den nächsten drei Stunden will
ich versuchen, meine These etwas zu
erläutern.

(jdn) etw **explizieren** (R3b)
    explain, explicate sth (to sb)

Ich kann Ihnen diese neue Theorie eigentlich
in wenigen Worten explizieren.

etw **interpretieren** (R3b)
    interpret sth (esp. work of art or literature)

Heute wird diese Novelle völlig anders
interpretiert als früher.

(jdm) etw **klar machen** (R1/2)
    explain sth, make sth clear (to sb)

Der Lehrer hat ihr die Folgen ihres Handelns
klar gemacht. Es ist wirklich ein sicheres
Flugzeug, wie wir den Kindern immer
wieder klargemacht haben.

---

erlauben

allow, permit

[see also **zustimmen**]

(jdm) etw **bewilligen** (R3b)
    grant (sb) sth, give (sb) approval to sth (i.e. a
    request, wish or application)

Der Stadtrat hat das Projekt bewilligt. Der
Bundestag hat eine Steuererhöhung bewilligt.
Seine Einreise in die USA wurde bewilligt.

dürfen (+ INF)
    be allowed (to do sth), may (do sth)

Sie dürfen hereinkommen. Darf ich
mitfahren? Endlich durfte er die Augen
aufmachen. Er hätte es nicht machen dürfen.

jdm etw **einräumen** (R3b)
    concede, grant, allow sth to sb

Der Presse wurde wenig Freiheit eingeräumt.
Sie musste allerdings einräumen, dass sie sich
getäuscht haben könnte.

(jdm) etw **erlauben**
    permit, allow (sb) sth (i.e. actively give
    permission)

Sie hat mir erlaubt, das Buch mit nach Hause
zu nehmen. Das neue Regime erlaubte der
Delegation die Einreise. Sie erlaubte sich eine
Zigarette.

jdm (zu etw) die **Erlaubnis geben/erteilen**
    (R3b)
    give sb permission (for sth)

Der Firma wurde im Januar die Erlaubnis
zum Bau einer neuen Fabrik gegeben/erteilt.

(jdm) etw **genehmigen** (R3b)
    give (sb) approval for sth (esp. official
    authorization)

Die Baubehörde hat den Bau einer Garage
genehmigt. Der Antrag wurde leider nicht
genehmigt.

(jdm) etw **gestatten** (R3)
  permit (sb) sth (esp. in official contexts)

Das Betreten des Rasens ist nicht gestattet. Es wurde ihr gestattet, die Bibliothek zu benutzen. Das werde ich ihm auf keinen Fall gestatten.

jdm etw **gewähren** (R3) [see also **geben**]
  grant, give, allow, afford sb sth (esp. showing generosity)

Der Papst gewährte ihnen eine Audienz. Der Vertrag gewährt uns gewisse Vorteile. Ihm wurde ein weiterer Kredit gewährt.

jdm etw **gönnen**
  not begrudge sb sth

Er gönnte ihr gern ihren beruflichen Erfolg. Ich gönne dir schon das bisschen Ruhe.

etw **gutheißen** (R3)
  approve of sth (as a personal opinion)

Sie erwarten wohl nicht, dass ich diese zweifelhaften Methoden gutheißen soll.

jdm etw **zugestehen** (R3b)
  concede, grant sth to sb (acknowledging sb's right)

Ein Gewinnanteil von 10 Prozent wurde ihm auf Grund seiner außergewöhnlichen Leistungen zugestanden.

etw **zulassen**
  allow, permit sth (i.e. passively let sth happen)

Sein Verhalten lässt keine andere Erklärung zu. Das lässt nur den Schluss zu, dass sie ihre Stelle verloren hat.

jdn/etw **zulassen**
  admit sb, authorize, license sth (i.e. give official permission)

Wieviele Medizinstudenten wurden für das Wintersemester zugelassen? Dieses Fahrzeug ist für Autobahnen nicht zugelassen.

---

ernst   *serious*

bierernst (R1)
  deadly serious (when it is not appropriate)

Ich habe diese bierernste Reaktion vom Chef auf diesen witzigen Einfall nicht erwartet.

ernst
  [rarely used as adverb]
  serious, solemn, grave (i.e. inherently earnest or disquieting)

eine ernste Gefahr, Krankheit, Verletzung, ein ernster Fehler, ein ernstes Problem. Sie machte ein ernstes Gesicht. Sie hatte Mühe, ernst zu bleiben. Wir nehmen diese Drohung sehr ernst. Das war nicht ernst gemeint. Die Lage, die Stunde ist ernst.

ernsthaft
  [not used pred.]
  serious (as apparent through manner or appearance), *sincere*

eine ernsthafte Absicht, Bitte, Krankheit, ein ernsthaftes Angebot, ernsthafte Bedenken, Zweifel, ein ernsthafter Mensch. Er nickte ernsthaft. Wir wollen ernsthaft darüber sprechen. Die Arbeit weist ernsthafte Mängel auf.

ernstlich
  [most often used as adverb; no comp. or superl.]
  serious (i.e. genuine(ly), intensive(ly), emphatically)

eine ernstliche Erkrankung, Verletzung. Sie wurde ernstlich böse. Sie war ernstlich besorgt um ihn. Er hat nie ernstlich versucht, einen Job zu finden. Ich hege ernstliche Sorgen um seine Sicherheit.

gravierend
(very) serious, grave, significant

Das war eigentlich ein gravierender Fehler. Wir haben einen gravierenden Verlust erlitten.

schwer [see also **schwierig**]
severe, grave, serious (of inherently negative things, having potentially unpleasant consequences)

ein schweres Unglück, schwere Schäden, eine schwere Schuld, Krankheit, Verletzung, ein schwerer Schock, Verlust. Er hat eine schwere Niederlage erlitten. Er wurde schwer verwundet.

seriös
serious (i.e. not frivolous), sedate, respectable

ein seriöser Geschäftsmann, eine seriöse Firma, ein seriöses Unternehmen. Er macht nicht gerade einen seriösen Eindruck.

todernst (R1)
deadly serious

Das ist eine todernste Angelegenheit, du brauchst nicht so zu lachen. Mit todernstem Gesicht erzählte er die unwahrscheinlichsten Sachen.

---

erraten
[see also **annehmen**²]

guess

etw **erraten**
guess sth (correctly)

Das wirst du nie erraten! Wie hast du das bloß erraten? Ich habe ihre Absichten sofort erraten.

etw **raten** [see also **raten**]
guess (sth), have a guess (at sth)

Dreimal darfst du raten. Ich habe richtig, falsch, geraten. Lass mich mal raten, wieviel du für das Auto gezahlt hast. Er hat die Antwort nur geraten.

etw **schätzen**
estimate, reckon, guess sth (e.g. dimension, value, size, duration)

Ich schätze, wir sind in einer Woche fertig. Ich schätze sie auf Mitte zwanzig. Der Sachschaden wurde auf mehrere Milliarden geschätzt.

auf etw **tippen (R1)**
have a guess at sth, predict sth

Ich tippe auf ihn als Sieger. Darauf hätte ich nicht getippt. Ich tippe darauf, dass deine Lieblingsfarbe rot ist.

---

ersetzen
[see also **ändern**]

replace

jdn/etw **ersetzen**
replace, take the place of sb/sth

Nichts kann eine gute Erziehung ersetzen. Nach dreißig Minuten wurde Rösler durch Kinkladze ersetzt.

für jdn **einspringen (R1)**
stand in for sb (esp. in an emergency)

Peter ist für Manfred eingesprungen, weil der krank ist.

jdn/etw **verdrängen**
displace, supersede, replace sb/sth

Ich fürchte, dass heute Holz weitgehend
durch Kunststoffe verdrängt worden ist.

jdn **vertreten**
stand in, deputize for sb, replace sb
(temporarily)

Ich musste letzte Woche einen kranken
Kollegen in Goslar vertreten. Der Minister
ließ sich von seinem Staatssekretär
vertreten.

Erziehung   *education*
[see also **lehren, lernen, Schule**]

Ausbildung, die (no pl.)
training, education (towards professional
qualification)

Sie hat eine gute Ausbildung als
kaufmännische Angestellte bekommen. Sie
befindet sich noch in der Ausbildung.

Berufsausbildung, die (no pl.)
occupational, vocational, professional training

Ohne Berufsausbildung kann man
heutzutage keine gut bezahlte Stelle finden.

Berufslehre, die (no pl.) (**CH**)
occupational, vocational, professional training

Voraussetzung für diese Stelle ist eine
abgeschlossene Berufslehre als Sanitär-
Installateur.

Bildung, die (no pl.)
education, knowledge (gained through
education, upbringing or experience)

Das gehört zur Allgemeinbildung. Sie hat
eine vielseitige Bildung genossen. Eltern und
Schule vermitteln der Jugend die
erforderliche Bildung.

Bildungswesen, das (no pl.)
education system

Das amerikanische Bildungswesen
unterscheidet sich wesentlich vom
deutschen.

Erziehung, die (no pl.)
upbringing, education (the process, at home
or in institutions)

Damals war die Erziehung der Kinder sehr
streng und autoritär. Sie haben seine
Erziehung vernachlässigt.

Kultur, die (-en)
culture, civilization

Sie studiert die Kultur der Griechen. Woraus
erklärt sich der Mangel an Kultur bei der
heutigen Jugend?

Lehre, die (-n)
apprenticeship, training

Sie hat eine zweijährige Lehre als Gehilfin in
wirtschafts- und steuerberatenden Berufen
gemacht.

Schulbildung, die (no pl.)
education (in schools, primary and
secondary)

In letzter Zeit wachsen die Klagen über die
Mängel der Schulbildung in Ostfriesland.

Studium, das (-dien)
studies, course of study (at college or
university)

Er musste sein Studium abbrechen. Das
Studium der Chemie dauert mindestens
zwölf Semester. Während ihres Studiums in
Marburg wohnte sie in der Altstadt.

Unterricht, der (no pl.) *teaching, instruction, lessons, classes*	Der Unterricht beginnt um 07.45 Uhr und dauert bis kurz vor eins. Sie gibt Unterricht in Mathematik.

Essen[1]   *food*

Essen, das (no pl.) *food* (i.e what is eaten at a meal)	Das Essen steht schon auf dem Tisch. Das Essen in England ist scheußlich. Essen ist lebensnotwendig.
Fraß, der (no pl.) *animal food;* (**R1**) *lousy grub* (stronger (**R1★**): *Hunde-, Schweine-, Saufraß*)	Den Löwen wurden große Fleischbrocken zum Fraß vorgeworfen. Heute war schon wieder ein abscheulicher Fraß in der Mensa.
Fressalien, die (pl.) (**R1**) *grub* (esp. as provisions)	Habt ihr die Fressalien für unterwegs schon eingepackt?
Fressen, das (no pl.) *animal food;* (**R1**) *food* (pej.)	Hast du den Katzen das Fressen schon gegeben? Das Fressen in der Kneipe ist mies.
Futter, das (no pl.) *fodder;* (**R1**) *food* (usually pej.)	Wir müssen heute auch Futter für die Katze kaufen. In der Mensa gab es immer ein echtes Studentenfutter.
Futterage, die (no pl.) (**R1**) *grub, provisions*	Die Futterage habe ich ganz hinten in den Kofferraum gestellt.
Gericht, das (-e) *dish*	ein Gericht zubereiten, auf den Tisch bringen. Sie isst nur Fertig-, Fisch-, Fleischgerichte. In Spanien gibt es allerlei leckere Gerichte.
Kost, die (no pl.) (**R2/3**) *fare, diet* (i.e. type of food)	Er kann nur leichte Kost vertragen. Sie musste sich mit fettarmer, flüssiger, salzarmer Kost ernähren.
Lebensmittel, die (pl.) *food(stuffs), victuals, provisions* (esp. what is bought to eat)	Wir kaufen unsere Lebensmittel nur noch im Großmarkt. Leicht verderbliche Lebensmittel dürfen auch sonntags verkauft werden.
Nahrung, die (no pl.) (**R3**) *nourishment, sustenance*	Der Patient nimmt nicht genug Nahrung zu sich. Die kleinen Tiere suchten nach ihrer Nahrung im Unterholz.
Nahrungsmittel, die (pl.) *food(s), foodstuffs, comestibles* (i.e. what is necessary for nutrition)	In letzter Zeit ist die Produktion von Nahrungsmitteln in der dritten Welt eher zurückgegangen.
Proviant, der (no pl.) *provisions, supplies* (for a specified period, journey)	Unser Proviant reicht nur noch für einen Tag. Sie wurden mit Proviant für die lange Reise versehen.

Speise, die (-n)
  [**R3** or **S** except in compounds, e.g.
  Süßspeise, Speisekarte]
  food (in a meal, as opposed to drink), *dish*

Wurzeln und Beeren dienten ihm zur Speise.
Hier wurden warme und kalte Speisen
angeboten. Das war eine köstliche Speise.
Speisen und Getränke sind im Preis
inbegriffen.

Essen²   *meal*

Abendbrot, das (no pl.) (esp. **N**)
  evening meal (typically cold)

In unserem Elternhaus war das Abendbrot
recht bescheiden.

Abendessen, das (no pl.) (esp. **S**; **R3** in **N**)
  evening meal

Wir hatten Müllers zum Abendessen
eingeladen.

Bankett, das (-e) (**R3**)
  banquet

Zu Ehren des Ministers wurde ein großes
Bankett im Schloss veranstaltet.

Brunch, der (no pl.)
  brunch (late breakfast/early lunch)

Am Sonntag gab es bei uns zu Hause einen
Brunch erst nach der Messe.

Diner, das (-s) (**R3**)
  formal meal, banquet (midday or evening)

Der Bürgermeister und seine Frau wurden
auch zu dem Diner im Schloss eingeladen.

Essen, das
  meal (i.e. the food eaten at a meal)

ein Essen kochen, machen, servieren,
vorbereiten. Seid ihr mit dem Essen schon
fertig?

Frühstück, das (no pl.)
  breakfast (in **N** also 'mid-morning snack':
  zweites Frühstück)

Zum Frühstück hatten wir immer frische
Semmeln, die die Mutter beim Bäcker holte.

Imbiss, der (no pl.)
  snack

Am Bahnhof war gerade noch Zeit für einen
kleinen Imbiss.

Jause, die (-n) (**AU**)
  snack (mid-morning or afternoon)

Am Samstag waren wir bei Frau Höpfl zur
Jause um 4 Uhr eingeladen.

Kaffee, der (no pl.)
  afternoon coffee

Bis zum Kaffee bin ich wieder da. Wir haben
Frau Meyer zum Kaffee eingeladen.

Lunch, der (no pl.)
  lunch (light, in contrast to heavier, more
  typically 'German' *Mittagessen*)

Heute bin ich mit Herrn Blohm zum Lunch
verabredet.

Mahl, das (pl: *Mahlzeiten*) (**R3**)
  meal

Die Verwandten versammelten sich zu einem
festlichen Mahl.

Mahlzeit, die (-en)
  meal (as regularly taken at particular times
  of the day)

Er hatte eine warme, kalte Mahlzeit
zubereitet. Er isst nur eine Mahlzeit am Tag.
Er hält sich nicht an die Mahlzeiten.

Mittagessen, das (no pl.) *lunch, midday meal*	Sie aßen ein gemeinsames Mittagessen. Das Mittagessen bestand aus Suppe, Fleisch mit Gemüse, Kartoffeln und einer Nachspeise.
Morgenessen, das (no pl.) (**CH**) *breakfast*	Zum Morgenessen reichte man uns Traubenmüsli mit Jogurt.
Nachtessen, das (no pl.) (**SW**) *evening meal*	Zum Nachtessen hat's heute Sauerbraten mit Spätzle gegeben.
Nachtmahl, das (no pl.) (**AU**) *evening meal*	Frau Klima war um 5 Uhr schon dabei, das Nachtmahl für die Familie zuzubereiten.
Schmaus, der (no pl.) (**R3a**, or humorous **R1**) *feast*	Das war gestern ein köstlicher Schmaus bei Brauns, nicht?
Snack, der (-s) *snack*	Am Flughafen kriegen wir wohl noch einen Snack, nicht?
Vesper, die (often: das) (no pl.) (**SW**) *snack (mid-morning or afternoon)*	In der großen Stube bieten wir Ihnen ab 4 Uhr eine deftige Vesper nach badischer Art.

essen   *eat*

(etw) **aufessen** *eat (sth) up*	Sie aßen erst mal die Pralinen auf. Zum Glück hat sie die Pilze nicht aufgegessen.
etw **einnehmen** (**R3**) *take sth (i.e. a meal)*	Die Gäste wollen das Frühstück, den Imbiss auf der Terrasse einnehmen.
sich etw **einverleiben** (**R1**) *put sth away (i.e. quantity of food; used humorously)*	Gestern Abend hat er sich ein riesiges Eisbein einverleibt.
(etw) **essen** *eat (sth)*	Heute Abend gibt es etwas Gutes zu essen. Seit der BSE-Krise essen wir überhaupt kein Fleisch mehr. Der Junge isst viel zu schnell.
(etw) **fressen** *eat (sth) (of animals; (**R1**, pej.) of humans)*	Bussarde fressen Mäuse und andere kleine Tiere. Der Martin hat fünf Paar Würste gefressen.
(etw) **futtern** (**R1**) *eat (sth) (a lot), tuck in (to sth), feed (of animals)*	Das Schwein, Karl-Heinz futterte tüchtig. Hier gibt's doch nichts zu futtern.
etw **hinunterwürgen** *force sth down*	Er hat das trockene Brot, die Rohkost hinuntergewürgt.

(etw / an etw) **knabbern** (**R1**)
  nibble (sth)

Beim Wein müssen wir doch etwas zu knabbern haben. Der Hase knabberte an einer Mohrrübe.

(etw / an etw) **mampfen** (**R1**)
  eat (sth) with enjoyment (so that one's cheeks look full)

Sie mampfte gerade einen Apfel/an einem Apfel. Er mampfte gierig seine Stullen.

(etw) **naschen** (**R1/2**)
  eat, nibble (sth) (esp. sweet things, typically in secret)

Sie nascht unheimlich gerne, wenn sie vor dem Fernseher sitzt. Wer hat schon wieder von dem Kuchen genascht?

etw zu sich **nehmen** (**R3**)
  partake of sth

Willst du nicht wenigstens ein Käsebrot zu dir nehmen? Ich habe heute noch nichts zu mir genommen.

(etw) **schlingen**
  gobble, bolt sth down (i.e. eat quickly without chewing)

Der Bube kaut nicht richtig, er schlingt nur. Er schlang seine Mahlzeit in großer Hast.

schmatzen
  eat noisily

Hör doch auf zu schmatzen, Christian! Er aß schmatzend seine Suppe.

schmausen (**R3a**)
  feast (with great relish; mainly humorous)

Nach der Jagd schmauste der Graf mit seinen Freunden im großen Saal der Burg.

(etw) **schnabulieren** (**R1**)
  eat, nibble (sth) (esp. delicacies or titbits)

Im großen Festsaal schnabulieren die Bonner Parlamentarier nochmals schnell am üppigen kalten Buffet.

schwelgen
  eat (a lot), (over)indulge

Im letzten Urlaub haben wir so richtig geschwelgt. Die Hotelgäste schwelgten in Kaviar und Sekt.

speisen
  eat (S); feast, dine (**R3a:** suggests refinement, sometimes used ironically)

Wir speisen heute Abend im Hotel Adlon. Die Hochzeitsgesellschaft speiste zu Abend auf der Rheinterrasse.

tafeln (**R3**)
  feast (a rich meal, typically with many courses)

Die Mitglieder des Ärzteverbandes tafelten im Vereinszimmer.

etw **verdrücken** (**R1**)
  polish sth off, put sth away (food)

In wenigen Minuten hatten die Kinder den ganzen Kuchen verdrückt.

etw **verputzen** (**R1**)
  polish sth off, put sth away (food)

Der kann aber viel verputzen! Der Clemens hat gleich zwei Portionen verputzt.

etw **verschlingen**
  devour sth

Der Junge verschlang die Brötchen. In kurzer Zeit hatte er den ganzen Braten verschlungen.

etw **verzehren** (**R3**)
  consume sth

Der Gast hat wenig verzehrt. Die Hyänen hatten den Toten gleich in der ersten Nacht verzehrt.

Fahrgast   *passenger*

Beifahrer, der (-)
  front-seat passenger (in car)

Bei dem Unfall erlitt auch der Beifahrer schwere Verletzungen.

Fahrgast, der (¨e) (esp. **R3b**)
  passenger (by public transport on land, i.e. bus, taxi, train, tram)

Im Bus nach Ulm waren um diese Zeit nur wenige Fahrgäste. Das Taxi hat Platz für fünf Fahrgäste. An der Grenze mussten alle Fahrgäste aussteigen.

Fluggast, der (¨e)
  passenger (airline)

Alle Fluggäste werden gebeten, sich zum Ausgang B31 zu begeben.

Mitfahrer, der (-)
  (fellow-)passenger

Unsere Mitfahrer an dem Tag waren alle Franzosen. Der Student fährt am Samstag nach Köln und hat noch Platz für zwei Mitfahrer.

Mitreisende(r), die/der (adj. decl.)
  fellow-passenger, fellow-traveller (in public transport)

Unsere Mitreisenden schienen alle sehr reich zu sein. Die gute Hälfte der Mitreisenden verließ den Zug in Schwerin.

Passagier, der (-e)
  passenger (esp. ship or plane)

Wir mussten auf einen verspäteten Passagier warten. Die Passagiere strömten schon alle über die Gangway.

Reisende(r), die/der (adj. decl.)
  traveller, passenger (general)

Die Reisenden wurden gebeten, die Pässe bereitzuhalten. Zwei Reisende waren noch in Hanau zugestiegen.

---

fallen   *fall*

abstürzen
  fall (from a considerable height), *crash* (aeroplanes, computers)

Er ist beim Bergsteigen in den Dolomiten abgestürzt. Das Flugzeug stürzte südlich von Mailand ab.

einstürzen
  fall down, collapse (buildings)

Das alte Haus, die Decke, die Mauer stürzte ein. Ihm ist das Dach über dem Kopf eingestürzt.

fallen
  fall, drop

Das Buch ist ihm aus der Hand gefallen. Sie ist vor Schreck fast vom Stuhl gefallen. Ihr Blick fiel auf das Foto. Sie fiel in Ohnmacht.

etw **fallen lassen**
  drop sth

Er ließ das Buch zum Boden fallen. Wir mussten den Plan fallen lassen.

fliegen (R1) [see also **fliegen**]
  fall (from a height, of people)

Er ist vom Dach, von der Leiter, über das Geländer, auf die Nase geflogen.

hinfallen
  fall down/over

Sie sah, wie das Kind über die Teppichkante stolperte und hinfiel.

hinknallen (R1)
  fall down (flat on one's face)

Alle in der Kneipe grinsten, als der Koch mit dem Tablett hinknallte.

hinstürzen (R3)
  fall down heavily/violently

Auf dem Weg lag Glatteis, so dass sie plötzlich ausrutschte und hinstürzte.

plumpsen (R1)
  fall with a thud (or a splash)

Jürgen verlor das Gleichgewicht und plumpste in das kalte Wasser. Er ließ sich in den Sessel plumpsen.

purzeln (R1)
  tumble (esp. of child)

Die Kinder purzelten in den Schnee. Sie ist aus dem Bett, vom Stuhl gepurzelt.

sinken [see also **verringern**]
  sink, drop, fall gently (also of prices, etc.)

Die Schneeflocken sanken langsam zur Erde. Der Dollarkurs, die Preise, die Temperatur ist/sind gesunken.

stürzen [see also **rasen**]
  fall heavily/violently (esp. causing damage or injury)

Das Flugzeug stürzte ins Meer. Er stürzte aus dem Fenster und brach sich das Genick. Sie ist in der Kurve vom Fahrrad gestürzt.

´umfallen
  fall over / down

Er fiel tot um. Der Stuhl, der Tisch fällt um. Sie ist vor Lachen, vor Müdigkeit fast umgefallen.

(etw) **´umkippen (R1/2)**
  fall, tip, topple over, overturn (sth)

Sie kippte mit dem Stuhl nach hinten um. Das Boot, die Leiter ist umgekippt. Beim Aufstehen kippte er den Stuhl um.

---

fangen   *catch*
  [see also **greifen**]

jdn/etw **abfangen**
  catch, intercept sb/sth (i.e. stop sb/sth getting any farther)

Der Spion wurde abgefangen, bevor er die Küste erreichte. Ich fing ihn ab, um ihn zu warnen.

jdn/etw **auffangen**
  catch sb/sth (i.e. interrupt a fall)

Ich konnte das Buch noch auffangen, bevor es ins Wasser fiel. Sie hat das Kind aufgefangen.

jdn/etw **einfangen**
  capture sb/sth (esp. sb/sth who/which has escaped)

Nach kurzer Zeit wurde der Löwe, der Häftling wieder eingefangen.

jdn/etw **einholen**
  catch up with sb/sth

Den roten Golf können wir sicher noch einholen. Geht schon voraus, ich hole euch wieder ein.

jdn **ertappen (R2/3)**
  catch sb (esp. doing sth in secret or sth forbidden)

Sie haben ihn auf frischer Tat ertappt. Er ertappte sie, als sie gerade seine Brieftasche durchsuchte.

jdn/etw **erwischen** (**R1/2**) *catch sb/sth* (esp. in the nick of time)	Die Polizei hat den Verbrecher am Bahnhof erwischt. Sieh zu, dass du ihn noch vor der Mittagspause erwischst. Den letzten Zug nach Worms haben wir gerade noch erwischt.
jdn/etw **fangen** *catch, trap sb/sth*	Unsere Katze fängt viele Mäuse. Sie hat den Ball gefangen. Der Polizist hat den Dieb gefangen. Es gelang ihr, ihn durch diese geschickten Fragen zu fangen. Das Haus hat Feuer gefangen.
jds/einer Sache **habhaft werden** (**R3b**) *catch, apprehend sb / get hold of sth*	Der Polizei ist es schließlich gelungen, des Täters habhaft zu werden.
hängen bleiben *get caught, stuck*	Er war mit dem Hemdärmel an einem Dornenstrauch hängen geblieben.
jdn/etw **schnappen** (**R1**) *snatch, grab sb/sth; catch, nab sb*	Der Dieb schnappte schnell meine Brieftasche und rannte davon. Die Polizei schnappte den Taschendieb an der Treppe zur U-Bahn.
sich (in etw) **verfangen** *become caught/entangled (in sth)*	Die Schnur hatte sich aber in den Ästen eines Baumes verfangen.

Fantasie
[see also **sich vorstellen**]

imagination

Einbildung, die (-en) *imagination, illusion, fantasy* (i.e. false or unreal notions)	Ich habe sie wirklich gesehen, es war keine Einbildung. Seine Krankheit ist bloß Einbildung.
Einbildungskraft, die (no pl.) (**R3**) *(powers of) imagination* (i.e. ability to fantasize)	Ihre Einbildungskraft ist in letzter Zeit etwas zu lebhaft geworden.
Fantasie, die (-n) [also spelled *Phantasie*] *imagination* (creative mental ability), *fantasy*	Grüne Männchen auf dem Mars sind Produkte der Fantasie. In seiner Fantasie sah er sich als Popstar. Das ist doch reine Fantasie.
Illusion, die (-en) *illusion*	Wir machen uns dabei keine Illusionen. Sie lebt von Illusionen. Ihm wurden alle Illusionen genommen.
Vorstellung, die (-en) [see also **Idee**] *idea, notion, imagination* (actually or potentially real)	In meiner Vorstellung ist er ein kleiner, bärtiger Mann. Das entspricht genau meiner Vorstellung. Du machst dir keine Vorstellung, wie teuer das ist.

Vorstellungskraft, die /
Vorstellungsvermögen, das (no pl.) **(R3)**
(powers of) imagination (i.e. ability to
conceive of what is real or could be real)

Das zeigt wieder, dass sie kein
Vorstellungsvermögen hat. Das geht über
meine Vorstellungskraft hinaus.

Wahn, der (no pl.)
delusion (i.e. a false belief which blinds one
to reality)

Sie lebte in dem Wahn, er würde sie noch
lieben. Er lebt in dem Wahn, ständig
beobachtet zu werden.

farbig · *coloured*

bunt
colourful, (multi-)coloured (i.e. with a mix of
– esp. bright – colours)

Er trug ein buntes amerikanisches
Strandhemd. Wir haben schöne bunte
Vorhänge für das Wohnzimmer gekauft.

farbig
coloured (i.e. having one or more colours,
not simply black and white)

ein farbiger Druck, farbiges Glas, die farbige
Dämmerung über Manhattan.

grell
shrill, dazzling, garish (of light or colour)

Die Farben des Bildes wirken sehr grell. Sie
trug ein Kleid in einem grellen Giftgrün. Sie
kamen aus der Höhle in das grelle
Sonnenlicht.

hell
light (i.e. not dark, of light or colour)

Sie trug ein Kleid in einem hellen Blau. Im
Sommer bleibt es hier bis elf Uhr hell. Die
hohen Räume sind hell und freundlich.

knallig (R1)
gaudy, loud (pej.)

Sie trug ein Kleid in einem knalligen Gelb.
Diese Farben sind mir einfach zu knallig.

schreiend
loud, garish, gaudy

Er hatte eine Vorliebe für schreiende Farben.
An den Wänden waren schreiend bunte
Tapeten.

fehlen · *lack*
[see also **verfehlen**]

jdm **abgehen (R1)**
sb lacks sth

Ihm geht aber jedes Verständnis für meine
Situation ab.

einer Sache **ermangeln (R3a)**
lack sth (abstract quality)

Sein Referat ermangelte der dazu
erforderlichen Sachkenntnis.

jdm **fehlen/** es **fehlt** (jdm) an etw
sb lacks, is missing sth

Uns fehlen die notwendigen Beweise. Uns
fehlt es an den notwendigen Beweisen.

gebrechen: es **gebricht** jdm an etw **(R3a)**
sb is lacking sth

Es gibt heute viele Menschen, denen es an
der Sicherheit des echten Glaubens gebricht.

hapern: es **hapert** an etw (**R1**)
  sth is lacking, there is a shortage of sth

Bei ihm hapert's an Geld. Im Betrieb hapert's jetzt an gut ausgebildeten Arbeitskräften.

jdm **mangeln/** es **mangelt** (jdm) an etw (**R3**)
  sb lacks sth (i.e. does not have enough of it)

In der Klinik mangelte es ständig an freien Betten. Ihm mangelte der Mut. Ihm mangelte es an Mut.

Feld   *field*

Acker, der (¨)
  field (arable, for crops)

Der Bauer bearbeitet, pflügt den Acker. Die Äcker lagen brach. Der Acker war fruchtbar, lehmig.

Alm, die (-en)
  mountain pasture (for summer grazing)

Hier wird schon Anfang Mai das Vieh auf die Alm getrieben.

Alp, die (-en) (*CH*) / **Alpe**, die (-n) (*AU*)
  mountain pasture (for summer grazing)

Der erste Schnee fiel dieses Jahr sehr früh, als das Vieh noch auf der Alp(e) war.

Au(e), die (-n) (**R3a**)
  water-meadow, pasture

Am Fluss sah man eine fruchtbare Auenlandschaft mit vielen Weiden und Pappeln.

Feld, das (-er)
  field (general, cultivated)

Auf den Feldern wurde schon geerntet. Der Bauer fuhr früh mit seinem Trecker aufs Feld.

Flur, die (-en) (**R3**)
  (open) fields, farmland

Wir streiften durch Wald und Flur. Geplant ist eine durchgreifende Flurbereinigung.

Matte, die (-n) (**R3a**; *CH*)
  high meadow

Anfang Juni waren die Matten an der Passhöhe noch mit Schnee bedeckt.

Weide, die (-n)
  pasture (i.e. field for grazing animals)

Früh am Morgen trieb man das Vieh auf die Weide.

Wiese, die (-n)
  meadow

Würden Sie es wagen, an einen Hausrindbullen allein auf weiter Wiese heranzugehen? Sie standen auf einer Wiese an einem Waldrand.

Fest   *party*

Feier, die (-n)
  celebration, party (on special occasion)

Zum Jubiläum des Oberbürgermeisters wird eine große Feier in der Stadthalle gehalten.

Feierlichkeit, die (-en) (usually pl.)
  festivities (esp. of public or official nature)

Die Feierlichkeiten anlässlich der Krönung dauerten eine ganze Woche.

Fest, das (-e)
  party (typically fairly large-scale)

Meine Eltern wollen zur Silberhochzeit ein großes Fest veranstalten. Es war ein fröhliches, gelungenes, rauschendes Fest.

Festlichkeit, die (-en)
  celebration (typically large-scale and official)

Die Festlichkeiten anlässlich des Firmenjubiläums finden am 24. Juli statt.

Fete, die (-n) (**R1**)
  party (private, informal)

Zu Silvester war ich auf einer Fete mit Anke Peters. Das war doch eine tolle Fete am Samstag!

Party, die (-s)
  party (informal, typically for young people)

Die beiden haben sich auf einer Party bei der Monika kennengelernt.

Feuer   *fire*

Brand, der (¨e) (**R2/3**)
  fire (i.e. destructive conflagration)

Hamburg wurde 1842 durch einen großen Brand zerstört. Die Feuerwehr konnte den Brand schnell löschen. Sie steckten die Scheune in Brand.

Feuer, das (-)
  fire, blaze (the element fire or an actual fire)

Im Kamin brannte ein schönes Feuer. Das Feuer bricht aus, erlischt, geht aus. Sie hat Angst vor Feuer. Du sollst nicht mit dem Feuer spielen.

Feuersbrunst, die (¨e) (**R3a**)
  fire (large-scale), *conflagration* (major)

Mehrere Häuser waren der Feuersbrunst zum Opfer gefallen.

Flamme, die (-n)
  flame

Die Flamme war hell, stark, schwach. Die Flamme loderte. Das Haus ging in Flammen auf.

Glut, die (no pl.)
  embers, glow (i.e. a fire without flames), *burning heat*

Zuletzt haben wir Kartoffeln in der Glut geröstet. In der Dunkelheit sah sie noch die Glut der brennenden Zigarette.

Inferno, das (no pl.) (esp. **R3b**)
  inferno

Die Stadt wurde zu einem flammenden Inferno. Niemand konnte dieses Inferno überleben.

finden   *find*
[see also entdecken, treffen]

jdn **antreffen**
  find, meet, come across sb (in a particular place or state)

Ich habe sie im Büro angetroffen. Es ist schön, wenn man hier Menschen aus der Heimat antrifft. Ich traf sie bei guter Gesundheit an.

jdn/etw **auffinden** (R2/3)
    find, discover sb/sth (missing)

Er wurde in der Schlucht tot aufgefunden. Der Schlüssel war nirgends aufzufinden.

jdn/etw **aufstöbern**
    track sb/sth down (i.e. find after a long search)

Ich habe das Buch endlich in einem Antiquariat in der Altstadt aufgestöbert.

jdn/etw **aufspüren**
    track sb/sth down, sniff sb/sth out (i.e. find where sb/sth is concealed)

Der Hund hat das verwundete Reh schnell aufgespürt. Die Polizei hat den Verbrecher aufgespürt.

jdn/etw **auftreiben** (R1)
    get hold of sb/sth

Endlich haben wir das nötige Geld aufgetrieben. Nirgends war ein Arzt aufzutreiben.

sich irgendwo **befinden** (R3)
    be, find oneself somewhere

Ich befand mich in einem dunklen Wald. Unsere Wohnung befindet sich im achten Stock. Wir befinden uns in einer schwierigen Lage.

jdn/etw **finden**
    find sb/sth

Ich habe meinen Schlüssel auf dem Sofa gefunden. Ich konnte Sabine nicht finden. Er hat die Antwort auf die Frage gefunden.

auf jdn/etw **stoßen**
    come upon/across sb/sth (i.e. find by chance)

Wir sind dort auf ein paar alte Bekannte gestoßen. Sie hat nicht erwartet, auf Probleme zu stoßen.

jdn/etw **suchen**
    look for sb/sth, try/want to find sb/sth

In Görlitz suchten sie das Haus, wo Herbert Nowak gewohnt hat. Sie kamen in unseren Garten, um den vermissten Hund zu suchen.

auf jdn/etw **treffen** (R2/3)
    come upon/across sb/sth (unexpectedly)

Die Forscher trafen bei der Expedition auf einen bisher unbekannten Volksstamm. Mit diesem Vorschlag traf sie auf heftigen Widerstand.

jdn/etw **vorfinden** (R2/3)
    find, discover sb/sth (on arrival in a particular place, in a particular state)

Als ich kam, fand ich ihn schon vor. In der Wohnung fand ich ein großes Durcheinander vor. In der Küche fand er alles vor, was er brauchte.

Fleischer   *butcher*

Fleischer, der (-) (R3b; *NE*)
    butcher

Beim Fleischer in der Greifswalder Straße hat er ein großes Eisbein gekauft.

Fleischhauer, der (-) (*AU*)
    butcher

Sie ging zum Fleischhauer und kaufte zwanzig Deka Aufschnitt.

Metzger, der (-) (*S, NW*)
    butcher

In Frankfurt gibt es nicht so viele eigenständige Metzger wie früher.

Schlachter, der (-) (*N*)
   butcher

Die Hamburger Schlachter machten zu
Weihnachten ein großes Geschäft.

NB: These are the commonest regional synonyms. *Fleischer* is the 'official'
designation within Germany, although *Metzger* is actually current over the widest
area.

---

fleißig   *hard-working*

arbeitswillig
   ready, willing to work

Sie hat sich immer arbeitswillig gezeigt. Wer
arbeitswillig ist, findet heute schnell eine
Stelle.

beschäftigt
   busy, occupied (of people)

Wir können den Chef nicht stören, er ist
beschäftigt. Er ist ein sehr beschäftigter
Mann.

bienenfleißig (esp. **R1**)
   very hard-working (almost to extremes)

Die beiden haben immer bienenfleißig
gearbeitet und haben die Eins gut verdient.

eifrig
   eager, keen, zealous

Sie haben eifrig Pläne gegen ihn
geschmiedet. Er ist ein eifriger Schachspieler.
Sie studiert eifrig.

emsig
   *industrious, busy, bustling (suggests rushing
about)*

Ameisen und Bienen sind emsige kleine
Tiere. Er hat das ganze Material in emsiger
Kleinarbeit zusammengetragen.

fleißig
   diligent, hard-working, not lazy

Er ist ein zuverlässiger und fleißiger Mensch.
Sie hat immer fleißig gearbeitet. Hans-
Joachim ist ein sehr fleißiger Schüler.

geschäftig
   *busy, industrious (with a great deal of
activity)*

Er hörte sie geschäftig in der Küche
hantieren. Mit seiner dunklen Brille sah er
aus wie einer dieser geschäftigen Filmmänner
in Hollywood.

schaffig (*CH*)
   hard-working

Er hat eine schaffige Schweizerin
kennengelernt und sie geheiratet.

strebsam
   *assiduous, industrious (and ambitious – can
be pejorative)*

Er ist ein strebsamer junger Mann, und er
könnte es weit bringen. Der neue
Abteilungsleiter kommt mir sehr strebsam vor.

tüchtig
   *capable, efficient (sb who gets on with the
job properly)*

Im Beruf hat sie sich als sehr tüchtig
erwiesen. Er ist wohl der tüchtigste Arbeiter
im ganzen Betrieb, auf ihn kann man sich
immer verlassen.

übereifrig
   over-eager, too keen (negative)

Er war ein etwas übereifriger Schüler, der
sich immer schnell gemeldet hat, als der
Lehrer Fragen stellte.

fliegen   *fly*

flattern
  flutter, flap (of wings)

Die Vögel flatterten weg, als wir über die Wiese kamen. Die Wäsche flatterte auf der Leine.

(jdn/etw) fliegen
  fly (sb/sth)

Wir fliegen in einer Höhe von zirka 10 000 Metern. Die Papiere flogen vom Tisch. Sie flog ihm in die Arme. Der neue Airbus fliegt die Strecke nonstop.

gaukeln (R3a)
  flutter, flit (wavering flight)

Diese fliegenden Untertassen sollen durch die Luft gaukeln wie Schmetterlinge.

gleiten
  glide

Ein Drachenflieger glitt von dem Felsvorsprung herunter. Ein Adler gleitet über die Passhöhe.

jetten (R1/2)
  fly in a jet-plane

Am nächsten Tag jettete Pavarotti zu einem Auftritt nach Mailand.

schweben
  hang, float in the air (barely moving)

Die Feder schwebte lange in der Luft und sank dann langsam zu Boden. Ein paar weiße Wolken schwebten am Himmel.

schwirren
  whizz, buzz (through the air)

Eine Vogelschar schwirrte über das Feld. Eine Kugel schwirrte neben ihm durch die Luft.

segeln
  sail (things moved through the air by the wind)

Das Segelflugzeug segelte in niedriger Höhe über dem Dorf. Schneeflocken segelten durch die Luft.

---

fliehen   *flee, run away*
  [see also **entkommen, weggehen**]

sich **absetzen (R1)**
  get away (evading pursuit)

Die beiden haben sich kurz vor dem Mauerbau in den Westen abgesetzt.

ausbüxen (N)
  run off, scarper (esp. of children)

Die Jungs sind ausgebüxt, nachdem sie Steine nach den Enten geworfen haben.

auskneifen (N)
  run away, scarper

Die Mädchen, die mir die Äpfel klauen wollten, sind mir ausgekniffen.

(jdm) ausreißen (R1)
  run away (from sb)

Er ist seinen Eltern ausgerissen, weil die ihn verprügelt haben.

(jdm) ausrücken (R1)
  make off, run away (from sb)

Vier Sträflinge sind gestern Abend aus der Anstalt ausgerückt.

(jdm) **davonlaufen (R1/2)**
run away (from sb)

Kurz vor Weihnachten ist der Angelika ihr Mann davongelaufen.

sich **davonmachen (R1)**
make off (furtively)

Die Jungen haben sich schnell davongemacht, als sie den Lehrer gesehen haben.

sich **dünn(e) machen (R1)**
make o.s. scarce

Die Burschen haben sich dünngemacht, bevor ich sie fassen konnte.

(jdm) **´durchbrennen (R1)**
run away, abscond (from sb)

Der Angestellte ist mit ein paar tausend Mark durchgebrannt.

(vor jdm/etw) **fliehen (R2/3)**
flee (from sb/sth)

Der Täter ist längst ins Ausland geflohen. Er ist vor seinen Feinden geflohen.

(vor jdm/etw) **flüchten**
flee (from sb/sth) (emphasizing speed and the place of refuge)

Der Vogel flüchtete vor der Katze auf einen Baum. Schon im Jahre 1934 sind sie vor den Nazis in die Schweiz geflüchtet.

sich (vor jdm/etw) **flüchten (R3)**
seek refuge (from sb/sth) (also fig.)

Sie flüchteten sich vor dem Gewitter in eine Schäferhütte. Sie haben sich vor ihrer Misere in den Alkohol geflüchtet.

die **Flucht ergreifen (R2/3)**
take flight, make a run for it

Die vermutlichen Täter haben sofort die Flucht ergriffen.

sich **fortstehlen (R3)**
steal, sneak away

Der Schmuggler stahl sich fort, als er die Grenzwächter ankommen sah.

Reißaus nehmen (R1)
clear off, take to one's heels

Als er seine Tante am Gartentor gesehen hat, hat er Reißaus genommen.

stiften gehen (R1)
hop it

Als man gemerkt hat, dass das Geld fehlte, ist er einfach stiften gegangen.

türmen (R1)
do a bunk, get away

Er ist aus dem Knast, in den Westen, über die Grenze getürmt.

sich **verdrücken (R1)**
slip away (to avoid unpleasant consequences)

Ich habe mich verdrückt, bevor ich mit dem Direktor sprechen musste.

verduften (R1)
beat it

Der Junge ist wohl schon mit dem geklauten Fahrrad verduftet.

sich **verdünnisieren (R1)**
make o.s. scarce (hum.)

Er hat sich verdünnisiert, bevor der Lehrer ihn erwischen konnte.

sich **verkrümeln (R1)**
slip, sneak off, away

Die beiden Jungs haben sich wohl verkrümelt, weil die gewusst haben, dass du kommst.

weglaufen / (R3) **fortlaufen** *run away*	Die Mädchen sind weggelaufen, weil sie Angst vor dem Hund hatten. Seine Freundin ist ihm fortgelaufen.
sich **wegschleichen** / (R3) **fortschleichen** *steal, sneak away*	Er hat sich weg-/fortgeschlichen, bevor ich ihn dafür zur Rechenschaft ziehen konnte.

fließen   *flow*
[see also **gießen**, **gleiten**]

(wohin) **fließen** *flow (swh) (not used of people)*	Das Wasser floss aus dem Hahn. Der Main fließt in den Rhein. An der Somme ist viel Blut geflossen. Der Verkehr fließt wieder ungehindert.
wohin **fluten** (R3) *flood, stream swh (also of crowds, light, air)*	Das Wasser flutet über den Deich. Das Licht flutet ins Zimmer. Eine Menschenmenge flutete über den Platz.
wohin **laufen** *run swh (of liquids, in small quantities)*	In der Küche lief das Wasser über die Fliesen. Tränen liefen ihr über das Gesicht. Sie ließ Wasser in die Badewanne laufen.
woher **quellen** (R3a) *stream, well, pour from swh (i.e. a source)*	Blut quillt ihm aus der Wunde. Tränen quollen ihr aus den Augen.
(wohin) **rieseln** *trickle (swh) (of liquids or granular substances, almost imperceptibly; also of shivers)*	Das Wasser rieselt über die Steine. Er ließ den Sand durch die Finger rieseln. Die Angst rieselte ihm durch alle Glieder.
(wohin) **rinnen** (R2/3) *run (of liquids or granular substances, steadily)*	Das Regenwasser rinnt in die Tonne. Das Geld rinnt ihm durch die Finger.
wohin **sickern** *seep, ooze (also of news leaks)*	Das Blut sickerte durch den Verband. Die Nachricht sickerte an die Öffentlichkeit (durch).
(wohin) **strömen** *pour (out), stream (in large quantities; also of air, light, people)*	Wasser strömte aus der Leitung. Regen strömte mir ins Gesicht. Durch das offene Fenster strömte frische Luft herein. Menschen strömten aus dem Stadion.

Fluss   *river*

Bach, der (¨e) *brook, stream*	Unter dem Balkon von unserem Hotel im Schwarzwald rauschte ein kleiner Bach.

Fluss, der (¨e) *river*	Der Shannon ist Irlands längster Fluss. In meiner Jugend konnten wir noch in diesem Fluss baden.
Flüsschen, das (-) *stream, river* (small)	Dieses Flüsschen mündet unterhalb von Holzminden in die Weser.
Rinnsal, das (-e) (**R3**) *rivulet*	Im letzten Sommer ist der Bach zu einem kleinen Rinnsal geworden.
Strom, der (¨e) *river* (large); *current* (also electric); *stream* (fig.)	Bei Vicksburg ist der Mississippi ein mächtiger Strom. Verbraucht ihr viel Strom? Über den Platz kommt ein unaufhörlicher Strom von Touristen.
Strömung, die (-en) *current; tendency*	Sie wurde von der Strömung fortgerissen. Jetzt sind neue politische Strömungen bemerkbar.
Wasserlauf, der (¨e) *watercourse*	Im letzten Winter waren alle Wasserläufe sechs Wochen lang zugefroren.

folgen   *follow*

sich (an etw) **anschließen** *follow (sth)* (i.e. come immediately after)	An den Vortrag schloss sich eine lebhafte Diskussion an.
etw **befolgen** *obey, comply with sth* (i.e. act in accordance with sth)	Er hat ihren Rat, ihre Vorschriften, die Hinweise des Arztes befolgt.
(auf etw) **erfolgen** [see also geschehen] *follow (sth), ensue* (as a consequence); (esp. **R3b**) *take place* (fulfilling expectations)	Auf diese Meldung erfolgte ein Dementi der Regierung. Auf den Skandal erfolgte der Rücktritt des Ministers. Ihr Tod erfolgte wenige Tage später.
(jdm/etw) **folgen** *follow (sb/sth)* (chiefly in **R2/3** in literal sense of 'go/come after sb/sth')	Sie folgte ihm unauffällig. Es folgte ein Konzert. Sie folgte seinem Rat. Wir folgten dieser Straße bis zur Stadt. Sie folgte ihm mit den Augen. Konnten Sie mir folgen, oder muß ich es wiederholen?
auf jdn/etw **folgen** *succeed sb/sth* (in chronological sequence)	König Wilhelm I folgte auf seinen Vater. Auf diese Worte müssen nun Taten folgen.
aus etw **folgen** *follow from sth* (logically)	Aus dieser Beobachtung folgt, dass sich das Waldsterben auf Luftverschmutzung zurückführen lässt.
etw **Folge leisten** (**R3b**) *comply with, obey sth*	Er weigerte sich, diesem Befehl, dieser Aufforderung Folge zu leisten.

(jdm/etw) **hinterher** + VERB (esp. **R1/2**)
verb behind/after sb/sth, follow sb/sth (in the way expressed by the verb)

Sie ging, fuhr, lief, eilte, hinkte, ritt, schwamm hinter mir her / mir hinterher. Wir gingen vor, und sie trottete (uns) hinterher / hinter uns her.

(jdm) **nach** + VERB (esp. **R1/2**)
follow sb/sth (in the way expressed by the verb)

Wir sind ihnen bis zum Frankfurter Westkreuz nachgefahren. Er eilte, ging, lief, rannte ihr nach.

(jdm/etw) **nachfolgen** (**R3**)
come after/behind sb/sth; succeed sb (esp. take over function)

Meine Familie folgt (mir) erst morgen nach. Er ist seinem Vater als Chef der Firma nachgefolgt. Der nachfolgende Wagen musste scharf bremsen.

(jdm) **nachkommen**
come (on) later (after sb), follow (sb); keep up (with sb)

Geh du mal vor, ich komme gleich nach. Sie können Ihre Familie nachkommen lassen. Bei dem Tempo kam keiner nach.

etw **nachkommen** (**R2/3**)
comply with sth

Ich komme Ihrem Wunsch, Ihrer Forderung gern nach.

jdn/etw **verfolgen**
pursue sb/sth; persecute sb; follow sth attentively (events or actions)

Wir verfolgten eine heiße Spur, den Flüchtling. Die Mormonen wurden in allen Staaten verfolgt. Millionen verfolgten das Spiel im Fernsehen.

---

fragen   *ask*
[see also **entdecken, verlangen**]

etw **anfordern**
request, order, send for sth (esp. urgently)

Die Polizei hat Verstärkung angefordert. Der Staatsanwalt forderte die Akten an.

(bei jdm / *CH*: jdn) **anfragen**
enquire (of sb) (i.e. make a simple enquiry)

Sie hatten bei ihm (*CH*: ihn) angefragt, ob sein Sohn in der Schule sei.

jdn um etw **angehen** (**R3**)
ask sb (for sth) (with insistence)

Er hat (*S*: ist) mich gestern um Geld, um Rat angegangen.

jdn (um etw) **anhauen** (**R1**)
ask sb (for sth) (suggests scrounging)

Der Uli hat mich gerade um zwanzig Mark, um ein Glas Bier angehauen.

jdn (über jdn/etw) **ausfragen**
question, interrogate sb (about sth)

Mutter fragt ihn ständig über seine neue Freundin aus.

jdn (über jdn/etw) **befragen**
question sb (about sth) (fully)

Das Gericht befragte den Angeklagten. Über diese Störung müssen wir die Experten befragen.

jdn (um etw) **bitten**
request sth of sb, ask sb (for sth)

Ich bitte Sie, mir zu helfen. Ich musste um Verzeihung, Nachsicht, Geduld bitten. Hast du deine Mutter um Erlaubnis gebeten?

jdn (zu etw/wohin) **einladen**
  invite sb (to sth); (**CH**) *request sb (to do sth)*

Ich habe Doris zum Abendessen eingeladen. Sie hat ihn ins Kino eingeladen. (**CH**) Der Bundesrat wird eingeladen, die Sache in Griff zu nehmen.

sich (nach jdm/etw) **erkundigen**
  ask, enquire (about sb/sth) (simple information)

Ich musste mich (beim Bahnpersonal) nach den Abfahrtszeiten der Züge nach Worms erkundigen. Sie hat sich nach seinem Befinden erkundigt.

jdn (um etw) **ersuchen** (**R3**)
  request sth of sb, ask sb (for sth)

Wir ersuchen Sie dringend um Übersendung der weiteren Unterlagen. Sie werden ersucht, morgen bei uns vorzusprechen.

(um etw) **flehen** (**R3a**)
  plead (for sth)

Er hat (zum Himmel) um Gnade, Hilfe, Vergebung gefleht.

(jdn) (etw) **fragen**
  ask (sb) (sth)

Er fragte sie, wann sie kommen würde. Sie fragt ihn, ob er mitgehen wollte. Was hat er sie gefragt?

(jdn) nach jdm/etw **fragen**
  enquire, ask (sb) about/after sb/sth

Er fragte sie nach ihrem Namen. Sie wollte nach dem Weg fragen. Jemand hat nach dir gefragt.

eine **Frage** (an jdn) **richten** (**R2/3**)
  address a question (to sb)

Ich glaube, dass man diese Frage eher an den Minister richten sollte.

(jdm) eine **Frage stellen**
  ask (sb) a question

Darf ich Ihnen eine Frage stellen? Sie hat mir ein paar peinliche Fragen gestellt.

(bei jdm) (wegen etw) **nachfragen**
  enquire (of sb) (about sth) (by repeated questioning)

Sie musste beim Finanzamt wegen der Steuer nachfragen. Fragen Sie doch bitte nächste Woche einmal nach.

nach jdm/etw **verlangen** (**R3**)
  request sb/sth, want to see sb / have sth

Der Patient verlangte nach einem Glas Wasser. Er verlangte nach einem zuständigen Beamten.

Frau   *woman*
[see also Mädchen, Mensch]

Dame, die (-n)
  lady

Eine elegant gekleidete junge Dame kam herein. Die Damen sitzen schon am Kaffeetisch.

Frau, die (-en)
  woman, wife

Seine Frau leitet die Personalabteilung. Eine ältere Frau kam auf sie zu.

Frauenzimmer, das (-)
  woman (old **R3a**); *slut* (pej. **R1**)

Das ist aber ein liederliches Frauenzimmer, was im ersten Stock wohnt.

Mensch, das (-er) (**R1★**) *woman* (insulting), *slut, cow*	Ich kann das liederliche Mensch nicht ausstehen. Das Mensch hat mich heute Morgen tief beleidigt.
Weib, das (-er) *woman, wife* (old **R3a**; **R1**: derogatory or pej.)	Er nahm sie zum Weib. Der Karl-Heinz ist immer hinter den Weibern her. Sie ist ein tolles Weib.
Weibchen, das (-) *female* (of animals; **R1**: pej. of humans, suggesting sexy and/or stupid)	Ist euer Hamster ein Weibchen oder ein Männchen? Dieser Kerl hat sie zum Weibchen degradiert.
Zicke/Ziege, die (-n) (**R1★**) *cow, bitch*	Die dumme/blöde Ziege ist mir in den Kotflügel gefahren. Die ist aber eine gemeine Ziege.

---

freundlich   *kind*

entgegenkommend *obliging*	Die junge Dame am Empfang zeigte sich sehr entgegenkommend und erklärte uns alles.
freundlich *friendly, kind(ly), considerate*	Der Arzt war immer sehr freundlich zu den Kindern. Würden Sie so freundlich sein, mir zu helfen? Anne ist ein sehr freundlicher Mensch.
gütig (**R3a**) *kind, good-natured* (sometimes ironic)	Sie hat ein gütiges Herz. Er hatte sich immer gütig gegen ihn gezeigt. Das war aber gütig von dir!
gutmütig *good-natured*	Meine Wirtin ist sehr gutmütig und meckert nicht, wenn ich spät nach Hause komme.
herzlich *warm(-hearted), sincere, cordial*	Er hat die Gäste herzlich(st) empfangen. Zwischen den beiden bestand ein sehr herzliches Verhältnis.
lieb *kind, nice, sweet, dear*	Sei bitte so lieb und mach das Fenster zu. Sie war immer lieb zu den Kindern. Der Jochen ist aber ein lieber Kerl. Das war aber lieb von dir.
liebenswürdig *extremely kind, very obliging*	Der junge Mann war sehr liebenswürdig und brachte uns auf den richtigen Weg.
nett (**R1/2**) *nice* (relatively bland word)	Die neuen Nachbarn sind sehr nett. Er ist aber ein netter Kerl. Das war aber nett von ihm, dass er uns besucht hat. Sei doch so nett und räum auf.
sympathisch (**R1/2**) *nice, pleasant*	Ich finde den neuen Lehrer sehr sympathisch. Sie hat eine sympathische Stimme. Sie ist mir menschlich sehr sympathisch.

frieren   *freeze*

einfrieren
  freeze up (e.g. pipes), *freeze in* (ships)

Die Wasserleitung / Das Wasser in der Leitung ist eingefroren. Viele Schiffe waren im Hafen eingefroren.

etw **einfrieren**
  freeze sth (food, also fig.)

Sie hat die Brechbohnen eingefroren. Man will die Löhne, die Preise, drei Lehrerstellen einfrieren.

erfrieren [see also **sterben**]
  freeze to death, die of cold

Wenn es wieder so kalt wird, dann erfrieren wir alle.

frieren
  freeze (turn to ice, go below 0°C)

Es hat in der Nacht gefroren. Das Blut fror ihm in den Adern. Der Boden ist hart gefroren.

frieren / (es) **friert** jdn
  freeze, be (very) cold (of people)

Ich friere/Es friert mich/Mich friert. Mich friert (es) an den Händen. Ihr froren die Füße.

gefrieren (**R3**)
  freeze (turn to ice)

Wasser gefriert bei 0 °C. Im letzten Winter gefror der Erdboden hart.

jdm **ist kalt** [see also **warm/kalt**]
  be cold (of people)

Wenn dir kalt ist, sollst du eine warme Jacke anziehen.

zufrieren
  freeze over (stretch of water)

Wenn der See zufriert, können wir Schlittschuh laufen. Der Bach friert im Winter zu.

Frucht   *fruit*

Frucht, die (¨e)
  fruit (general, i.e. seed of a plant; **R3a** also fig., i.e. 'product')

Wir haben die reifen Früchte gepflückt. Die Eichel ist die Frucht der Eiche. Er genießt die Früchte seiner Arbeit.

Südfrucht, die (¨e)
  'exotic' fruit (tropical or Mediterranean)

Nach der Wende sah man wieder Südfrüchte in den Geschäften. Bananen und Apfelsinen sind Südfrüchte.

Obst, das (no pl.)
  edible fruit (collective)

Auf dem Tisch stand frisches Obst. Äpfel, Birnen, Kirschen und Weintrauben sind Obstsorten.

---

früh   *early*

beizeiten (only adv.) (**R3a**)
  in good time

Wir müssen uns beizeiten auf den Weg machen. Ich will beizeiten da sein.

früh *early*	Im Sommer stehe ich früh auf. Ich kannte sie in ihrer frühen Jugend. Sie sollten mit einem früheren Zug fahren.
frühzeitig *(very) early, in good time; premature*	Ich muss frühzeitig abfahren, wenn ich die Fähre erreichen will. Er starb einen frühzeitigen Tod.
pünktlich *punctual*	Die Gäste sind alle pünktlich um 20 Uhr eingetroffen. In unserem Land fahren die Züge immer pünktlich.
rechtzeitig *timely, punctual, in (good) time*	Er hatte nicht rechtzeitig bremsen können. Wenn wir rechtzeitig abfahren, brauchen wir uns nicht so sehr zu beeilen.
zur **rechten Zeit** *at the right time*	Wärst du zur rechten Zeit hingegangen, hättest du ihn noch gesehen.
vorzeitig (not pred.) *premature, early*	Herr Müller wurde vorzeitig pensioniert. Was war der Grund für diese vorzeitige Abreise?
zeitig (not pred.) *early, in good time*	An dem Tag stand sie zeitig auf. Wir müssen zeitig am Flughafen sein.

Frühling   *spring*

Frühjahr, das (no pl.) *spring (the most frequent **R2** term)*	Das Frühjahr war kälter als gewöhnlich. Die Tagung fand im Frühjahr 1999 statt.
Frühling, der (no pl.) (**R3**; *NE*, *SW*) *spring (formal, regional, or in figurative senses)*	Im Frühling verwandelt sich die Landschaft in ein Meer von Blüten. Der Peter erlebt seinen zweiten Frühling.
Lenz, der (-e) (**R3a**) *spring (old-fashioned, poetic, or in idioms)*	Die Vögel singen, denn der Lenz ist da. (**R1**) Er macht sich einen ruhigen Lenz.

fühlen   *feel*
[see also **berühren, erleben**]

sich ADJ/wie... **anfühlen** *feel ADJ/like... (of things, to feel in a certain way to the touch)*	Der Stoff fühlt sich hart, weich, rauh, wie Leder, wie Pelz an.
etw **empfinden** (**R2/3**) *feel sth (emotions or stimuli, emphasizing personal reaction or response)*	Ich empfinde Angst, Durst, Ekel, Freude, Hass, Hitze, Mitleid, Verachtung. Er empfand plötzlich wieder starke Schmerzen. Das empfand sie als eine Beleidigung. Sie empfindet nichts für ihn.

etw **fühlen**	Er hatte zu seiner Verwunderung keine
feel sth (immediate perception through the	Schmerzen gefühlt. Das Kind fühlte sein
senses)	Herz schlagen. Sie fühlte die Wärme der
	Sonne auf ihrer Haut. Sie fühlte Mitleid mit
	ihm.
nach etw **fühlen**	Er fühlte im Mantel nach seinem Portmonee.
feel for sth	Sie fühlte nach ihrem Schlüsselbund.
sich A D J /wie . . . **fühlen**	Ich fühle mich alt, bedroht, betrogen, krank,
feel A D J /like . . . (of people, to experience a	wie zu Hause, (un)angenehm berührt. Ich
particular feeling or emotion)	fühlte mich verpflichtet, ihm zu helfen.
etw **spüren** [see also **merken**]	Sie spürte den Druck seiner Hände, einen
sense, feel, notice sth, be aware of sth	beizenden Geruch, Heimweh nach Wien.
	Ich habe gar nicht gespürt, dass mich eine
	Mücke gestochen hat. Das hat sie in allen
	Gliedern gespürt.
etw **zu spüren bekommen**	Alle Unternehmer bekamen die Folgen
feel sth (typically suffer its unpleasant effects	dieser Politik zu spüren. Er hat ihren Hass zu
or consequences)	spüren bekommen.
(nach etw) **tasten**	Er tastete im Dunkeln vorsichtig nach dem
feel, grope (for sth)	Lichtschalter. Sie tastete nach seiner Hand.
etw **verspüren** (**R3a**)	Ich verspürte hinter mir einen Lufthauch. Er
sense, feel, notice sth (emotions or stimuli,	verspürte eine dumpfe Angst. Sie verspürte
esp. suddenly or intensively)	keine Müdigkeit.

NB: *Fühlen*, unlike English *feel*, is not used in the sense of 'believe', 'think'. See **denken**.

Garage   *garage*

Garage, die (–n)	Willst du mir bitte das Auto in die Garage
garage (for storage of vehicles)	fahren. Wir wollen im Frühjahr eine neue
	Garage bauen lassen.
Tankstelle, die (–n)	Wir müssen an der nächsten Tankstelle
petrol-, gas-station	halten, wir brauchen Benzin.
Werkstatt, die (¨en)	Ich muss den Opel morgen zum Ölwechsel
garage (for repair of vehicles)	in die Werkstatt bringen.

Gaststätte   *restaurant*

Bar, die (–s)	Diese kleine Bar neben dem Bahnhof war
bar	ziemlich verrufen.

Beisel, das (-n) (*AU*) / **Beiz**, die (-en) (*SW*)
pub (small, simple)

Er ging in das kleine Beisel an der Ecke und bestellte ein Viertel Heurigen.

Café, das (-s)
café, coffee-house (often quite classy)

In den vornehmen Cafés am Kurfürstendamm traf sich die Berliner Prominenz am Nachmittag.

Gaststätte, die (-n)
restaurant, pub, inn (typically quite simple, serving drink and/or food)

Jeden Freitag aßen sie in der kleinen Gaststätte in der Leipziger Straße.

(Gast)wirtschaft, die (-en) (esp. *S*)
restaurant, pub, inn (typically quite simple, serving drink and/or food)

Abends arbeitet sie in einer kleinen Gastwirtschaft am Kaiserring.

Kantine, die (-n)
canteen

Zu Mittag kann man in der Werkskantine billig essen.

Kneipe, die (-n) (**R1**)
pub

Hier sind viele kleine Kneipen, wo abends die Studenten hingehen.

Krug, der (*N*) (¨e)
pub, inn (esp. small, rural)

Die Bauern versammelten sich am Abend im kleinen malerischen Dorfkrug.

Lokal, das (-e)
restaurant, pub, inn (quite general term)

Wir fanden ein nettes Lokal, wo wir gut essen konnten.

Mensa, die (-en)
refectory (in universities)

Das Essen in der Mensa ist billig, aber etwas eintönig.

Pinte, die (-n) (*NW, CH*)
pub, bar

Den Jochen sieht man jeden Abend in der schmuddeligen Pinte am Marktplatz.

Restaurant, das (-s)
restaurant (exclusively for meals, typically up-market)

Heute Abend wollen wir im neuen Restaurant am Seeufer essen, das soll sehr gut sein.

Schenke/Schänke, die (-n)
pub, inn, tavern (typically rural)

Am Dorfeingang war eine einfache kleine Schenke, wo wir ein Bier tranken.

Wirtshaus, das (¨er)
inn, tavern, pub (esp. rural)

Das abgelegene Wirtshaus an der Lahn schien gut besucht zu sein.

Gebäude   *building*
[see also **Haus**]

Bau, der (-ten) (**R2/3**)
building, edifice (typically imposing or noteworthy)

Der ursprünglich gotische Bau wurde um 1730 im barocken Stil umgestaltet. Von den früheren Bauten sind heute nur noch Reste erhalten.

Bauwerk, das (-e) (**R3**)
building, edifice, structure (with impressive construction)

Am Südausgang der Stadt befindet sich die alte kaiserliche Burg, ein malerisches Bauwerk aus dem frühen Mittelalter.

Gebäude, das (-)
building (typically quite large)

Das Rathaus ist das große Gebäude am Marktplatz. Die Gebäude der Abtei gruppieren sich um sieben Höfe.

---

geben   *give*

(jdm) etw **erteilen** (**R3b**)
give, grant (sb) sth (esp. verbal noun, as paraphrase for simple verb)

Sie hat mir Auskunft, einen Befehl, die Erlaubnis, ein Lob, einen Rat, Unterricht, einen Verweis erteilt.

jdm etw **geben**
give sb sth

Mein Bruder hat mir zwanzig Mark gegeben. Wieviel gibst du mir für das Fahrrad? Sie ließ sich die Speisekarte geben.

jdm etw **gewähren** (**R3**) [see also **erlauben**]
grant, give, allow, afford sb sth

Er wollte ihm keinen Kredit mehr gewähren. Man gewährte ihm eine Zahlungsfrist von dreißig Tagen.

jdm etw **langen** (*S*)
give, pass, hand sb sth

Lang mir bitte die zwei großen Teller vom Regal herunter.

jdm etw **reichen** (**R2/3**)
give, pass, hand sb sth

Sie reichte dem Polizisten den Führerschein. Würden Sie mir bitte das Salz reichen.

jdm etw **schenken**
give sb sth (as a gift)

Was willst du ihr zum Geburtstag schenken? Was hast du von ihm geschenkt bekommen?

(etw) **spenden**
donate, contribute, give (sth) (beneficial gift, also fig.)

Wir haben alle Blut gespendet. Die Sonne spendet Wärme, Licht. Wir haben für das Rote Kreuz gespendet.

etw **stiften**
donate, contribute, give sth (charitable gift)

Sie hat mehrere tausend Mark für die neue Klinik gestiftet. Der Stadtrat hat einen Preis gestiftet.

jdm etw **über´geben**
hand sth over to sb

Zum Schluss übergab man ihm die Schlüssel der Wohnung. Der Beamte übergab ihr einen Brief.

jdm etw **verleihen**
award, present sb sth; confer, bestow sth on sb

Der erste Preis wurde einem jungen Italiener verliehen. Der Präsident verlieh ihr einen Titel.

Gedächtnis   *memory*

Andenken, das (-)
souvenir, memento; (**R3**) *remembrance, memory* (solemn, esp. of deceased)

Im Urlaub wollte sie immer diese kitschigen Reiseandenken kaufen. Sie hielten immer sein Andenken in Ehren.

Erinnerung, die (-en)
memory, recollection, remembrance

Ich habe ihn noch gut in Erinnerung. Meine Erinnerung an diesen Tag ist sehr deutlich. Wir tauschten unsere Erinnerungen aus.

Gedächtnis, das (no pl.)
memory (ability to remember; store of memories)

Uwe hat kein gutes Gedächtnis. Das habe ich aus dem Gedächtnis verloren. Sie hat sich den Vorfall kaum mehr ins Gedächtnis zurückrufen können.

Gefängnis   *prison*

Bunker, der (-) (**R1**)
glasshouse, prison (military)

Nach dem Vorfall kam auch der Feldwebel in den Bunker.

Gefangen(en)haus, das (¨er) (*AU*)
prison

Er wurde in das Gefangenenhaus des Landesgerichtes Kärnten gebracht.

Gefängnis, das (-se)
prison, jail/gaol

Nach Kriegsende blieb er noch neun Monate im Gefängnis.

Kerker, der (-) (**R3a**)
dungeon; (*AU*) *prison, imprisonment*

Sein Leben endete dann in diesem elenden Kerker. (*AU*) Er wurde zu sieben Jahren Kerker verurteilt.

Kittchen, das (-) (**R1**)
nick, clink, jail/gaol

Nach dem Vorfall landete er für neun Monate im Kittchen.

Knast, der (no pl.) (**R1**)
nick, clink, jail/gaol

Ihr Mann sitzt schon wieder im Knast. Der hat zwei Jahre Knast gekriegt.

Strafanstalt, die (-en) (**R3b**)
prison, penitentiary

Er soll erst morgen aus der Strafanstalt entlassen werden.

Verlies, das (-e)
dungeon

In früheren Zeiten wurden Missetäter in den düsteren Verliesen der Kaiserburg eingekerkert.

Zelle, die (-n)
cell

Die Gefangenen wurden damals in diesen kleinen Zellen eingesperrt.

Zuchthaus, das (¨er) (**R3**)
prison, penitentiary; imprisonment (historical, for serious offenders)

Die Schwerverbrecher kamen ins Zuchthaus. Er wurde zu zehn Jahren Zuchthaus verurteilt.

Gegend   *area, region*
[see also Ort]

Bereich, der (-e)
   area, sphere, field, sector (over which sth
   extends or has influence)

Wir fliegen jetzt im Bereich der Küste.
Mexiko liegt im Einflussbereich der
USA. Das fällt nicht in meinen
Aufgabenbereich.

Bezirk, der (-e)
   district (esp. administrative or official)

Harlem ist ein Bezirk der Stadt New York.
Jeder Vertreter der Firma hat einen eigenen
Bezirk.

Gebiet, das (-e)
   area, region, territory (forming a natural or
   political unit); *field* (of study or activity)

Das Küstengebiet steht unter Naturschutz.
Diese Gebiete wurden nach dem Krieg
abgetreten. Er arbeitet auf dem Gebiet der
Mikroelektronik.

Gegend, die (-en) [see also Boden]
   area, region, neighbourhood (small, round a
   particular person or place, with vague
   limits)

In dieser Gegend sieht man kaum noch
Füchse. Sie wohnen in einer hübschen
Gegend. Wir wollen ein bisschen durch die
Gegend fahren.

Gelände, das (no pl.)
   open country, terrain; area, grounds (put to a
   specific purpose)

Im Osten Kambodschas steigt das Gelände
allmählich zur Küstenkette von Annam an.
Wir suchen das Gelände für eine neue
Fabrik.

Landschaft, die (-en)
   landscape, scenery, countryside, region (with
   particular reference to its appearance)

Der Karst ist eine öde Landschaft. Die ganze
Landschaft um Halle wurde durch den
Tagebau zerstört. Wir fuhren langsam durch
die Landschaft.

Region, die (-en) (**R3**)
   region (large, vaguely defined natural unit)

Diese abgelegene Region nördlich der
großen Flüsse ist immer noch schwer zu
erreichen.

Revier, das (-e)
   district, precinct (e.g. police), *territory*

Die Küche war sein Revier. Der Polizist
kannte sein Revier gut. Der Fuchs markiert
sein Revier.

Umgebung, die (-en)
   surroundings, vicinity

Sie ziehen in die Umgebung von Nürnberg
um. Sie fühlt sich wohl in dieser Umgebung.

Umwelt, die (no pl.)
   environment

Er bekämpft die Verschmutzung der
Umwelt. Er versuchte sich seiner Umwelt
anzupassen.

Viertel, das (-)
   quarter, district (of a town or city)

Sie wohnen in einem sehr eleganten Viertel.
Dieses Viertel soll bald saniert werden.

gehen

[see also **gleiten**, **rasen**]

go

sich **begeben** (R3)
> *proceed, make one's way* (often implies a certain purpose)

Die Herrschaften begaben sich eilig nach Hause. Nach der Aufführung begaben sie sich ins Hotel.

fahren
> *go, drive, travel* (not on foot; can mean 'move forward' of vehicles)

Sie fuhr mit dem Auto, mit der Straßenbahn in die Stadt. Er hätte mit uns fahren können, aber er wollte gehen. Der Zug fuhr langsam um die Ecke.

gehen
> *go, walk* (normally implies 'on foot', or going swh for a purpose, e.g. to live or work there)

Willst du mit uns nach Hause fahren? Nein, ich gehe lieber. Der Patient kann schon wieder gehen. Sie ging schnell in die Küche. Sie gehen im Sommer nach New York.

gleiten (R2/3)
> *glide, slide*

Sie glitt lautlos aus dem Zimmer. Die Geier glitten über den Hang. Der Kahn gleitet durch das Wasser.

kommen
> *come, arrive, get swh*

Am nächsten Tag kamen wir nach Zwickau. Im Sommer sind wir nicht viel weiter gekommen.

kriechen
> *crawl, creep*

Die Schlange kroch unter den Baumstamm. Die Kinder krochen durch das Loch im Zaun. Der Zug kroch den Berg hinauf.

latschen (R1)
> *trudge, slouch, walk* (often pej.)

Als es noch mal klingelte, latschte er widerwillig zur Haustür.

laufen
> *run*; (R1) *walk*

Die beiden Mädchen liefen schnell aus dem Zimmer. (R1) Wollen wir mit dem Bus fahren, oder wollen wir laufen?

reiten
> *ride* (on an animal)

Sie ritten langsam durch den Fluss, denn die Pferde hatten Angst.

rennen
> *run* (fast)

Der Junge rannte wie der Blitz über die Straße. Sie rannte zum Arzt. Als er es sah, rannte er davon.

schlendern
> *stroll, amble*

Ingrid und Gudrun schlenderten die Königsallee hinunter.

schlurfen
> *trudge, slouch*

Als sie das Geräusch hörte, stand sie auf und schlurfte zum Fenster.

schreiten (R3a)
> *stride, walk* (in a slow, stately manner)

Der Pastor schritt feierlich hinter dem Sarg. Das Königspaar schritt über den Hof.

spazieren(gehen)
> *(go for a) stroll*

Am Nachmittag spazierten sie durch die Straßen der Altstadt. Abends ging sie im Park spazieren.

springen (*SW*) [see also **springen**] *run*	Sie ist in den Garten gesprungen. Spring doch mal schnell zum Bäcker und hol uns ein paar Wecken.
treten *step, tread*	Der Lehrer trat in das Klassenzimmer. Sie trat auf die Bühne. Er tritt ans Fenster, in eine Pfütze.
wandeln (**R3**) *walk, stroll*	Bei dem herrlichen Wetter wandelten die Gäste in dem schönen Schlosspark.
wandern *hike, ramble; roam, wander*	Wir sind heute drei Stunden gewandert. Diese Völker wandern durch das ganze Steppengebiet.
ziehen *move, proceed, make one's way, wander* (esp. of group)	Die Demonstranten zogen über den Rathausplatz. Die Gruppe zog langsam über die alte Brücke. Die Nomaden ziehen durch die Wüste.

gehören   *belong*

etw **angehören** *belong to sth* (i.e. a period of time, a group)	Ich gehöre diesem Verein an. Er gehört dem Jahrgang 1978 an. Der Wal gehört der Klasse der Säugetiere an.
jdm **gehören** *belong to sb* (i.e. it is his/her possession)	Dieses Buch gehört mir. Ihr Herz gehört einem anderen. Das Haus hat meinem Freund gehört. Die Zukunft gehört der Jugend.
zu etw **gehören** *be one/part of sth*	Sie gehört zur Familie. Er gehört zu ihren Freunden. Das gehört zu meiner Arbeit, zu meinen Pflichten. Dazu gehört Mut.
wohin **gehören** *belong somewhere* (i.e. be in the right place there)	Das Bild gehört ins Museum. Das kleine Mädchen gehört jetzt ins Bett. Das Fahrrad gehört in die Garage. Er gehört ins Gefängnis.

Geistliche(r)   *clergyman*

Geistliche(r), der (adj. decl.) *clergyman, cleric, minister* (general, of all ranks and denominations)	Anwesend an dieser Synode waren protestantische und katholische Geistliche aus allen Ländern Europas.
Pastor, der (-en; **R1**: ¨e) (**N**) *parson, vicar* (protestant)	Jörg Pedersen wurde Pastor, nachdem er in Greifswald evangelische Theologie studiert hatte.

Pfaffe, der (-n,-n) *parson, cleric* (pejorative)	Sie sagte, sie habe nie Vertrauen zu den Pfaffen gehabt und gehe auch nie in die Kirche.
Pfarrer, der (-) *parson, vicar, parish priest* (catholic or protestant)	Er wurde zunächst Pfarrer in einer kleinen Dorfgemeinde in Südwürttemberg.
Priester, der (-) *priest* (esp. catholic)	Der Priester kam mit den beiden Messdienern aus der Sakristei.

Geld   *money*

Bargeld, das (no pl.) *cash*	In diesem Geschäft nehmen sie nur Bargeld, also keine Kreditkarten.
Devisen, die (pl.) (**R2/3**) *foreign exchange / currency*	Man durfte die Devisen nur zum offiziellen Kurs tauschen. Der Handel mit Devisen war verboten.
Geld, das (-er) *money*; (pl.) (large) *amounts of money*	Ich habe doch nicht genug Geld bei mir. Sie spielen um Geld.
Kies, der (no pl.) (**R1**) *cash, lolly, dough* (typically large amounts)	Bist du sicher, dass ihr Vater Kies hat? Peter hat einen Haufen Kies.
Kleingeld, das (no pl.) *small change*	Ich habe leider kein Kleingeld, nur zwei große Scheine.
Knete, die (no pl.) (**R1**) *dough, bread*	Du weißt aber genau, dass er das ohne Knete nicht machen will.
Kohle, die (-n) (**R1**) *dough, bread*	Wenn die Kohlen stimmen, ist es schon in Ordnung. Die hat aber viel Kohle!
Mittel, die (pl.) *funds, resources, means*	Ende des Monats waren ihre Mittel erschöpft. Der Bau wurde mit öffentlichen Mitteln finanziert.
Moneten, die (pl.) (**R1**) *ready cash, lolly*	Wenn du die Moneten nicht bei dir hast, können wir nichts machen.
Moos, das (no pl.) (**R1**) *cash, dough*	Der Martin muss aber gerade sein letztes Moos zusammengekratzt haben.
Zaster, der (no pl.) (**R1**) *dough, lolly, loot*	Aber her doch mit dem Zaster, wenn ich die Karten kaufen soll.

Gelegenheit   *opportunity*
[see also Ereignis]

Anlass, der (¨e) [see also Ursache]
occasion (usually pointing to a cause or
reason)

Wir wollen den Anlass nicht vorübergehen
lassen. Zum Anlass seines Geburtstags gab er
eine Feier.

Chance, die (-n)
chance, occasion (favourable), (pl.) *prospects*

Er hat die Chance verpasst. Sie gab ihm eine
letzte Chance. Der Plan hat nicht die
geringsten Chancen.

Gelegenheit, die (-en)
opportunity, occasion, chance

Ich hatte keine Gelegenheit, sie anzurufen.
Die Gelegenheit ist günstig. Ich sage es ihr
bei der nächsten Gelegenheit.

Möglichkeit, die (-en)
possibility

Hast du vielleicht eine Möglichkeit gesehen,
ihr zu helfen?

Geräusch   *sound*

Geräusch, das (-e)
sound, noise (general, non-specific)

Sie hörte ein dumpfes, lautes, leises, störendes
Geräusch, ein Geräusch wie von
zerbrechendem Glas. Die Dampfheizung
macht wenig Geräusch.

Getöse, das (no pl.) (**R3**)
noise, din (loud, continuous)

Da schreckte ihn am Montag schon wieder
in aller Herrgottsfrühe das Getöse von
Schlagbohrern hoch.

Klang, der (¨e)
sound (musical, harmonious, pleasant)

Schon von weitem hörte man den hellen
Klang der Glocken. Er erkannte sie am Klang
ihrer Stimme.

Knall, der (no pl.)
crack, bang (short, sharp sound)

Sie hörte den Knall der Peitsche, eines
Schusses. Die Tür fiel mit einem Knall ins
Schloss.

Krach, der (no pl.)
noise, row (esp. **R1**, also argument); *crash,
bang*

Gestern haben die Nachbarn Krach gemacht.
Ihr sollt nicht so viel Krach machen! Das
Auto fuhr mit einem Krach gegen das Tor
der Garage.

Lärm, der (no pl.)
noise, din, racket (loud, unpleasant)

Ich konnte vor dem fürchterlichen Lärm auf
der Straße nicht schlafen. Durch dieses
Gesetz will man den Lärm bekämpfen.

Laut, der (-e)
sound (human or animal, esp. speech)

Sie gab keinen Laut von sich. Im Wald hörte
man keinen Laut. Für Deutsche ist die
Aussprache dieser englischen Laute
schwierig.

Radau, der (no pl.) (**R1**)
  noise, din, racket

Kreischende, pfeifende Fans machten ganz
schön Radau im Stadion.

Schall, der (¨e; *AU*: -e)
  sound (as physical entity; (**R3**) clear,
  distinct sound)

Der Schall hat eine Geschwindigkeit von
etwa 330 Metern pro Sekunde. In den leeren
Straßen war der Schall ihrer Schritte weit zu
hören.

Ton, der (¨e)
  sound, note (simple, musical; also in
  contrast to vision), *tone* (of voice)

Plötzlich fiel beim Fernseher der Ton aus.
Ich fand den klagenden Ton seiner Stimme
unangenehm. Er stimmte die Geige einen
halben Ton tiefer.

---

gern haben   *like*

gefallen: jd/etw **gefällt** jdm
  sb likes sb/sth, enjoys sth (aesthetic
  judgement, typically a first reaction; not
  food or drink)

Wie hat dir Stuttgart gefallen? Gefällt dir
mein neues Kleid? Sie hat ihm gut gefallen.
Es hat ihr gar nicht gefallen, dass sie im
Regen warten musste.

jdn/etw **gern haben** (esp. **R1**)
  like, love sb/sth (established affection; rarely
  used in neg.)

Renate hat ihn gern. Sie hatten sich sehr
gern. Ich habe die Dämmerung sehr gern.

gern + VERB
  like + VERBing (i.e. like an activity)

Annemarie schwimmt gern. Elke liest nicht
gern. Sie trinkt gern Kaffee.

jdn/etw **leiden können/mögen**
  like, be fond of sb/sth (often in negative:
  'not be able to stand sb')

Ich kann/mag ihn gut/nicht leiden. Er
konnte meinen Onkel nie so recht leiden. Er
kann es nicht leiden, wenn ihn jemand stört.

jdn/etw **lieben**
  love sb/sth

Er liebt sie von ganzem Herzen. Ich liebe
dieses alte Haus. Sie liebt die Heimat, ihren
Beruf.

jdn **liebhaben** (esp. **R1**)
  love, be fond of sb

Erika hat ihn aber sehr lieb. Die beiden
haben sich lieb. Hast du sie wirklich lieb?

jdn/etw **mögen**
  like sb/sth (matter of individual taste)

Ich mag keinen starken Kaffee. Ich mag diese
laute Musik (nicht). Sabine hat ihn nie
gemocht. Ich möchte gern nach Rom fahren.

schmecken: etw **schmeckt** jdm
  sb likes sth (specific food)

Hat dir der Braten geschmeckt? Mir hat das
Essen in Indien gar nicht geschmeckt.

jdm **ist** jd/etw **sympathisch** (esp. **R1**)
  sb likes sb/sth (i.e. finds sb/sth pleasant,
  agreeable or appealing)

Dein Freund, die Sache ist mir sehr
sympathisch. Diese Menschen waren ihm
nicht sympathisch / völlig unsympathisch.

jdm/etw **zugetan sein** (**R3**)
  be fond of sb/sth

Er war dem Alkohol, den schönen Künsten,
der jungen Tänzerin zugetan. Sie ist ihm in
Liebe zugetan.

zusagen: jd/etw **sagt** jdm **zu**
   sb/sth appeals to sb

Das will mir gar nicht zusagen. Das Haus, der Wein, der Job, dieses Kleid sagte ihr sehr, nicht (recht), einigermaßen zu.

Geruch   *smell*

Aroma, das (-s/-men) (**R3**)
   aroma

Das würzige, herzhafte Aroma des starken Mokkas erfüllte die kleine Küche.

Duft, der (¨e)
   scent, (pleasant) smell, fragrance, perfume

Der Nachtwind trägt den Duft der Erntefelder herüber. Der Duft von frischen Krapfen kräuselt um das Haus.

Geruch, der (¨e)
   smell

Der übler Geruch des Bachs ist auf rein biologische Vorgänge zurückzuführen. Das auffallendste Merkmal des Schwefelwasserstoffs ist sein penetranter Geruch.

Gestank, der (no pl.)
   stink, (unpleasant) smell

Ich hasse diesen Gestank von Brikettasche, der morgens in den Straßen hängt.

Wohlgeruch, der (¨e) (**R3a**)
   (pleasant) smell, fragrance

Der Garten war mit dem Wohlgeruch der Rosen erfüllt.

---

geschehen   *happen*
   [see also **scheinen**]

sich **abspielen**
   happen, take place, unfold (series of events)

Diese Szene spielte sich vor unseren Augen ab. Alles hat sich anders abgespielt, als wie es uns vorgestellt haben.

auftreten
   occur, arise (esp. unexpectedly; often of diseases)

Inzwischen traten einige Probleme auf. Im Mai treten Bodenfröste nur noch selten auf. Diese Krankheit tritt in den Sommermonaten auf.

ausbleiben
   fail to happen (against expectations)

Der erwartete Konjunkturaufschwung blieb aus. Die erhoffte Wirkung dieser Maßnahmen blieb leider aus.

ausfallen
   not take place, be cancelled

Wegen der Krankheit des berühmten Tenors musste die heutige Vorstellung leider ausgefallen.

sich **begeben** (**R3a**)
   happen, come to pass (significant event)

Als er zu seinem Schloss zurückkehrte, begab sich etwas Erstaunliches.

eintreten (R2/3)
occur (typically unexpected, producing a change; often of weather or natural phenomena)

Mit seinem Rücktritt trat eine Krise in der Regierung ein. Die Dunkelheit trat ein, bevor sie die Hütte erreicht hatten. Der Tod trat um sechs Uhr früh ein.

sich ereignen (R2/3)
happen, occur (esp. sth remarkable)

Wann hat sich dieser Vorfall ereignet? In den paar Tagen hatte sich vieles ereignet. Das Unglück ereignete sich in den frühen Morgenstunden.

(auf etw) erfolgen [see also **folgen**]
follow (sth), ensue (as a consequence or result); (esp. **R3b**) *take place* (fulfilling expectations)

Auf den Skandal erfolgte der Rücktritt des Ministers. Die Verleihung des Preises erfolgt am kommenden Sonntag. Die Passkontrolle erfolgt im Eurostar-Zug.

(jdm) geschehen
happen (to sb), occur, take place (sth unexpected or out of the ordinary)

Der Unfall geschah an der nächsten Kreuzung. Ihm ist nichts Böses geschehen. Sie tat, als wäre nichts geschehen.

(jdm) passieren (R1/R2)
happen (to sb) (typically sth unpleasant or harmful)

Gestern ist etwas Schreckliches passiert. Dir kann nichts passieren, wenn du aufpasst. Mir ist ein kleines Malheur passiert.

stattfinden
take place, be held (usually sth planned)

Die Tagung findet dieses Jahr in Aalen statt. Die Trauerfeier findet morgen in der Paulskirche statt.

vorfallen (R2/3)
happen, occur (sth unexpected, often unpleasant)

Ihr seht alle so erschrocken aus, was ist denn vorgefallen? Es ist etwas Unangenehmes vorgefallen.

vorgehen
happen, take place, be going on (pointing to course of events)

Was geht denn hier vor? Es soll niemand erfahren, was hier vorgegangen ist.

(jdm) vorkommen
happen (to sb), occur (typically repeatedly; also 'be found')

So etwas ist mir noch nie vorgekommen. Solche Fehler kommen nicht selten vor. Diese Eulen kommen auch in Deutschland vor.

jdm wider´fahren (R3a)
happen to sb, befall sb (not necessarily sth unpleasant)

Dem Verurteilten ist ein Justizirrtum widerfahren. Ihr ist etwas Seltsames widerfahren. Ihm widerfuhr im Leben manche Enttäuschung.

jdm zustoßen (R3)
happen to sb, befall sb (sth unpleasant)

Dem Lehrer ist ein Unglück zugestoßen. Hoffentlich ist Ihren Eltern unterwegs nichts zugestoßen.

sich zutragen (R3a)
take place, occur

Dann trug es sich zu, dass der König starb. Wie hat sich dieses Unglück zugetragen?

Gesetz   *law*

Anordnung, die (-en)
decree, order, instruction (esp. administrative)

Nach polizeilicher Anordnung gilt ab Montag ein generelles Parkverbot in der Altstadt.

Berechtigung, die (-en)
entitlement, right, authority

Ihnen wurde die Berechtigung zur Teilnahme an den Landtagswahlen zuerkannt.

Erlass, der (-e; *AU*: ¨e)
decree, edict

Nach einem Erlass des Bildungsministers soll dieser Stoff erst in der Oberstufe behandelt werden.

Gerechtigkeit, die (no pl.)
justice

Sie sucht keine Rache, sie will nur Gerechtigkeit. Ein moderner Staat strebt soziale Sicherheit, Chancengleichheit und Gerechtigkeit an.

Gesetz, das (-e)
law (individual law; law as a concept)

Dieses Gesetz wird demnächst außer Kraft gesetzt. Er hat gegen die Gesetze verstoßen. Vor dem Gesetz sind alle Bürger gleich.

Jura, die (pl.)/(*AU, CH*) **Jus,** das (no pl.)
law (as university course)

Meine Schwester hat an der Universität Freiburg drei Semester Jura (*AU, CH*: Jus) studiert.

Recht, das (-e)
right; law (body of laws)

Er hat das Recht auf seiner Seite. Hier hat man das Recht auf freie Meinungsäußerung. Das ist sein gutes Recht. Nach englischem Recht ist das Mord.

Rechtfertigung, die (no pl.)
justification

Zu seiner Rechtfertigung konnte er nichts vorbringen.

Verordnung, die (-en)
decree, ordinance

Das Land Nordrhein-Westfalen wurde am 23. August 1946 durch Verordnung der britischen Militärregierung gebildet.

Vorschrift, die (-en)
regulation, instruction

Er hat die dienstlichen Vorschriften nicht beachtet. Von dem lasse ich mir keine Vorschriften machen.

Gesicht   *face*
[see also Mund]

Angesicht, das (no pl.) (**R3**)
face

Adalbert wusste nicht, wann er das geliebte Angesicht wiedersehen würde.

Antlitz, das (no pl.) (**R3a**)
countenance, face

Bei diesem Anblick verhüllte Magdalena unwillkürlich das Antlitz.

Fratze, die (-n)
  face (grotesque), *grimace*; (**R1**: *(ugly) mug*

Ihr Gesicht verzog sich zu einer häßlichen Fratze. Deine blöde Fratze kann ich nicht mehr sehen.

Gesicht, das (-er)
  face

Das Kind hat ein hübsches Gesicht. Sie konnte ihm nicht mehr ins Gesicht schauen.

Miene, die (-n)
  expression (facial)

Herr Meyer trat mit einer düsteren Miene ins Klassenzimmer. Er zeigte eine besorgte Miene.

Visage, die (-n) (**R1**)
  (ugly) mug, face

Er hat eine fiese Visage mit dieser großen Nase. Er machte eine enttäuschte Visage, als er das hörte.

---

gewohnt sein   *be used to*

sich etw **angewöhnen**
  get into the habit of doing sth

Du sollst dir bessere Manieren angewöhnen. In Berlin hat er sich einen, wie er meinte, preußischen Ton angewöhnt.

jdn/etw **gewohnt sein**
  be used to sb/sth

Er war schwere Arbeit, den starken Wein nicht gewohnt. Ich bin diesen Kaffee gewohnt. Ich bin (es) gewohnt, früh ins Bett zu gehen.

an jdn/etw (**R1** etw) **gewöhnt sein**
  be used, accustomed to sb/sth (esp. through getting used to it)

Sie ist an schwere Arbeit, an dieses Klima gewöhnt (**R1**: schwere Arbeit gewöhnt). Ich bin inzwischen auch an diesen Kaffee gewöhnt.

sich an jdn/etw **gewöhnen**
  get used, accustomed to sth

Die Augen müssen sich erst an die Dunkelheit gewöhnen. Mit der Zeit gewöhnt man sich an alles. Wir gewöhnten uns daran, früh aufzustehen.

jdn an jdn/etw **gewöhnen**
  make sb used, accustomed to sb/sth

Wir mussten die Kinder an die neue Umgebung gewöhnen. Es ist schwer, Uwe an etwas Neues zu gewöhnen.

pflegen + zu + INF (**R3**)
  be used/accustomed to doing sth

Er pflegt jeden Sonntag im Garten zu arbeiten. Marianne pflegte im Sommer auf der Terrasse zu frühstücken.

NB: A distinction can be made between e.g. *Ich bin diesen Kaffee gewohnt*, 'This is the coffee I'm used to', and *Ich bin jetzt an diesen Kaffee gewöhnt*, 'I've got used to this coffee now', but there are few contexts where this distinction is crucial, and the two constructions are often used interchangeably (and often confused), esp. in **R1**.

gewöhnlich   *ordinary, usual*

alltäglich
   everyday, usual (not out of the ordinary)

Der Besucher staunte über alltägliche Dinge.
Er ist ein alltäglicher Mensch.

durchschnittlich
   average, ordinary (not outstanding)

In Englisch hatte Jochen immer
durchschnittliche Noten bekommen.

gängig
   common, current, widespread (occurring
   often)

Es war damals eine gängige Meinung, dass
diese Stoffe der Gesundheit eher schadeten.

gebräuchlich
   customary, common (widely used)

Heutzutage ist diese Methode, dieser
Ausdruck, dieses Wort nicht mehr
gebräuchlich.

gewöhnlich
   ordinary, normal, usual

Er ging zur gewöhnlichen Zeit aus dem
Haus. Das machen wir gewöhnlich so. Es
war ein ganz gewöhnlicher Wochentag.

herkömmlich
   traditional, customary (as it has usually been)

Hier wohnen die Bauern immer noch in
ihren herkömmlichen Häusern aus Holz. Wir
müssen die herkömmlichen Kategorien
überprüfen.

landläufig
   common, widespread, current

Nach landläufiger Meinung ist er als Kanzler
völlig unfähig.

normal
   normal, usual

Er trug eine ganz normale Jacke. Wir haben
den normalen Eintrittspreis bezahlt. Unter
normalen Bedingungen kann man das nicht
erwarten.

traditionell
   traditional

In rezenten Sexualuntersuchungen
konstatiert man eine deutliche Entfernung
von der traditionellen Moral.

üblich
   usual, customary

Der Zug aus London hatte die übliche
Verspätung. Hier ist es üblich, dass man erst
gegen zehn Uhr zu Abend isst.

gießen   *pour*
   [see also **fließen**]

etw **ausgießen**
   pour sth (liquid, (**R3**) also sth abstract) *out;*
   empty sth (a container of liquid)

Sie goss den restlichen Kaffee aus. Helmut
goss seine Verachtung über seinen wertlosen
Bruder aus. Sie goss die Flasche, das Glas aus.

jdn/etw **begießen**
   water sth (plants); *pour sth* (liquid) *over sb/*
   sth; (**R1**) *celebrate sth* (with alcohol)

Marie begießt gerade die Blumen. Man hat
ihn mit kaltem Wasser begossen. Nun wollen
wir das freudige Ereignis begießen.

(jdm) etw **eingießen**
pour sth (liquid) *out (for sb)*

Sie goß den Gästen Wein ein. Jetzt gießt er den Kaffee ein.

(jdm) etw **einschenken (R2/3)**
pour sth (liquid) *out (for sb)*

Sie schenkte den Gästen Wein ein. Ich habe mir schon eingeschenkt.

sich **ergießen (R3a)**
pour out / forth, stream out (of large amounts of liquid, crowds, etc.)

Das Wasser ergoss sich über sie. Das Blut ergoss sich aus der Wunde. Die Menschenmenge ergießt sich über die Straßen.

etw **gießen**
pour, spill sth (liquid); *fill sth* (container with liquid); *cast, mould sth* (from molten liquid)

Er goss Bier, Wasser, Wein in das Glas. Gießen Sie das Glas bitte nicht so voll! Auf dem Markt haben wir sehen können, wie man Kerzen gießt.

etw in etw **schenken (R3)**
pour sth into sth (drink into a receptacle)

Meine Großmutter schenkte sorgfältig den Kaffee in alle Tassen.

etw **schütten**
pour, spill sth (large amount, not only liquids)

Sie hat sich Wein über ihr neues Kleid geschüttet. Wir schütteten die Abfälle auf den Haufen.

(etw) **spritzen**
sprinkle, spray, splash (sth) (liquid)

Er spritzte Tinte auf den Boden. Vorsicht, das Fett spritzt aus der Pfanne.

etw **streuen** [see also **ausbreiten**]
strew, scatter sth (esp. granular substances)

Bei Glatteis wird Sand auf die Straße gestreut. Die Kinder streuten Blumen auf den Weg. Sie hat den Vögeln Futter gestreut.

strömen
pour (out), stream, flow (in large quantities; also of air, light, people)

Die Menge strömte durch die Straßen. Das Gas strömte aus der Leitung. Das Blut strömt aus der Wunde. Aus ihren Augen strömte Liebe.

jdm etw ´**übergießen**
pour sth over sb

Mir war, als ob man mir einen Eimer kaltes Wasser übergegossen hätte.

jdn mit etw **über´gießen**
pour sth (liquid; **R3** also fig.) *over sb / sth*

Sie übergossen ihn mit Bier, kaltem Wasser. Er übergoss den armen Lehrer mit Spott.

etw **vergießen**
spill, shed sth (liquid; also blood, tears)

Dabei hat sie Kaffee auf den frischen Tischtuch vergossen. An der Somme wurde auf beiden Seiten viel Blut vergossen.

etw **verschütten**
spill sth (large amounts)

Er stolperte und verschüttete den ganzen Kaffee auf den kostbaren Teppich.

glänzen   *gleam, shine*
[see also **beleuchten**]

blinken
sparkle, twinkle (giving off light at intervals)

Das Licht des Leuchtturms blinkte vor ihnen in der Ferne. Die Pfützen blinkten in der Sonne.

blitzen
flash, sparkle (giving off a flashing light)

Seine Augen blitzten, als er die Geschichte erzählte. Die Fensterscheiben blitzen im grellen Licht der Sonne.

funkeln
sparkle, glitter, twinkle (irregularly giving out light, often of precious objects)

Das teure Kristall der Weingläser funkelte im Kerzenlicht. Ihre Augen funkelten in ihrem dunklen Gesicht.

glänzen
gleam, shine (reflecting light; a general word)

Der frisch polierte Fußboden glänzte. Das Gold der Münzen glänzte in seiner Hand.

glitzern
glitter (giving off intermittent light)

Auf den Hängen glitzerte Neuschnee. Am Himmel glitzerten die Sterne.

glühen
glow (giving out heat with light)

Im Lagerfeuer glühten die letzten Asche. Die Spitze seiner Zigarre glühte in der Dunkelheit.

leuchten
shine, light (up), gleam (reflecting or giving out light, typically in dark surroundings)

In der Nacht leuchteten nur wenige Sterne. Am Ende der Straße sah er ein Licht leuchten. Ihre Augen leuchteten vor Freude.

scheinen
shine, gleam (giving out own light)

Die Sonne, der Mond scheint hell. Ein Licht schien in das Zimmer.

schillern
shine, shimmer, sparkle (in many colours)

Der große Diamant an seinem Finger schillerte in allen Farben. Das Wasser schillert im Mondlicht.

schimmern
gleam, glisten, glimmer (giving off weak light)

Die Kerzen auf dem Altar schimmerten schwach. Der kleine See schimmerte weit unten im Tal.

strahlen
shine, beam, glow (i.e. send out rays, esp. of bright light; also fig.)

Die Sonne strahlte am wolkenlosen Himmel. Der Ofen strahlte vor Hitze. Es war ein strahlender Sonnentag. Ihr Gesicht strahlte vor Freude.

---

gleich   *same*

ähnlich
similar

Sie sieht ihrer Mutter (täuschend) ähnlich. Ich hatte einen ähnlichen Gedanken. Susanne und ich haben ähnliche Interessen.

derselbe *the (self)same*	Wir kommen aus derselben Stadt. Gestern haben wir denselben Wein getrunken. Brigitte und ich waren am selben Tag in Münster.
gleich *same, alike, equal*	Wir sprechen alle die gleiche Sprache. Müllers haben das gleiche Auto wie wir. Er fordert gleiche Rechte für alle. Dein Pullover ist meinem gleich.
identisch (R2/3) *identical (i.e. exactly alike)*	Der Gefangene ist mit dem gesuchten Betrüger identisch. Unsere Interessen sind nicht identisch.

NB: Many German speakers claim that *gleich* should only be used to mean 'one of the same kind' and *derselbe* to mean the 'selfsame'. In practice this rule is difficult to apply consistently, even in formal **R3a**, and it is widely ignored in **R1**.

gleiten   *slide*
[see also **fließen, gehen**]

ausgleiten (R3) *slip, skid (lose grip or footing)*	Sie hatte Angst davor, auf dem vereisten Trottoir auszugleiten.
ausrutschen *slip, skid (lose grip or footing)*	Sie rutscht auf dem Eis aus. Er wollte die Schnur schneiden, aber das Messer rutschte ihm aus.
gleiten (R2/3) *glide (move easily and smoothly)*	Die tanzenden Paare gleiten durch den Saal. Das Boot glitt über das Wasser. Der Adler gleitet durch die Luft. Die Schlange glitt ins Wasser.
glitschen (R1) *slip (involuntary)*	Sie glitschte auf der gebohnerten Treppe. Die Seife glitschte mir aus der Hand.
krabbeln *crawl (babies); scurry (insects)*	Der Kleine fängt schon an zu krabbeln. Der Käfer krabbelte blitzschnell die Mauer hinauf.
kriechen *creep, crawl*	Die Jungen krochen auf Händen und Füßen durch die Hecke. Der Zug kroch langsam den Berg hoch.
rutschen *slide, slip, skid (usually unintentionally)*	Das Auto rutschte auf der nassen Straße. Der Schnee rutschte vom Dach. Der Rock rutscht.
(sich) schleichen *creep, sneak (move stealthily)*	Sie schlich (sich) auf Zehenspitzen ans Fenster. Der Tiger schlich am Teich entlang.

schlüpfen
  slip (through narrow space; also of clothes)

Die Maus schlüpfte durch den Mauerriss. Der Junge schlüpfte durch die Zaunlücke. Sie schlüpfte aus den Kleidern.

glücklich   *happy*

entzückt
  delighted, very pleased

Sie war ganz entzückt über die Blumen. Ich war nicht gerade entzückt von diesem Angebot.

erfreulich
  pleasant, welcome, gratifying (i.e. causing happiness or joy)

Das Ergebnis war nicht gerade erfreulich. ein erfreulicher Anblick, Gedanke, eine erfreuliche Nachricht.

erfreulicherweise (only adv.)
  happily, fortunately, gratifyingly

Erfreulicherweise ist ihr bei dem Unfall nichts passiert.

freudig (**R3**)
  joyful, happy (mainly of actions and events)

Gerwin brachte uns eine freudige Botschaft. Wir hoffen auf ein freudiges Wiedersehen. Das freudige Ereignis wird noch diese Woche erwartet.

froh
  happy, joyful (**R3a** except in set phrases); *glad, pleased* (i.e. relieved, esp. **R1**; only pred.)

Dort sah man nur frohe Gesichter. Dann hörten wir die frohe Nachricht. Frohe Weihnachten. Du kannst aber froh sein, dass dir nichts passiert ist.

fröhlich
  happy, cheerful, merry

An dem Abend fand bei meiner Tante ein fröhliches Fest statt. Sie lächelte fröhlich. Im Saal herrschte schon eine fröhliche Stimmung.

Glück haben
  be lucky

Ihr habt aber Glück gehabt, dass ihr den Zug nicht verpasst habt.

glücklich
  happy, fortunate, lucky

Sie war sehr glücklich in Paris. Da kann sie sich aber glücklich schätzen. Es war ein glücklicher Zufall, dass ich ihn sah.

glücklicherweise (only adv.)
  fortunately, luckily

Glücklicherweise wurde niemand verletzt. Es war glücklicherweise noch nicht zu spät.

glückselig (**R3**)
  blissful(ly happy)

Sie lächelte glückselig, als das kleine Mädchen in der Tür erschien.

happy (**R1**) (only pred.)
  happy, pleased

Als sie sagte, er dürfte mit ins Kino, war er ganz happy.

heiter (**R2/3**)
  cheerful, happy (suggesting a lack of problems), *bright* (weather)

Sie machte ein heiteres Gesicht. Das war kein heiteres Erlebnis. Das Wetter blieb die ganze Woche heiter.

lustig *merry, jolly, jovial*	Jochen ist ein lustiger Bursche. Sie erzählt immer lustige Geschichten. Er machte sich darüber lustig.
munter *cheerful, lively, in good spirits*	Er war immer munterer Laune. Marianne hatte muntere, dunkle Augen. Sie ist krank gewesen, aber nun ist sie wieder gesund und munter.
vergnügt *cheerful, merry, jolly (i.e. in good spirits)*	Als sie aus dem Zimmer kam, lächelte sie vernügt. Es war ein vergnügter Abend bei meinem Onkel Karl. Er rieb sich vergnügt die Hände.

greifen   *seize*
see also **berühren, fangen, fühlen, verstehen**]

jdn/etw **anpacken** (**R1/2**) *get hold of sb/sth (firmly)*	Der Junge wollte weglaufen, aber sie packte ihn fest an. Er packt den Koffer mit beiden Händen an.
sich jds/einer Sache **bemächtigen** (**R3**) *seize hold of sb/sth (i.e. take into one's power)*	Die aufständischen Bauern bemächtigten sich des Bürgermeisters/der Stadt.
jdn **erfassen** (**R2/3**) *seize sb (of emotion; often in passive)*	Sie wurde von einer panischen Angst erfasst. Ekel erfasste ihn bei diesem Anblick.
jdn/etw **ergreifen** (**R3**) *take hold of, seize, grasp, grip sb/sth (things, people, emotions or other abstract ideas)*	Die Polizei ergriff den Täter am Arm. Wir müssen die Initiative ergreifen. 1933 hat Hitler die Macht ergriffen. Er wurde von Angst ergriffen.
jdn/etw **fassen** *take hold of, grab, seize sb/sth*	Sie fasste den Griff mit beiden Händen und zog fest daran. Sie fasste den Jungen am/beim Arm. Der Täter wurde bei einer Razzia gefasst.
nach jdm/etw **grapschen** (**R1**) (**N** also: **grapsen**) *make a grab at sb/sth*	Die Mutter grapschte nach dem Kind. Er grapschte nach dem Messer.
jdn/etw **greifen** (**R3**; **S**) *seize, grasp, take hold of sb/sth*	Ich griff sie am Ellenbogen. Ich griff mir auch schon die halbvolle Sammelbüchse vom Klavier.
wohin **greifen** *reach swh (to get hold of sth)*	Das Mädchen griff in die Dose nach einem Bonbon. Er griff unter den Tisch.
nach jdm/etw **greifen** *make a grab at/for sb/sth*	Der Detektiv griff nach seiner Pistole. Sie griff nach der Türklinke. Sie greift nach dem Jungen.

jdn/etw packen (R1/2)
  *grab (hold of), seize, catch sb/sth (and hold
  tight) (also of emotions and abstract ideas)*

Er packte sie am Arm, so dass sie nicht
weglaufen konnte. Der Roman hat mich sehr
gepackt. Mich packt die Wut, wenn ich
daran denke.

zugreifen
  grab, take sth quickly

Greift doch zu, es ist genug für alle da! Er hat
mir ein gutes Angebot gemacht, und ich
habe sofort zugegriffen.

zupacken (R1/2)
  grab sth quickly, eagerly or firmly

Wenn du nicht schnell zupackst, sind die
schönen Pralinen alle weg. Du musst mit
beiden Händen zupacken, sonst fällt er
runter.

Griff   *handle*

Griff, der (-e)
  *handle (general, for grasping with whole
  hand), hilt (sword), butt (pistol)*

der Griff der Aktentasche, der Bratpfanne,
des Koffers, des Messers, des Regenschirms,
des Revolvers, der Säge, der Schublade, der
Tür

Heft, das (-e) (**R3**)
  handle (of tool or knife), hilt (sword)

Er nahm den Degen, die Feile, das Schwert
beim Heft.

Henkel, der (-)
  *handle (round, on side of cups, mugs, pots,
  or on top of baskets, buckets, etc.)*

An der Tasse, Teekanne war der Henkel
abgebrochen. Sie fasste den Eimer, den Korb
am Henkel.

Klinke, die (-n)
  (door-)handle

Sie ist an die Tür getreten und hat die Klinke
heruntergedrückt.

Knauf, der (¨e)
  knob (door, walking-stick), pommel (sword)

An der Haustür hatten sie einen schönen
Messingknauf angebracht.

Schnalle, die (-n) (**AU**)
  (door-)handle

Der Bub hat schon herausgekriegt, wie man
die Türschnalle herunterdrückt.

Stiel, der (-e)
  *handle (long, of brooms, brushes, pans,
  tools)*

Der Stiel des Besens, des Hammers, des
Pinsels war abgebrochen.

---

grinsen   *grin*

feixen (R1)
  smirk (scornful, typically of adolescents)

Ihre dreizehnjährige Tochter Susi aber feixte
hinter dem Taschentuch.

grienen (N)
  smirk

Der Boxer griente nach seinem K.o.-Sieg in
der siebten Runde über sein ganzes riesiges
Gesicht.

grinsen
  grin, smirk (usually scornfully or maliciously)

Das Mädchen grinste ihn frech, höhnisch, spöttisch, unverschämt an.

lächeln
  smile (can be friendly, amused or scornful)

Sie lächelte breit, als Robert in das Zimmer kam. Er lächelte schadenfroh, als er von ihrer Verlegenheit hörte.

schmunzeln
  grin, smile (friendly or amused expression, often secretly to oneself)

Sie schmunzelte befriedigt vor sich hin, als sie daran dachte. Rebecca hörte ihm schmunzelnd zu.

groß   *big*

baumlang (R1)
  very tall

Andreas ist ein baumlanger Kerl wie sein Bruder auch.

enorm (esp. **R1**)
  enormous, tremendous

Sie hat sich dabei enorm bemüht. Ute hat eine enorme Geldsumme von ihrem Onkel gekriegt.

geräumig
  large, spacious, roomy

Wir haben jetzt eine geräumige Wohnung in Pasing gemietet.

gewaltig (esp. **R1**)
  colossal, immense, massive

Die Preise sind gewaltig gestiegen. In den letzten Augusttagen herrschte eine gewaltige Hitze. Er litt unter einer gewaltigen Last.

gigantisch
  gigantic, huge, colossal

Für ihn war das schon eine gigantische Leistung. Vor ihnen ragte eine gigantische Bergkette auf.

groß
  big, large, great, tall

Sie wohnten in einem großen Haus. Bismarck war ein großer Staatsmann. Sie ist 1,65 Meter groß.

kolossal (esp. **R1**)
  colossal, gigantic, enormous, tremendous

Der alte Palast ist ein Bauwerk von kolossalem Ausmaß. Dabei hat sie kolossales Glück gehabt.

lang (**N**)
  tall (of people)

Enzo war aber so lang, dass man ihn auch in der großen Menge noch gut erkennen konnte.

mächtig (esp. **R1**)
  tremendous, massive, huge

Jetzt habe ich aber einen mächtigen Hunger. Da hat sie sich aber mächtig gefreut.

riesig (esp. **R1**)
  gigantic, enormous, huge

Mitten auf der Wiese stand eine riesige Eiche. Auf dem Platz war eine riesige Menschenmenge. Da haben wir einen riesigen Spaß gehabt.

stattlich
well built, strapping (esp. of men), *large*

Er war ein stattlicher Mann in den Vierzigern. Er besitzt eine stattliche Gemäldesammlung.

ungeheuer (esp. **R1**)
enormous, immense, tremendous

Er hatte ungeheure Kraft. Das war für sie eine ungeheure Anstrengung. Er ist ungeheuer reich.

Hals   *neck*

Genick, das (no pl.)
nape (esp. the bones at the back of the neck)

Sie hat sich beim Kopfsprung das Genick gebrochen. Er schob den Hut ins Genick. Ich habe ein steifes Genick, ich muss zum Chiropraktiker.

Gurgel, die (-n)
throat (front of throat; in a few constructions only, **R1** esp. with reference to drinking)

Der Feldwebel packte den Engländer sofort an der Gurgel. Dann drückte er dem Tier die Gurgel zu. (**R1**) Danach haben wir uns die Gurgel gespült.

Hals, der (¨e)
neck, throat (i.e. inside or outside, also of bottles, etc.)

Er hatte einen dicken, langen, schlanken, vollen Hals. Mir tut der Hals weh, er ist ganz entzündet. Der Korken blieb im Flaschenhals stecken.

Kehle, die (-n)
throat (front of throat, inside or outside)

Der Hund sprang ihm plötzlich an die Kehle. Mir ist die Kehle ganz heiser, rauh, trocken.

Nacken, der (no pl.)
nape (i.e. back of the neck; often in extended or figurative sense)

Sie hat einen gedrungenen, kurzen, zarten Nacken. Ihm war der Nacken ganz steif geworden. Die Konkurrenz sitzt uns im Nacken.

Rachen, der (no pl.)
throat (inside, i.e. pharynx), *jaws* (of animals)

Bei Masern ist der Rachen oft stark entzündet. Er steckte den Kopf in den Rachen des Tigers.

Schlund, der (no pl.) (**R3**)
gullet, (back of the) *throat* (i.e. where food is swallowed, often of animals)

Ihr muss eine Gräte im Schlund steckengeblieben sein. Plötzlich riss der größte Wolf den Schlund auf.

halten   *stop*
[see also **aufhören, beenden**]

(jdn/etw) **anhalten**
stop (sb/sth) (esp. temporarily or unexpectedly; stresses the action of stopping)

Sie hielt an, als sie den Unfall sah. Kurz vor dem Bahnhof hielt der Zug plötzlich an. Ich wurde von der Polizei angehalten. Er hielt seine Uhr an.

jdn/etw **aufhalten**
detain sb/sth, hold sb/sth up (temporarily)

Die Flüchtlinge wurden an der Grenze aufgehalten. Ich will dich aber nicht länger aufhalten. Diese Entwicklung ist nicht mehr aufzuhalten.

halten [see also **behalten**]
stop, come to a halt (vehicles, esp. scheduled stop; also people)

Dieser Zug hält nicht in Heidelberg. Das Auto hielt vor dem Rathaus. Wir hielten genau vor ihrem Haus. Halt, oder ich schieße!

Halt machen
stop (break or finish a journey)

Wir wollen erst Halt machen, wenn wir über den Brenner sind.

stehen bleiben
(come to a) stop (people, vehicles or machines)

Sie blieb an der Kreuzung stehen. Hier ist es, als wäre die Zeit stehen geblieben. Meine Uhr ist stehen geblieben.

etw zum **Stehen/Stillstand bringen** (**R2/3**)
stop sth moving, bring sth to a stop

Er brachte die Maschine, den schweren Wagen endlich zum Stehen/zum Stillstand.

zum **Stehen/Stillstand kommen** (**R2/3**)
come to a stop, cease moving

Die Maschine, der Motor, der Verkehr, kam zum Stehen/zum Stillstand.

stillstehen
come to / be at a standstill, stop working

Sein Herz hat stillgestanden. In allen Fabriken standen die Maschinen still. Die Zeit schien stillzustehen.

(jdn/etw) **stoppen** (**R1/2**)
stop (sb/sth)

Sie stoppte an der Kreuzung. Es gelang der UdSSR nicht, die Reformen zu stoppen. Die Polizei stoppte ihn an der Grenze.

Haus

house

[see also **Gebäude**]

Appartement, das (-s; *CH*: -e) / **Apartment**, das (-s)
flat, apartment (modern, often for one person)

Silke wohnte in einem neuen Appartement mit einem schönen Ausblick über den Zürchersee.

Eigentumswohnung, die (-en)
owner-occupied flat, condominium

Es wird noch eine Weile dauern, bis wir uns eine Eigentumswohnung leisten können.

Einfamilienhaus, das (¨er)
detached house

Nach der Geburt ihres Sohnes kauften sie sich ein großes Einfamilienhaus am Waldrand.

Haus, das (¨er)
house

In den 60er Jahren wurden viele schöne alte Häuser abgerissen.

Kasten, der (¨) (**R1**)
big, old house (pej.)

Unsere Schule war doch ein scheußlicher alter Kasten.

Mietshaus, das ("er)
  block of flats, apartment house

Die großen neuen Mietshäuser hinter dem
Stadion sehen sehr eintönig aus.

Mietskaserne, die (-n) (**R1**)
  tenement block, apartment house (pej.; large,
  poor quality)

Um die Jahrhundertwende wohnten die
meisten Berliner in diesen riesigen,
schmutzigen Mietskasernen.

Reihenhaus, das ("er)
  terraced house, town house

Meine Schwester wohnt mit ihrem Mann in
einem niedlichen Reihenhaus hinter dem
Stadtpark.

Renditenhaus, das ("er) (**CH**)
  block of flats, apartment house

Der Kantonsrat wollte den Bau dieser
Renditenhäuser am Stadteingang genehmigen.

Villa, die (-en)
  villa

Herbert kam aus Amerika zurück und kaufte
eine große Villa am Berghang.

Wohnung, die (-en)
  flat, apartment

Unsere Wohnung war eigentlich recht groß.
In diesen alten Wohnungen können die
Heizkosten recht hoch sein.

Haut   *skin*

Fell, das (-e)
  skin, hide (normally hairy or furry; in **R1**
  and idioms also human skin)

Diese Tiere haben ein wertvolles, weiches
Fell. Er streichelt der Katze das Fell. Der
Helmut hat ein sehr dickes Fell.

Haut, die ("e)
  skin, hide (of people or animals, not hairy
  or furry)

Das Kind hatte eine sehr zarte, dunkle,
empfindliche Haut. Er ist nur noch Haut und
Knochen. Die Schlange hat ihre Haut
abgeworfen.

Rinde, die (-n) [see also **Brot**]
  rind (cheese), *crust* (bread), *bark* (tree)

Bei diesem Käse kann man die Rinde nicht
mitessen, man muss sie abschneiden. Birken
haben eine weiße Rinde.

Schale, die (-n)
  skin, peel (fruit or vegetable), *shell* (nut,
  egg), *casing*

Am besten kocht man diese Kartoffeln mit
der Schale. Paranüsse haben eine sehr harte,
dreikantige Schale.

---

heben   *lift, raise*
[see also **steigen, zunehmen**]

etw **anheben**
  raise, lift sth (slightly, e.g. to test weight)

Sie hoben das Klavier an, damit sie den
Teppich darunterschieben konnten.

jdn/etw **aufheben** [see also **behalten**]
  pick sb/sth up (off the ground)

Der Junge war hingefallen, und zwei
Passanten hoben ihn auf. Sie hob den Eimer,
den Handschuh, ihr Kleid, das Markstück
vom Boden auf.

jdn/etw **erheben** (**R3**) *raise sb/sth* (people to higher rank, things esp. for solemn purpose, abstract things); *levy sth* (charges, taxes)	Goethe wurde in den Adelsstand erhoben. Er erhob die Hand zum Schwur. Sie erhob Einspruch gegen das Urteil. Für den Eintritt wird eine Gebühr von 50 Schilling erhoben.
jdn/etw **heben** *lift, raise sb/sth*	Sie hob den Kopf. Der Koffer war so schwer, dass ich ihn kaum heben konnte. Er hob die Stimme. Der Minister wollte durch diese Maßnahme den Lebensstandard der Bergarbeiter heben.
jdn/etw **hochheben** *lift sb/sth up* (in the air)	Er hob die Hände hoch. Sie hob den Stuhl hoch und trug ihn in die Ecke.

heiraten

marry

heiraten *marry, get married*	Nana und Michael heiraten am 27. Juni. Sie haben in Kassel geheiratet. Sie heiratet zum zweiten Mal.
jdn **heiraten** *marry sb*	Christian hat eine Amerikanerin geheiratet. Morgen heiratet sie ihren langjährigen Freund.
jdn **trauen** *marry sb* (i.e. perform the ceremony)	Der Standesbeamte hat das Paar getraut. Pfarrer Joseph traute sie in der Kreuzkirche.
sich (mit jdm) **verheiraten** (**R3**) *get married (to sb)* (stressing changed status)	Sie haben sich endlich/inzwischen verheiratet. Sie hat sich mit einem Österreicher verheiratet.
verheiratet sein *be married*	Wie lange seid ihr schon verheiratet? Sie ist nicht verheiratet, sie ist ledig. Sie ist eine verheiratete Frau.
sich (mit jdm) **vermählen** (**R3**) *get married (to sb)*	Wir haben uns vermählt: Uwe Hahn und Petra Henne. Der Prinz vermählte sich mit der Tochter des Zaren.

Herd

cooker

Herd, der (-e) *cooker, stove* (for cooking; for clarity sometimes called *der Kochherd*)	Wir haben uns gerade einen neuen Elektro-/ Gasherd angeschafft. Der Herd hat vier Kochplatten und einen Backofen.
Kocher, der (-) *cooker* (small, often portable)	Zur modernen Campingausrüstung gehört ein Propangaskocher.

Ofen, der (¨)
heater, stove (for heating); *oven* (for baking or cooking; for clarity often called *der Backofen*)

Das Zimmer wurde durch einen großen Kachelofen geheizt. Sie holte das frische Brot aus dem Ofen. Er wollte die Gans im Ofen braten.

Platte, die (-n)
hotplate (on cooker), *cooking ring* (for clarity often called *die Kochplatte*)

Unser alter Herd hatte nur drei Kochplatten. Er stellte den Topf auf die Platte. Vorsicht, die Platte ist ganz heiß!

Rechaud, der (*CH*: das) (-s)
food-warmer, (*S*) *cooker* (small, esp. gas)

Der Kellner stellte die Teller auf den Rechaud. (*S*) Er wärmte sich Kaffee auf dem Rechaud.

Rohr, das (-e) (*AU*)
oven (for baking or cooking; also *das Backrohr*)

Theresa nahm die Semmeln aus dem Backrohr und legte sie auf den großen Frückstückstisch.

Röhre, die (-n)
oven (for baking or cooking; also *die Backröhre*)

Er schob den Kuchen in die Röhre. Dein Essen steht in der Röhre.

Stövchen, das (-) (*N*)
food-warmer

Mitten auf dem Tisch stand eine große Teekanne auf einem Stövchen.

---

hindern   *prevent*

jdn von etw **abhalten**
keep, stop, prevent sb from (doing) sth

Er hat sie von der Arbeit abgehalten. Nichts soll mich davon abhalten, daran teilzunehmen.

jdn/etw **behindern**
hinder, obstruct, impede sb/sth

Sie behinderte mich bei der Arbeit. Dieser Trabbi hat den Verkehr behindert.

jdn/etw **hemmen** (**R3**)
hinder, hamper, check sb/sth, slow sb/sth down

Diese Bürgerkriege hemmten auf lange Zeit die Entwicklung des Landes.

jdn an etw **hindern**
prevent sb from (doing) sth (be an obstacle)

Er hinderte sie am Schreiben. Nichts soll uns daran hindern, weiterzugehen.

etw **verhindern**
prevent, stop sth, make sth impossible

Die Polizei konnte den Diebstahl verhindern. Wir müssen verhindern, dass er in den Garten kommt.

verhindert sein
not be able to come

Herr Graustein war gestern Abend beruflich / dienstlich / wegen Krankheit verhindert.

etw **verhüten** (**R3**)
prevent, stop sth (sth undesirable)

Wir konnten den Schaden, den Unfall, das Unglück, das Unheil nicht verhüten.

etw (DAT) **vorbeugen** (**R3**)
prevent sth (sth undesirable, by taking preventative measures)

Die Minister wollten durch diese Maßnahmen der Möglichkeit eines weiteren Konfliktes vorbeugen.

hören

hear, listen

(sich) etw **anhören**
    listen to sth (esp. attentively or critically)

Diese neue CD muss ich (mir) unbedingt anhören. Sie hörte seine Argumente geduldig an.

jdn **anhören**
    listen to sb (carefully, fully)

Der Richter hörte den Zeugen an. Die Anwesenden hörten den Minister mit Staunen an.

hinhören
    listen (concentrate on catching sth)

Ihr müsst genau hinhören, wenn er etwas sagt. Bei der letzten Durchsage habe ich gar nicht hingehört.

(auf jdn/etw) **horchen**
    listen out (for sb/sth) (intently or secretly);
    (**R3**; **S**) _listen, pay heed (to sb/sth)_

Brigitte horchte neugierig an der Tür. Sie horchte, ob jemand auf der Treppe war. Alle horchen auf seine Worte.

(jdn/etw) **hören**
    hear (sb/sth), listen (to sb/sth) (in most general way)

Sie hörte einen Schrei. Ich höre jetzt schlecht. Sie hörte ihn kommen. Ich habe von ihm / über ihn nichts Gutes gehört. Ich höre gern Musik.

auf jdn/etw **hören**
    listen, pay heed to sb/sth

Du sollst aber auf den Lehrer hören. Er hörte nicht auf meine Warnungen.

(jdm/etw) **lauschen** (**R3**)
    listen (to sb/sth) (secretly or very attentively)

Monika lauschte gespannt an der Tür. Andächtig lauschten sie dem Bericht des alten Pastors.

etw **vernehmen** (**R3a**)
    hear sth

Sie vernahm ein Geräusch am Fenster. Wir haben vernommen, dass er sein Amt niederlegen will.

(jdm/etw) **zuhören**
    listen (to sb/sth) (most often of people talking or natural sounds)

Sie hörten ihm aufmerksam zu. Du sollst aber gut zuhören, wenn sie dir etwas sagt. Er saß auf der Veranda und hörte dem Regen zu.

Idee

idea

Ahnung, die (-en) (esp. **R1**)
    [see also **Verdacht**]
    inkling, idea, suspicion (typically instinctive, esp. in negative contexts or questions)

Ich habe nicht die geringste Ahnung, wie das funktioniert. Hast du überhaupt eine Ahnung, wo sie geblieben ist?

Begriff, der (-e)
    concept, notion (in a general sense)

Diese Begriffe werden oft verwechselt. Ich kann mir keinen rechten Begriff davon machen.

Einfall, der (¨e)
    idea, notion (occurring to sb suddenly)

Das war aber ein glänzender Einfall von dir! Sie hat immer solche Einfälle.

Gedanke, der (-ns, -n)
thought

Das war ein vernünftiger Gedanke. Der Gedanke lag mir fern. Bei dem Gedanken wird mir angst. Wie bist du auf diesen Gedanken gekommen?

Idee, die (-n)
idea, notion, concept, thought

Hast du eine Idee, wie wir es machen sollen? Der Minister hat keine neuen politischen Ideen. Wie kommst du auf diese Idee? Ideen muss man haben!

Schnapsidee, die (-n) (**R1**)
crackpot idea

Das war wirklich eine Schnapsidee von Manfred, im Winter nach Toronto zu fliegen.

Vorstellung, die (-en) [see also **Fantasie**]
idea, notion (of sth), mental picture

Ich kann mir eine sehr klare Vorstellung davon machen. In meiner Vorstellung sah es anders aus.

Irrtum   *mistake*

Fehler, der (-)
mistake, error (committed), *fault, flaw*

Er macht kaum noch Fehler, wenn er Deutsch spricht. Es war ein Fehler, zu Hause zu bleiben. Jeder Mensch hat ein paar Fehler.

Fehlgriff, der (-e)
mistake (esp. a wrong choice or decision)

Es war ein deutlicher Fehlgriff, diesen Mann einzustellen.

Fehltritt, der (-e) (**R3**)
slip, lapse (esp. moral)

Es wurde vermutet, dass der Präsident eines schweren Fehltritts schuldig war.

Irrtum, der (¨er)
error (mistaken belief or judgement)

Wenn du das meinst, dann bist du im Irrtum. Diese Politik beruhte auf einem Irrtum.

Mangel, der (¨)
[usually in pl.]
fault, flaw, defect, shortcoming

In dem neuen Softwarepaket haben wir einige Mängel festgestellt. Ihre wenigen charakterlichen Mängel fielen nicht ins Gewicht.

Missgriff, der (-e)
mistake (esp. a wrong decision)

Diese neue Politik gegenüber den USA erwies sich bald als ein Missgriff.

Missverständnis, das (-se)
misunderstanding

Du musst dich sehr deutlich ausdrücken, wenn du solche Missverständnisse vermeiden willst.

Patzer, der (-) (**R1**)
boob, goof, slip (esp. through clumsiness)

Ohne diesen Patzer vom Tormann hätten wir gewonnen. In diesem Aufsatz waren dir einige Patzer unterlaufen.

Schnitzer, der (-) (**R1**)
blunder (esp. social faux pas), *goof, boob, howler*

Mit dieser Bemerkung hat er sich einen üblen Schnitzer geleistet. Deine Übersetzung wimmelt nur von Schnitzern.

Versehen, das (-)
  mistake (inadvertent or by oversight)

Er ist aus Versehen in den falschen Zug gestiegen. Ein solches Versehen kann jedem passieren.

Jacke   *jacket*

Jäckchen, das (-)
  jacket (short, esp. women's)

Die junge Dame trug ein modisches Tweedjäckchen und eine seidene Bluse.

Jacke, die (-n)
  jacket (general; also woollen, i.e. cardigan)

Es war so warm, dass ich mir die Jacke ausgezogen habe. Er kaufte sich eine bunte Wolljacke.

Jackett, das (-s)
  jacket, coat (of man's suit)

Beim Jackett hat man die Wahl zwischen einem Zweireiher und einem Einreiher.

Kittel, der (-)
  overall, (white) coat; (**CH**) *jacket* (of suit)

Im Krankenhaus trugen alle Ärzte einen weißen Kittel. Der Schlosser hatte einen blauen Kittel an.

Mantel, der (¨)
  (over-)coat

Im Winter braucht man einen dicken Mantel. Sie half ihm aus dem Mantel. Er legte den Mantel ab.

Rock, der (¨e) (**R3**; **S**)
  jacket (man's)

Früher trugen die Jäger einen grünen Rock. Es war warm, und Franz zog sich den Rock aus.

Sakko, der/das (*AU*: only das) (-s)
  jacket, coat (separate, e.g. sports jacket)

Man muss diesen/dieses Sakko aber chemisch reinigen lassen.

Veston, der (-s) (*CH*)
  jacket (man's)

Der Polizist hat ihn am Kragen seines Vestons gepackt.

Weste, die (-n)
  waistcoat, vest

Heutzutage kann man wieder Anzüge mit einer Weste kaufen.

Junge   *boy*
  [see also **Mann, Mensch**]

Bengel, der (-; *N*: -s) (esp. **R1**)
  boy, rascal (cheeky and endearing)

Matthias ist aber ein goldiger Bengel. Was hat der kleine Bengel schon wieder angestellt?

Bub, der (-en, -en) (*S*)
  boy

Mein Cousin hat zwei Buben und ein Mädchen. Die Buben spielen alle auf der Gasse Fußball.

Junge, der (-n, -n; **R1** pl.: -s) (esp. *N*)
  boy

Er ist ein kleiner, kräftiger, unartiger Junge. Die Jungen (**R1**: Jungs) wollen heute ins Schwimmbad.

Jüngling, der (-e) (**R3**)
  youth

Ihr folgte ein schöner, blonder Jüngling von etwa achtzehn Jahren.

Knabe, der (-n, -n) (**R3**, esp. *AU* and *CH*)
  boy

Vor der Türe stand ein dunkelhaariger Knabe von etwa zehn Jahren.

Knirps, der (-e) (**R1**)
  titch, nipper (small boy)

So ein kleiner Knirps darf doch nicht allein auf der Straße spielen.

---

kämpfen   *fight*
  [see also **prügeln**]

gegen jdn/etw **ankämpfen**
  fight, struggle against, resist sb/sth (suggesting a strong effort of will)

Die Regierung muss erneut gegen die Inflation ankämpfen. Sie kämpfte gegen die Müdigkeit, gegen diese Versuchung, gegen die Wellen an.

sich **balgen**
  scrap (typically of dogs, small boys)

Auf der Straße balgten sich zwei Hunde, ein paar Jungs. Er balgt sich ständig mit seinem Sohn.

jdn/etw **bekämpfen**
  fight, combat, struggle against sb/sth

Sie wollten zusammen diese Vorurteile bekämpfen. Wie kann man diese Seuche bekämpfen?

sich **dreschen** (**R1**)
  have a fight (fairly serious)

Christian und Eike haben sich hinter dem Schuppen wegen der Maria gedroschen.

fechten
  fence; (**R3a**) *fight* (in battle)

Er ficht mit dem Säbel, mit dem Degen. (**R3a**) Die eingekesselten Russen fochten wie besessen.

sich **in die Haare geraten/kriegen** (**R1**) /
sich **in den Haaren liegen** (**R1**)
  (get into a) quarrel

Almut und Brigitte haben sich neuerdings gewaltig in die Haare gekriegt. Die beiden Brüder liegen sich seit ein paar Tagen in den Haaren.

handgemein werden
  come to blows

Zum Schluss sind die beiden Männer doch handgemein geworden.

sich **hauen** (**R1**)
  fight (esp. of children)

Die beiden Jungs haben sich gestern auf dem Schulhof gehauen.

sich **kabbeln** (**N**)
  squabble (quite good-humoured)

Die Bauarbeiter haben sich ständig wegen irgendwas gekabbelt.

kämpfen
  fight, struggle

Sie kämpften für die Freiheit, gegen die Ungerechtigkeit, mit dem Feind, um höhere Löhne.

sich **keilen** (**N**)
  fight

Jörg hat sich wieder mit dem Nachbarsjungen gekeilt, weil der auf ihn geschimpft hat.

sich **kloppen** (*N*)
fight

Der hat sich mit Jens gekloppt, weil der ihm seinen Ball wegnehmen wollte.

sich **prügeln**
fight

Um einen gut aussehenden Mann prügelten sich drei junge Freundinnen in einem Lokal in Rostock.

(sich) **raufen** (esp. *SE*)
fight

Wir haben nicht erwartet, dass (sich) die beiden Lausbuben schon wieder raufen würden.

ringen
wrestle, struggle (lit. and fig.)

Er rang den Gegner zu Boden. Sie rang lange mit sich selbst, mit diesem Problem, mit dem Tode. Sie rang um Erfolg. Er rang nach Atem, nach Worten.

sich **schlagen**
fight (possibly with weapons)

Sie haben sich geschlagen, bis Blut floss. Warum müsst ihr euch immer schlagen?

(sich) **streiten**
quarrel, argue; (**R3**) *fight, struggle*

Else stritt (sich) ständig mit ihm. Sie hat (sich) mit ihm über/um den Preis gestritten. Darüber lässt sich streiten. (**R3**) Er streitet gegen das Unrecht.

sich **in die Wolle kriegen** (**R1**) /
sich **in der Wolle liegen** (**R1**)
(get into a) quarrel

Wenn ihre Schwester kommt, kriegt sie sich sicher sofort mit ihr in die Wolle. Ich weiß nicht mehr, warum sie sich dermaßen in der Wolle liegen.

sich **zanken**
quarrel, squabble (typically petty)

Sie zankten sich um einen Luftballon. Du sollst dich nicht immer mit deiner Schwester zanken.

Kasten   *box*
[see also **Paket**]

Büchse, die (-n)
[less common than *Dose*, except in *CH*]
can, tin (for food, money); *box* (small, with lid)

Er konnte die Büchse Sardinen nicht aufkriegen. Da sind wieder diese Leute mit Sammelbüchsen. Daneben lag eine kleine Büchse mit ihren Pillen.

Dose, die (-n)
can, tin (for food, drink); *box, jar, bowl* (esp. round, with a lid, of wood, metal or china)

Zum Kaffee trinkt er immer Dosenmilch. Ich trinke nicht gern Bier aus der Dose. Sie nahm zwei Zuckerwürfel aus der Dose.

Etui, das (-s)
case (small, flat, for spectacles, pens, etc.)

Er steckte seine Brille in ein ledernes Etui. Er nahm zwei Zigarren aus einem Etui.

Karton, der (-s)
cardboard box

Zum Versand ins Ausland braucht man feste Kartons. Neben dem Kühlschrank standen zwei Kartons mit Bier.

Kästchen, das (-)
  casket, box (small, usu. wooden, e.g. for jewels)

Sie bewahrte ihren Schmuck in einem kleinen Kästchen neben dem Spiegel auf.

Kasten, der (¨; *N* -)
  box, case (solid, fair-sized); *crate* (for beer or soft drink bottles)

Der Kasten mit seinen Werkzeugen war ganz schwer. Der Arzt machte seinen Arzneikasten auf. Wir brauchen noch einen Kasten Bier.

Kiste, die (-n)
  (packing-)case, crate (large, typically of wood slats, for transport; *AU* also for beer, etc.)

Sie packte ihre Bücher in drei große Kisten. Sie trugen die schweren Kisten die Treppe hoch. Ich kaufte eine Kiste Wein, Zigarren, (*AU*) Limonade.

Schachtel, die (-n)
  box, carton, packet (typically small and flat)

Bonbons, Kekse, Pralinen, Zigaretten und Streichhölzer werden meist in Schachteln verkauft.

Schatulle, die (-n) (**R3**)
  casket (small, for jewels, money, etc.)

Sie sah, dass die kleine Schatulle auf ihrem Nachttisch leer war.

Truhe, die (-n)
  chest (piece of furniture, with hinged lid)

Diese alten bemalten Truhen, wo man die Bettwäsche aufbewahrte, sind jetzt sehr wertvoll.

kaufen   *buy*
[see also besorgen, verkaufen]

etw **ankaufen** (esp. **R3b**)
  purchase sth (sth of significant value or in significant quantities)

Es ist in Südspanien recht einfach, größere Grundstücke anzukaufen. Die Firma hat nun zwanzig neue Bohrmaschinen angekauft.

(sich) etw **anschaffen** (**R1/2**)
  buy, get o.s. sth (typically a large purchase)

Sie hat sich einen neuen VW Golf angeschafft. Wir müssen uns eine Spülmaschine anschaffen.

etw **aufkaufen**
  buy sth up (totally)

Michaela will alle Anteile in der Firma aufkaufen. Er hat den ganzen Bestand aufgekauft.

Einkäufe machen
  go shopping

Wir wollen morgen nach Hamburg fahren, um Einkäufe zu machen.

(etw) **einkaufen**
  shop; buy (sth)(in) (for individual consumption or (**R3b**) commercially)

Wir gehen morgen in Hagen einkaufen. Er hat vergessen, Wurst einzukaufen. (**R3b**) Die Firma will noch Roheisen einkaufen, bevor der Preis steigt.

etw **erstehen** (**R3**)
  buy, purchase sth (with unexpected success or good fortune; used facetiously in **R1**)

Die beiden Bilder hat sie bei einer Versteigerung erstehen können. Müllers haben zum Schluss auch noch einen neuen Mercedes erstanden.

etw **erwerben** (R3) *acquire sth* (not necessarily by purchase unless specified as *käuflich erwerben*)	Nach seinem Tode haben wir einige seiner Gemälde erworben. Voriges Jahr haben wir zwei Grundstücke in Speyer käuflich erworben.
etw **kaufen** *buy sth*	Was habt ihr in der Stadt gekauft? Wir müssen noch Eier und Brot kaufen. Das Auto haben wir billig, günstig, preiswert, fast umsonst gekauft.
(etw) **ramschen** (R1) *buy cheap junk, buy tat*	Die hat beim Schlussverkauf schon wieder gewaltig geramscht.

Kenntnis
[see also **Verstand**]

knowledge

Erkenntnis, die (-se) *knowledge, recognition, realization* (knowledge with clear understanding)	Diese wichtige Erkenntnis wurde nur langsam aufgenommen. Sie hat neue Erkenntnisse über das Verhalten dieser Tiere gewonnen.
Kenntnis, die (-se) *knowledge* (a specific piece of knowledge)	Er wollte nicht ohne Kenntnis der genauen Umstände handeln. Die Voraussetzung ist eine genaue Kenntnis der ganzen Gegend.
Kenntnisse, die (pl.) *knowledge* (specialized body of knowledge, esp. in a certain field)	Auf diesem Gebiet reichten seine recht dürftigen Kenntnisse nicht aus. Sie verfügte über gute Kenntnisse der Eingeborenensprachen.
Wissen, das (no pl.) *knowledge* (in general; the sum of knowledge possessed by an individual or a group)	Er verfügt über ein umfangreiches technisches Wissen. Das geht über das menschliche Wissen hinaus.

Kind
[see also **Junge, Mädchen, Mensch**]

child

Baby, das (-s) *baby*	Das Baby wird Anfang Oktober zur Welt kommen. Wir möchten ein Baby adoptieren.
Balg, das/der (*N*: ¨er; *S*: ¨e) (R1) *kid, brat* (pej., implying badly behaved)	Ich weiß nicht, was diese frechen Bälger ihm nachgerufen haben.
Bébé, das (-s) (*CH*) *baby*	Diese Boutique in der Zürcher Bahnhofsstraße hat alles für das Bébé.
Göre, die / **Gör**, das (-n) (*N*) *child, kid* (pej. implying cheeky, esp. girl)	Die Gören spielten auf dem Hof und beschimpften die Passanten.

Kind, das (-er)
   child

Es ist ein braves, freches, kleines, neugeborenes, unartiges Kind. Sie erwartet ein Kind. Die Kinder gingen zur Schule. Sie ist doch kein Kind mehr.

Kleine(r), der/die (adj. decl.) (**R1**)
   child, kid (esp. used in pl.)

Die Kleinen sind vor fünf Minuten die Treppe runtergelaufen. Der Kleine hat aber geheult.

Kleinkind, das (-er) (**R3**)
   toddler, infant (of preschool age)

Ab dem dritten Lebensjahr können Kleinkinder in dem Kindergarten aufgenommen werden.

Säugling, der (-e) (**R3**)
   baby, infant (until weaned)

Noch im 18. Jahrhundert war die Sterblichkeitsrate der Säuglinge relativ hoch.

Wicht, der (-e) (**R1**)
   titch, nipper (affectionate if referring to child)

Der arme Wicht muss doch Hunger haben. Du kleiner Wicht, was machst du da auf dem Boden.

Wurm, das (¨er) (**R1**)
   kid, little mite (endearingly helpless)

Das arme Wurm will doch zu Mutti, oder? Die beiden Würmchen krabbelten auf dem Boden.

---

klar   *clear*

deutlich
   clear, plain, obvious (capable of being recognized distinctly and unmistakeably)

Sie hat eine sehr deutliche Aussprache. Ich habe ihr meine Meinung deutlich gesagt. Das war ein deutliches Zeichen, dass wir gehen sollten. Ich habe ihn deutlich im Garten gehört.

eindeutig
   unambiguous (only one possible meaning)

Ihre Antwort war ein eindeutiges Nein. Das war ein eindeutiger Beweis für seine Schuld.

exakt
   exact (exhibiting or requiring absolute accuracy and precision in detail)

Er ist ein sehr exakter Mensch. Sie hat diese Arbeit sehr exakt ausgeführt. Sie drückt sich sehr exakt aus. Die Physik ist eine exakte Wissenschaft.

genau
   exact, accurate, precise

Darüber weiß man nichts Genaueres. Es ist genau einen Meter lang. Ich kann mich genau daran erinnern. Sie gab uns einen sehr genauen Bericht. Das müssen wir noch genau überprüfen. Genau!

haargenau (esp. **R1**)
   exact, precise

Das trifft aber haargenau zu. Sie gab uns eine haargenaue Beschreibung von dem Unfall.

klar
clear (not opaque or uncertain to the hearing, sight or understanding)

Der Himmel, das Wasser ist klar. Ich kann es klar sehen. Sie hat einen klaren Kopf. Wir brauchen eine klare Entscheidung. Wir waren uns darüber im Klaren. Das war mir schon klar.

klipp und klar (R1)
clearly, plainly

Dann habe ich ihm klipp und klar gesagt, dass er Unrecht hatte.

präzise / (esp. *AU*) **präzis**
precise

Das müssen Sie präziser formulieren. Darüber brauchen wir präzise Auskünfte. Sie drückte sich präzis(e) aus.

unmissverständlich
unequivocal, unambiguous (no possibility of misunderstanding)

Das war aber eine unmissverständliche Antwort. Sie gab ihm unmissverständlich zu verstehen, dass sie ihn nicht mehr sehen wollte.

klein   *small, little*

gering
small, low (in quality, value or importance)

Der Betrag, die Entfernung, der Preis, die Summe, der Unterschied, der Wert war nur gering. Ich kümmere mich nicht im Geringsten darum.

klein
small, little (in size or extent)

Sie hat eine kleine Wohnung. Wir sahen einen kleinen Jungen. Wir erwarten eine kleine Anzahl von Zuschauern. Das war das kleinere Übel.

klitzeklein (R1)
titchy, teeny-weeny

In Frankreich kauft man Bier in diesen klitzekleinen Flaschen.

lütt (N)
little (often used affectionately or humorously)

Die lütten Deerns können doch nicht so lange stehen.

winzig
tiny

Sabine hat eine winzige Wohnung in der Altstadt. Das ist doch nur ein winziger Unterschied.

Klingel   *bell*

Glocke, die (-n)
bell (typically large; *S* also small or doorbell)

Am Sonntagmorgen läuteten die Glocken der alten Pfarrkirche.

Klingel, die (-n)
bell (esp. small electrical or mechanical bell)

Hast du die Klingel gehört? Ich glaube, es ist jemand an der Haustür.

Schelle, die (-n)
  bell (small and round; *NW* also doorbell)

Früher hatten diese Pferdeschlitten immer kleine Schellen am Gestell.

klug

clever

aufgeweckt
  bright, sharp (for their age, of children)

Der Lehrer meinte, dass ein paar sehr aufgeweckte Schüler in dieser Klasse sitzen.

begabt
  gifted, talented

Luise scheint sehr begabt für Musik. Er ist ein außerordentlich begabter Schüler.

clever
  smart, shrewd (often with pej. undertones)

Er konnte sich clever aus der Affäre ziehen. Ein cleverer Politiker versteht sich auf solche Ausreden.

durchtrieben
  sly, crafty (and deceitful; very pejorative)

Hans-Joachim ist ein durchtriebener Bursche, du sollst dich vor ihm sehr in Acht nehmen.

geistreich
  witty, sparkling (but not necessarily profound)

Er ist sehr geistreich. An dem Abend hat sie alle mit ihren geistreichen Bemerkungen unterhalten.

gerissen (R1)
  cunning, crafty (and out for him-/herself)

Dieser gerissene Bursche hat uns alle arg betrogen. Er ist ein gerissener Geschäftsmann.

gescheit
  bright, clever, sensible (exhibiting sound practical common sense)

Das war ein gescheiter Einfall, eine gescheite Antwort. Dabei kommt nichts Gescheites heraus. Es ist doch ein sehr gescheites Mädchen.

geschickt
  skilful, adroit, dexterous

Er ist ein geschickter Handwerker, Spieler. Sie hat den Streit geschickt geschlichtet.

gewandt
  skilled, expert (with confident assurance)

Sie ist sehr gewandt im Umgang mit diesen Menschen. Sie schreibt ein gewandtes Deutsch. Er ist ein gewandter Diplomat, Unterhändler.

gewieft (R1)
  cunning, wily, sharp (quick on the uptake)

Der gewiefte Bursche konnte sich einen sehr vorteilhaften Preis aushandeln.

gewiegt (R1)
  shrewd, astute (showing skill and experience)

Der Vorstopper bei der HSV ist ein ganz gewiegter Taktiker.

intelligent
  intelligent

Sie ist eine intelligente junge Frau. Nach dem Referat hat sie eine sehr intelligente Frage gestellt.

klug
  clever, intelligent (clear-headed and sensible)

Dieser Urteil des Richters war sehr klug. Jetzt müssen wir aber klug handeln. Sie ist eine sehr kluge Frau. Daraus wird man nicht klug.

pfiffig
  smart, artful (on the ball, esp. of boys)

Thomas war ein pfiffiger Junge und wusste genau, wie er den Kopf aus der Schlinge ziehen konnte.

raffiniert
  ingenious, cunning, artful

Er hatte sich einen raffinierten Plan ausgedacht. Dabei sieht man, wie raffiniert diese Politiker sind.

schlau
  smart, wily (usually in positive sense)

Helmut ist aber ein schlauer Fuchs. Er war aber nicht schlau genug, um es mit Ellen aufzunehmen.

superklug (R1)
  brilliant (used ironically)

Das war aber echt superklug von dir, den Lehrer reinlegen zu wollen.

weise (R2/3)
  wise

Das war eine weise Lehre, ein weiser Rat, ein weises Wort. Der Richter hat weise geurteilt.

kochen   *cook*

(etw) backen
  bake (sth)

Meine Tante hat einen Eierkuchen gebacken. Ich esse gern frisch gebackenes Brot. Die Plätzchen backen noch.

(etw) braten
  roast, fry (sth)

Er brät/bratet das Fleisch in der Pfanne. Die Kartoffeln braten in der Pfanne. Die Gans wird im Backofen gebraten.

etw dämpfen
  steam sth (esp. vegetables)

Diese Bohnen soll man nicht länger als fünfzehn Minuten dämpfen.

etw dünsten
  steam sth (fish, vegetables), *stew sth* (fruit); (**SE**) *braise sth* (meat)

Die Schwarzwurzeln sind aber viel schmackhafter, wenn man sie dünstet. Im Herbst hat Mutter jeden Tag Obst gedünstet.

(etw) grillen / (CH) grillieren
  barbecue, grill (sth)

In Australien kann man jeden Abend grillen. Heute Abend grillen wir Bachforellen.

(etw) kochen
  cook (sth) (referring to cooking in a general sense, or, specifically (esp. **N**), to cooking sth by boiling); *boil (sth)* (also fig.)

Ich koche gern. Morgen koche ich Schweinebauch. Eier koche ich genau vier Minuten. Ich koche schnell einen Kaffee. Das Wasser kocht. Diese Hemden soll man nicht kochen. Er kocht vor Wut.

(etw) schmoren
  braise

Dieses Fleisch schmeckt am besten, wenn es sehr langsam geschmort wird.

(etw) sieden
  boil (sth) (in technical senses (esp. R3b);
  also S with reference to cooking by
  boiling)

Das Wasser ist siedend heiß. Wasser siedet bei 100° Celsius. (*S*) Die Kartoffeln sollen zwanzig Minuten sieden.

etw zubereiten
  prepare, cook sth (food)

Er hat nicht gewusst, wie man Wild zubereitet. Das Hähnchen wird mit vielen Gewürzen zubereitet.

Körper   *body*

Kadaver, der (-)
  carcass (i.e. dead body of animal; (R1)
  exhausted living human body)

Die Kadaver der toten Pferde lagen noch auf dem Schlachtfeld. (**R1**) Er musste seinen alten Kadaver wieder in Bewegung setzen.

Körper, der (-)
  body (living, human or animal)

Sie zitterte am ganzen Körper. Er hat den Körper eines Athleten. Der weibliche Körper ist alles andere als gebrechlich.

Leib, der (-er)
  body (older R3a except in set phrases)

Das hat sie am eigenen Leib erfahren. Halt ihn mir vom Leib!

Leiche, die (-n)
  corpse

Die Leiche wurde nach Innsbruck übergeführt. Er sieht aus wie eine lebendige Leiche.

Leichnam, der (no pl.) (**R3**)
  corpse

Der Leichnam wurde auf dem Zentralfriedhof feierlich beigesetzt.

Rumpf, der (¨e)
  trunk (i.e. body apart from head and limbs)

Der Schlag traf ihn am Rumpf. Beim Turnen mussten sie den Rumpf strecken und drehen.

---

kritisieren   *criticize*
  [see also **sich beschweren, vorwerfen**]

(an jdm/etw) etw auszusetzen haben
  find sth unsatisfactory (with sb/sth)

An seinem Benehmen hatte sie nichts auszusetzen. Sie hat an allem etwas auszusetzen.

etw beanstanden / (*AU*) beanständen
  object to sth, complain about sth (esp. a
  mistake or a fault)

Ich habe/Es gab wirklich nichts zu beanstanden. Der TÜV hat die Bremsen beanstandet. Haben Sie an meiner Arbeit etwas zu beanstanden?

jdn/etw bekritteln (R1)
  criticize sb/sth (petty, unjustified)

Der Chef bekrittelt dauernd meine Kollegen, aber ich finde, da hat er Unrecht.

etw bemängeln
  find fault with sth

An seiner Arbeit hatte sie nichts zu bemängeln. Der Chef bemängelte die Höhe der Ausgaben.

jdn/etw **kritisieren** *criticize sb/sth*	Er wollte seinen Vorgesetzten nicht öffentlich kritisieren. Sie hat an allem etwas zu kritisieren.
(an jdm/etw, über jdn/etw) **kritteln (R1)** *find fault (with sb/sth)* (petty, unjustified)	An seiner Arbeit hatte die alte Frau immer etwas zu kritteln.
(über jdn/etw) **meckern (R1)** *grouse, grumble (about sb/sth)* (out loud)	Sie meckern jetzt ständig über das Essen in der Mensa. Du hast immer etwas zu meckern.
(über jdn/etw) **murren** *grumble (about sb/sth)* (show displeasure by muttering)	Sie hat diesen Rückschlag ohne Murren ertragen. Er murrte leise über das Benehmen der jungen Leute.
(an jdm/etw, über jdn/etw) **nörgeln** *grumble, moan, carp, niggle (about sb/sth)*	Sie sitzt den ganzen Tag in der Ecke und nörgelt dauernd über ihre Familie. Sie sagte es mit nörgelnder Stimme.
(auf/über jdn/etw) **schimpfen** *curse, complain, moan (about sb/sth)* (esp. loudly and angrily)	Norbert hat auf/über die Nachbarn tüchtig geschimpft, weil sie so laut sind. Anne hat über ihre neue Spülmaschine geschimpft.

Kuh   *cow*

Bulle, der (-n, -n) (*N*) *bull* (esp. breeding animal)	Auf der Wiese mit den Kühen war ein großer, starker Bulle, der uns böse anglotzte.
Kuh, die (¨e) *cow* (the female animal)	Abends werden die Kühe gemolken. Typisch für Ostfriesland sind diese schwarzbunten Kühe.
Ochse / (*S*) **Ochs**, der (-en) *ox, bullock* (i.e. castrated bull)	Noch nach dem Krieg sah man Ochsen als Pflugtiere in Süddeutschland.
Rind, das (-er) *cow* (as species of animal), *head of cattle, beef*	Heute ist es finanziell ungünstig, Rinder zu züchten. Er hält vierzig Rinder auf der Alm.
Rindvieh, das (no pl.) *cattle* (as species; **R1*** also term of abuse)	Der ganze englische Rindviehbestand musste geschlachtet werden. (**R1***) Du blödes Rindvieh!
Stier, der (-e) (*S*) *bull*	Plötzlich merkte er, dass der Stier auf ihn zukam. Ich halte den spanischen Stierkampf für grausam.
Vieh, das (no pl.) *livestock* (esp., but not only, cattle)	Im Frühjahr wird das Vieh auf die Wiese getrieben. Das Vieh braucht Futter.

Laden   *shop*

Boutique/Butike, die (-n)
boutique (typically small and chic)

Die kleine Modeboutique in der Bahnhofsstraße hat schöne Sachen, die ist aber recht teuer.

Einkaufszentrum, das (-zentren)
shopping centre, shopping mall

Überall im Osten wurden nach der Wende neue Einkaufszentren gebaut.

Geschäft, das (-e)
shop, store (may sound more official and upmarket than *Laden*)

Am Samstagnachmittag haben in Deutschland die Geschäfte zu. Anne arbeitet in dem großen Blumengeschäft am Karlsplatz.

-handlung, die (-en) [only used in compounds]
shop, store (of specified kind; not as unassuming and simple as *Laden*)

eine Blumen-, Buch-, Fahrrad-, Feinkost-, Gemüse-, Kurzwaren-, Lebensmittel-, Schreibwaren-, Weinhandlung.

Kauf-/Warenhaus, das (¨er)
department store

Diese großen Kaufhäuser in der Innenstadt sind eigentlich nicht mehr konkurrenzfähig.

Laden, der (¨)
shop, store (typically small and possibly rather unassuming)

Onkel Otto hatte einen kleinen Tabakladen in Dortmund. Antje bedient in dem Laden an der Ecke. Das ist aber ein teurer Laden.

Shop, der (-s)
shop (specialized, and possibly pretentious)

Im Dutyfreeshop kann man günstig einkaufen. Am Seeufer findet man einige sehr attraktive Shops für den anspruchvollen Besucher.

Shoppingcenter, das (-s)
shopping centre, shopping mall

Zu dem neuen Shoppingcenter am Stadtrand kann man auch mit der Bahn fahren.

Supermarkt, der (¨e)
supermarket

Fleisch kaufe ich eigentlich nur noch im Supermarkt, ich gehe selten zum Metzger.

Lage   *position, situation*
[see also Ort]

Haltung, die (no pl.)
posture, stance (i.e. position of the body)

Sie nahm eine aufrechte Haltung ein. Diese Körperhaltung ist äußerst schlecht für den Rücken.

Lage, die (-n)
location (geographical), *position* (i.e. where sb or sth is lying), *situation* (set of circumstances)

Die Stadt hat eine günstige Lage. Der Patient hat keine bequeme Lage. Ich bin doch in der Lage, ihr zu helfen. Die politische Lage hat sich geändert.

Position, die (-en) (**R3b**)
position

Sie nahm eine liegende Position ein. Er befand sich in einer schwachen Position. Die Pilotin gab ihre Position durch.

Situation, die (-en)
situation, position (set of circumstances)

Er befand sich in einer peinlichen Situation. Die politische Situation hat sich geändert.

Stand, der (no pl)
position, state, level (as fixed at a particular moment in time)

Der Stand des Beobachters war ungünstig. Der Wasserstand ist im Winter immer niedrig. Er fragte nach seinem Kontostand.

Standort, der (-e) (**R3**)
position, location (i.e. the particular place where sb or sth is standing, located or based)

Er wechselte den Standort, um besser sehen zu können. Der Betrieb sucht einen Standort für die neue Fabrik.

Stellung, die (-en)
position (i.e. how sb or sth is placed)

Er blieb in gebückter Stellung. Die Tür geht auf, wenn der Hebel in dieser Stellung ist. Die Stellung der Frau ist jetzt völlig anders.

---

lassen
[see also **aufhören, verfehlen, weggehen**]

leave

etw **auslassen**
leave, miss sth out

Sie hat beim Schreiben einen Satz ausgelassen. Er lässt keine Gelegenheit aus, sie zu ärgern.

jdn/etw **belassen** (**R2/3**)
leave sb/sth (i.e. not make a change)

Wir wollen ihn in seiner Stelle belassen. Wir wollen es dabei belassen.

jdn/etw **dalassen** (**R1**)
leave sb/sth (behind) (in a specific place, i.e. not take with one, or leave a message)

Wir haben die Koffer, die Kinder bis heute Abend dagelassen. Sie hatte einen Zettel für mich dagelassen.

(jdm) jdn/etw **hinterlassen**
leave (sb) sb/sth (behind) (at death, or leave a message or a trace)

Er hinterließ viele Schulden, eine Frau und drei Kinder. Er hat einen Zettel für Sie hinterlassen. Die Wunde hat eine Narbe hinterlassen.

jdn/etw **lassen**
leave sb/sth (in a particular place or condition, intentionally or not; not do sth)

Er hat alles so gelassen, wie es war. Wo hat er den Hut gelassen? Sie ließ das Kleid im Schrank. Lass mich in Ruhe! Sie kann das Rauchen nicht lassen.

etw **liegen lassen**
leave sth behind (usually inadvertently)

Am Montag hatte sie ihren Schirm im Zug liegen gelassen.

jdn/etw **loslassen**
let go of sb/sth

Er hat die Zügel losgelassen. Man ließ die Gefangenen los. Lass mich doch los!

jdn **sitzen lassen** (**R1**)
desert, abandon sb, stand sb up

Emil hat seine Frau sitzen (ge)lassen. Monika hat mich gestern Abend sitzen (ge)lassen.

jdn/etw **stehen lassen** *leave sth (behind)* (usually intentionally, often of food, drink and errors); *walk away from sb* (usually out of annoyance)	Er ließ den Wagen stehen, weil er zu viel getrunken hatte. Er ließ den Kaffee stehen. Er hat die Tippfehler einfach stehen (ge)lassen. Er hat sie so geärgert, dass sie ihn an der Ecke stehen ließ.
jdm jdn/etw **über´lassen** *leave sb/sth to/for sb*	Diese Aufgabe kannst du mir überlassen. Er hat ihr für den Sommer seine Wohnung überlassen. Wir können die Kleinen deiner Mutter überlassen.
etw **unter´lassen** (**R3**) [see also **tun**] *refrain, desist from(doing) sth, not do sth*	Nach diesem Vertrag verpflichteten sich beide Großmächte, unterirdische Kernwaffenversuche zu unterlassen.
etw/jdn **verlassen** [see also **weggehen**] *leave sb/sth*	Am 20. Januar verließ Mozart Wien. Das Schiff verlässt den Hafen. Er hat seine Frau verlassen.
jdn/etw **weglassen** (**R1**) *leave sth out, let sb go*	Den letzten Abschnitt können wir einfach weglassen. Seine Kinder ließen ihn nicht weg.
jdn/etw **zurücklassen** *leave sb/sth behind* (intentionally, or a trace, or on death)	Ich lasse die Koffer im Hotel zurück. Die Wunde ließ eine Narbe zurück. Er ließ eine Frau und drei Kinder zurück.

leben   *live*

bestehen *be in existence* (of concrete or abstract things)	Das Institut besteht seit 1890. Darüber besteht kein Zweifel. Der Einwand besteht zu Recht.
existieren *exist*	Das Haus existiert noch. Das existiert nur in seiner Fantasie. Er kann von dieser Rente nicht existieren.
leben *live, be alive* (carry out one's existence – can refer to permanent residence in an area)	Er wird nicht mehr lange leben. Sie leben von Reis. Er lebt in Armut. Michael und Hanna leben an der Küste. Affen leben in Bäumen.
wohnen *dwell, stay* (reside permanently or temporarily)	Wie lange wohnt ihr in diesem Haus? In welchem Hotel wohnt sie, wenn sie in Paris ist?

lebendig   *(a)live, lively*

lebend (not pred.) *live, living, alive* (not dead)	Kein lebendes Wesen war zu sehen. Er sprach von den Lebenden und den Toten. Sorbisch ist eine lebende Sprache. Der Igel wurde lebend gefangen.

lebendig
  live, alive, lively, vivid (can mean simply 'not dead', but often also implies 'full of life')

Er war mehr tot als lebendig. In der Wüste sah sie kein lebendiges Wesen. Das Kind ist sehr lebendig. Er hat eine lebendige Fantasie. Rom ist eine sehr lebendige Stadt.

lebhaft
  lively, vivacious, vivid (active, spirited and full of vitality)

Der Kleine war heute Abend lebhaft. Das Gespräch wurde allmählich sehr lebhaft. Das ist mir noch in lebhafter Erinnerung. Abends ist diese Straße sehr lebhaft. Der Vorschlag stieß auf lebhaftes Interesse.

---

lehren   *teach*
  [see also **lernen**]

jdm etw **beibringen** (**R1/2**)
  teach sb sth (esp. a skill, not necessarily formal or institutional instruction)

Meine Schwester hat mir Spanisch, das Radfahren, das Schwimmen, das Tanzen beigebracht. Wer hat dir nur diesen Unsinn beigebracht?

jdm etw **einpauken** (**R1**)
  drum, hammer, cram sth into sb

Ich musste mir in den Nachhilfestunden sämtliche mathematischen Formeln einpauken lassen.

jdn (**R1** jdm) etw **lehren**
  teach sb sth

Frau Schmitz hat sie alle Deutsch gelehrt. Was hat uns die Geschichte gelehrt? Sie lehrt Biologie an der Universität Innsbruck.

(etw)/jdn (in etw) **unter´richten** (**R2/3**)
  teach, instruct (sth)/sb (sth) (formally, in a school or college)

Sie unterrichtet (Mathematik) am Gymnasium in Stralsund. Im Herbst unterrichtet sie die Klasse 13c (in Englisch und Erdkunde).

jdn (in etw) **unter´weisen** (**R3**)
  instruct sb (in sth)

Er sollte die beiden Schwestern im Malen und Zeichnen, im Klavierspiel unterweisen.

NB: *Lehren* and *lernen* are sometimes confused in **R1** (like English *learn* and *teach*), and one hears, e.g. *Sie hat ihn/ihm Rad fahren gelernt.* This usage, though not uncommon, is regarded as unacceptably substandard (as is the parallel English usage).

---

leihen   *lend, borrow*
  [see also **mieten**]

(jdm) etw **ausleihen** (esp. **R1**)
  lend, loan sth (to sb) (esp. private, also from library)

Sie hat ihrer Schwester ihre neue rote Bluse ausgeliehen. Ich leihe meine Sachen nicht gern aus.

(sich) etw (bei/von jdm) **ausleihen** (esp. **R1**)
  borrow sth (from sb) (esp. private, also from library)

Ich habe (mir) heute von Emma ein Fahrrad ausgeliehen. Dieses Video ist ausgeliehen.

(jdm) etw **borgen** (**R3**)
    lend, loan sth (to sb) (esp. private)

Sie borgte ihrem Freund 50 Mark bis zum Wochenende.

(sich) etw (bei/von jdm) **borgen** (**R3**)
    borrow sth (from sb) (esp. private)

Fräulein Else hatte (sich) einen Regenschirm bei ihrer Tante geborgt.

etw **entlehnen** (**R3**)
    borrow, take over sth (words, ideas; *AU, CH* also other objects, books from library, etc.)

Viele umgangssprachliche Wörter, wie etwa „mies" sind aus dem Jiddischen entlehnt. Dieser Begriff ist aus der Physik entlehnt.

etw **entleihen** (**R3**)
    borrow sth (esp. from library)

Das Buch über Sizilien hatte sie aus der Stadtbibliothek entliehen.

(jdm) etw **herleihen** (*AU*)
    lend, loan sth (to sb)

Max hat mir zweihundert Schilling für das Taxi hergeliehen.

(jdm) etw **leihen**
    lend, loan sth (to sb)

Ich will ihm unter keinen Umständen Geld leihen. Leih mir doch mal etwas zu schreiben, bitte.

(sich) etw (bei/von jdm) **leihen**
    borrow sth (from sb)

Sie hat (sich) von Joachim einen großen Koffer geliehen. Ich musste mir einen Smoking leihen.

(jdm) etw **pumpen** (**R1**)
    lend, loan sth (to sb) (usually money)

Meinst du, dein Vater pumpt dir die zweihundert Mark, die du brauchst?

(sich) etw (bei/von jdm) **pumpen** (**R1**)
    borrow sth (from sb) (usually money)

Ich musste (mir) bei meinem Onkel Karl die paar Mark pumpen.

Leistung   *accomplishment*

die **Ausführung** (no pl.) (**R3b**)
    carrying out, execution of an action (implying completion)

Die Ausführung der Bauarbeiten dauert drei Wochen. Das Unternehmen war gut geplant, aber enttäuschend in der Ausführung.

die **Bewältigung** (no pl.) (**R3b**)
    dealing, coping, coming to terms with sth

Die Bewältigung dieser Schwierigkeiten wird uns einige Mühe kosten.

die **Durchführung** (no pl.) (**R3b**)
    execution, implementation, realization

Die Durchführung dieses Programms wird auf Widerstand stoßen.

die **Erfüllung** (no pl.) (**R3b**)
    fulfilling a task

Die Erfüllung dieses Auftrages dürfte nur drei Wochen in Anspruch nehmen.

die **Errungenschaft** (-en)
    achievement (sth achieved through some effort)

Diese Maschinen sind mit den neusten Errungenschaften der Technik ausgestattet.

die **Fähigkeit** (-en)
    skill, ability

Er hat hohe künstlerische Fähigkeiten. Sie besaß die Fähigkeit, sich verständlich auszudrücken.

die **Fertigkeit** (-en) *skill (esp. learned or acquired)*	Sie hatte sich eine gewisse Fertigkeit im Malen erworben. Zu dieser Arbeit sind keine besonderen Fertigkeiten erforderlich.
die **Leistung** (-en) *achievement, performance*	Sie vollbrachte großartige Leistungen im Bereich der Mathematik. Deine Leistungen müssen noch besser werden.
die **Realisierung** (no pl.) (**R3b**) *realization*	Die Realisierung dieses Vorhabens könnte nach Jahre dauern.
die **Verwirklichung** (no pl.) (**R3b**) *realization (of plans, dreams, wishes, etc.)*	Die Stadt kann ihn bei der Verwirklichung dieses Projektes finanziell unterstützen.
die **Vollendung** (no pl.) (**R3b**) *completion*	Der Bau steht kurz vor der Vollendung. Mit Vollendung des 65. Lebensjahres geht man in Pension.

lernen   *learn*
    [see also entdecken, lehren]

(etw) **büffeln** (**R1**) *swot, cram (sth)*	Sie büffelt lateinische Grammatik fürs Abi. Der Jochen büffelt wie verrückt.
etw **erlernen** *learn sth (completely, mastering it, esp. language, trade or skill)*	Es kann Jahre dauern, bis man eine fremde Sprache erlernt. Heute haben nur noch wenige dieses traditionelle Handwerk erlernt.
etw **lernen** *learn (sth), study (i.e. do homework, etc.)*	Er lernt Flöte spielen. Er muss lernen, pünktlich zu sein. Das hat sie von der Mutter gelernt. Ich lerne Polnisch. Sie sitzt im Garten und lernt.
(etw) **pauken** *swot, cram (sth) (esp. for an exam)*	Sie paukt ununterbrochen englische Vokabeln für die schriftliche Klausur am Donnerstag.
(etw) **studieren** *study (sth) (be a student; subject sth to scrutiny)*	Monika studiert Jura in Marburg. Nach dem Abi will ich studieren. Er studierte die Abfahrtstafel.

leugnen   *deny*
    [see also verweigern]

etw **ableugnen** (**R2/3**) *deny sth emphatically (an accusation; implies that the denial is not credible)*	Sie hat die Verantwortung, die Schuld an dem Vorfall verbissen abgeleugnet. Er leugnete energisch ab, das Verbrechen geplant zu haben.
etw in **Abrede stellen** (**R3b**) *deny, dispute sth (an accusation)*	Der Angeklagte wollte zunächst seine Schuld an dem Unfall in Abrede stellen.

etw **abstreiten** (R2/3)
deny, dispute sth forcefully (an accusation)

Sie stritt energisch ab, den Ring gestohlen zu haben. Er konnte die Behauptung nicht abstreiten.

etw **bestreiten**
deny, dispute, contest sth (i.e. declare sth incorrect)

Sie hat diese Behauptung bestritten. Sie bestritt jede Schuld an dem Unfall. Es lässt sich nicht bestreiten, dass wir Fortschritte gemacht haben.

(etw) **leugnen** (R2/3)
deny (sth) (i.e. declare sth to be untrue or invalid; implies that the denial is not credible)

Der Angeklagte leugnet noch. Sie leugnete, an der Demonstration teilgenommen zu haben. Es lässt sich nicht leugnen, dass sie ihn seit Jahren hasst.

jdn/etw **verleugnen**
deny, disown sb/sth (i.e. disclaim connection with sb/sth)

Er hat seinen Freund, seine Ideale, diese Politik verleugnet. Sie konnte ihre Herkunft nicht verleugnen.

etw **verneinen**
answer sth in the negative, reject sth

Sie hat seine Frage verneint. Wie kann er den Sinn des Lebens, die Existenz Gottes verneinen?

Leute   *people*
[see also **Frau, Mann, Mensch**]

Bevölkerung, die (-en)
population (people living in a particular state, city or village)

Die Bevölkerung Berlins verdoppelte sich in vierzig Jahren. Cockney ist der Dialekt der alteingesessenen Londoner Bevölkerung.

Leute, die (pl.)
people (seen by the speaker as making up a specific group)

Reiche Leute leben länger. In dem Saal waren etwa dreißig Leute. Wie kannst du das den Leuten erzählen? Die Leute auf dieser Insel sind anders.

Menschen, die (pl.)
people (a number of individual human beings)

Adam und Eva waren die ersten Menschen. Tausende von Menschen strömen aus dem Stadion. Was für Menschen leben auf so einer Insel?

Volk, das (¨er)
people (an ethnic group, the citizens of a state, the 'common' people, or (R1) any group)

Die Völker Afrikas befreiten sich von der Kolonialherrschaft. Kohl suchte ein neues Mandat vom Volk. Er war ein Mann aus dem Volk. (R1) Das ist aber ein dummes, ein faules Volk!

NB: In **R1** the distinction between *Leute* and *Menschen* is blurred, and *Leute* is used more generally.

Neither *Leute* nor *Menschen* is used as frequently as English 'people', which often corresponds to *man* (e.g. *Man sagt...* 'People say...'). In German, too, an adjective is often used with no noun in contexts where English needs to supply 'people' (e.g. *Viele sagen...* 'A lot of people say...').

Macht   *power*

Gewalt, die (-en)
power (exercised over sb or sth, incl. legal or political), *force* (brute), *violence*

Das Zepter war das Symbol kaiserlicher Gewalt. Sie hatte ihn in ihrer Gewalt. Die Tür ließ sich nur mit Gewalt öffnen. Er scheute sich nicht vor der Anwendung von Gewalt.

Kraft, die (¨e)
strength (physical or mental), *power(s)*, *energy* (often in pl. with reference to an individual's strength)

Er hat große geistige Kraft. Allmählich ließen seine Kräfte nach. Mir fehlt die Kraft, ihr die Wahrheit zu sagen. Er unterschätzte die Kraft des Stromes. Kraft ist Masse mal Beschleunigung.

Macht, die (¨e)
power, might, force (the ability to control or influence sb or sth, especially latent)

Er war auf der Höhe seiner Macht. Er tat alles, was in seiner Macht stand. Die Macht der Liebe soll nicht unterschätzt werden. Die Macht seiner Persönlichkeit war unwiderstehlich.

Stärke, die (-n)
strength, intensity (the quality of being strong rather than weak), *size* (measureable strength, intensity or thickness)

Ich bewunderte die Stärke seines Körpers, seiner Nerven, seines Charakters, seines Glaubens. Latein war nicht meine Stärke. Der Regen ließ an Stärke nach. Wir haben Windstärke acht. Die Stärke der Mauer beträgt fast drei Meter.

Wucht, die (no pl.)
force (considerable, of impact)

Er fuhr mit voller Wucht gegen den Baum. Die Wucht des Schlages ließ ihn zurücktaumeln.

Mädchen   *girl*
[see also **Frau, Mensch**]

Dirndl, das (-) (*SE*)
girl (esp. little girl)

Das Dirndl kommt mir aber viel zu frech vor. Die Maria hat wieder ein Dirndl gekriegt.

Jungfrau, die (-en)
virgin

An jeder Kreuzung ist ein Bild der heiligen Jungfrau angebracht. In diesen Ländern wollen die Männer nur eine Jungfrau heiraten.

Fräulein, das (-; *N*: -s)
girl (**R2/3**), *miss* (now widely avoided as a form of address)

Fräulein, bringen Sie uns bitte zwei Glas Alt. Die beiden Fräulein Wagner kamen zusammen die Treppe herunter.

Mädchen, das (-; *N*: -s)
girl

Sie haben zwei Mädchen und einen Jungen. Das Mädchen ist erst in der fünften Klasse. Es war ein blondes, reizendes, niedliches, kleines Mädchen.

Mäd(e)l, das (–; *S:* -n; *N:* -s) (esp. *S*)
   girl

Ist das Kind ein Mädel oder ein Bub? Ich habe den Max schon wieder mit diesem Mädel gesehen.

Mieze, die (-n) (**R1**)
   bird, chick (used by young men)

Das ist aber eine flotte Mieze, die Karin Hoffmann!

Puppe, die (-n) (**R1**)
   doll, bird, chick (used by young men)

Die ist eine niedliche kleine Puppe. Er ging mit seiner Puppe spazieren. Seine Frau ist ein verzogenes Püppchen.

Tussi, die (-s) (**R1**)
   doll, bird, chick (pej., used by young men)

Gestern war er schon wieder mit dieser Tussi aus Altona im Kino.

malen

paint

etw **anstreichen**
   paint sth (i.e. put paint on sth)

Samstag muss ich den Zaun anstreichen. Sie hat das Haus frisch anstreichen lassen.

etw **bemalen**
   paint sth (decorate sth with pictures or designs)

Im Tirol sieht man überall diese bemalten Schränke. Sie bemalt die Vase mit Blumen.

(etw) **klecksen** (**R1**)
   daub, splotch (sth), paint (sth) badly

Unser kleiner Jürgen kann genauso gut klecksen wie diese modernen Maler.

(jdn/etw) **malen**
   paint (sb/sth) (i.e. do a painting)

Meine Tochter malt gern Aquarelle. Van Gogh hat Sonnenblumen gemalt. Sie malt nach der Natur.

(etw) **pinseln**
   paint (sth) (single brush strokes, also in medical contexts; **R1** often pej.)

Die Jungen pinselten eifrig in ihren Malheften. Der Arzt pinselte ihm das Zahnfleisch. Er hat ein paar schlechte Bilder gepinselt.

(etw) **streichen**
   paint (sth) (i.e. put paint on sth)

Die Türen waren frisch gestrichen. Wir müssen die Decke im Wohnzimmer streichen lassen.

etw **tünchen**
   whitewash sth

Als wir in das Haus eingezogen sind, mussten wir alle Wände neu tünchen.

(etw) **weißeln** (*S*)
   whitewash (sth)

Barblin weißelt die Mauer mit einem Pinsel an langem Stecken.

(jdn/etw) **zeichnen**
   draw (sb/sth)

Maria kann gut zeichnen. Sie zeichnete sein Gesicht aus dem Gedächtnis.

manchmal
[see also oft]

sometimes

ab und an *(N)*
from time to time, now and then

Ab und an stand Herr Pedersen auf und streckte die Glieder.

ab und zu
from time to time, now and then

Ab und zu ging Frau Stellmacher ans Fenster und blickte hinaus.

bisweilen (R3a)
now and then, occasionally

Bisweilen hatte sie das Gefühl, dass sie ihren Sohn nie wieder zu Gesicht bekommen würde.

dann und wann
now and then, occasionally

Dann und wann hat er das Mädchen in der Stadt gesehen.

etwa *(CH)*
now and then (on repeated occasions)

In Locarno tritt der Langensee immer etwa wieder über die Ufer.

fallweise *(AU)*
now and then, occasionally

Frau Jellinek ist nur fallweise nach Klagenfurt gekommen.

gelegentlich
occasionally

Diese Fische treten nur gelegentlich in nördlichen Gewässern auf.

hin und wieder
(every) now and then

Hin und wieder ging die Familie Ahrens ins Theater.

manchmal
sometimes

Manchmal fuhr er mit der Straßenbahn in die Innenstadt.

mehrmals
repeatedly, several times

Ich bin mehrmals in Danzig gewesen. An dem Abend hat sie ihn mehrmals angerufen.

mitunter (R3a)
now and then, every once in a while

Mitunter machte sie einen Spaziergang nach dem Abendessen.

von Zeit zu Zeit
from time to time (fairly regularly)

Von Zeit zu Zeit sah er sie noch auf dem Weg zum Bahnhof.

zeitweise
at times

In diesem Winter hat es in Hamburg zeitweise sehr stark geschneit.

zuweilen (R3a)
sometimes, (every) now and then

In Afrika bilden diese Heuschrecken zuweilen riesige Schwärme, die große Schäden anrichten.

zwischendurch
now and then, (in) between times

Er schaute sich das Fußballspiel im Fernsehen an, sah aber zwischendurch immer wieder nach dem schlafenden Kind.

Mann   *man*
[see also **Junge, Mensch**]

Bursch(e), der (-n, -n) (**R1**)
  lad, guy (sometimes pej.)

Der Andreas ist ein freundlicher, toller
Bursch(e). Der sieht aber aus wie ein ganz
übler Bursch(e).

Herr, der (-n,-en)
  gentleman (used particularly in polite
  reference or to address an adult male)

Ein Herr wartet draußen und möchte Sie
sprechen. Was wünscht der Herr? Ein älterer
Herr trat herein. Haben Sie an Herrn Keller
geschrieben?

Fritze, der (-n, -n) (**R1**)
  chap, bloke, guy (used in compounds)

Der Versicherungsfritze war schon wieder da.
Irgend so ein Zeitungsfritze hat angerufen.
Hannes ist doch so ein Meckerfritze.

Kerl, der (-e; *N*: –s) (**R1**)
  bloke, guy

Ich kann diesen Kerl nicht leiden. Er ist ein
anständiger Kerl. Diesen Kerl kriege ich
noch.

Mann, der (¨er)
  man (male human); *husband*

In dem großen Saal sah sie nur Männer. Ein
kleiner Mann stand am Eingang.

Typ, der (-en, -en) (**R1**)
  bloke, chap, fellow, guy (esp. younger man)

Wer ist doch dieser Typ da mit der Angelika?
Der Thomas ist ein dufter, freundlicher,
mieser Typ.

Mauer   *wall*

Mauer, die (-n)
  wall (free-standing or external walls)

Der Garten hinter dem Haus war von einer
hohen Mauer umschlossen. Sie lehnte ihr
Fahrrad gegen die Mauer des Pfarrhauses.

Wall, der (¨e) (**R3**)
  rampart (usually of earth, or earth and
  stones)

Der historische Stadtkern ist mit Wall und
Graben umgeben.

Wand, die (¨e)
  wall (internal)

Wir müssen die Wände bald wieder
tapezieren lassen. Unsere Wohnung hat sehr
dünne Wände.

Meer   *sea*

Meer, das (-e)
  sea (in all general senses)

Diese Krebse leben im Meer und in
Süßwasser. Die Sonne stieg über dem Meer
auf. Er fährt über alle Meere der Welt. Vor
ihr lag ein Meer von Blumen.

Ozean, der (-e) (**R3**)
  ocean

In vielen Reisen hatte er alle Ozeane der
Welt durchquert.

See, der (-n) *lake*	Die meisten Seen in Ostfinnland sind ab Mitte November zugefroren. Das Haus lag an einem kleinen See im Wald.
See, die (no pl.) *sea* (esp. when thought of as mass)	An dem Tag war die See sehr stark bewegt. Wir waren schon auf offener See.
Weltmeer, das (-e) (**R3**) *ocean*	Das Weltmeer bedeckt fast drei Viertel der Erdoberfläche.

NB: The distinction between *Meer* and *See*, 'sea' is largely conventional, in that names and compounds tend to have one or the other, as in *die Nordsee, die Ostsee,* but *das Schwarze Meer; Seeschwalbe, Seeschlange,* but *Meerjungfrau, Meeresboden. See* tends to be used with reference to commercial or naval shipping (e.g. *Kapitän zur See*), and only *Meer* is used figuratively and has a plural.

Meinung   *opinion*

Anschauung, die (-en) (**R3**) *opinion, view* (esp. philosophical)	Was ist seine Anschauung von der Ehe? Ich teile ihre politischen Anschauungen grundsätzlich nicht.
Ansicht, die (-en) *view* (individual's way of seeing sth)	Das ist eine weit verbreitete Ansicht. Sie war aber anderer Ansicht. Sie hat ihre Ansichten darüber geändert.
Auffassung, die (-en) (**R2/3**) *opinion, view* (interpretation of sth)	Sie hat eine seltsame Auffassung von ihren Verpflichtungen. Nach traditioneller katholischer Auffassung ist das Sünde.
Einstellung, die (-en) *attitude, views* (general way of thinking about a set of issues)	Was ist ihre Einstellung zu dieser Politik? Ich finde seine Einstellung zu diesem Problem einfach unbegreiflich.
Meinung, die (-en) *opinion* (what sb thinks about sb or sth)	Sie hat eine hohe Meinung von ihm. Sie vertritt eine gegenteilige Meinung darüber. Ihrer Meinung nach war das ein Irrtum. Ich bin der Meinung, dass er Betriebswirtschaft studieren sollte.
Standpunkt, der (-e) *point of view, standpoint*	Ich habe ihr meinen Standpunkt klargemacht. Von meinem Standpunkt aus hat sie vollkommen Recht. Er vertritt einen völlig überholten Standpunkt.
Stellungnahme, die (-n) *position* (on sth, typically as expressed publicly)	Man hoffte, vom Kanzler eine eindeutige Stellungnahme zu diesem Fall zu hören.
Überzeugung, die (-en) *conviction*	Ich bin der festen Überzeugung, dass sie den Vertrag nicht unterzeichnen sollte. Er tat es aus innerer Überzeugung nicht.

Mensch   *person*
[see also Frau, Leute, Mann]

Individuum, das (–duen)   Das Buch behandelt die Stellung des
  individual (usually **R3**, but used pej. in **R1**)   Individuums in der modernen Gesellschaft.
                                               (**R1**) Wolfgang Meier ist doch ein sehr
                                               verdächtiges Individuum.

Jugendliche(r), der/die (adj. decl.)   Dieser Film ist für Jugendliche freigegeben.
  (esp. **R3b**)   Das Lokal in der Kantstraße wird vorwiegend
  juvenile (male or female; in legal usage a   von Jugendlichen besucht.
  person aged between 14 and 18)

Mensch, der (–en, –en)   Er ist ein sehr eitler Mensch. Der Mensch ist
  person, human being, man (as species)   ein zweibeiniges Säugetier. Damals lebten die
                                               Menschen in kleinen Gruppen im Urwald.

Person, die (–en)   Beim Unfall sind über 200 Personen ums
  person, individual   Leben gekommen. Er ist eine dumme,
                                               wichtige Person. Ich will diese Person nicht
                                               mehr sehen.

merken   *notice*
[see also entdecken, erkennen, sehen]

jdm etw **anmerken**   Das habe ich ihr gar nicht angemerkt. Man
  notice sth of sb   merkte ihm seinen Kummer, seine Sorgen an.

jdn/etw **bemerken**   Ich bemerkte ein leises Geräusch. Er
  notice, become aware of sb/sth   bemerkte sie erst, als sie den Hut ablegte. Sie
                                               bemerkte zu spät, dass sie zu schnell fuhr.

jdn/etw **gewahren** (**R3a**)   Plötzlich gewahrte sie zwei dunkle Gestalten
  become aware of sb/sth   am Waldrand.

jdn/etw **gewahr werden** (**R2/3**)   Plötzlich wurde sie einen Lichtschein (**R3a**:
  [In **R3a** also with genitive]   eines Lichtscheins) in der Ferne gewahr.
  become aware of, notice, catch sight of sb/sth

einer Sache **innewerden** (**R3a**)   Er wurde in der Ferne eines fahlen
  become (fully) aware of sth   Lichtscheins inne.

etw **merken** [see also sich erinnern]   Er merkte nicht, dass sein Portmonee fehlte.
  perceive, realize sth (sth abstract, by senses)   Ich habe überhaupt nichts davon gemerkt.
                                               Wir hatten gar nicht gemerkt, dass es so spät
                                               war.

etw **spüren** [see also fühlen]   Sie spürte einen Schmerz, den Druck seiner
  sense, feel, detect sth   Hände. Ich habe gar nicht gespürt, dass mich
                                               eine Mücke gestochen hat.

| etw **wahrnehmen** (R3) *perceive, notice, discern, be aware of sth* | Manche Tiere nehmen Töne wahr, die Menschen gar nicht wahrnehmen können. Sie schlief so fest, dass sie von alledem nichts wahrnahm. |

mieten — *rent, hire*

[see also **leihen**]

sich wo/bei jdm **einmieten** *take lodgings swh/in sb's house*	Frank hat sich Anfang April bei Frau Gruber/ in der Berliner Straße eingemietet.
etw **leasen** (R3b) *lease sth*	Es ist sicher am günstigsten, wenn wir die Autos für zwölf Monate leasen, statt sie zu kaufen.
etw **mieten** *rent, hire sth (from sb)*	Elke hat jetzt eine neue Wohnung gemietet. Es lohnt sich sicher nicht in Rom ein Auto zu mieten.
etw **pachten** *lease sth (from sb, of land or business)*	Der Bauer hat nun 20 weitere Hektar gepachtet. Ich habe die Jagdrechte auf fünf Jahre gepachtet.
(jdm) etw **vermieten** *rent, hire, let sth (to sb)*	Sie hat ihm die kleine Wohnung im Dachgeschoss vermietet. Diese Firma vermietet Kopier- und Telefaxgeräte zu günstigen Bedingungen.
(jdm) etw **verpachten** *lease sth (to sb) (esp. land, business, rights)*	Ich habe dem Nachbarn den Garten, das Grundstück, das Lokal auf fünf Jahre verpachtet.

mischen — *mix*

etw (DAT) etw **beimischen** *add sth to sth (by mixing it in)*	Er mischte dem Teig etwas Zimt bei. Unserer Freude war etwas Traurigkeit beigemischt.
sich in etw **einmischen** *interfere, meddle in sth*	Sie mischte sich in das Gespräch ein. Hier mischt sich die BRD in die inneren Angelegenheiten unserer Republik.
sich/etw **mengen** (R3) *mix (sth) (usually two solids or solid plus liquid, esp. in cooking, also fig.)*	Er mengt den Teig für die Leberknödel. Sie mengte den vergifteten Brei unter seine Lieblingsspeise. Hier mengt sich Persönliches mit Politischem.
sich/etw **mischen** *mix (sth) (combine two or more substances, also fig.); meddle, interfere (in sth)*	Er mischte Salz und Zimt in den Teig. In meine Freude mischte sich Angst. Er mischte sich ins Gespräch, in meine Angelegenheiten.

etw **rühren** [see also **bewegen**] *stir sth*	Du sollst die Soße rühren, sonst verbrennt sie. Er rührte zwei geschlagene Eier in den Teig.
sich/etw **vermengen** (R3) *mix (sth) (up) (esp. cooking, also fig.)*	Man vermengt Mandeln und Staubzucker mit dem Cognac zu einem Brei. Während seiner Amtszeit vermengte er Staats- und Parteigeschäfte.
sich/etw **vermischen** *mix (sth) (thoroughly), mix sth up*	Die Farben sollen gut vermischt werden. Seine Freude vermischte sich mit Ungeduld. Er hat Traum und Wirklichkeit vermischt.

müde   *tired*

bettreif (R1) *ready for bed*	Ich habe den ganzen Tag im Garten geschuftet und bin nun bettreif.
erledigt (R1) *shattered, all in, dead beat, knackered*	Ich muss gleich ins Bett, ich bin total erledigt.
ermüdet (R2/3) *fatigued, tired*	Nach der langen Fahrt von Kiel herunter war Herr Stricker ermüdet.
erschöpft (R2/3) *exhausted*	Was hast du den ganzen Tag getan, du siehst völlig erschöpft aus.
fertig (R1) [see also **bereit**] *shattered, all in, dead beat, knackered*	Nach der Party bei Susanne waren die Jungs völlig fertig.
halb wach *half awake*	In halb wachem Zustand griff sie nach dem klingelnden Telefon.
hundemüde (R1) *dog-tired*	Nach dem langen Tag am Strand waren die Kinder alle hundemüde.
kaputt (R1) *shattered, all in, dead beat, knackered*	Renate ist völlig kaputt, weil die Kinder die ganze Nacht geheult haben.
müde *tired*	Gudrun war heute richtig müde, als sie nach Hause kam. Ich bin zum Umfallen müde.
saumüde (R1*) *knackered, very tired*	Ich kann's nicht mehr machen, ich bin saumüde, ich musste heute schon um halb sechs aufstehen.
schläfrig *sleepy, drowsy*	Die Stimme des Professors machte ihn schläfrig. Sie sah ihn mit schläfrigen Augen an.
todmüde (R1) *dead tired*	Du musst aber todmüde sein nach dem langen Tag in der Sonne.

verschlafen *half asleep, sleepy, dozy*	Er stolperte verschlafen zur Haustür. Ödenburg ist ein verschlafenes Städtchen an der Grenze.

Mund   *mouth*
[see also Gesicht]

Fresse, die (no pl.) (**R1★**) *mouth, gob, mug*	Du sollst aber jetzt die Fresse halten. Dem will ich aber das nächste Mal die Fresse polieren.
Gosch(e) (*SE*) / **Gusche** (*NE*), die (no pl.) *gob, mouth*	Dann hat sie ihm kräftig auf die Gosche gehauen. Das Kind hat sich die Gosche verschmiert.
Klappe, die (no pl.) (**R1**) *gob, trap* (pej., esp. of sb who talks too much)	Die hat bloß eine freche Klappe. Jetzt sollst du mir aber die Klappe halten.
Maul, das (¨er) *mouth* (of animals; **R1★** of humans)	Dieser Haifisch hat ein riesiges Maul mit vielen spitzen Zähnen. Sie hat drei hungrige Mäuler zu ernähren. Halt's Maul, Junge!
Mund, der (¨er) *mouth*	Sie hat den Mund nicht aufgemacht. Die Kleine steckte den Daumen in den Mund. Er küsste sie auf den Mund.
Mündung, die (-en) *mouth* (of river, tube, road), *muzzle* (of gun)	Mannheim liegt an der Mündung des Neckars in den Rhein. Er blickte in die Mündung einer Pistole.
Mundwerk, das (no pl.) (**R1**) *mouth, tongue* (pej., with ref. to talking)	Sie hat ein böses, flinkes, flottes, freches, keckes, loses, scharfes, schnelles Mundwerk.
Pappen, die (no pl.) (*AU*) *gob, mouth*	Ich habe den Buben gesagt, sie sollen jetzt die Pappen halten.
Schnabel, der (¨) *beak, bill* (of bird); (**R1**) *mouth, gob* (esp. with ref. to talking)	Die Amsel trug einen Wurm im Schnabel. Mach doch den Schnabel auf, Junge. Er spricht, wie ihm der Schnabel gewachsen ist.
Schnauze, die (-n) *muzzle, snout* (of animals); (**R1**) *gob, trap, face*	Dem Hund wurde ein Maulkorb über die Schnauze gebunden. Mach doch die Schnauze auf, Junge. Der kriegt gleich eins auf die Schnauze.

nackt   *naked*

bloß (**R3**) *bare* (without covering or protection, typically of part of the body, the earth, or other objects)	Er saß mit bloßem Oberkörper auf der Veranda. Er fasste es mit bloßen Händen an. Sie lag auf der bloßen Erde. Das Zimmer hatte vier bloße Wände.

entblößt (R3)
  bare, uncovered (having removed clothing)

Er stand mit entblößtem Kopf am Tor des Friedhofs.

kahl
  bare (mountains, rooms), leafless (trees), barren (landscape), bald (men, animals)

Ich hasse diese kahlen Wände. Im April sind die Bäume noch kahl. Vor uns sahen wir die kahlen Gipfel der Rockies. Mein Onkel war völlig kahl.

nackend (R1) / nackicht (N) / nackert (AU)
  naked, nude

Als Protest gegen den Bau der neuen Autobahn ist eine Frau nackend über die Straße gelaufen.

nackt
  naked, nude, bare (part or whole body, also of animals, plants or other objects; and fig.)

Du sollst nicht mit nackten Füßen herumlaufen. Er schläft immer nackt. Die kleinen Mäuse waren noch nackt. Sie schliefen auf dem nackten Boden. Das ist die nackte Wahrheit.

splitter(faser)nackt (R1)
  stark naked

Die beiden sind splitter(faser)nackt aus dem Haus gelaufen.

unbekleidet (R3)
  without any clothes on, bare (as a simple statement of fact)

Er saß unbekleidet auf dem Bett und wartete auf den Arzt, der ihn untersuchen sollte. In der Altsteinzeit waren die Menschen noch unbekleidet.

---

sich **nähern**   *approach*

an jdn/etw **herangehen**
  go up to sb/sth (right up but not touching)

Sie ging an das Fenster heran und blickte hinaus. Er ging dicht an den Zaun heran.

(an jdn/etw) **herankommen**
  approach (sb/sth), come near (to sb/sth); get to sth; be the equal of sb/sth

Ich sah, wie die beiden Wagen herankamen. Das Pferd kam nahe an ihn heran. Ostern kam langsam heran. Ich komme nicht an das Geld heran. Er kommt nicht an seinen Vater heran.

(etw) (an jdn/etw) **heranrücken**
  move (sth) close (to sb/sth)

Er rückte näher an sie heran. Sie rückte den Sessel an das Fenster heran. Der Feind rückt heran.

(an jdn/etw) **herantreten (R2/3)**
  go up close (to sb/sth), approach (sb/sth) (also with requests, questions, suggestions, etc.)

Der Unbekannte trat an unseren Tisch heran. Er ist mit diesem Vorschlag an den Schuldirektor herangetreten.

nahen (R3)
  approach, draw near (esp. in time)

Der Tag nahte, an dem sie aus Königsberg wegziehen musste. Sie sahen das Unglück nahen.

sich (jdm/etw) **nähern (R2/3)**
  approach (sb/sth)

Als sich eine Passantin näherte, floh der Täter. Wir nähern uns der Passkontrolle. Der Winter nähert sich.

auf jdn/etw **zugehen** *go towards sb/sth*	Sie ging langsam auf ihn zu. Wir gingen auf die Tür zu, die zum Garten führte.

NB: The phrases with verb prefixes *an . . . heran* '(right) up to' and *auf . . . zu* 'towards' can be used with any appropriate verb of motion, e.g. *Sie schwamm an das Ufer heran*, 'She swam right up to the bank'; *Sie schwamm auf ihn zu*, 'She swam towards him'.

---

nass   *wet*

beschlagen *steamed up*	Es war in der Nacht sehr kühl gewesen und die Windschutzscheibe war beschlagen.
durchnässt *drenched, soaked*	Unsere Kleider waren völlig durchnässt, als wir nach Hause kamen.
feucht *damp, moist, humid*	Im Keller ist es sehr feucht. Ihre Augen waren feucht. Dort ist das Klima unangenehm feucht.
klamm *cold and damp* (to the touch)	Die Bettlaken waren klamm, als er sie aus der Waschmaschine nahm.
klitschnass/pitsch(e)nass (**R1**) *soaking wet*	Am Nachmittag hat es gegossen und wir sind klitschnass/pitsch(e)nass geworden.
nass *wet*	Das Gras, die Straße war vom Regen nass. Wir hatten einen sehr nassen Sommer.

---

nehmen   *take*

jdn/etw (wohin) **befördern** (**R3b**) *transport, carry, convey sb/sth*	Sie fragte, ob die Bahn auch Pakete nach Skandinavien befördere. Unsere Maschinen befördern jährlich fast 200 000 Fluggäste.
(jdm) jdn/etw (wohin) **bringen** *bring, take (sb) sb/sth (swh)* (i.e. convey sth into sb's possession, convey sb/sth to a place)	Wer hat dir die Blumen gebracht? Er hat ihr die Nachricht gebracht. Bringst du mich morgen zum Flughafen? Er brachte das Paket zur Post.
jdn/etw (wohin) **führen** *lead, take sb/sth (swh)* (accompany people or animals)	Kurz vor acht führte sie den Schimmel auf die Wiese. Am nächsten Tag führte uns die Reiseleiterin zum Pergamonmuseum.
jdn/etw **holen** *fetch sb/sth, (go and) get sb/sth*	Ich hole die Polizei. Sie holte Wein aus dem Keller/Bier aus dem Kühlschrank. Sie holte Brötchen zum Frühstück.

(jdm) jdn/etw **mitbringen**
   bring, take sb (accompanying person) / *sth*
   (for sb) (a gift or an errand)

jdn/etw (wohin) **mitnehmen**
   take sb/sth (swh) (with one when going
   there)

(jdm) jdn/etw **nehmen**
   take sb/sth (from sb) (i.e. obtain possession,
   take hold, make use of, remove)

jdn/etw (wohin) **tragen** [see also **tragen**]
   carry sb/sth, take sb/sth (swh) (in one's hands
   over a short distance)

Heute Abend bringt sie ihren neuen Freund
mit ins Kino. Sie hatte ihrer Tante eine
schöne Vase aus Rom mitgebracht.

Kannst du mich nach Potsdam mitnehmen?
Nimm bitte das Paket mit, wenn du in die
Stadt fährst.

Sie nahm (ihm) das Geld. Er nahm die
Tabletten. Wir nehmen den Bus. Sie nahm
ihn an/bei der Hand. Er nahm die Flasche
aus dem Kühlschrank.

Ich kann das Kind, den schweren Koffer
nicht mehr tragen. Er trug die Reisetasche
ins Wohnzimmer. Sie hat die Briefe zur Post
getragen.

---

neulich

recently

dieser Tage (R3)
   in the last/next few days

jüngst (R3; S)
   recently, lately, not long ago

kürzlich
   recently, lately, not long ago

in letzter Zeit
   recently, latterly, lately (over a period of
   time up to (and including) the present)

letztens (R3)
   recently, a little while ago (typically sth
   related to the present topic of
   conversation)

letzthin
   recently, lately (referring to a point in the
   recent past or a period up to the present)

neuerdings
   [typically used with a present tense verb]
   recently (up to and including the present)

neulich
   not long ago, the other day (stressing that the
   speaker recalls the event clearly)

Ich habe sie dieser Tage noch gesehen. Sie
wollen dieser Tage abreisen.

Der Minister hat jüngst bekanntgegeben, dass
er eine Tariferhöhung grundsätzlich ablehne.

Roland Meier war kürzlich wieder bei uns.
Ich habe sie kürzlich in der Stadt gesehen.

In letzter Zeit war sie ein paarmal bei ihrem
Cousin in Paris. In letzter Zeit leidet sie sehr
unter Verdauungsbeschwerden.

Ich habe letztens einen ausführlichen Bericht
darüber im *Spiegel* gelesen.

Ich habe sie letzthin am Bahnhof gesehen
und sie hat keinen schlechten Eindruck
gemacht. Wir haben letzthin viel Pech
gehabt.

Sie wohnt neuerdings wieder in Krefeld.
Neuerdings gibt es ein wirksames Mittel
gegen diese Krankheit.

Er hat neulich mit mir über dieses Problem
gesprochen. Erinnern Sie sich an unser
Gespräch von neulich? Ich habe sie neulich
erst besucht.

seit kurzem
  recently, not for very long (over a period up to the present)

Wir haben den Wagen erst seit kurzem. Sie sind seit kurzem verheiratet. Seit kurzem gibt es wieder diesen Käse bei Aldi.

unlängst (R3)
  recently, not very long ago

Sie hat mich unlängst angerufen. Sie ist unlängst aus der Partei ausgetreten.

vorhin
  just now, a little while ago

Ich habe ihn vorhin beim Bäcker gesehen. Es hat wohl vorhin geregnet.

vor kurzem
  recently, lately, a few days (or more) ago

Vor kurzem hat sie mir erzählt, dass sie eine neue Stelle gefunden hat. Er ist aber erst vor kurzem gestorben.

NB: All the above words are adverbs. There are no simple adjectives in German which correspond to English *recent* and this sense can only be given by using one of the above adverbs in a paraphrase, e.g. *als er vor kurzem krank war*, 'during his recent illness', or with a form of *neu*, e.g. *sein neustes Buch*, 'his (most) recent book'.

---

niedrig   *low*

flach
  flat, level, low, shallow (i.e. little deviation from the horizontal, up or down; also fig.)

Das Dach, das Gelände ist flach. Diese Teller sind flach. Der Rhein ist hier flach. Ihre Schuhe hatten flache Absätze. Das Gefängnis war ein sehr flacher Bau. Sie fand den Vortrag sehr flach.

nieder
  lower, lowly, minor (i.e. of low status, or low in a social or other hierarchy); (**S**) *low*

der niedere Adel, das niedere Volk, eine niedere Programmiersprache. Der Präsident gab seinen niederen Trieben nach. (**S**) Nur ein paar niedere Häuser sind am Berghang.

niedrig
  low (i.e. not high)

ein niedriger Baum, eine niedrige Decke, ein niedriges Haus, niedrige Preise. Die Sonne stand schon sehr niedrig. Er war von niedriger Herkunft. Er handelte aus niedrigen Beweggründen.

platt
  flat (esp. unnaturally or squashed flat; also fig.)

Sie hatte eine platte Nase. Er legte sich platt auf den Boden. Sie hatten das Gras platt getreten. Er machte ein paar platte Witze.

seicht
  shallow (usually only of shallow places in still or running water; also fig.)

Die Flamingos näherten sich uns, die Köpfe im seichten Wasser. Hier ist eine seichte Stelle im Fluss. Ich fand seinen letzten Roman seicht.

tief
  deep, low (extending below or away from the usual or expected level or point; also fig., i.e. 'profound')

Der Abgrund, das Meer, die Schüssel ist tief. Die Schwalben flogen tief über dem Fluss. Die Sonne steht tief am Himmel. Sie gingen tief in den Wald hinein. Sie hat eine tiefe Stimme.

nötig   *necessary*

erforderlich (R3b)
  necessary, required (for a particular purpose,
  esp. by authority)

Er schickte die erforderlichen Unterlagen ab.
Für diese Stelle sind sehr gute
Französischkenntnisse erforderlich.

nötig
  necessary

Ich hatte diese Erholung dringend nötig. Wir
hatten die nötigen Kleider mit. Es ist nicht
nötig, dass du hingehst. Das hatten wir
gerade nötig!

notwendig (R2/3)
  necessary (typically rather stronger than
  nötig, absolutely compelling or logically
  inevitable)

Diese Krise war die notwendige Folge seiner
Politik. Wir mussten die notwendigen
Formalitäten erledigen. Er hielt diese
Maßnahmen für unbedingt notwendig.
Ihnen fehlte es am Notwendigsten.

unentbehrlich
  indispensable (can't do without sb or sth)

Sie war ihm eine unentbehrliche Hilfe.
Heutzutage ist ein Computer für diese Arbeit
unentbehrlich.

unerlässlich (R2/3)
  indispensable (absolute precondition)

Ein polizeiliches Führungszeugnis ist für
diesen Posten unerlässlich.

unumgänglich (R2/3)
  absolutely necessary, imperative

Nach dieser schweren Krise wurde eine
durchgreifende Reform der Wirtschaft völlig
unumgänglich.

Notwendigkeit   *need, necessity*

Bedarf, der (no pl.)
  need, requirements (for sth concrete)

Damit ist unser Bedarf an Fachlehrern
bedeckt. Ihm blieb nur noch wenig Geld für
den täglichen Bedarf übrig.

Bedürfnis, das (-se)
  need, necessity (sth wanted or desired, in pl.
  esp. necessities of life)

Sie empfand das Bedürfnis, ihm alles zu
erklären. Heute besteht ein übersteigertes
Bedürfnis nach Konsumgütern. Alle
Menschen haben die gleichen Bedürfnisse.

Erfordernis, das (-se) (R3)
  requirement, prerequisite

Nur mit einem hohen allgemeinen
Bildungsstand kann man den Erfordernissen
der globalen Ökonomie entsprechen.

Not, die (no pl.)
  need, want, hardship, distress, emergency (a
  critical lack or a dire situation)

Nach dem Vulkanausbruch herrschte bittere
Not. Er befand sich in höchster Not. Er tat
alles, um ihre Not zu lindern. Sie tat es nur
aus purer Not. Zur Not können wir zu Fuß
hingehen.

Notfall, der (¨e)
  emergency

Im Notfall kann uns mein Vater abholen. Für
den Notfall habe ich tausend Mark
zurückgelegt.

Notwendigkeit, die (no pl.)
  necessity

Für unsere Familie war eine größere
Wohnung eine dringende Notwendigkeit.
Wir begriffen die zwingende Notwendigkeit
dieser Maßnahmen.

---

nur   *only*

ausschließlich
  exclusively

Sie lebte ausschließlich für ihre Töchter.
Brecht hat ausschließlich Virginias geraucht.

bloß (R1/2)
  only, merely

Sie hat bloß 500 Schilling in der Tasche. Das
hat sie bloß gesagt, um dich zu ärgern.

erst
  only (but more to follow), not until

Sie ist erst sieben Jahre alt. Ich habe erst zehn
Seiten geschrieben. Sie kommt erst am
Montag.

lediglich (R3)
  only, merely, simply (i.e. no more than this)

Sie studierte lediglich zwei Semester in
Hamburg. Ich wollte Sie lediglich auf diese
Probleme aufmerksam machen.

nur
  only (and that is all there is)

Nur Gudrun konnte ihm helfen. Ich habe
nur zehn Seiten geschrieben. Das hat sie nur
gesagt, um dich zu ärgern.

öffnen   *open*

etw **aufbekommen (R1/2)**
  get sth open

Kannst du diese Dose aufbekommen? Nach
fünf Minuten bekam sie die Haustür doch
auf.

etw **aufbrechen**
  break, force sth open

In der Nacht wurde der Safe aufgebrochen.
Der Einbrecher versuchte, den Schrank
aufzubrechen.

aufgehen
  open, come open

Er drückte stark, aber die Tür ging nicht auf.
Das Fenster ging durch einen Windstoß auf.
Die Tür ging plötzlich auf, und Sabines
Mann trat herein.

(etw) **auf haben (R1)**
  be open (esp. shops); have sth open

Bis wann hat die Post sonnabends auf? Sie
hatte die Augen auf.

etw **aufkriegen (R1)**
  get sth open

Ich kriege deinen Koffer nicht auf. Kannst du
mir helfen die Schublade aufzukriegen?

etw **aufmachen (R1/2)**
  open, undo sth

Er machte die Tür auf. Sie wollen hier ein
kleines Geschäft aufmachen. Sie machte die
Knöpfe auf.

etw **aufschlagen**
    crack sth open (e.g. eggs, nuts), open sth
    (book, newspaper, (**R3a**) eyes)

Sie schlug das Ei am Tellerrand auf. Er nahm das Buch und schlug Seite 25 auf. Bei diesem Geräusch schlug die alte Frau die Augen auf.

etw **aufschließen**
    unlock sth

Sie gingen die paar Schritte zum Auto und sie schloss ihm die Tür auf.

auf sein (**R1**)
    be open

Hast du gewusst, dass das Fenster die ganze Nacht auf war? Heute sind die Geschäfte bis 19 Uhr auf.

etw **aufsperren**
    (**R1**) *open sth wide*; (**SE**) *unlock sth*

(**R1**) Dann sperrte der Junge den Mund weit auf. (**SE**) Theresa hat uns die Haustür aufgesperrt.

sich/etw **auftun** (**R3**)
    open (sth)

Dann hat der Knabe die Augen aufgetan. Als sie näher traten, tat sich die Pforte auf.

etw **eröffnen**
    open sth (to the public), inaugurate sth, start sth (e.g. proceedings)

Der Bürgermeister eröffnete die Ausstellung, das Museum, das neue Einkaufszentrum. Der Präsident eröffnete die Sitzung.

sich/etw **öffnen** (**R3**)
    open (sth)

Er öffnete den Brief. Die Tür öffnete sich. Das Fenster ließ sich nur von innen öffnen. Das Geschäft ist durchgehend geöffnet.

oft   *often*
[see also manchmal]

häufig
    frequently

In letzter Zeit war sie häufig in New York. Sie besucht uns nicht mehr häufig.

manchmal (*CH*)
    often

Unsere Chauffeuse war diese Strecke über den Malojapass schon manchmal gefahren.

mehrfach
    several times; (**R1**) *repeatedly*

Der Einbrecher war mehrfach vorbestraft. Sie hatte ihn mehrfach danach gefragt.

mehrmals
    on several repeated occasions

Er hatte Ellen mehrmals in der Eingangshalle gesucht.

oft
    often

Ich komme nicht oft ins Kino. Wie oft fährt ein Zug nach Worms? Sie ist ziemlich oft bei uns.

öfter
    now and then, fairly often

Dieser Film kommt jetzt öfter im Fernsehen. Dieser Fehler kommt öfter vor.

öfters (**R1**; *AU*)
    now and then, fairly often

Abends spielt er doch öfters Handball in der Turnhalle.

des Öfteren (R3) *(fairly) often*	Im Herbst sah sie diesen Herrn des Öfteren in dem großen Café am Bismarckplatz.
oftmals (R3a) *often, oft, ofttimes*	Er hatte sie oftmals von seinem Fenster aus beobachtet.
x-mal (R1) *umpteen times*	Du hast den Film doch schon x-mal gesehen, oder? Das ist schon x-mal vorgekommen.

ordnen   *arrange*

etw **anordnen** *arrange, order sth (put sth into a systematic or aesthetic arrangement)*	Die Daten sind tabellarisch angeordnet. Paris ist in zwanzig Arrondissements gegliedert, die im Uhrzeigersinn in Spiralform angeordnet sind.
etw **arrangieren** *arrange sth (aesthetically)*	Er arrangierte die Blumen sehr kunstvoll in der japanischen Porzellanvase.
etw **einordnen** *put sth in (a predetermined) order, classify, file, sort sth*	Er hat die neuen Bücher auf das oberste Regal alphabetisch eingeordnet. Wo soll man den neuen Bundeskanzler politisch einordnen?
etw **gliedern** *arrange, structure, organize sth (subdivided according to its component parts)*	Das Buch ist in zwanzig etwa gleich lange Kapitel gegliedert. Die Stadt Wien ist ringförmig gegliedert.
etw **ordnen** *sort, (re)arrange, organize sth (put (back) in a systematic order or sequence)*	Die klassischen CDs sind nach den Namen der Komponisten alphabetisch geordnet. Bevor sie sprach, musste sie ihre Gedanken ordnen.
etw **in Ordnung bringen** *put sth into order, sort sth*	Er brachte die Papiere auf seinem Arbeitstisch wieder in Ordnung.
etw **sortieren** *sort sth (out) (put all of one kind together)*	Er hatte die Schrauben nach der Größe in verschiedene Kästchen sortiert.
etw **strukturieren (R2/3)** *structure sth*	Das neue Regime hatte vor, die wirtschaftliche Basis des Landes völlig neu zu strukturieren.

Ort   *place*
[see also Gegend, Lage, Stadt]

Ort, der (-e) *place, spot, locality, location (in general; can refer to a town or village), scene (of happening)*	Hier sind wir endlich am richtigen Ort. Wir trafen uns an dem vereinbarten Ort. Wir suchten einen schattigen Ort. Der Ort hat nur 2 000 Einwohner. Er kehrte zum Ort des Verbrechens zurück.

Örtlichkeit, die (-en) (**R3**)
locality

Wir machten uns schnell mit den Örtlichkeiten vertraut.

Platz, der (¨e)
place (to do or put sth specific), *seat*; *square* (in town); *room, space* (of sufficient size to do sth)

Das Buch stand nicht an seinem Platz. Die Bemerkung war fehl am Platz. In der letzten Reihe waren ein paar Plätze frei. Vor dem Rathaus ist ein großer Platz. Hier war noch Platz für den Schrank.

Raum, der (no pl.) (**R3**) [see also **Zimmer**]
space, expanse, room; *region* (specific)

Um London leben viele Menschen auf sehr engem Raum. Der Tisch nimmt zu viel Raum ein. Sie sucht eine Stelle im Raum Aachen.

Stätte, die (-n) (**R3**)
place, site (esp. of historical or cultural significance)

Dieser Baum war für die heidnischen Sachsen eine heilige Stätte. Das ehemalige KZ ist jetzt eine Stätte der Erinnerung an die Opfer der Nazizeit.

Stelle, die (-n) [see also **Beruf**]
spot, place (relatively precise, esp. within a wider area or context, also in a book or a series)

An dieser Stelle ist der Unfall passiert. Er hat eine wunde Stelle am Arm. Versetz dich bitte an meine Stelle! Er musste die schwierige Stelle noch einmal üben. Sie steht jetzt an zweiter Stelle.

NB: None of the above words are normally used to refer to a building; see **Gebäude**.

Paket   *packet*

Ballen, der (-)
bale

Man hatte das Schiff entladen, und auf dem Kai standen viele Hunderte Ballen Baumwolle.

Bündel, das (-)
bundle (typically tied up loosely), *sheaf, wad* (of notes), *bunch* (vegetables)

Auf dem Tisch lag ein Bündel Akten, Briefe, Geldscheine, alte Zeitschriften. Er schnürte die Kleider zu einem Bündel zusammen.

Päckchen, das (-)
packet, pack, package (of goods, quite small), *parcel* (small, up to 2 kilogrammes)

ein Päckchen Kaugummi, Papiertaschentücher, Rasierklingen, Tabak, Tee, Zigaretten. Darf ich es noch als Päckchen verschicken?

Packen, der (-)
package, bundle (fairly large quantity of items wrapped and tied up)

Er trug den Packen alter Zeitschriften in den Keller. Sie holte einen Packen schmutziger Wäsche aus dem Kofferraum des Autos.

Packung, die (-en)
package, packet, pack (of goods); *packaging*

eine Packung Eier, Kaffee, Kekse, Pralinen, Reis, Zigaretten. Er kaufte den Tee in der roten Packung. Sie riss die Packung auf.

Paket, das (-e) *parcel* (postal), *package, packet* (quite large)	Was war in dem Paket, das du heute morgen gekriegt hast? Sie kaufte ein Paket Waschpulver. Er band die Zeitungen zu einem Paket zusammen.

Pferd   *horse*

Fohlen / **(R3) Füllen**, das (-) *foal*	Geh nicht zu nah an das Fohlen heran, es ist sehr ängstlich.
Gaul, der (¨e) *old nag*; (**S**) *horse*	Der Hof machte keinen guten Eindruck, in den Ställen sahen sie nur zwei magere Gäule.
Hengst, der (-e) *stallion*	Ein solcher reinrassiger Hengst ist natürlich eine Menge Geld wert.
Pferd, das (-e) *horse*	Das Pferd galoppiert, wiehert. Man reitet auf einem Pferd. Er führte ein Pferd am Zügel.
Pony, das (-s) *pony*	Ihr Vater ist ja steinreich, er hat ihr zum Geburtstag ein Pony geschenkt.
Ross, das (-e; *SE* ¨er) (**R3**) *steed*; (**CH, SE**) *horse*	In diesen alten Märchen haben die Ritter immer nur edle, feurige Rosse geritten.
Stute, die (-n) *mare*	Auf der Wiese war eine falbe Stute mit ihrem Fohlen.

platzen   *burst*

bersten (**R3**) *crack, burst*	Die Granaten bersten auf dem Friedhof zwischen den Gräbern. Das Eis, das Glas, die Mauer birst. Der Bus war zum Bersten voll.
explodieren *explode*	Das Flugzeug explodierte in der Luft. Das Pulverfass, eine Mine explodierte.
platzen *burst open, explode* (from internal pressure)	Die Tüte war so voll, dass sie geplatzt ist. Der Reifen ist geplatzt. Ich könnte vor Wut platzen.
zerplatzen *burst, shatter, smash* (into fragments)	Die Raketen stiegen auf und zerplatzten mit einem Krach. Die Glühbirne, der Luftballon zerplatzte.
zerspringen *shatter* (of hard, brittle material)	Das Glas fiel auf den harten Boden und zersprang in tausend Stück.

prügeln   *beat, thrash*
[see also **kämpfen**, **schlagen**]

jdn ´**durchhauen** (**R1**)
give sb a (good) thrashing

Sein Bruder hat mich tüchtig durchgehauen, weil ich auf ihn geschimpft habe.

jdn ´**durchprügeln** (**R1**)
give sb a (good) thrashing

Die Mädchen wollten ihn durchprügeln, weil er sie belauscht hatte.

auf jdn/etw **einschlagen**
hit out at sb/sth (repeatedly)

Er schlug mit dem Stock auf den armen alten Mann, auf das Pferd ein.

jdm die **Fresse polieren** (**R1★**)
smash sb's face in

Dem werde ich schon die Fresse polieren, wenn ich ihn kriege.

(jdn) **hauen** (**R1**)
hit, thump, (sb) (typically used of children)

Ich sag's gleich meinem großen Bruder, der haut dich. Sie hat ihm ins Gesicht gehauen.

jdm eine **herunterhauen** (**R1**)
give sb a clout round the ear

Die Mutter wird ihm eine herunterhauen, wenn er nach Hause kommt.

jdm eine **kleben** (**R1**)
give sb a belt, thump

Auf dem Schulhof hat er gestern dem Jörg Wilhelmi eine geklebt.

jdn **ohrfeigen**
slap, hit sb (on the face), box sb's ears

Das Kind wurde von den Eltern ständig geohrfeigt, und zum Schluss wurde es in Pflege genommen.

jdn **prügeln**
beat, thrash sb (esp. with a stick, as a punishment)

Im 18. Jahrhundert wurden die englischen Matrosen aus nichtigen Anlässen erbarmungslos geprügelt. Man hat ihn windelweich geprügelt.

jdm eine **schmieren** (**R1**)
clout sb one

Die Luise hat ihm vielleicht eine geschmiert gestern Abend.

jdn **verdreschen** (**R1**)
beat sb up, thrash sb

Sein Onkel hat ihn regelmäßig wegen nichts verdroschen.

jdn **verhauen** (**R1**)
beat sb (up)

Drei Jungen aus dem Kohlenpott wollten ihn verhauen.

jdn **verkloppen** (**R1**)
beat sb (up)

Hab keine Angst, wir verkloppen den schon, wenn wir ihn kriegen.

jdm eins/eine **verpassen** (**R1**)
clout, thump sb

Sie wollte dem Burschen eine verpassen, er ist aber schnell abgehauen.

jdn **verprügeln**
beat sb up, thrash sb (quite severely)

Die Nachbarn haben ihn angezeigt, weil er den Jungen so verprügelt hat.

jdn **zusammenschlagen**
beat sb up (until he collapses)

Die Polizei ging äußerst brutal gegen die Demonstranten vor und schlug mehrere zusammen.

zuschlagen
strike, hit, lash out

Endlich riss ihm die Geduld, und er schlug wild zu. Als er den Einbrecher eingeholt hatte, schlug er rücksichtslos zu.

Rand

edge

Felge, die (-n)
rim (of wheel on bicycle or car)

Er musste den Reifen auf die Felge montieren. Nach dem Unfall stellte er fest, dass die Felge des Vorderrads verbogen war.

Kante, die (-n)
edge (right-angled)

Man muss immer aufpassen, dass man sich nicht an der scharfen Kante des Küchentisches stößt.

Rand, der (¨e)
edge (in the most general sense), *verge, rim, brim, margin, ring* (eyes)

Sie wohnen am Stadt-, Waldrand. Drei Kinder spielten am Straßenrand. Beim Lesen macht er immer Notizen am Rand. Sie füllte das Glas bis zum Rand. Er hat rote Ränder um die Augen.

Saum, der (¨e)
hem, seam; **(R3)** *edge* (of field, forest, path)

Beim neuen Kleid muss ich noch den Saum nähen. **(R3)** Ihre Hütte stand am Saum des Waldes.

Schneide, die (-n)
edge (sharp, for cutting)

Die Schneide der Schere war stumpf geworden, und er versuchte vergeblich, sie zu schleifen.

rasen

race, go fast

[see also **sich beeilen, gehen**]

düsen (R1)
dash (as if jet-propelled)

Die beiden Jungen sind nach Hause gedüst. Die Kleine düste zur Tür, als sie die Omi sah.

fegen (R1)
race, rush (like the wind)

Ein kleiner Hund fegte mit eingezogenem Schwanz um die Ecke.

flitzen (R1)
whizz, dash (like an arrow); *streak*

Das Motorboot flitzte durch die Bucht. Der neue Porsche flitzte durch die Kurve.

hetzen
rush, race, dash (as if chased by hounds)

Er hetzte über den Marktplatz, um noch rechtzeitig bei Tina anzukommen.

huschen
dart, flit (quickly and quietly, like a mouse)

Sie huschte an der Gartenmauer entlang und erreichte das kleine Tor, ohne gesehen zu werden.

jagen
chase

Der rote BMW jagte durch die engen Straßen der Innenstadt.

pesen (R1)
dash, race (running at top speed)

Da musste ich aber ganz schön pesen, den Zug zu kriegen. Er peste wie ein geölter Blitz um die Ecke.

preschen
rush, tear (at top speed)

Ein grauer Volkswagen preschte an ihnen vorbei. Die Tür öffnete sich, und Ute preschte ins Zimmer.

rasen (R1/2)
dash, rush, race (like mad)

Ein Auto raste gegen den Baum. Er musste rasen, um rechtzeitig anzukommen. Rebecca raste aus dem Haus.

sausen (R1/2)
rush, speed (like the wind)

Die Kugel sauste ihm am Ohr vorbei. Der grüne Golf sauste in die Kurve. Sie sauste über den Hof.

stürzen [see also **fallen**]
rush, dash (wildly)

Maria stürzte wütend aus der Küche. Manfred kam um die Ecke gestürzt.

---

raten   *advise*
[see also **erraten**]

jdm (von etw) **abraten**
advise sb (against sth)

Sie hat mir von dieser Nasenkorrektur abgeraten. Er hat ihr davon abgeraten, diese Stelle zu nehmen.

(jdm) etw **anraten**
recommend sth (to sb) (urgent or useful advice)

Der Chefarzt hatte ihm diese Operation schon voriges Jahr dringend angeraten.

jdn **beraten** [see also **besprechen**]
advise sb (at length, esp. professionally)

Da solltest du dich am besten von einem Fachmann beraten lassen. Der Makler hat uns beim Ankauf dieser Wohnung nicht gut beraten.

(jdm) jdn/etw **empfehlen**
recommend sb/sth (to sb)

Ich kann dir nur empfehlen, das Buch zu lesen. Elke hat mir diese Marke empfohlen.

jdm einen **Rat geben** / (R3b) **erteilen**
give sb a piece of advice

Sie hat mir den Rat gegeben/erteilt, lieber Betriebswirtschaft zu studieren.

jdm **raten** (+ zu+ INF/CLAUSE)
advise sb (to do sth / that sb do sth)

Er hat mir geraten, das Auto möglichst schnell zu verkaufen. Das würde ich Ihnen nicht raten.

jdm zu etw **raten**
advise sb to (do) sth, recommend sth to sb

Er hat mir zum Kauf dieses Apparats geraten. Sie riet ihm zum Nachgeben, zur Vorsicht.

jdm (zu etw) **zuraten**
advise sb to (do) sth

Da kann ich dir weder zu- noch abraten. Ich konnte ihm zu diesem Angebot nur zuraten.

regnen   *rain*

fisseln (N)
drizzle (continuous light rain or sleet)

Am Wochenende hat es an der Ostseeküste pausenlos gefisselt.

gießen (R1)
pour

Im August waren wir in Irland, und es hat vierzehn Tage lang in Strömen gegossen.

graupeln
hail (soft hail, with small, light hailstones)

In Innsbruck hat es gestern in der Frühe abwechselnd gegraupelt und geschneit.

hageln
hail (large, hard hailstones)

In Oberbayern hagelt es im September oft sehr stark, so dass die Bauern es schwer haben.

nieseln
drizzle

Es hat gerade angefangen zu nieseln, als wir aus dem Theater kamen.

pladdern (N)
pelt down, rain very hard

Am Morgen hat es richtig gepladdert, und überall haben sich große Pfützen auf der Straße gebildet.

regnen
rain

In Los Angeles regnet es sehr wenig, und die Wasserversorgung ist dort immer ein Problem gewesen.

schiffen (R1*)
piss down

Heute schifft's schon wieder, wir werden sicher ganz nass, wenn wir zum Bahnhof laufen müssen.

schneien
snow

Es hatte in der Nacht geschneit, und am Morgen lagen zehn Zentimeter Schnee auf dem Hof.

schütten (S)
pour

Bis etwa vier Uhr war es schön, aber dann hat es geschüttet wie bei einem Wolkenbruch.

tröpfeln
spit with rain

Es war noch kein richtiger Regen, aber es fing schon an zu tröpfeln.

---

retten   *save, rescue*
[see also entkommen, sparen]

jdn/etw (von/aus etw) **befreien**
liberate, rescue, release, relieve, exempt sb/sth (from sth)

Sie befreiten ihn aus der Gefahr. Sie befreiten das Land von der Diktatur. Das hat ihn von seinen Sorgen befreit. Er wurde vom Turnunterricht befreit.

jdn/etw **bergen (R3)**
bring sb/sth to safety, rescue sb, recover sth (after accident or catastrophe)

Nach der Lawine wurden fünf Skifahrer geborgen. Jetzt hat man vor, das Wrack der „Titanic" zu bergen. Ein Verunglückter wurde tot geborgen.

jdn/etw vor jdm/etw **bewahren** (R3)
  [see also **behalten**]
  keep, protect, preserve, save sb/sth from sb/sth
	Er bewahrte sie vor einer bösen Überraschung. Diese Entschuldigung bewahrte sie vor einer Verurteilung wegen Fahrens ohne Führerschein.

jdn (von/aus etw) **erlösen** (R3) *release, relieve, deliver, save sb (from sth)* (esp. pain, suffering, trouble, worry)	Der Tod erlöste ihn von seinem schweren Leiden. Er konnte nicht hoffen, dass jemand ihn aus seiner Notlage erlösen würde.
jdn (aus/von/vor etw) **erretten** (R3) *rescue, save sb (from sth)* (succeed in bringing to safety, or save from unpleasant situation)	Sie hat ihn aus großer Not errettet. Sie errettete ihn vor dem sicheren Tod. Wer konnte ihn noch aus dieser höchst peinlichen Situation erretten?
jdn/etw **retten** *rescue, save sb/sth*	Sie hat mir das Leben gerettet. Er rettete sie aus Todesgefahr. Man hat ihn vor dem Ertrinken gerettet. Kann man den Frieden auf dem Balkan noch retten?

Revolution   *revolution*

Auflehnung, die (no pl.) (R3) *rebellion, revolt, resistance* (esp. against specific target)	Es kam zu einer allgemeinen Auflehnung gegen die Militärdiktatur.
Aufruhr, der (no pl.) *rebellion, revolt, uprising* (not necessarily organised); *tumult*	Der Aufruhr endete mit der Übergabe der Regierung an die Armee. Die ganze Stadt war in Aufruhr. Die Arbeiter gerieten in Aufruhr.
Aufstand, der (¨e) *rebellion, revolt, uprising* (armed, organised; the most general term)	Der Aufstand der Bauern wurde blutig niedergeschlagen.
Empörung, die (-en) (R3a) *revolt, uprising* (esp. against specific target)	Es kam mehrmals zu Empörungen gegen seine Willkürherrschaft.
Erhebung, die (-en) (R2/3) *revolt, uprising* (organized, not necessarily seen negatively)	In den widerrechtlich besetzten Gebieten sind weitere Erhebungen zu erwarten.
Meuterei, die (-en) *mutiny*	In der kaiserlichen Flotte brach im Herbst eine Meuterei aus.
Putsch, der (-e) *putsch, revolt* (secret plot to overthrow government, typically by military)	Die unzufriedenen Offiziere planten schon einen neuen Putsch.
Rebellion, die (-en) (R3b) *rebellion* (armed, organised)	Die Regierung wurde aufgefordert, dieser Rebellion ein Ende zu setzen.

Revolte, die (-n) (**R3**)
  revolt (armed, esp. of a small group,
  typically viewed negatively)

Die Revolte im Augsburger Gefängnis
dauerte nur drei Tage.

Revolution, die (-en)
  revolution

Die Französische Revolution war ein
Wendepunkt der europäischen Geschichte.

Staatsstreich, der (-e)
  coup d'état (esp. by members of previous
  government)

Nach dem erfolgreichen Staatsstreich wurde
der frühere Präsident erschossen.

Umsturz, der (¨e)
  coup d'état (revolutionary, involving
  overthrow of social order)

Eine Verbesserung der Umstände war nur
durch einen Umsturz zu erreichen.

Volksaufstand, der (¨e) (**R3**)
  popular uprising (spontaneous, unorganised)

Die Erhöhung der Brotpreise löste einen
Volksaufstand aus.

Volkserhebung, die (-en) (**R3**)
  popular uprising (typically spontaneous,
  unorganised)

Nach der Flucht des Königs kam es zu einer
Volkserhebung.

---

richtig   *right*

einwandfrei
  impeccable, faultless

Sein Benehmen war einwandfrei. Er spricht
ein einwandfreies Deutsch. Das neue Gerät
funktioniert einwandfrei.

fehlerfrei
  faultless, flawless (without fault or error)

Ihre letzte Übersetzung war absolut
fehlerfrei. Ich glaube, die neue Software ist
nicht ganz fehlerfrei.

korrekt
  correct (not wrong; conforming to accepted
  standards)

Ihre englische Aussprache ist sehr korrekt. In
solchen Situationen kann man sich darauf
verlassen, dass er sich korrekt benimmt.

recht
  right (appropriate; morally good)

Hier ist nicht der rechte Ort für dieses Gespräch.
Verstehen Sie mich bitte recht. Das war nicht
recht von dir, sie so im Stich zu lassen.

richtig
  right (correct; morally good; appropriate)

Das war die richtige Antwort. Das ist der
richtige Ort für ein solches Gespräch. Das
war nicht richtig, dass du ihn im Stich
gelassen hast.

wahr [see also **wirklich**]
  true

Das kann doch nicht wahr sein! Den wahren
Grund für seine Handlung erfahren wir nie.

NB: The commonest equivalent for English 'be right', of a person, is *Recht haben*,
e.g. *Da hat sie vollkommen Recht gehabt.* The verb *stimmen* is very frequent, especially
in **R1**, for 'be correct, right, true' referring to a fact, an event or a result, e.g. *Die
Rechnung stimmt. Stimmt es, dass sein Vater im Gefängnis sitzt?*

riechen   *smell*

(nach etw) duften
*smell (of sth) (typically pleasant, but
sometimes used ironically in R1 for
unpleasant smells)*

Die Blumen, die du ihr gebracht hast, duften
wunderschön. Im Wald duftete es nach
Kiefernharz. Die Kerze duftet nach Zimt.

(nach etw) miefen (R1)
pong, stink (of sth)

Deine Füße miefen. In der Küche mieft's
nach abgestandenem Bier.

muffeln (S)
smell musty

Es muffelt aber stark auf dem Dachboden, im
Keller, im Treppenhaus.

(jdn/etw) (nach etw) riechen
smell (sb/sth) (of sth)

Der Käse riecht schlecht. Er roch das starke
Parfüm an ihren Kleidern. Hier riecht es
nach Gas.

an etw riechen
sniff (at) sth, smell sth

Sie hat an der Blume, an der offenen
Parfümflasche gerochen.

(an etw) schnüffeln
sniffle, sniff (at sth)

Er sah, wie der Hund an dem Laternenpfahl
schnüffelte.

(etw)/(an etw) schnuppern
sniff (sth/at sth)

Er schnupperte an dem Zigarrenstummel.
Sie wollte wieder frische Meeresluft
schnuppern.

(nach etw) stinken
stink (of sth)

In der Halle stank es nach billigen Zigarren.
Der Landstreicher stank fürchterlich. Die
ganze Angelegenheit stinkt.

jdn/etw wittern
smell sb/sth, get the scent of sb/sth

Der Fuchs witterte einen Hasen. Da hat er
schon wieder ein gutes Geschäft gewittert.

rufen   *call*
[see also **weinen**]

(jdn / CH: jdm) anrufen
ring, call (sb) (on the telephone)

Hat Marianne heute angerufen? Ruf doch
mal an! Ich werde ihn morgen Abend
anrufen.

jdn aufrufen
call, summon sb (call out a name from a list)

Man musste an der Grenzkontrolle warten,
bis man aufgerufen wurde. Der Zeuge wurde
aufgerufen.

aufschreien
yell out, cry out (suddenly)

Die junge Frau schrie vor Entsetzen laut auf,
als sie es sah.

etw ausrufen
exclaim, proclaim, announce sth

In der U-Bahn werden alle Haltestellen
ausgerufen. In der Hauptstadt wurde die
Republik ausgerufen.

jdn ausrufen (lassen)
put out a call for sb, page sb

Wenn wir ihn in der Halle nicht sehen, müssen wir ihn am Empfang ausrufen lassen.

(etw) brüllen
roar, yell, shout (sth) (very loud, of people or animals)

Er brüllte vor Schmerz. Der Löwe brüllte. „Pass auf", brüllte der Polizist. Er brüllte so laut, dass man es im ganzen Haus hörte.

(etw) grölen (R1/2)
bawl, yell (sth) (raucous shouting or singing, typically drunken bawling)

Die englischen Fussballfans zogen grölend durch die Innenstadt. Der Mob grölte ihren Beifall. Die Burschen grölten unanständige Lieder.

(etw) johlen (R1/2)
howl (typically of large crowds)

Die Kinder spielten und johlten auf dem Hof. Die Zuschauer johlten beim vierten deutschen Tor.

(etw) kreischen
screech, squeal, squawk (sth) (of birds, wheels or people)

Die Vögel flogen kreischend umher. Die Räder kreischten, als sie in der Kurve bremste. „Das ist doch eklig", kreischte sie.

(jdn/etw)/(nach jdn/etw) rufen
call, shout(sb/sth)/(for sb/sth)

Sie hörte jemand auf der Straße rufen. Sie musste den Arzt rufen. „Herein", rief er. Er rief nach dem Kellner, nach einem Glas Wein. Sie riefen um Hilfe. Die Pflicht ruft.

(nach jdn/etw) schreien
shout, scream, yell (for sb/sth)

Schrei doch nicht so, ich bin nicht taub. Der Kleine hat in der Nacht jämmerlich geschrien. Er schrie vor Schmerz. Er schrie nach Rache.

jdm etw zurufen
shout sth to sb (from a distance)

Sie rief ihm etwas auf Russisch zu. Der Feldwebel rief ihnen einen Befehl zu.

---

ruhig   *quiet*

lautlos
silent, soundless, noiseless

Sie war lautlos die Treppe heruntergekommen, so dass er sie erst bemerkte, als sie neben ihm stand.

leise
quiet (making little noise)

Sie stellte das Radio etwas leiser. Sie hat eine leise Stimme. Leise machte er die Tür auf.

(mucks)mäuschenstill (R1)
quiet as a mouse

Die Kinder saßen mucksmäuschenstill in der Ecke neben dem Ofen und hörten ihrem Onkel zu.

ruhig
quiet, calm, peaceful (with little disturbance)

Die Straße, wo wir wohnen, ist sehr ruhig. Er stand ruhig neben der Tür und wartete.

stad (SE)
quiet, calm

Geh, sei stad! Heute sind sie stad auf ihren Stühlen gesessen, bis der Lehrer hereingekommen ist.

still
   quiet, silent

Sei doch still, du hast jetzt genug gesagt. Plötzlich wurde es still im Saal. Wir ziehen in eine sehr stille Gegend. Sie weinte still vor sich hin.

totenstill
   deathly quiet

Am Sonntag nach dem Fest war es wieder totenstill in der Stadt.

---

sagen   *say, tell*
  [see also sprechen]

(jdm) etw **ausrichten**
   tell sb sth, give sb a message

Ich soll ihr Grüße von Herrn Koziol ausrichten. Er ließ uns ausrichten, dass er verspätet sei.

etw **äußern**
   say, express, utter sth

Er hat seinen Ärger darüber unmissverständlich geäußert. Sie hatte ihre Bedenken darüber geäußert.

etw **behaupten**
   claim, maintain, assert sth

Sie behauptete, ihm nie zuvor begegnet zu sein. Er hat hartnäckig das Gegenteil behauptet.

jdn (von etw) **benachrichtigen (R2/3)**
   inform, notify sb (of sth)

Er benachrichtigte die Polizei von dem Unfall. Sie sollte die nächsten Angehörigen benachrichtigen.

(jdm) etw (über/von etw) **berichten**
   tell (sb) sth / about sth, make a report (to sb)
   (on sth / about sth)

Was hat er uns über den Vorfall berichten können? Sie berichtete ihnen, dass sie ihre Schwangerschaft abgebrochen habe. Er berichtete ihr sein Erlebnis.

jdm (über/von etw) **Bescheid sagen**
   let sb know (about sth)

Sagen Sie mir bitte Bescheid, wann ich mich melden soll.

(jdm) etw **bestellen**
   tell(sb) sth, give (sb) a message

Sie sollen ihm bestellen, dass ich erst morgen Zeit für ihn haben werde. Kann ich ihr etwas bestellen?

(jdm) etw **erklären** [see also erklären]
   declare sth (to sb)

Der Chef erklärte ihnen, er werde alle entlassen müssen. Irland erklärte seine Unabhängigkeit von der britischen Krone.

(jdm) etw (über/von etw) **erzählen**
   tell (sb) sth / about sth, tell a story (to sb) (on/
   about sth)

Sie erzählte den Kindern die ganze Geschichte. Er erzählte ihr seine Erlebnisse. Sie erzählte ihm, dass sie ein Jahr in Indien gewesen sei.

jdn (über etw) **informieren**
   inform sb (about sth)

Man hat uns über die Stilllegung der Eisenbahnstrecke nach Brilon informiert.

jdn (von etw) **in Kenntnis setzen (R3b)**
inform, notify, advise sb (about sth)

Heute können wir Sie von den neusten Ergebnissen auf diesem Gebiet in Kenntnis setzen.

etw **melden**
report sth

Gestern meldete unser Korrespondent erneute heftige Ausschreitungen im Gazastreifen.

jdm etw **mitteilen (R2/3)**
tell sb sth, inform, notify sb of sth

Er teilte ihnen brieflich mit, dass er den Vertrag für ungültig halte.

(jdm) etw **sagen**
say, tell sth (to sb)

Ich weiß nicht, was ich ihr sagen soll. Er sagt nie die Wahrheit. Er hat gesagt, dass er morgen kommt. Was sagen Sie zu diesem Problem?

jdn (über/von etw) **unter´richten (R3)**
inform sb (about sth)

Er hat sofort alle seine Kollegen von dem Besuch des Ministers unterrichtet. Darüber sind wir gut unterrichtet.

(jdm) etw **versichern**
affirm sth (to sb), assure sb of sth

Sie hatte ihm mehrmals versichert, dass sie ihn am Flughafen abholen würde.

jdn (über/von etw) **verständigen (R2/3)**
notify sb (of sth)

Erst nach einer halben Stunde hat man die Polizei über den Vorfall verständigt.

jdm etw zu **verstehen geben (R3)**
give sb to understand sth

Sie hatte ihm zu verstehen gegeben, dass sie ihn heiraten würde.

jdn etw **wissen lassen**
let sb know sth

Er hat uns wissen lassen, dass er die Stelle nicht unter diesen Bedingungen annehmen werde.

---

sammeln   *collect*
[see also **treffen**]

(etw) **absammeln** (*AU*)
collect (sth) (esp. money)

Auf dem Franzensplatz sammelte man für die Opfer der Flutkatastrophe ab.

sich/etw **anhäufen**
accumulate, pile up (sth) (sometimes pej.)

Am Kriegsende häuften viele Vorräte an. In der Küche häufte sich schmutziges Geschirr an.

sich/etw **ansammeln**
accumulate, amass (sth) (indiscriminately);
gather (of crowds, without prior arrangement)

Er hatte viele solche wertlose Gegenstände angesammelt. Die Briefe sammelten sich auf ihrem Tisch an. Viele Neugierige sammelten sich an.

etw **aufsammeln**
gather, collect sth up (things lying around)

Er sammelte die Briefe auf, die auf den Boden gefallen waren.

sich/jdn **besammeln** (*CH*) *gather (sb) together* (people)	Er besammelte seine Mannschaft. Die Bürger besammelten sich vor der Zytglocke in Bern.
etw **einbringen** *bring sth in* (harvest)	In diesem Jahr wurde die Ernte sehr früh eingebracht.
etw **einnehmen** *earn, collect sth* (money, taxes)	Die Wohnung bringt monatlich DM1500 ein. Die Steuern wurden am Jahresende eingenommen.
etw **einsammeln** *collect sth up, in* (things lying around, or one thing from each of a group of people)	Er sammelte die heruntergefallenen Akten wieder ein. Der Klassenlehrer sammelte die Hefte von den Schülern ein.
etw **einziehen** *collect sth* (payments due)	Die fälligen Beträge werden jeweils am Monatsende eingezogen.
sich/etw **häufen** *pile (sth) up*	Er häufte die Bücher auf ihren Arbeitstisch. Die Beweise seiner Schuld häufen sich.
etw **sammeln** *collect, gather sth* (things to keep)	Morgen gehen wir Pilze im Wald sammeln. Die Kinder sammeln Briefmarken. Sie sammelt Material für ihr nächstes Buch.
sich **sammeln** *collect* (things, or people casually or intentionally, not necessarily to remain there)	Wasser sammelt sich in dem Behälter. Schwalben sammeln sich auf den Leitungskabeln. Die Schüler sammelten sich vor dem Ausflug auf dem Schulhof.
jdn **versammeln** *collect, gather sb*	Die Kindergärtnerin versammelte die Kinder in der Eingangshalle.
sich **versammeln** *collect, assemble* (of people in a previously agreed place for a specific purpose)	Die Mitglieder des Vereins versammeln sich heute im Rathauskeller. Wir versammeln uns morgen um 16 Uhr im Audimax der Universität.
zusammenkommen *collect, assemble, meet* (in a previously agreed place for a specific purpose)	Die drei Freunde kommen jeden Abend zusammen, um Skat zu spielen. Viele Leute waren auf dem Platz zusammengekommen, um ihn zu hören.
zusammenlaufen *gather, congregate, collect* (quickly)	Eine große Menschenmenge war vor dem Schloss zusammengelaufen, um das Feuer zu sehen.
etw **zusammentragen** *collect sth, bring sth together*	Sie hatte mit großer Mühe alle Dokumente zusammengetragen, die sie für ihre Doktorarbeit brauchte.

sauber   *clean* (adj.)

blitz(e)blank (R1)
spick and span, so clean it sparkles

Bei ihnen ist die Wohnung immer
blitzeblank geputzt.

blitzsauber (R1)
spick and span, so clean it sparkles

Sie hat schnell gearbeitet, und in Kürze war
die Küche wieder blitzsauber.

fleckenlos
spotless

Seine Hemden sind immer fleckenlos
gewaschen. Ihr Privatleben war alles andere
als fleckenlos.

pieksauber (R1)
spotless, clean as a whistle

Er hält den neuen Wagen immer pieksauber.

proper
clean and tidy

Sie hat immer ein properes Aussehen. Das
Kind war immer proper gekleidet.

pur
pure, neat

Der Becher ist aus purem Gold. Er trinkt
immer Whisky pur. Das war doch purer
Zufall.

rein
pure, clear (i.e. free of impurities);
(**R3**) *clean*

Der Ring war aus reinem Gold. Sie sprachen
ein reines Hochdeutsch. Das ist die reine
Wahrheit. (**R3**) Er trägt jeden Tag ein reines
Hemd.

reinlich
cleanly

Alle Katzen sind reinliche Tiere. Er ist ein
sehr reinlicher Mensch.

sauber
clean; neat, tidy

Der Fußboden war nicht mehr sauber. Er
trug die saubere Wäsche in die Küche. Er hat
eine saubere Handschrift.

---

sauber machen   *clean* (verb)

(etw) aufräumen
tidy (sth) up

Jetzt räumt doch endlich auf! Sie hatte keine
Zeit gehabt, ihre Frisierkommode
aufzuräumen.

etw aufwischen (NE, SE)
*wipe, mop sth (up) (with a wet cloth or
mop)*

Er musste die verschüttete Milch aufwischen.
Sie wischt den Boden auf.

(etw) fegen (N)
sweep (sth) (with a brush or broom)

Erst gestern wurde die Straße gefegt. Er fegte
den Schnee von dem Dach.

etw feudeln (N)
*wipe, mop sth (up) (with a wet cloth or
mop)*

Meine Wirtin hat schon vor dem Frühstück
den Boden gefeudelt.

(etw) **kehren** (*S*)
   sweep (sth) (with a brush or broom)

Herr Bregger hat die Treppe gekehrt. Sie kehrte die Brotkrümel vom Tisch.

(etw) **putzen**
   *clean (sth) (esp. by polishing; **S**, **NW** also
   'do the cleaning'; **SW** also with damp
   cloth); (**AU**) dry-clean*

Sie putzte ihre neue Brille, die silberne Teekanne. (*S, NW*) Frau Jennings putzt bei Dr. Wohmann. (*SW*) Sie putzt den Boden mit einem feuchten Lappen. (*AU*) Ich muss den Anzug putzen lassen.

rein(e) machen (*NE*)
   do the cleaning

Wir haben alle beim Reinemachen geholfen, als Müllers in ihre neue Wohnung eingezogen sind.

etw **reinigen**
   *clean sth (**R3** except to mean 'dry-clean')*

Alle Geräte müssen regelmäßig gereinigt werden. Ich muss das Hemd (chemisch) reinigen lassen.

(etw) **sauber machen**
   *clean sth (**N** also 'do the cleaning')*

Jeden Herbst muss ich den Rasenmäher gründlich sauber machen. Mach deine Schuhe sauber!

etw **säubern** (*R3*)
   clean sth

Er säuberte die Treppe mit einem Handbesen. Der Arzt zeigte ihm, wie er die Wunde säubern sollte.

(etw) **staubsaugen**
   vacuum(-clean), hoover (sth)

Morgen muss ich den Teppich im Wohnzimmer staubsaugen.

etw **wischen**
   *wipe (sth) clean; (**CH**) sweep (sth)*

Wolfgang wischte sich den Schweiß von der Stirn. (*CH*) Sie wischt den Fußboden mit einem Besen.

---

schaden   *damage*

etw **beeinträchtigen** (*R3*)
   *damage, harm, impair sth (have a negative
   effect, usually on sth abstract)*

Die gesamte Infrastruktur des Landes ist durch starke Kriegsschäden beeinträchtigt. Diese Krankheit hat sein Sehvermögen beeinträchtigt.

etw **beschädigen**
   damage sth (actual physical damage)

Beim Zusammenstoß wurde ein Kotflügel an seinem Wagen stark beschädigt.

etw **ramponieren** (*R1*)
   damage sth badly

Nach dem Länderspiel haben randalierende englische Fans alle Bushaltestellen ramponiert.

jdm/etw **schaden**
   be bad, harmful for sb/sth

Rauchen schadet der Gesundheit. Das schadete seinem Ansehen. Das kann deinem Kind schaden, wenn es zu lang in der Sonne liegt.

jdn/etw **schädigen** *be detrimental to sb/sth* (sth. abstract)	Das kann sein Ansehen, seine Interessen, seinen guten Ruf schädigen. Das hat ihn beruflich, geschäftlich, gesundheitlich geschädigt.
jdn **verletzen** *injure sb*	Sie hat sich die Hand verletzt. Drei Jungen waren lebensgefährlich verletzt.

Schande   *shame*

Scham, die (no pl.) *shame* (feeling of shame; ability to feel shame)	Da möchte ich vor Scham in die Erde sinken. Er errötete vor Scham. Er hat, kennt keine Scham.
Schamgefühl, das (no pl.) *sense of shame*	Mein natürliches Schamgefühl verbietet mir, dir das zu sagen. Sie hat kein Schamgefühl.
Schande, die (no pl.) *disgrace, shame* (i.e. cause of shame)	Es ist eine Schande, dass dieser Minister noch im Amt geblieben ist. Er hätte uns wenigstens diese Schande ersparen können.
Schandfleck, der (-en) *blot*	Diese elende Baracke ist ein Schandfleck in der Landschaft. Sie ist ein Schandfleck in der Familie.
Schmach, die (no pl.) (**R3**) *shame, ignominy*	Er musste die Schmach dieser Niederlage erdulden. Sie wurde mit Schmach entlassen.

Schein   *appearance*

Anschein, der (no pl.) (**R2/3**) [see also **vortäuschen**] *appearance, impression* (judged to be true, though it may not be)	Allem Anschein nach hat er heute Nacht hier geschlafen. Es hatte den Anschein, als wäre sie plötzlich bewusstlos geworden.
Auftritt, der (-e) *entrance, appearance* (on stage, TV, etc.)	Der Präsident hatte einen glänzenden Auftritt im Fernsehen. Sie war während ihres ganzen Auftritts sehr nervös.
Aussehen, das (no pl.) *appearance* (general look of sb or sth)	Man soll ihn nicht nach seinem Aussehen beurteilen. Sie hatte ein gepflegtes Aussehen.
Äußere(s), das (adj. decl.) *appearance* (outward, of people or things)	Er gab wenig auf sein Äußeres. Man hatte das Äußere des Schlosses stark verändert.
Erscheinen, das (no pl.) *appearance* (action of becoming visible)	Das rechtzeitige Erscheinen der beiden Beamten hinderte ihn daran, dass das Geschäft auch zustande kam.

Erscheinung, die (-en)
*appearance, phenomenon, vision (what is
perceived, referring to persons or events)*

Dieser Mann war eine höchst eindrucksvolle
Erscheinung. Sonnenfinsternisse sind eine
seltene Naturerscheinung. Ihr war es, als sähe
sie eine Erscheinung aus einer anderen Welt.

Schein, der (no pl.)
appearance (external impression, often false)

Der Schein trügt. Der Schein ist gegen mich.
Seine Freundlichkeit war nur Schein.

---

scheinen
[see also **geschehen, zeigen**]

seem, appear

aufscheinen (*S*)
appear (make an appearance)

Das ist das Theater, in dem das Werk Peter
Handkes zum ersten Mal aufschien.

auftauchen
*appear, emerge, turn up (suddenly and/or
unexpectedly)*

Wir erwarten schon, dass Monika bald
wieder bei uns auftaucht. In der Ferne
tauchte ein Schiff auf. Immer wieder
tauchten diese Zweifel auf.

(irgendwie) **auftreten** [see also **sich
verhalten**]
*appear (in a particular capacity), behave (in a
particular manner), arise (unexpectedly)*

Sie trat als Zeuge auf. Er tritt immer etwas
arrogant auf. Solche Epidemien treten in
Europa nur noch selten auf. Leider waren da
Probleme aufgetreten.

(irgendwie) **aussehen**
look (somehow)

Sie sah sehr blass aus. Er sieht aus wie ein
Landstreicher. Es sieht nach Regen aus. Sie
sah aus, als ob sie krank wäre.

sich (irgendwie) **darstellen** (**R2/3**)
appear, prove to be (somehow) (of things)

Zum Schluss stellte sich das Problem
eigentlich viel schwieriger dar, als ich es
erwartet hatte.

(jdm) (irgendwie) **erscheinen**
appear (to sb) (somehow)

Sie erschien plötzlich am Fenster. Ich sollte
heute als Zeuge vor Gericht erscheinen. Die
Zeitschrift erscheint monatlich. Das erschien
mir merkwürdig.

sich (irgendwie) **erweisen** (**R2/3**)
prove, turn out to be (somehow)

Diese Lösung erwies sich als unmöglich. Diese
Annahme erwies sich jedoch als ein Irrtum.

sich (irgendwie) **herausstellen**
prove to be (somehow)

Es stellte sich heraus, dass sie gelogen hatte.
Das stellte sich als eine Lüge heraus.

(jdm) **scheinen** (+zu + INF/CLAUSE)
seem, appear (+ to + INF/CLAUSE)

Er scheint sie zu kennen. Sie schien glücklich
zu sein. Es scheint mir, dass sie es verstanden
hat. Es scheint mir, als ob sie ihn kennen
würde.

jdm (irgendwie) **vorkommen**
*seem, appear to sb (somehow) (i.e. sb gains
that impression from the appearances)*

Die Frau kam mir bekannt vor. Sie kam sich
dumm vor. Die ganze Angelegenheit kam
mir sehr komisch vor. Es kam mir vor, als ob
ich träumte.

zum **Vorschein kommen** (R2/3) *appear, come to light*	Als wir den Schrank ausräumten, kam dieses Paket alter Briefe zum Vorschein.
(irgendwie) **wirken** (R2/3) *appear (somehow)* (i.e. make an impression)	Sein Erscheinen wirkte geradezu lächerlich. Sie wirkte stets müde und gehetzt.
sich **zeigen** *appear* (i.e. allow o.s. to be seen, show o.s., come to light)	Gewitterwolken zeigten sich am Himmel. Sie hat sich immer sehr freundlich gezeigt. Es wird sich schon zeigen, wenn du gelogen hast.

NB: In formal **R3**, *scheinen* normally always has a following infinitive clause, e.g. *Das scheint (mir) unmöglich zu sein*, whereas *erscheinen* can be followed by a simple adjective, e.g. *Das erschien (mir) unmöglich*. However, in **R1/2**, *scheinen* occurs with an adjective alone, e.g. *Das scheint (mir) unmöglich*.

---

schicken   *send*

jdn/etw **abschicken** / (R3) **absenden** *send sb* (e.g. messenger) / *sth* (esp. post) *(off)*	Ist der Brief an Herrn Püschel schon abgeschickt? Am nächsten Morgen schickte man einen Boten ab.
jdn/etw **ausschicken** / (R3) **aussenden** *send sb/sth out*	Das Rettungsboot wurde ausgeschickt, sobald man das Notsignal hörte.
jdn **entsenden** (R3) *send, dispatch sb* (in official capacity)	Am Montag entsandte die irakische Regierung einen Sonderbotschafter nach Washington.
(jdm) etw **nachschicken** / (R3) **nachsenden** *send on, forward sth (to sb)* (esp. post)	Wenn ihr umzieht, könnt ihr euch eure Post nachschicken lassen.
(jdm) jdn/etw **schicken** *send sb/sth (to sb)*	Sie hat mir regelmäßig die Zeitung geschickt. Der Lehrer schickte die beiden Mädchen nach Hause.
nach jdm **schicken** (R1/2) *send for sb*	Als er Fieber kriegte, haben wir sofort nach einem Arzt geschickt.
(jdm) jdn/etw **senden** (R3) *send sb/sth (to sb)*	Er sandte ihr seine Glückwünsche. Die Regierung sendet Truppen in das Überschwemmungsgebiet.
jdm etw **über´senden** (R3b) *send, remit sb sth*	In der Anlage übersenden wir Ihnen weitere Auskünfte über unser Programm für das Jahr 2000.
etw (an jdn) **verschicken** / (R3) **versenden** *dispatch sth, send sth off (to sb)* (typically in quantity to a number of recipients)	Sie hat Weihnachtskarten an alle ihre Freunde verschickt. **(R3)** Wir haben diese Warenproben an alle unsere bisherigen Kunden versandt.

jdm etw **zuschicken** / (**R3**) **zusenden**
  send sth to sb (emphasizing recipient)

Sie wollte mir das Buch zuschicken. (**R3**) Demnächst wird Ihnen der neue Katalog zugesandt.

Schiff   *ship*

Boot, das (-e; *N*: ¨e)
  boat (small, open boat; N ship)

Am Strand konnte man Ruderboote oder Tretboote mieten. Das kleine Boot ist gekentert.

Dampfer, der (-)
  steamer

Früher konnte man nur mit dem Dampfer nach Amerika fahren.

Kahn, der (¨e) (esp. *N*)
  boat (small, for rowing or punting), barge (river transport, usually towed); (**R1**, pej.) *ship, old tub*

Stocherkähne werden mit langen Stangen vorwärts bewegt. Der Schlepper zog zwei schwer beladene Kähne rheinaufwärts. Er ist mit einem alten Kahn nach Kuba gefahren.

Nachen, der (-) (**R3a**)
  boat (small)

Die bösen Zwerge brachten die Prinzessin in einem Nachen auf die kleine Insel.

Schiff, das (-e)
  ship (large)

Das große Passagierschiff legte am Kai an. Wir fuhren mit dem Fährschiff von Calais nach Dover.

schlafen   *sleep*

(sich) **ausschlafen**
  sleep in (so that one is no longer tired)

Du sollst mich morgen nicht wecken, ich will (mich) endlich einmal ordentlich ausschlafen.

dösen (**R1/2**)
  doze

Sie lag in der Sonne und döste. Im Unterricht döst er ständig vor sich hin.

einnicken (**R1/2**)
  nod off (esp. in chair)

Mein Großvater ist für einen Augenblick vor dem Fernseher eingenickt.

einschlafen
  go to sleep, fall asleep

Das Kind war so müde, dass es schnell eingeschlafen ist. Ich bin beim Lesen eingeschlafen.

einschlummern (**R3**)
  go to sleep

Sie hatte nicht gemerkt, dass das Kind eingeschlummert war.

pennen (**R1**)
  kip, sleep

Heute haben alle im Unterricht gepennt. Bernhard hat schon wieder gepennt.

ratzen (**R1**)
  kip, sleep (esp. for a long time)

Der muss am Sonntag richtig müde gewesen sein, er hat den ganzen Tag geratzt.

ruhen (R3) *rest, sleep*	Nach dem Mittagessen wollte er eine Stunde ruhen. Ich wünsche wohl zu ruhen.
schlafen *sleep*	Sie hat fest, gut, leise, schlecht, tief geschlafen. Die Jungen schliefen auf dem Boden. In diesem Bett schläft es sich gut.
schlummern (R3) *slumber, sleep* (lightly or peacefully)	Das Kind schlummerte sanft in der Wiege. Mein Großvater schlummerte in seinem Sessel.
(etw) verschlafen *oversleep; miss sth by oversleeping, sleep through sth*	Stell doch den Wecker, sonst verschläfst du. Sie hat ihren Zug verschlafen. Sie hat den ganzen Tag verschlafen.

schlagen   *hit*
[see also **prügeln**]

(sich) etw (an etw) anschlagen *knock sth* (part of body) (*into/on sth*)	Sie hat (sich) den Arm an der Tischkante angeschlagen.
mit etw (gegen etw) anschlagen *knock sth* (part of body) *into sth* (heavily)	Sie ist mit dem Kopf gegen die Mauer angeschlagen.
(jdn/etw)/(mit etw an etw) anstoßen *knock (into), bump (into) (sb/sth)* (by accident or deliberately)	Er stieß sich den Kopf an. Er ist mit dem Kopf an die offene Schranktür angestoßen. Sie hat mich mit dem Fuß unter dem Tisch angestoßen.
(auf etw) aufschlagen *hit (sth)* (of falling objects, impact on ground or other surface)	Er stürzte und dabei schlug sein Hinterkopf auf dem Boden hart auf. Der Ball schlug an der Hauswand auf.
etw einschlagen [see also **brechen**] *smash sth in/down; knock sth in* (e.g. nail)	Sie hat das Fenster, die Tür eingeschlagen. Er schlug die Nägel in die Wand ein.
(in etw) einschlagen *strike (sth)* (of lightning, bomb, shell, etc.)	Der Blitz ist gestern Nachmittag in die Dorfkirche eingeschlagen.
(jdn/etw) hauen (R1) *hit, thump, clout (sb/sth)*	Sie hat ihm ins Gesicht gehauen. Er haute mit der Faust auf den Tisch. Er haute ein Loch ins Eis.
(etw) klopfen *beat, knock, tap (sth)*	Er klopfte den Staub aus seiner Hose. Er klopfte an die/der Tür. Ihr Herz klopfte stark. Sie klopfte ihm auf die Schulter. Die Zuschauer klopften Beifall.
gegen etw prallen *collide with sth* (heavy impact)	Das Auto flog aus der Kurve und prallte gegen einen Baum. Der Ball prallte gegen die Mauer.

(jdn/etw) **schlagen**
  hit, strike, beat, knock sb/sth (one or more blows, with hand, foot or an instrument)

Sie schlug ihn zu Boden. Er schlug mit der Hand auf den Tisch. Er schlug einen Nagel in die Wand. Der Regen schlug gegen das Fenster. Er schlug mit dem Kopf gegen die Tür.

(jdn/etw)/(an/gegen etw) **stoßen**
  [see also **stoßen**]
  bump, knock, bang (sb/sth)/(into sb/sth), hit, kick, shove, push sb/sth

Sie stieß den Tisch, den Jungen mit dem Fuß, mit dem Ellenbogen. Sie ist gegen den Stuhl gestoßen. Ich habe mir beim Turnen den Kopf gestoßen. Sie stieß ihn/ihm in die Seite. Im Fallen stieß sie mit dem Kopf an den Kaminsims.

sich (an etw) **stoßen**
  bump, bang, knock (sth (part of the body) / into sth) (causing injury)

Er stieß sich so heftig, dass es blutete. Sie stieß sich an der Türklinke.

(jdn/etw) **treffen** [see also **treffen**]
  hit, strike (sb/sth) (with a missile, or a blow)

Er traf ihn mit einem Stein. Die Kugel hat sie in den Rücken getroffen. Der Schuss traf nicht.

(mit jdm/etw) **zusammenstoßen**
  collide (with sb/sth) (often of vehicles)

Gestern Abend ist auf dem Karlsplatz ein LKW mit einer Straßenbahn zusammengestoßen.

schlecht   *bad*

arg (R3; S)
  bad (having potentially serious consequences), nasty, evil, wicked

Das war eine arge Enttäuschung, ein arger Fehler. Das war für ihn ein arges Verlustgeschäft. Er ist mein ärgster Feind. Das Schicksal hat ihm arg mitgespielt. Er bekam einen argen Schrecken.

böse [see also **ärgerlich**]
  evil, wicked, nasty; naughty (children)

Eigentlich ist sie kein böser Mensch. Wir haben böse Zeiten erlebt. Dabei habe ich böse Erfahrungen gemacht. Die Bemerkung war nicht böse gemeint. Der ist vielleicht ein böser Junge!

mies (R1)
  bad, lousy

Das Essen, der Film war richtig mies. Der Thomas hat heute miese Laune. Der ist aber ein mieser Typ. Im Urlaub haben wir mieses Wetter gehabt.

schlecht
  bad (objectively bad, of things which could be good, given other conditions), poor (quality)

Das Buch ist auf schlechtem Papier gedruckt. Wir wurden schlecht bezahlt. Ich habe ein schlechtes Gedächtnis. Das Wetter ist heute schlecht. Er ist ein schlechter Einfluss auf deinen Sohn.

schlimm
> *bad* (inherently bad, of things which cannot ever be good), *serious, severe, nasty* (accident, illness, catastrophe)

Heute erhielten wir eine schlimme Nachricht. Das war ein schlimmer Fehler von mir. Der Bruch war nicht so schlimm, wie man befürchtete. Sie machte sich auf das Schlimmste gefasst.

übel
> *bad, nasty* (emphatically expressing the speaker's distaste or revulsion), *sick*

Das war eine üble Angelegenheit. Der ist ein übler Bursche. Sie hat ihm übel mitgespielt. Sie vernahm einen üblen Geruch. Dabei wurde ihr ganz übel.

NB: Many of the words given under **schrecklich** are used in **R1** in the sense 'very bad'.

---

schließen
[see also beenden]

shut, close

(etw) abschließen
> *lock sth (up)*

Sie hatte vergessen, den Wagen abzuschließen. Der Schrank war abgeschlossen. Ich muss hier noch abschließen.

etw absperren
> *block, close sth off;* (*SE*) *lock sth (up)*

Die Polizei hat dann die ganze Gegend abgesperrt. (*SE*) Diese Tür lässt sich nicht absperren.

(etw) schließen (R2/3)
> *shut, close (sth)*

Er schloss die Tür hinter sich. Sie schloss die Augen. Wir haben leider die Teilnehmerliste schon schließen müssen. Dieses Fenster schließt nicht richtig. Die Geschäfte schließen um 19 Uhr.

sich schließen
> *close (up)* (with parts coming together)

Die Blüten schließen sich am Abend. Die Wunde schließt sich.

etw sperren
> *block sth, close sth off;* (*SE*) *shut sth*

Die Polizei hat die Autobahn bei Hagen gesperrt. Am Sonntag ist die obere Rheinbrücke gesperrt. (*SE*) Sie hat die Tür hinter sich gesperrt.

etw verriegeln
> *bolt sth*

Als sie weggingen, hat er das Gartentor verriegelt. Die Tür war von innen verriegelt.

etw verschließen
> [Chiefly (**R3**) except in past part.]
> *lock sth (up/away), seal sth*

Sie verschloss die Tür. Das Gartentor war verschlossen. Er verschloss die Weinflasche mit einem Korken.

etw zumachen (R1/2)
> *close, shut sth*

Ich habe das Fenster zugemacht. Sie macht die Augen zu. Die Bank macht um 16 Uhr schon zu.

etw **zuschlagen** *slam, bang sth shut*	Wütend schlug er die Tür hinter sich zu. Der Wind schlug das Fenster im Wohnzimmer zu.
etw **zuschließen** *lock sth (up)*	Hast du auch deinen Koffer, die Wohnungstür zugeschlossen?
etw **zusperren** (*SE*) *lock sth (up)*	Therese hat einen großen Schlüssel aus der Tasche genommen und hat die Haustür zugesperrt.

schließlich   *finally*

am Ende *in the end, at the end* (when all is done)	Am Ende haben wir doch bezahlen müssen. Am Ende wird sie doch Recht behalten.
im Endeffekt (**R1**) *in the end, in the final analysis*	Im Endeffekt weiß man es nie so genau. Man kommt im Endeffekt doch auf vierzehn Semester bis zum Examen.
endlich *at last, finally, in the end* (after a long wait)	Na, endlich! Wir warten hier schon ewig lange! Ich habe endlich begriffen, warum sie es tun wollte.
endgültig *definitive(ly), final(ly), once and for all*	Sie hat sich endgültig dafür entschieden. War das Ihre endgültige Antwort?
zu guter Letzt *finally, in the end*	Zu guter Letzt kaufte sie die Gans und ging nach Hause.
letztendlich *ultimately, in the final analysis*	Es gibt letztendlich keinen Kompromiss zwischen diesen gegensätzlichen Auffassungen.
letzten Endes *ultimately, in the final analysis* (when all is said and done)	Wir mussten uns letzten Endes damit abfinden. Aber sie hat doch letzten Endes noch einen Beruf. Letzten Endes wird Dortmund doch Sieger bleiben.
letztlich *ultimately, in the end, in the final analysis*	Es macht letztlich keinen Unterschied, ob wir hier bleiben oder nicht.
schließlich *eventually, finally, in the end, after all*	Schließlich konnten wir nicht die ganze Nacht dort bleiben. Er ist schließlich doch noch gekommen.
zum Schluss *finally, in the end, in conclusion*	Zum Schluss hat sie sich doch mit ihm versöhnt. Zum Schluss legten mir die Zollbeamten ein langes arabisches Schriftstück vor.

zuletzt
  finally, in the end (last of a series of events)

Zuletzt mussten wir doch umkehren und wieder in die Stadt fahren.

---

schmutzig   *dirty*

dreckig (R1)
  dirty, mucky, filthy

Zieh deine dreckigen Stiefel aus, bevor du ins Haus kommst! Fass das bloß nicht an mit deinen dreckigen Händen!

schmuddelig (R1)
  grimy, mucky, filthy

In dem schmuddeligen Lokal möchte ich nicht essen. Du kannst das schmuddelige Hemd da gleich wegwerfen.

schmutzig
  dirty, grimy, filthy (also fig.)

Er brachte die schmutzige Wäsche in die Küche. Seine Hände, Füße waren schmutzig. Das ist schon ein schmutziges Gewerbe.

unsauber (R3)
  dirty, not absolutely clean (also fig.)

Seine Kleidung wirkte etwas unsauber. Die unsauberen Geschäfte des ehemaligen Ministers sollten untersucht werden.

verschmutzt
  dirty, soiled (i.e. with dirt on it)

Seine Kleidung war von der Arbeit leicht verschmutzt.

---

schneiden   *cut*

etw **abschneiden**
  cut sth (off)

Sie schnitt ihm ein Stück Kuchen ab. Ich möchte ganz von der Außenwelt abgeschnitten sein.

etw **anschneiden**
  cut (into) sth (i.e. cut the first piece out/off)

Jetzt wollen wir aber diesen schönen Kuchen endlich anschneiden.

jdn/etw **beschneiden**
  trim, prune, clip sth; circumcize sb

Im Frühjahr beschneidet der Gärtner alle Hecken im Park. Der Priester soll den Jungen beschneiden.

etw ´**durchschneiden**
  cut sth through, cut sth in two

Die Straßenarbeiter haben versehentlich ein Telefonkabel durchgeschnitten.

etw **fällen**
  cut sth down, fell sth (trees)

An diesem Hang sollen im Herbst alle kleineren Kiefern gefällt werden.

etw **hacken**
  chop sth

Er hackte die gefällte Birke zu Brennholz. Er hatte schon zwei Zwiebeln klein gehackt.

etw **hauen** [see also **schlagen**]
  carve, hew, chop sth (hard materials)

Er musste Stufen in den Fels hauen, um weiterzukommen. Er haute das Brett in Stücke.

etw **mähen**
  cut, mow sth (grass, corn, etc.)

Es war so nass, dass ich den Rasen drei Wochen lang nicht mähen konnte. Der Bauer mäht das Feld.

etw **schneiden**
  cut sth

Sie ließ sich die Haare schneiden. Sie hat sich in den Finger geschnitten. Er schnitt die Wurst in Scheiben. Sie schnitt das Papier mit einer Schere.

etw **streichen**
  delete, erase sth, cut sth (out)

Ihr Name wurde von der Liste gestrichen. Ich muss diesen Satz streichen.

etw **stutzen**
  trim, prune, clip sth

Diesen Hunden muss man den Schwanz stutzen. Er ließ sich den Bart stutzen.

etw **zerkleinern**
  cut, chop sth up (into little pieces)

Er zerkleinerte das Fleisch und das Gemüse mit einem grossen, scharfen Messer.

etw **zerschneiden**
  cut sth into (several) pieces

Der Klempner holte zwei lange Rohre aus seinem Wagen und zerschnitt sie.

---

schnell   *fast*

blitzschnell (R1)
  like lightning

Der rote Audi fuhr blitzschnell um die Ecke und raste auf den Marktplatz zu.

wie der **Blitz** / wie ein **geölter Blitz** (R1)
  like (greased) lightning

Das Mädchen verschwand wie der Blitz. Er raste wie ein geölter Blitz über den Schulhof.

eilig (R2/3) [see also **sich beeilen**]
  hurried, quick, hasty, urgent

Als es klingelte, kam sie eilig die Treppe herunter. Auf dem Flur kamen eilige Schritte näher.

flink
  nimble, quick, sharp, brisk

Angela war flink, fleißig und geschickt. Nicht viele Leute begreifen so flink wie dieses junge Mädchen.

geschwind (S)
  swift, quick, fast

Zugleich griff er mit der rechten Hand sehr geschwind nach seiner rückwärtigen Hosentasche.

hastig
  hasty, hurried, rushed (with uneasy haste)

Sie verabschiedete sich hastig, zupfte an ihrem Hut, wusste nicht, ob sie gehen sollte.

rasch
  quick, rapid, swift (as swift as possible in the circumstances, with considerable time pressure)

Er war kein Mann von raschen Entschlüssen. Von diesem Augenblick an ging alles sehr rasch. Sie zog sich rasch einen Stuhl heran.

schnell
  fast, quick, rapid, speedy

Fahr doch nicht so schnell! Sie fasste einen schnellen Entschluss. Südlich von Le Mans ist eine sehr schnelle Strecke. Sie waren schnell fertig.

übereilt
  hasty, precipitate

Da hat sie übereilt gehandelt. Er sollte diese übereilte Entscheidung zutiefst bereuen.

voreilig (R2/3)
  rash, hasty, premature

Ich will vorsichtig sein und nicht voreilig urteilen. Man soll sich vor voreiligen Schlüssen hüten.

vorschnell (R2/3)
  rash, hasty, premature

Das sollen wir vielleicht nicht vorschnell als einen Mangel betrachten.

zügig (R2/3)
  swift, speedy, brisk, rapid

Die Arbeit ging zügig voran. Allen Behinderten sollte eine zügige Rehabilitation gesichert werden.

Schnur   *string*

Bindfaden, der (¨) (*N*)
  string (thin, for tying packages, etc.)

Sie wollte das Paket mit einem Bindfaden verschnüren.

Draht, der (¨e)
  wire

Man verbindet die beiden Pole mit einem Draht. Die Schwalben sitzen auf den Drähten.

Faden, der (¨)
  thread

Der Faden ist gerissen. Die Marionetten hängen an Fäden. Sie hatte schon silberne Fäden im Haar.

Garn, das (-e)
  yarn, thread (spun)

Sie kaufte eine Rolle Garn. Lurex® ist ein mit metallisierten Fasern hergestelltes Garn.

Kabel, das (-)
  cable (ship's, etc.); *cable, wire, flex, cord* (electrical)

Beim Einbau der neuen Spülmaschine mussten mehrere Kabel verlegt werden. Wir brauchen ein Verlängerungskabel. Die Brücke hängt an Kabeln.

Kordel, die (-n)
  cord (typically decorative); (*NW*) *string*

Er ist über die Kordel seines Hausmantels gestolpert. (*NW*) Ich brauche ein Stück Kordel für das Paket.

Leine, die (-n)
  rope (esp. for securing things); *line* (for washing, fishing); *lead* (for dogs)

Sie machte die Leine am Zeltpflock fest. Er hängte die Wäsche an die Leine. Hunde sind im Park stets an der Leine zu führen.

Riemen, der (-)
  strap, thong (typically leather)

Er trug die Tasche an einem Riemen über der Schulter. Er schnallte einen Riemen um den Koffer.

Saite, die (-n)
  string (of instrument or (tennis) racket)

Die G–Saite ist mir gerissen. Am liebsten kaufe ich einen Schläger mit Saiten aus Nylon.

Schnur, die (¨e; **R3b**: -en)
  cord, string (general; *SW* also thin string for parcels); (**R1**) *flex, lead, cord* (electrical)

Man schließt die Gardinen mit einer Schnur. Sie fädelte Perlen auf eine seidene Schnur. Wir brauchen eine Verlängerungsschnur.

Seil, das (-e)
  rope (heavy)

Wir schleppten das Auto mit dem Seil ab. Dem Bergsteiger ist das Seil gerissen. Die Kinder sprangen über das Seil.

Spagat, der (-e) (*AU*)
  string, cord

Ich brauche noch einen Spagat für dieses Paket an Tante Rosa.

Strick, der (-e)
  rope; (*NE*) *string*

Seine Hände waren mit einem Strick gebunden. Er führte das Pferd an einem Strick.

Strippe, die (-n) (*NE*)
  string

Wenn du die Lüftungsklappe öffnen willst, mußt du fest an der Strippe ziehen.

Tau, das (-e)
  rope, hawser (very heavy, esp. for ships)

Der Schiffsjunge kletterte am Tau hoch. Sie warf ihm das Tau zu. Ich zog mich an dem Tau hoch.

---

schrecklich   *terrible*

entsetzlich
  dreadful, atrocious, hideous, awful

Ich hörte ein entsetzliches Geschrei. Sie hat sich entsetzlich geärgert.

furchtbar
  terrible, frightful, awful

Trotz dieser furchtbaren Verletzungen ist er aus dem Graben gekrochen. Ich habe furchtbare Angst gehabt. Er hat furchtbar viel getrunken.

fürchterlich
  terrible, frightful, awful

Am nächsten Tag ereignete sich eine fürchterliche Katastrophe. Gestern war es hier fürchterlich heiß.

grässlich
  ghastly, horrible, dreadful

Diese grässliche Tat hatte sie alle empört. Im Keller vernahm er ein grässliches Gestank. Sie hatte sich da grässlich gelangweilt.

grauenhaft
  atrocious, terrible

Die Leiche war grauenhaft verstümmelt. Sie machten eine grauenhafte Entdeckung.

grauenvoll
  atrocious, terrible

Diese Straße ist so gut beleuchtet, dass kein ersichtlicher Grund für den grauenvollen Unfall besteht.

schauderhaft
  ghastly, terrible (only **R3** in literal meaning)

Der Tote bot einen schauderhaften Anblick. Der Engländer sprach ein schauderhaftes Deutsch.

scheußlich *dreadful, hideous*	Der Sizilianer hatte eine scheußliche Narbe im Gesicht. In Italien war das Wetter scheußlich.
schrecklich *horrible, terrible*	Wir haben sechs schreckliche Jahre erlebt. Du siehst aber schrecklich aus!

NB: As some of the examples show, all the above words, like English *awful(ly)*, *terrible/ly*, etc., are frequent in **R1** in extended senses to express an extreme degree, i.e. 'very (much)', 'very bad', etc.; see also **schlecht** and **sehr**.

Schule   *school*
[see also **Erziehung**]

Berufsschule, die (–n) *day release technical college*	Alle Auszubildenden mussten zwei Tage in der Woche zur Berufsschule.
Bildungsanstalt, die (–en) (**R3b**) *educational establishment*	In der Bundesrepublik Deutschland gibt es viele verschiedene Arten von Bildungsanstalten.
Fachhochschule, die (–n) *technical university* (applied sciences)	In Friedberg befindet sich der Fachbereich Maschinenbau der Fachhochschule Gießen.
Fachoberschule, die (–n) *further education college* (technical, leading to entrance to technical university)	In der Fachhochschule werden sowohl allgemeine als auch fachtheoretische und fachpraktische Kenntnisse vermittelt.
Fachschule, die (–n) *technical/further education college*	Um staatlich geprüfter Landwirt zu werden, muss man einen Kurs in der Fachschule absolvieren.
Gesamtschule, die (–n) *comprehensive school, high school*	Gesamtschulen gibt es immer noch nicht in allen Ländern der Bundesrepublik.
Grundschule, die (–n) *primary/elementary school*	In Deutschland kommt man mit sechs Jahren in die Grundschule.
Gymnasium, das (–sien) *secondary school* (academically orientated)	Unser Franz hat das Gymnasium nicht geschafft. Sie machte das Abitur am Gymnasium in Freising.
Hauptschule, die (–n) *secondary school* (general, non-academic)	Heutzutage wollen nur die wenigsten Eltern, dass ihr Kind die Hauptschule besucht.
Hochschule, die (–n) *university* (generic term for all tertiary institutions awarding degrees and diplomas)	Die Eidgenössische Technische Hochschule in Zürich ist eines der führenden Forschungszentren Europas.
Kindergarten, der (¨) *kindergarten, nursery school*	Der Martin wird im Juni drei und kommt nach dem Sommer in den Kindergarten.

Lyzeum, das (-zeen) (*CH*)
  upper school (last two/three years)

Andreas war zwei Jahre am Lyzeum in Luzern und machte dort seine Matura.

Mittelschule, die (-en) (*CH*, *AU*)
  secondary school, high school

Nach der Primarschule hat Yvonne die Mittelschule in Aarau besucht.

Penne, die (-n) (**R1**)
  school (usually secondary)

Der ist noch Englischlehrer an der alten Penne in Mönchengladbach.

Primarschule, die (-n) (*CH*)
  primary/elementary school

Sie sind beide an der Primarschule in St. Gallen gewesen.

Realgymnasium, das (-sien) (*AU*)
  advanced technical school (scientific or economic bias)

Im Realgymnasium liegt der Nachdruck auf Mathematik und naturwissenschaftliche Fächer.

Realschule, die (-n)
  high school, secondary school (practical orientation, to tenth grade)

Wenn man die Realschule mit Erfolg beendet hat, kann eine Lehre machen oder auf die Fachoberschule gehen.

Schule, die (-n)
  school

In der Schillerstraße wird eine neue Schule gebaut. Die Schule beginnt schon um viertel vor acht.

Sekundarschule, die (-n) (*CH*)
  high school, secondary school (non-academic)

Marie wollte nicht ins Gymnasium, also kam sie auf die Sekundarschule in Kreuzlingen.

Universität, die (-en)
  university

Die Universität Wien ist die älteste im deutschsprachigen Raum. Er studierte Theologie an der Universität Marburg.

Volkshochschule, die (-n)
  adult education centre

Ab September gibt es wieder Spanischkurse an der Volkshochschule Paderborn.

Schusswaffe   *gun*

Büchse, die (-n)
  rifle (esp. for hunting)

Wenn man einen Hirsch erlegen will, braucht man eine gute Büchse.

Flinte, die (-n)
  shotgun

Der Förster trug eine Flinte am Riemen über der Schulter.

Geschütz, das (-e)
  artillery piece, (big) gun

Von der See her feuerten Einheiten der 7. US-Flotte mit 20-cm-Geschützen.

Gewehr, das (-e)
  rifle

Die Soldaten schulterten die Gewehre. Sie zogen mit einem Gewehr auf die Jagd.

Kanone, die (-n)
  cannon

Die Kanonen wurden schnell wieder geladen. Diese Flugzeuge hatten vier Kanonen in der Tragfläche.

Knarre, die (-n) (**R1**)
  gun, shooter

Eine Knarre führen viele USA-Bürger als ständigen Begleiter aus.

Maschinengewehr, das (-e)
  machine gun

Am Ende des Tales hörten sie das Rattern eines Maschinengewehrs.

Maschinenpistole, die (-n)
  submachine gun

Alle diese schlecht bekleideten Soldaten trugen eine neue Maschinenpistole vom Typ AK-47.

Pistole, die (-n)
  pistol

Die junge Dame holte schnell eine Pistole aus der Handtasche.

Revolver, der (-)
  revolver

Der Polizist trat mit einem Revolver in der Hand in das Zimmer.

Schießeisen, das (-) (**R1**)
  shooter

Sie stoppten ihr Opfer, bedrohten es mit dem Schießeisen und forderten Bargeld und Halskette.

Schusswaffe, die (-n) (esp. **R3b**)
  firearm, gun

Der unerlaubte Besitz von Schusswaffen ist strafbar. Die Polizei setzte erst Tränengasbomben ein und später Schusswaffen.

---

schwanken   *sway*

beben
  shake, quake, tremble (only **R3** of people)

Der Boden bebte unter ihren Füßen. Das ganze Haus bebte. Sie bebte am ganzen Körper. Die Stimme der Gräfin bebte vor ohnmächtigem Zorn.

bibbern (**R1**)
  shake, tremble, shiver

Die Kleine bibbert vor Angst, vor Kälte. Sie stand draußen vor der Tür und bibberte.

kippeln (**R1**)
  wobble, rock (on a chair)

Sie haben ihre Stühle mit einem eleganten Körperschwung zur Seite gekippt.

pendeln
  swing (back and forth, like a pendulum)

Blaugetönte Lampen pendelten an der Decke. Er saß auf dem Tisch und ließ die Beine pendeln.

schaukeln
  swing, rock, sway (esp. gentle sideways movement, as on a child's swing)

Die Lampions schaukelten im Wind. Einige Segelboote schaukelten an den Bootsstegen. Die gelben Blätter schaukelten von oben nach unten.

schwanken [see also **zögern**]
  sway, rock (strong movement back and forth or from side to side); *stagger, totter* (stand or move uncertainly, of people); *waver, vacillate*

Die Bäume schwankten im Wind. Er schwankte unter der schweren Last. Der Betrunkene schwankte hinaus. Die Preise schwanken. Er schwankte zwischen den beiden Alternativen.

schwingen
  swing, vibrate, oscillate (regular motion)

Das Tor schwingt in den Angeln. Das Pendel der großen Uhr schwingt hin und her.

taumeln
  stagger, reel, lurch

Sie gab ihm einen so kräftigen Stoß, dass er zurücktaumelte. Er taumelte zur Tür hinaus.

torkeln
  stagger, reel (esp. of drunk person)

Ein Betrunkener torkelt über die Straße und zwingt dadurch einen Autofahrer zu bremsen.

wackeln
  wobble, shake, be unsteady, move unsteadily

Der Stuhl wackelt ein bisschen. Das ganze Haus wackelt, wenn ein Zug vorbeifährt. Der alte Mann wackelte zum Bus zurück.

wanken
  sway, shake, rock, totter, be unsteady, move unsteadily (threatening imminent collapse)

Die Grundfesten des Himmels wankten. Der Turm wankte und stürzte dann ein. Er wankte in den Hof und fiel vornüber in einen Spreuhaufen.

sich **wiegen** (R3a)
  rock, sway (gently)

Sie wiegte sich behaglich im Stillstand über fest eingestemmten Händen.

wippen
  bob up and down, wag

Die Tragflächen der Maschine wippten im Flug. Er wippte mit den Fußspitzen.

zittern
  tremble, shake, shiver, quiver

Sie zitterte vor Angst, Freude, Kälte, Zorn. Sie zitterte jetzt am ganzen Leibe. Ihre Hand, ihre Stimme zittert kaum merklich.

---

schweigen
[see also **sprechen**]

be quiet, silent

dichthalten (R1)
  keep one's mouth shut

Mutter weiß nichts von dem Unfall, der Jochen hat dichtgehalten.

das **Maul halten** (R1*)
  shut one's gob, keep one's gob shut

Der Jürgen soll jetzt das Maul halten. Halt's Maul, du dummes Vieh.

den **Mund halten** (R1)
  shut up

Es hat ausgesehen, als ob sie etwas sagen wollte, aber sie hat dann doch den Mund gehalten.

schweigen (R2/3)
  be silent, keep quiet, say nothing

Sie hat den ganzen Abend geschwiegen. Sie hörte ihm schweigend zu. Sie schwieg auf seine Frage. Können Sie schweigen, wenn ich Ihnen die Wahrheit sage?

still/ruhig sein (R1/2)
  be silent

Anne, sei doch endlich ruhig/still! Sie war die ganze Zeit still.

stillschweigen
  remain silent, say nothing

Die Kinder schwiegen still, als sie den Onkel in der Tür sahen. Sie saß stillschweigend in der Ecke.

etw **totschweigen** *hush sth up, not say anything about sth*	Keiner hat etwas von dem Vorfall gemerkt, es wurde alles totgeschwiegen.

etw **verschweigen** (**R2/3**)
  [see also **verstecken**]
  hush sth up, not reveal sth
	Wollen Sie die Wahrheit verschweigen? Er hat uns verschwiegen, dass er durchgefallen war.

verstummen (**R3**) *fall silent*	Das Klappern der Schreibmaschine verstummte für einen Moment. Ein Geräusch an der Tür ließ sie verstummen.

---

schwierig   *difficult*

schwer [see also **ernst**] *hard, severe, tough* (esp. of tasks requiring effort, often used with *zu* + INF)	Das ist eine schwere Aufgabe, Arbeit. Russisch ist eine schwere Sprache. Wir hatten einen schweren Kampf. Es kommen schwere Zeiten. Es war schwer, ihn zu überzeugen.
schwierig *difficult* (complex, not easy to understand, used most often with following noun)	Er ist ein schwieriger Mensch. Das ist ein schwieriger Fall, ein schwieriges Unternehmen, Thema. Die Verhandlungen waren schwierig. Die Verhältnisse sind schwierig geworden.

---

sehen   *see*
[see also **ansehen**, **merken**]

wohin **blicken** (**R2/3**) *look, glance swh* (direct one's eyes, fleetingly, or with interest or personal involvement)	Sie blickte zur Seite, auf die Uhr. Sie blickte wütend nach ihm. Er hat sich hier nicht mehr blicken lassen.
jdn/etw **erblicken** (**R3**) *catch sight of, spot sb/sth*	Sie erblickte plötzlich einen Fuchs im Gebüsch. Er erblickte neue Möglichkeiten.
(wohin) **gaffen** *gape, gawp (swh)* (pejorative)	Unten sammelte sich eine Menschenmenge, die nach oben gaffte.
(wohin) **glotzen** (**R1**) *gape, gawp, stare (swh)* (pejorative)	Sie glotzten alle auf das Plakat. Glotz nicht so dämlich herum!
(wohin) **gucken** (**R1**) / **kucken** (**N**) *look, peek, peep (swh)*	Er guckte schnell auf die Uhr. Die Kinder guckten alle durch den Lattenzaun.
(wohin) **lugen** *peep (swh)* (**R3a**); *look* (**CH**)	Das Mädchen lugte verstohlen durch das Schlüsselloch.
wohin **schauen** (**R3**; **S**) *look swh* (**R3** esp. attentively)	Sie schaute auf die Uhr, zum Fenster hinaus, nach den Kindern, durch das Fenster.

wohin **schielen** (R1) *peep, look swh (surreptitiously)*	Sie hat ständig auf Barbaras Heft geschielt. Er schielte verstohlen zu Katja, die erneut errötete.
jdn/etw **sichten** (esp. **R3b**) *sight sb/sth*	Die Jacht wurde zwanzig Kilometer vor der Ostseeküste gesichtet.
(jdn/etw) **sehen** [see also **erkennen**] *see (sb/sth)*	Ich konnte ihn nicht mehr sehen. Sie sah ihn in einem BMW vorbeifahren. Das alte Rathaus müssen Sie unbedingt sehen. Ich sehe jetzt schlecht.
wohin **sehen** *look swh*	Sie sah auf die Uhr, durch das Fenster, in das Zimmer, zum Fenster hinaus.
(wohin) **spähen** (R2/3) *peer, look (swh) (intently, search with the eyes)*	Er spähte in die Ferne nach dem Auto seiner Frau. Sie spähte durch den Türspalt, doch sie sah nichts.
(wohin) **starren** *gaze, stare (swh) (typically in surprise or terror, or vacantly)*	Sie starrte geistesabwesend in die Ferne. Sie starrte auf den Revolver in seiner Hand. Sie starrte ihm ins Gesicht.
wohin **stieren** *gaze, stare (swh) (vacantly, usually pej.)*	Er stierte vor sich hin. Viele Schülergenerationen haben endlose Löcher in die Luft gestiert und dabei unzählige Bleistiftenden zerkaut.

sehr   *very*

arg (*S*) *very (much)*	Der neue Mercedes ist aber arg teuer. Da hat sie sich arg getäuscht.
außerordentlich *extraordinarily*	Er hat mir ein außerordentlich günstiges Angebot gemacht.
äußerst *extremely*	Heute habe ich eine äußerst wichtige Angelegenheit zu erledigen.
durchaus *absolutely, thoroughly, definitely*	Das ist durchaus möglich. Diese Ansicht ist durchaus richtig.
echt (R1) *really*	Das war aber echt nett von dir. Das fand ich echt cool.
enorm (R1) *tremendously*	Sie hat auffallend große Augen mit enorm langen Wimpern. Die Lampe war enorm stark.
extrem *extremely*	Heute war es in Wien extrem kalt. Sie hat sich extrem geärgert.

ganz [see also **völlig**]
quite, completely, very

Das kommt ganz selten, ganz häufig vor. Sie saß ganz still in der Ecke.

geradezu
virtually, absolutely

Diese Aufgabe war geradezu unmöglich. Die Bermerkung war geradezu lächerlich.

höchst (R3)
extremely, highly

Ich halte es für höchst wahrscheinlich, dass er noch heute Nachmittag kommt.

höllisch (R1)
hellishly

Die Prüfung war aber höllisch schwer. Das hat aber höllisch weh getan.

nahezu
virtually

Das wäre doch eine nahezu optimale Lösung des Problems.

recht
quite, pretty

Er arbeitet recht gut. Sie hat sich dabei recht viel Mühe gegeben. Dein Bruder ist recht dumm.

sehr
very (much)

Deine Schwester ist sehr begabt. Ich weiß es sehr gut. Ich habe das sehr bedauert.

überaus (R3)
extremely

Das ist ein überaus ehrliches Geschäft. Sie machte einen überaus lebendigen Eindruck.

unheimlich (R1) [see also **seltsam**]
incredibly

Die Eintrittskarten waren unheimlich billig. Das war unheimlich nett von ihr.

verdammt (R1★)
damned, bloody

Der war aber verdammt sauer. Heute ist es aber verdammt kalt.

verflucht (R1★)
bloody

Diese Fähren in Norwegen sind alle verflucht teuer. Der Weg ist aber verflucht steil.

ziemlich
fairly

Wir sind ziemlich spät angekommen. Der Wagen ist ziemlich groß.

NB: Especially in **R1**, most of the adverbs given under **schrecklich** are used as intensifiers in the sense of 'very (much)'. This is comparable to the use of *awfully*, *terribly*, etc., in English.

---

seltsam
[see also **ungewöhnlich**]

strange, odd

absonderlich (R3)
peculiar, abnormal

Der alte Professor war ein absonderlicher Mensch. Diese Idee erschien mir etwas absonderlich.

befremdend/befremdlich (R3)
odd (disconcertingly so)

Er schwieg befremdend, wenn Karin mit anderen redete. Diese Art des Vorgehens kam allen Beteiligten recht befremdlich vor.

eigenartig
  peculiar, unusual (difficult to understand)

Ich fand es eigenartig, dass sie nichts gesagt hat. Plötzlich bemerkte sie einen eigenartigen Geruch.

eigentümlich (R2/3)
  peculiar, unusual

Die Naturwissenschaft hat eine eigentümliche Blindheit für die Frage ihrer Verantwortung.

fremd [see also **verschieden**]
  strange, foreign, alien, unknown (not familiar, not one's own or of one's own kind)

Ich bin hier fremd. Ich fühle mich hier fremd. Ihre Stimme klang ganz fremd. Ich schlafe nicht gern in einem fremden Haus. Sie hat viele fremde Völker und Länder kennen gelernt.

fremdartig
  strange, unfamiliar, exotic

Ihre Kleider wirkten fremdartig. Im Park waren viele fremdartige Bäume und Sträuche.

komisch (R1/2)
  funny, peculiar

Er hatte eine komische Aussprache. Das klingt komisch, es ist aber wirklich so.

merkwürdig (R2/3)
  strange, peculiar, odd (out of the ordinary)

Sie erzählte uns eine merkwürdige Geschichte. Die Straßen waren merkwürdig ruhig.

seltsam (R2/3)
  strange, odd, peculiar

Es war ein seltsames Gefühl, ein seltsamer Vorfall. Es ist seltsam, dass er nicht geschrieben hat.

sonderbar
  strange, odd, peculiar (rather disconcerting)

Das war eine sonderbare Liebeserklärung. Jetzt erst bemerkte er ihren sonderbaren Aufzug.

unheimlich [see also **sehr**]
  weird, uncanny, odd

Mir wurde unheimlich in ihrere Nähe. Eine unheimliche Gestalt kam auf sie zu.

wunderlich (R2/3)
  strange, odd, (very) peculiar

Er stellt immer so wunderliche Fragen. Da kann man schon die wunderlichsten Dinge erleben.

---

sicher   *sure, certain*

bestimmt
  definite(ly), certain(ly), for sure

Sie soll zu einem bestimmten Termin kommen. Heute regnet es (ganz) bestimmt. Weißt du das bestimmt?

fraglos (R2/3)
  unquestionably, undoubtedly

Der Premierminister hat in diesem Streit fraglos eine bedeutende Rolle gespielt.

gewiss (R2/3, esp. adverbially or in predicate)
  certain(ly)

Sie ist unserer Zustimmung gewiss. Das halte ich für gewiss. Der Sieg ist uns gewiss. Sie kommt gewiss zu spät. Sie waren damals mit einem gewissen Herrn Schmidt verheiratet?

sicher *sure(ly), certain(ly), reliable/-y, secure(ly), safe(ly)* (free from doubt, worry or risk)	Ist er sicher, dass sie es war? Ich bin mir nicht sicher. Sie kommt sicher zu spät. Ich habe einen sicheren Beweis. Der Sieg ist uns sicher. Hier ist man sicher vor einem Angriff. Er fährt sehr sicher.
sicherlich *surely, certainly*	Er hatte sich sicherlich mehr Erfolg versprochen. Darüber wissen sie sicherlich bestens Bescheid.
unbestreitbar (R2/3) *indisputable/-y, unquestionable/-y*	Diese Untersuchungen sind von unbestreitbarem Nutzen. Unbestreitbar zeigte sich da ein neuer Trend.
ohne **Zweifel** *undoubtedly*	Ohne Zweifel hat das für manche Geistliche einen Gewissenskonflikt gebracht.
zweifellos (R2/3) *undoubtedly, unquestionably*	Er ist zweifellos ein sehr fähiger junger Mann. Er war zweifellos in dieser Zeit in Berlin.
zweifelsfrei (R3) *leaving no room for doubt*	Er lieferte uns zweifelsfreie Beweise dafür. Sein Selbstmord war zweifelsfrei ein Schuldgeständnis.
zweifelsohne (R3) *undoubtedly, without a doubt*	Dieses Gesetz hat zweifelsohne für das gesamte Gesundheitswesen eine zentrale Bedeutung.

Sicht
[see also Meinung]

view, sight

Anblick, der (no pl.) *sight* (i.e. sth seen, often with reference to the reaction of the seer)	Beim Anblick der toten Schlange wurde ihr schlecht. Ich konnte diesen traurigen Anblick nicht mehr ertragen.
Ansicht, die (-en) *view* (of sth, from a particular standpoint, as in a picture or photograph)	Herrlich ist auch die hintere Ansicht des königlichen Schlosses. Sie schickte uns eine Karte mit einer Ansicht der Stadt vom Meer aus.
Ausblick, der (-e) *view, outlook* (from a vantage point)	Von unserem Hotelzimmer hatten wir einen schönen Ausblick auf die Nordkette.
Aussicht, die (-en) *view* (wide, panoramic)	Der Parkplatz am Fuscher Törl bietet eine prachtvolle Aussicht auf die Bergwelt.
Blick, der (-e) *look, glance, view* (general)	Das gefiel mir auf den ersten Blick. Er warf noch einen Blick auf das Boot. Er hatte einen milden Blick. Sie nahm ein Zimmer mit Blick aufs Meer.

Blickfeld, das (no pl.)
  field of vision, view

Manfred ist dann plötzlich aus meinem Blickfeld verschwunden.

Fernblick, der (no pl.)
  good distant view (panoramic)

Vom alten Leuchtturm aus genießt man einen herrlichen Fernblick.

Fernsicht, die (no pl.)
  clear distant view

Im Februar hat man bei klarem Wetter oft die beste Fernsicht.

Sehenswürdigkeit, die (-en)
  sight (place of interest)

Sizilien verdankt den Griechen seine bedeutendsten Sehenswürdigkeiten.

Sehkraft, die (no pl.)
  eyesight

Vor vier Jahren war die Sehkraft des Mädchens immer schwächer geworden.

Sehvermögen, das (no pl.) (**R3b**)
  eyesight

Nach einigen Wochen in der Klinik gewann er das Sehvermögen wieder.

Sicht, die (no pl.)
  visibility, sight (i.e. distance within which sth can be seen)

Heute herrscht klare Sicht auf den Berggipfeln. Die Sicht auf der A8 beträgt nur 50 Meter. Das Schiff war noch in Sicht, außer Sicht.

Sichtweite, die (no pl.) (**R3b**)
  visibility

Der Kreuzer war jedoch bald außer Sichtweite. Die Sichtweite betrug etwa 20 Meter.

Sorge   *care*

Aufsicht, die (no pl.)
  supervision, surveillance, invigilation

Die Patienten bedürfen ständiger ärztlicher Aufsicht. Der Minister hatte die Aufsicht über den Staatshaushalt.

Besorgnis, die (-se)
  concern, anxiety, worry (state of being worried)

Es besteht kein Anlass zur Besorgnis. Die Nachricht erfüllte sie mit Besorgnis.

Fürsorge, die (no pl.)
  care (of a person)

Diese kritisch kranken Patienten bedürfen in der Nacht besonders intensiver Pflege und Fürsorge.

Gram, der (no pl.) (**R3**)
  grief, sorrow (intense)

Mein Mann wurde grau über Nacht vor Gram. Sie war von tiefstem Gram erfüllt.

Kummer, der (no pl.)
  (**R3**) *grief, sorrow* (troubled state of mind); (**R1**) *trouble(s), problem(s), bother, regret*

Man muss verhindern, dass ein Mensch sich im Kummer etwas antut. (**R1**) Unser Torwart hat ständigen Kummer mit den Schiedsrichtern.

Kümmernis, die (-se) (**R3**)
  [most commmonly used in pl.]
  trouble, worry (relatively trivial)

Er schwieg, als dächte er nach über die Kümmernisse des Alltags. Er erzählte seiner Frau immer seine Kümmernisse.

Leid, das (no pl.)
    grief, sorrow, misfortune (antonym of *Freude*)

Dadurch hat sie ihm unsägliches Leid zugefügt. Sie musste in ihrem Leben viel Leid ertragen.

Obhut, die (no pl.) (**R3b**)
    care, safe keeping

Der Lehrer hatte fünfzehn schwer behinderte Kinder unter seiner Obhut.

Obsorge, die (no pl.) (**R3b**, esp. *AU*)
    supervision, charge (with responsibility)

Die Obsorge für die Stadtverschönerung soll vom Tiefbauamt getrennt und der Stadtgärtnerei unterstellt werden.

Pflege, die (no pl.)
    care, attention (caring for sb or sth)

Anne kam zu ihrer Großmutter in Bern in Pflege. Die Maschine braucht sehr wenig Pflege. Du bist reich und kannst ihr die beste Pflege verschaffen.

Qual, die (-en)
    anguish, agony, torment

Es ist eine Qual, das ansehen zu müssen. Man weiß nicht, was für Qualen er erdulden musste.

Rücksicht, die (-en)
    consideration

Man muss auf den Patienten Rücksicht nehmen. Er fuhr langsam aus Rücksicht auf seine Großmutter.

Sorge, die (-n)
    care, worry

Ich habe mir schon um die Kinder Sorgen gemacht. Sie hat keine Sorgen. Lassen Sie das meine Sorge sein.

Sorgfalt, die (no pl.)
    care (attention given to sth)

Er führte die Arbeit mit größter Sorgfalt aus. Er hat es an der nötigen Sorgfalt fehlen lassen.

Umsicht, die (no pl.) (**R2/3**)
    circumspection, prudence, caution

Man muss diese Schlangen mit der größten Umsicht anfassen.

Versorgung, die (no pl.) (esp. **R3b**)
    care (looking after sb or sth)

Die ärztliche Versorgung der Schwerverletzten hat erhebliche Schwierigkeiten gemacht.

Vorsicht, die
    care, caution, prudence

Er fasste die Vase mit Vorsicht an. Die Situation erforderte äußerste Vorsicht.

---

sorgen   *care*

auf jdn/etw **achten** (R2/3)
    pay attention to sb/sth, be careful of sb/sth

Man soll auf die Durchsagen achten. Achten Sie darauf, dass der Hund nicht zu nahe kommt.

(auf jdn/etw) **Acht geben**
    take care, be careful (of sb/sth), pay attention (to sb/sth) (esp. to avoid sth unpleasant)

Gib Acht, dass du nicht in den falschen Zug steigst. Auf diesem schmalen Weg mussten wir höllisch Acht geben.

(auf jdn/etw) **aufpassen**
  take care (of sb/sth), pay attention (to sb/sth),
  keep an eye (on sb/sth)

Pass auf, dass du nicht fällst. Ich passe schon
auf die Koffer auf, während du telefonierst.
An dieser Kreuzung muss man sehr
aufpassen.

jdn **befürsorgen** (*AU*)
  look after sb (personal care)

Herr Nowak befürsorgte seine alte
gehbehinderte Nachbarin.

jdn/etw **betreuen**
  look after sb/sth (personal care)

Die Studienanfänger werden von den
Tutoren betreut. Er betreut das Geschäft,
wenn sie weg ist.

jdn **kümmern**
  [usually in negative sentences or questions]
  concern sb

Was kümmern mich schon die Probleme
anderer Leute? Es scheint ihn kaum zu
kümmern, dass sie ihn hasst.

sich um jdn/etw **kümmern**
  look after sb/sth, take care of sb/sth (typically
  on temporary basis), care about sb/sth

Wer kümmert sich um deine Blumen, wenn
du in Urlaub bist? Ich werde mich um das
Essen kümmern. Darum kümmert sich aber
kein Mensch.

jdn/etw **pflegen**
  look after sb/sth, care for sb/sth, tend sb/sth

Zwei Monate lang hat sie den Kranken
gepflegt. Jahrelang hat er den Garten bei
Müllers gepflegt.

für jdn/etw **sorgen**
  take care of sb/sth, look after sb/sth

Er sorgte für seine Familie. Er sorgte für die
Getränke. Er sorgte für einen reibungslosen
Ablauf der Veranstaltung.

sich (um jdn/etw) **sorgen**
  be worried (about sb/sth)

Er sorgte sich um seine kranken Kinder. Er
sorgte sich um ihre Zukunft.

jdn/etw **versorgen**
  look after, take care of, tend (cater for all their
  needs)

Die junge Witwe hatte fünf Kinder zu
versorgen. Die Mutter musste seine
Kaninchen versorgen, als er beim Militär
war.

---

sorgfältig   *careful*

behutsam (R2/3)
  cautious, careful (with consideration, tact or
  extreme care)

Behutsam öffnete er die Tür; den Finger hielt
er schußbereit am Abzug. So veranstaltete er
eine behutsame Revolution des
Erziehungswesens.

gewissenhaft
  conscientious, thorough

Er hat heute alles gewissenhaft erledigt. Die
gewissenhafte Sichtung des archäologischen
Materials lieferte eine Fülle wertvoller
Ergebnisse.

gründlich
  painstaking, careful, thorough (leaving
  nothing out)

Sie hat eine sehr gründliche Arbeit geleistet.
Das Haus wurde gründlich untersucht. Er hat
sich gründlich auf die Prüfung vorbereitet.

sorgfältig
careful, thorough

Er ist ein sehr sorgfältiger Mensch. Sie kleidet sich sehr sorgfältig. Der Plan ist sorgfältig ausgedacht.

sorgsam (R3)
careful, thorough

Er tat es gründlich und mit sorgsamer Erwähnung eines jeden Details. Sie schloss sorgsam die Tür hinter sich.

umsichtig (R3)
circumspect, prudent

Er galt als ein umsichtiger und zuverlässiger Flieger. Wir müssen umsichtig vorgehen.

vorsichtig
cautious, careful (not taking risks)

Das war eine sehr vorsichtige Antwort. Du musst sehr vorsichtig fahren, weil die Straße glatt ist.

---

sparen
[see also **behalten, retten**]

save

(sich) etw aufsparen
save sth up

Sie hatte sich ein großes Stück Kuchen aufgespart. Er hat sich die Pointe bis zum Schluss aufgespart.

etw ersparen (R3)
save sth up (money, esp. over long period)

Keinen Pfennig hab ich erspart. Er hatte tausend Mark für ein neues Fahrrad erspart.

jdm/sich etw ersparen
spare sb sth

Ich wollte es ihm ersparen, mich anzusehen. Ich bat ihn, mir die Erzählung zu ersparen. Die Blamage blieb ihm doch erspart.

(mit etw) geizen
be mean, miserly (with sth)

Er geizt mit jedem Pfennig. Der Mathelehrer geizte mit guten Noten.

(mit etw) knausern (R1)
be stingy (with sth)

Mein Vater zahlte, ohne mit dem Trinkgeld zu knausern.

jdn/etw schonen
spare sb/sth (treat sb/sth with care)

Du sollst deine Augen schonen. Du musst ihre Gefühle schonen. Er schonte seinen Gegner nicht.

(etw) sparen
save (sth)

Damit haben wir viel Zeit gespart. Sie hatte schon 2000 Mark gespart. Er spart auf einen Urlaub in Portugal. Da haben wir an Benzin gespart.

jdn/etw (mit etw) verschonen
spare sb/sth (sth)

Der Krieg hatte seine Familie verschont. Die Stadt ist von dieser Epidemie verschont geblieben. Verschone mich doch mit diesen Einzelheiten!

etw zurücklegen
put sth by, save sth (money)

Herr Bohnenberger hatte schon ein paar hundert Mark zurückgelegt.

sprechen   *speak*
[see also besprechen, sagen, schweigen]

(etw) babbeln
  babble (sth) (of baby); **(R1)** *prattle (sth);*
  (SW) *speak, talk (sth)*

Das Kind babbelt schon. Die hat gestern stundenlang Unsinn gebabbelt.

klatschen
  gossip (usually maliciously), *blab*

Alle drei hockten in der Ecke und klatschten über den Chef. Das alles kam erst heraus, als die Putzfrau davon erfuhr und klatschte.

klönen (N)
  chat, natter

Drei Bauern saßen in der Ecke und klönten über alte Zeiten. Zuerst fingen sie ein bisschen so an zu klönen.

(etw) plappern (R1)
  prattle, chatter (sth) (usually pej.)

Was plapperst du da für Unsinn? Die Krankenschwestern plapperten den Krankenhausklatsch vor sich her.

plaudern
  chat, talk

Martine plauderte mit dem Nachbarn über den Gartenzaun. Sie plauderten über ihren Urlaub.

plauschen (S)
  chat

Er sitzt gern im Kaffeehaus und plauscht mit seinen alten Freunden.

(etw) quasseln (NE)
  prattle, blether (sth) (usually pej.)

Der hat stundenlang Unsinn gequasselt, und zum Schluss ging es mir auf die Nerven.

(etw) quatschen (R1)
  prattle, blether (sth) (usually pej.)

Quatsch keinen Blödsinn! Wir haben den ganzen Abend über Politik gequatscht.

(etw) reden
  talk, speak (esp. conversation or in public,
  but, esp. **S**, it can be used in all general
  senses)

Er hat gestern ununterbrochen geredet. Er redet nur von seiner Arbeit. Sie hat mit mir über Anne geredet. Bundesminister Jürgen Trittin redet heute Abend über Umweltpolitik.

schwafeln (R1)
  drivel, blether, waffle

Der Bernhard schwafelt immer über Musik, aber eigentlich hat er keine Ahnung davon.

(etw) schwatzen / schwätzen (S)
  talk, chatter, prattle, blab; **(SW)** *speak*
  (general)

Die beiden Männer schwatzten miteinander. Irgendwer muss geschwatzt haben, jedenfalls scheinen alle Gäste darüber informiert zu sein.

(etw) sprechen
  speak, talk (sth)

Sie sprechen von ihrem Freund, über ihre Freunde. Er hat leise, kein Wort gesprochen. Er spricht Deutsch. Sie kann nicht richtig sprechen. Sie sprach lange mit mir.

tratschen (R1)
  gossip

In drei Wochen wird geheiratet, dann hat wohl niemand mehr einen Grund zu tratschen.

sich **unter´halten** (R2/3)
talk (have a conversation)

Können wir uns irgendwo ungestört darüber unterhalten? Ich unterhalte mich gern mit ihr.

springen   *jump*

hopsen (R1)
hop, skip

Er hopste über die Pfütze. Die Kinder hopsten aus dem Zimmer. Er hopste schnell aus dem Bett.

hüpfen
hop

Er hüpft auf einem Bein durch das Zimmer. Hasen hüpften uns über den Weg. Der Frosch hüpfte ins Wasser.

springen [see also **gehen**]
jump, leap, bound, spring; dive (into water)

Er sprang aus dem Fenster, über den Graben. Die Lämmer sprangen über die Wiese. Sie sprang vom 10-Meter-Brett ins Wasser.

tauchen
dive (from the surface)

Die Ente, das U-Boot tauchte. Wir sahen zu, wie die Fischer nach Perlen tauchten.

Stadt   *town*
[see also **Ort**]

Ballungsgebiet, das (-e) /
Ballungsraum, der (¨e)
conurbation, metropolitan area

Die Entfernungen bis zur Autobahn sind bei den großen Ballungsgebieten meistens nicht allzu groß.

City, die (-s)
city centre, downtown area (business area)

In der City stehen viele Hochhäuser, die in den letzten Jahren gebaut wurden.

Dorf, das (¨er)
village

Bis in die 1860er Jahre war Oberhausen nur ein kleines Dorf.

Flecken / Marktflecken, der (-) (R3)
small (market) town

Oelsnitz ist ein kleiner Flecken im sächsischen Vogtland.

Gemeinde, die (-n)
municipality (with local council), *parish*

Diese Gemeinde zählt etwa fünfhundert Einwohner und gehört zum Landkreis Ostallgäu.

Großstadt, die (¨e)
big city (officially over 100,000 population)

Essen entwickelte sich im 19. Jahrhundert durch den Aufstieg der Stahl erzeugenden Kruppwerke schnell zur Großstadt.

Hauptstadt, die (¨e)
capital

Amsterdam ist die Hauptstadt der Niederlande, Regierungssitz ist aber Den Haag.

Innenstadt, die (¨e)
  city centre, downtown

Die Kriminalität in der Frankfurter Innenstadt ist in der letzten Zeit stark gestiegen.

Kaff, das (-s) (**R1**)
  dump, hole

Danach kam sie zu einem gottverlassenen Kaff in Pommern. In dem Kaff könnte ich nicht leben.

Kuhdorf, das (¨er) (**R1**)
  dump, hole

Das ist ein kleines Kuhdorf irgendwo zwischen Schleswig und Flensburg, wo man Dänisch spricht.

Nest, das (-er) (**R1**)
  dump, hole

Ich muss endlich aus diesem Nest herauskommen. Sie wohnten in einem kleinen Nest in Oberhessen.

Ortschaft, die (-en)
  locality, village, town

Er war mit 99 km/h durch eine geschlossene Ortschaft gerast. Dieser Bau bedroht durch mögliche Explosion die nahegelegenen Ortschaften.

Siedlung, die (-en)
  settlement, housing estate

Die Stadt geht auf eine römische Siedlung zurück. Die neuen Siedlungen am Stadtrand sind hässlich.

Stadt, die (¨e)
  town, city

Wir wollen in die Stadt fahren. Ich wohne nicht gerne in der Stadt. Bern ist eine sehr schöne Stadt.

Weiler, der (-) (**R3**)
  hamlet

Die meisten Siedlungen wuchsen über die Größe eines Weilers oder kleinen Dorfes nicht hinaus.

---

stehlen   *steal*

jdn (einer Sache) **berauben** (**R2/3**)
  rob sb (of sth) (concrete or abstract)

Sie hatten ihn seiner Freiheit, seines Geldes, seiner ganzen Habe, seiner legitimen Rechte beraubt.

jdn (um etw) **bestehlen** (**R3**)
  rob sb (of sth)

Der Polizei wurde berichtet, dass der Junge auch seine Eltern bestohlen habe.

(jdm) etw **entwenden** (**R3b**)
  steal, purloin sth (from sb) (a criminal act in law; often used in legal context or police report)

Unbekannte Täter drangen in das Gartenhaus eines Pensionärs ein und entwendeten Haushaltsgeräte und Werkzeuge im Wert von etwa 1000 Mark.

((jdm) etw) **klauen** (**R1**)
  nick, pinch, swipe (sth (off/from sb))

Wer hat dir die Uhr geklaut? Der Jochen klaut immer. Sie hat das Auto geklaut.

etw **mausen** (**R1**)
  pinch, nick sth

Diese kleine Partei hat wohl ihre 40 000 Stimmen von den Grünen gemaust.

etw **mitgehen lassen (R1)**
  pinch sth (usually rather trivial)

Ich habe aus dem großen Verkehrsflugzeug einiges mitgehen lassen, was nicht ganz erlaubt ist.

(jdm) etw **mopsen (R1)**
  nick, pinch sth (from sb)

Ein sechzehnjähriger Schüler von der Rheinau mopste seinen Eltern den Wagenschlüssel.

(jdm) etw **rauben (R2/3)**
  steal sth (from sb) (typically with violence or threat of violence, but also abstract things)

Er hat ihr das Portmonee geraubt. Der Fuchs hat die Gans geraubt. Diese Krankheit hat mir viel Zeit geraubt.

((jdm) etw) **stehlen**
  steal (sth (from sb))

Sie hat (mir) hundert Mark, das Fahrrad gestohlen. Ich glaube, sie stiehlt.

(jdm) etw **stibitzen (R1)**
  pinch, swipe, nick sth (off/from sb)

Am Übergang Sandkrugbrücke stibitzten Passanten einem DDR-Grenzer die Dienstmütze „als Souvenir".

(jdm) etw **wegnehmen**
  take sth (away)(off/from sb)

Wir mussten den Kindern diese Spielsachen wegnehmen.

---

steigen

rise

[see also heben, zunehmen]

ansteigen
  rise, ascend, go up

Das Gelände, das Land, die Straße, der Weg steigt steil an. Sein Fieber ist heute stark angestiegen.

aufgehen
  rise, come up (sun, moon, stars; seeds; dough)

Die Sonne ging über dem Berg auf. Es war so trocken, dass die Saat nicht aufging.

aufstehen
  get up, stand up

Die Kinder mussten schon um halb sieben aufstehen. Alle standen auf, als sie hereinkam.

aufsteigen
  rise, climb (up) (to significant height)

Ein Gewitter, ein Flugzeug, eine Lerche, Nebel steigt auf. Sie ist beruflich aufgestiegen.

sich **erheben (R3)**
  rise (birds, airplanes, people, also figuratively); rise up (buildings, mountains)

Die Dame erhob sich vom Stuhl. Die Bauern erhoben sich gegen den Fürsten. Ein hoher Berg, der hohe Schlossturm erhebt sich über der Stadt.

sich **heben (R3)**
  rise (i.e. move upwards), go up, lift (of fog)

Der Vorhang hob sich zum zweiten Akt. Der Nebel hob sich langsam. Das Schiff hob und senkte sich. Der Lebensstandard hebt sich ständig.

hinaufgehen (esp. R1)
  go up, rise

Hinter der Kurve geht es steil hinauf. Die Mieten, die Preise sind schon wieder hinaufgegangen.

steigen
  climb, rise, go up, lift (of fog)

Der Nebel, die Temperatur, das Wasser steigt. Die Sonne stieg am Morgenhimmel. Das Flugzeug stieg auf 10 000 Meter.

stellen   *put*

etw wohin geben
  put sth swh (esp. adding sth, but *S* in more general senses)

Er gab etwas Backpulver an den Teig. Sie gibt den Kuchen in die Backröhre. Er hat die Decke auf den Tisch gegeben. Geben Sie den Brief dorthin.

etw wohin hängen [WEAK VERB]
  hang sth swh

Sie hat das Bild an die Wand gehängt. Sie hängte den Mantel in den Schrank. Er hängt den Arm aus dem Autofenster.

jdn/etw wohin legen
  put, lay sb/sth swh (so that it is lying down)

Er legte das Laken auf das Bett. Sie legte das Kind auf die Couch. Er legte seinen Anzug in den Koffer. Sie legten sich in den Schatten.

jdn/etw wohin setzen
  put sb/sth swh (so that it is in a sitting position or a fixed spot)

Sie setzte das Kind auf ihren Schoß. Er setzt ein Glas an den Mund, den Hut auf den Kopf. Soll ich da ein Komma setzen? Er setzt den Topf auf den Herd.

jdn/etw wohin stecken
  put sb/sth swh (into a confined space, through an aperture or by securing)

Er steckt den Schlüssel in das Loch, den Brief in den Kasten. Er steckte den Ring an ihren Finger. Man steckte ihn ins Gefängnis.

jdn/etw wohin stellen
  put sb/sth swh (so that it is in an upright or standing position)

Sie stellt zwei Flaschen auf den Tisch, die Blumen in die Vase, den Regenschirm in die Ecke. Ich stelle gleich das Auto in die Garage.

jdn/etw wohin tun (**R1**)
  put sb/sth swh (in rather vague sense)

Wo tu ich den Koffer hin? Tu doch deine Sachen in den Schrank. Sie tut Marmelade auf das Brot. Sie tun den Alten in ein Heim.

sterben   *die*
  [see also **töten**]

abkratzen (**R1**)
  kick the bucket, snuff it, croak

Wenn deine Frau abkratzt, erbst du später das ganze Werk.

den Arsch zukneifen (**R1★**) / einen **kalten Arsch haben** (**R1★**)
  snuff it, croak

Als die ihn gefunden haben, hat er schon einen kalten Arsch gehabt. Wann hat der alte Säufer den Arsch zugekniffen?

eingehen
  die, be dying (plants, animals; **R1** of people)

Die arme Katze ist an irgendeiner Krankheit eingegangen. Bei dieser Dürre gehen unsere Tannen alle ein.

einschlafen (R3)
   pass away (euphemistic)

Sie war mit einem leisen Lächeln auf den Lippen friedlich eingeschlafen.

entschlafen (R3)
   pass away (euphemistic)

Herbert Altmann entschlief am Sonntag im Alter von 83 Jahren.

erfrieren [see also **frieren**]
   die of cold, freeze to death

Drei Bergsteiger sind in diesem Winter auf der Jungfrau erfroren.

ersaufen (R1)
   drown

Die beiden sind fast ersoffen, als der kleine Kahn gekentert ist.

ersticken
   suffocate, choke to death

Die ist vor Lachen fast erstickt. Im Schacht sind drei Arbeiter an giftigen Gasen erstickt.

ertrinken
   drown

Ihre Schwester ist beim Baden an der Ostseeküste ertrunken.

ins Gras beißen (R1*)
   croak, snuff it, kick the bucket

Ich glaube, die wollen warten, bis die Alte ins Gras beißt.

hopsgehen (R1*)
   croak, snuff it, kick the bucket

Er konnte natürlich nicht erklären, wieso die drei Kinder hopsgegangen sind.

krepieren (R1)
   die (wretchedly, of animals; **R1*** of people)

Dem Bauer ist ein Schwein krepiert. Der alte Müller ist nach drei Tagen krepiert.

sterben
   die

Einen Tag später ist er trotz Blutübertragungen gestorben. Sie starb eines natürlichen Todes. Wenn sie sterben würde, wäre jedes Problem gelöst.

´umkommen (R2/3)
   be killed, perish, die (by outside agency)

Dreihundert Menschen kamen bei dem Unfall um. Ihr einziger Sohn war im Krieg umgekommen.

ums Leben kommen
   be killed, die (esp. in accident)

115 katholische Pilger sind gestern bei einem Busunglück südlich von Manila ums Leben gekommen.

verbluten
   bleed to death

Der Flüchtling lag schwer verletzt zwischen den Sperren und verblutete.

verdursten
   die of thirst

In dieser Wüste sind schon viele Menschen verdurstet.

verenden
   perish, die (animals)

In den letzten Monaten rannten 25 Rehe vor Kraftfahrzeuge und verendeten.

verhungern
   starve to death, die of hunger

Die Eltern ließen das Kind langsam verhungern, weil sie nicht kochen wollten.

verrecken (R1)
   die (wretchedly, of animals; **R1★** of
   people)

Die Geier warten reihenweise, bis ein Esel
oder ein Hund verreckt. Meinetwegen soll er
verrecken!

verscheiden (R3)
   pass away

Dann ergriff ihn ein heftiges Fieber und eine
Woche später verschied er.

versterben (R3)
   [normally in past tense or past part. only]
   pass away

Er verstarb im hohen Alter im Jahre 1674.
Sie wissen ja, dass Herr Doktor Meiringen
verstorben ist.

NB: Many of these verbs can be used with *an* to indicate what the person or animal
died of, e.g. *Sie starb an einer Lungenentzündung.*

---

stoßen   *push*

(jdn/sich) (wohin) **drängeln (R1)**
   push, shove, jostle (sb) (swh)

Sie drängelten ihn aus der Tür. Die Leute
drängelten (sich) da zu Tausenden vor der
Tribüne. Sie hatte sich an die Kasse gedrängelt.

(jdn/sich) (wohin) **drängen**
   push, press (sb) (swh) (esp. in a crowd),
   throng (of crowd)

Sie drängte ihn ins Licht. Er drängte sich
zwischen die Häftlinge. Alle drängten zu den
Türen. Eine große Menge drängte sich vor
den Eingängen.

(jdn/etw) (wohin) **drücken**
   press, push, squeeze (sb/sth) (swh) (relatively
   light force with hand or finger)

Sie drückt ihn gegen die Wand. Er drückt
(auf) den Knopf. Er drückte die Tür auf/zu.
Er drückte Senf aus der Tube. Sie drückte
den Hebel nach unten.

(jdn/etw) (wohin) **schieben**
   push, shove (sb/sth) (swh) (fairly slowly and
   gently, so that it stays in contact with a
   surface)

Leise schob sie ihn von sich. Er schob seine
Brille vorne auf die Nase. Erleichtert schob
er seinen Stuhl zurück. Er schob das Fahrrad
bergauf.

jdn (wohin) **schubsen/schupsen (R1)**
   shove, push, nudge sb (swh)

Sie schubste ihn beiseite. Sie hat ihn
geschubst, dass er umgefallen ist. Er schubste
sich nach vorn.

(jdn/etw) (wohin) **stoßen** [see also
  schlagen]
   shove, push (sb/sth) (swh) (with a short,
   violent action; CH also = 'drücken',
   'schieben')

Sie stieß ihn vom Sprungbrett. Er stieß ihm
das Messer zweimal in die Brust. Sie stieß ihn
mit dem Ellenbogen. Er stieß den Stuhl in
die Ecke.

Straße   *road, street*

Allee, die (-n)
   avenue

Auf einer breiten Allee durch einen langen
Park kam er schließlich auf einen Platz nahe
der Grenze.

Autobahn, die (-en)
motorway, freeway

Die Langsamfahrer auf der Autobahn verursachen einen großen Teil aller Verkehrsunfälle.

Fahrbahn, die (-en)
carriageway, lane (on wide road or highway)

Das Motorrad kam von der Fahrbahn ab und überschlug sich. Diese Autobahnstrecke soll auf acht Fahrbahnen ausgebaut werden.

Gasse, die (-n)
alley, lane, street (typically narrow, but in *AU* used more generally)

Das Theater war durch eine schmale Gasse vom Zeughaus getrennt. Bonn war vorher wirklich nicht so übel mit seinen vielen engen Gassen.

Landstraße, die (-n)
country road, secondary road

In den Fahrschulen sollte mehr auf Autobahnen und Landstraßen geübt werden als in der Stadt.

Pfad, der (-e)
path, track (narrow, not for vehicles)

Von der Hochebene aus führt ein steiler Pfad hinab zu der kleinen Bucht.

Spur / (R3b) Fahrspur, die (-en)
lane (on wide road or highway)

Sie blieb auf der rechten Spur. Ich musste die Spur wechseln, um auf die A2 zu kommen.

Straße, die (-n)
street, road

Die Kinder spielten auf der Straße. Die Straße nach Altdorf führt über den Pass.

Weg, der (-e)
way, path, track (typically unpaved, possibly for vehicles)

Nach dem Sturm war der Weg nicht mehr begehbar. Ein schmaler Weg führte am Fluss entlang. Hier trennten sich unsere Wege.

Stuhl

chair

Bank, die (¨e)
bench, pew (in church), *desk* (in school)

Sie kamen an einen Baum, unter dem eine hölzerne Bank stand. Sie wischte mit ihrem Taschentuch erst die Bank ab, bevor sie sich setzte.

Couch, die (*CH*: der) (-es)
couch

Dann legte er sich auf die Couch und schlief. Sie sprang von der Couch und stellte sich ans Fenster.

Fauteuil, der (-s) (**R3**; *AU, CH*)
armchair

Maria setzte sich ihm gegenüber in den schweren Plüschfauteuil.

Hocker, der (-)
stool (typically high, esp. at a bar)

Er sprang vom Hocker und rannte aus der Bar. Sehr aufrecht saß sie neben ihm auf dem Hocker.

Klubsessel, der (-)
armchair (deep, well upholstered, comfy)

Neben dem Kaminfeuer waren drei tiefe Klubsessel, wo die alten Herren immer saßen.

Lehnstuhl, der (¨e)
armchair (with back and arm-rests)

Opa saß immer im Lehnstuhl am Kopf des großen Tisches.

Liege, die (-n)
day-bed, lounger (no back or arms)

Er trug das kranke Kind zu der komfortablen Liege, die dicht am Fenster stand.

Liegestuhl, der (¨e)
deck-chair, lounger

Sie ging dann wieder in den Garten und setzte sich in den Liegestuhl am Teich.

Polstersessel, der (-)
armchair, easy chair (comfortable)

Er setzte sich in einen der großen Polstersessel in der Empfangshalle.

Schemel, der (-)
stool (low)

Sie stellte die Schüssel mit warmem Wasser auf den eichenen Schemel neben dem Waschbecken.

Sessel, der (-)
easy chair, armchair, (*AU*) *chair* (general)

Die Bezüge der Sessel waren aus rotem Plüsch. Er sank in den Sessel zurück und schloss die Augen.

Sitz, der (-e)
seat

Sie hatte einen Sitz im ersten Rang. Er klappte den Sitz hoch. Die Partei verlor zehn Sitze.

Sitzgelegenheit, die (-en)
seating (i.e. somewhere to sit)

Vergeblich suchte sie eine Sitzgelegenheit. Die Sitzgelegenheiten reichten nicht aus.

Sitzplatz, der (¨e)
seat (e.g. in train, theatre, etc., as opposed to *Stehplatz*)

Ältere Frauen, die wirklich einen Sitzplatz brauchen, können lange warten, bis jemand aufsteht. Hundert Sitzplätze blieben frei.

Sofa, das (-s)
sofa, settee

Angela saß Hand in Hand mit einem jungen Burschen auf dem Sofa.

Stuhl, der (¨e)
chair

Wir kauften einen Tisch und vier Stühle für die Küche. Sie stand vom Stuhl auf.

Taburett, das (-e) (*CH*)
stool

Yvonne hat ihm ein Taburett zugeschoben, als er in die Bar kam.

Tasche   *bag*

Aktentasche, die (-n)/
Aktenmappe, die (-n) (*N*)
briefcase

Sie sah, wie der Lehrer drei Flaschen Schnaps in seiner Aktentasche verschwinden ließ. (*N*) Er steckte das Buch in seine Aktenmappe.

Beutel, der (-)
pouch, bag (flexible material, often closed by strings); (*R1*) *purse, wallet* (esp. in idioms)

Er nahm einen Tabaksbeutel aus der Hosentasche. Die Blutwurst war in einem Frischhaltebeutel. (*R1*) Er musste tief in den Beutel greifen.

Brieftasche, die (-n)
wallet, billfold

Einer der Herren zückte seine Brieftasche und zeigte der Frau mehrere Tausend-Mark-Scheine.

Einkaufstasche, die (-n)
shopping bag

Die alte Frau packte ihre zerschlissene Einkaufstasche voll.

Geldbeutel, der (-)
purse (mainly *S* or **R3**, though used elsewhere in figurative sense, i.e. to indicate wealth)

Es dürfte keiner Frau schwer fallen, den für ihren Geldbeutel und ihre Persönlichkeit gemäßen Duft zu finden.

Geldbörse, die (-n) (**R3**)
purse, wallet

Der Herr zog eine lederne Geldbörse aus der Manteltasche.

Handtasche, die (-n)
handbag

Sie holten ihre Handtaschen aus dem Auto. Sie sucht in ihrer Handtasche nach Geld.

Koffer, der (-)
suitcase, trunk (solid, for travelling)

Sie hatten ihre Koffer schon gepackt. Er war früh am Bahnhof, weil er seine Koffer aufgeben wollte.

Mappe, die (-n)
folder, (brief-)case (flat-sided); (**NE**, often 'Schulmappe') *school bag, satchel*

Er ging zum Schreibtisch und suchte eine Mappe mit den Dienstplänen. Später nahm ich meine Akten aus der Mappe.

Portmonee, das (-s) (**R1/2**)
purse

Er sah mir zu, nickte, zog sein Portmonee und legte mir ein Fünfmarkstück hin.

Ranzen/Schulranzen, der (-) (**S**)
satchel (typically carried on back)

Er sah die Kinder mit Schulranzen in Hüpfschritten über den Sandweg ziehen.

Reisetasche, die (-n)
travel bag, holdall

Er war gerade aus Berlin angekommen und trug eine karierte Reisetasche in der Hand.

Rucksack, der (¨e)
rucksack

Die beiden Amerikanerinnen versuchten mit ihren schweren Rucksäcken durch den Zug zu kommen.

Sack, der (¨e)
sack; (**S**) *pocket*; (**AU**) *bag* (paper, plastic)

Er trug einen schweren Sack auf dem Rücken. Der Sack platzte und der Sand rieselte heraus.

Schultasche, die (-n) (esp. **AU**)
satchel, school bag

Er lief weg über den Platz, die Schultasche schlug ihm dabei gegen die Beine.

Tasche, die (-n)
bag (general), *case*; *pocket*

Das kleine Mädchen trug eine schwere Tasche nach Hause. Nimm die Hände aus den Taschen!

Tornister, der (-)
knapsack (military); (**NW**) *satchel*

Die Soldaten schnallten ihre Tornister auf den Rücken. Die Schüler kamen nach Hause und legten ihre Tornister ab.

Tüte, die (-n)
  bag (light, of paper or plastic)

Sie steckte drei Brötchen und ein Stück Hefekuchen in eine Tüte und gab sie mir.

Tat   *deed*

Akt, der (-e) (**R3**)
  act (sth carried out)

Das war ein Akt der Verzweiflung. Dabei handelte es sich um einen eher symbolischen Akt.

Aktion, die (-en)
  action, operation (undertaking by a number of people, also military)

Die Schulreform ist nicht eine Aktion, die gelingt oder misslingt, sondern ein immerwährender Prozess.

Aktivität, die (-en)
  activity

Erfolg haben wir nur, wenn wir unsere Arbeit in politische Aktivität ummünzen.

Handlung, die (-en)
  action, act (in general sense, with a focus on the action itself); *plot* (play, film, etc.)

Er konnte seine Handlung nicht rechtfertigen. Das war eine strafbare Handlung. Sie wollte ihn für diese Handlung verantwortlich machen.

Maßnahme, die (-n)
  measure (taken to achieve sth)

Wir erwarten einen Bericht über die Maßnahmen, die gegen die Demonstranten eingeleitet wurden.

Schritt, der (-e)
  step (taken to achieve sth)

Wir müssen Schritte unternehmen, um die Konjunktur zu verbessern.

Tat, die (-en)
  deed (completed action, typically with a focus on the – often significant – result)

Auf diese Worte müssen nun Taten folgen. Das war eine gute, blutige, böse, heldenhafte, verbrecherische Tat.

Tätigkeit, die (-en) [see also **Arbeit**]
  activity

Alle anderen Bereiche der menschlichen Tätigkeit werden in diesen Prozess mit einbezogen sein.

Vorgehen, das (no pl.) (**R3**)
  action (esp. official steps taken to deal with particular occurrence or circumstances)

Zu dieser Zeit war die Labour-Fraktion geschlossen gegen das von ihr als Aggression verurteilte Vorgehen des Premierministers.

Tatsache   *fact*

Fakt(um), das (also: der Fakt) (Fakten)
  fact (actual, precise data)

Mit diesem Faktum müssen wir uns heute auseinandersetzen. Dazu wollte er sich nicht äußern, weil er die Fakten nicht kenne.

Gegebenheit, die (-en) (**R3**)
  fact, reality, circumstance

Mit diesen Gegebenheiten müssen wir uns nun abfinden.

Sachlage, die (no pl.) (**R3**)
 state of affairs, facts (of the case)

Über die Beurteilung der Sachlage waren die Minister gestern uneinig.

Sachverhalt, der (-e) (**R2/3**)
 facts (of the matter), *set of circumstances*

Als wir losfuhren, ließ ich mir den bisherigen Sachverhalt durch den Kopf gehen.

Tatbestand, der (no pl.) (**R3b**)
 state of affairs, facts (of the case)

Zur Erklärung dieses überraschenden Tatbestands können verschiedene Gründe angeführt werden.

Tatsache, die (-n)
 fact

An diesen Tatsachen konnte nicht gezweifelt werden. Das war eine unbestreitbare Tatsache.

Umstand, der (¨e)
 circumstance, fact (single detail)

Der Umstand, dass er Angela kannte, war eher belastend. Diesem Umstand verdanken wir die Erhaltung des römischen Stadttors.

Teller   *plate*

Geschirr, das (no pl.)
 crockery, dishes

Sie nahm das gute Geschirr aus dem Schrank. Das Geschirr kommt vom Tisch sofort in die Maschine. Er hat das Geschirr schon abgeräumt.

Napf, der (¨e) (**N**)
 dish, bowl (small, flat)

Angelika stellte der Katze einen Napf mit Milch hin.

Platte, die (-n)
 plate, platter (for serving food)

Auf dem Tisch war schon eine Platte mit Wurst und Käse.

Schale, die (-n)
 bowl, dish (fairly flat); (**AU**) *cup*

Er reichte ihr eine Schale mit Marmelade. Auf dem Büfett stand eine Schale frisches Obst.

Schüssel, die (-n)
 bowl, dish (deep), (*soup*) *plate*

Der Reis wurde in feinen Porzellanschüsseln serviert.

Service, das (-)
 (*dinner, tea*) *service*

Das Service, das er von seinen Eltern hatte, ist leider nicht mehr vollständig.

Tasse, die (-n)
 cup

Er bestellte eine Tasse Kaffee und ein Mineralwasser.

Teller, der (-)
 plate

Ich häufte mir die gewärmten weißen Bohnen auf den Teller.

Untertasse, die (-n)
 saucer

Vorsichtig stellte er die Tasse wieder auf die Untertasse.

töten   *kill*
[see also **sterben**]

jdn **abmurksen** (R1)
bump sb off, do sb in

Die haben den alten Bauern hinter der
Scheune abgemurkst.

etw **abtöten**
kill sth off (small organisms, feelings)

Durch die Pasteurisierung werden alle
Krankheitserreger abgetötet.

jdn/etw **ausrotten**
exterminate sb/sth

Massenimpfungen sollen die Pocken
ausrotten. Die Pest hat ganze Völker
ausgerottet.

jdn **ermorden**
murder sb

Ein junges Ehepaar hatte einen
Geldbriefträger in die Wohnung gelockt und
ihn dort ermordet.

jdn/etw **erschlagen**
kill sb/sth (by blows, also lightning or
falling objects)

Er konnte die Kobra mit einem Stock
erschlagen. Wären wir in diesem Raum
gewesen, hätten uns die Trümmer
erschlagen.

jdn **hinrichten**
execute sb

In diesem Bundesstaat werden Mörder auf
dem elektrischen Stuhl hingerichtet.

jdn **kaltmachen** (R1)
bump sb off, do sb in

Er macht dich sicher kalt, wenn er dich
kriegt. Sie haben den Bürgermeister
kaltgemacht.

jdn **killen** (R1)
kill sb (typically of gangsters, or contract)

Der Gangsterboss wollte sie killen lassen, weil
sie zu viel gewusst hat.

jdn **massakrieren**
massacre sb

Im Kosovo sollen Polizisten ein Dorf
überfallen haben und alle Bewohner
massakriert.

morden
commit murder

Die Absicht, zu morden, war vorhanden. Die
Mongolen zogen mordend durch
Osteuropa.

jdn **niedermachen**
butcher, massacre sb

Tausende von Christen wurden von den
heidnischen Alemannen niedergemacht.

jdn **niedermetzeln** (R2/3)
butcher, massacre sb

Hier wie dort wurden die Führer eines
aufsässigen Stammes von den Franken brutal
niedergemetzelt.

etw **schlachten**
slaughter sth (animal for food)

Diese Kälber sollen im Frühjahr geschlachtet
werden.

(jdn/etw) **töten**
kill (sb/sth)

Sie haben die Katze getötet. Er hatte erst
seinen alten Diener und dann sich selbst
getötet.

etw **totmachen** (R1/2) *kill* (small creatures swiftly, also abstract ideas)	Er wollte die Spinne totmachen. Sie haben die Konkurrenz totgemacht.
jdn/etw **totschlagen** *kill sb/sth* (esp. with violent blows, also time)	Sie hat ihn mit einer Axt totgeschlagen. Ich musste zwei Stunden totschlagen.
jdn/etw **´umbringen** *kill sb/sth* (with violence; strongly emotive)	Sie hat sich selbst umgebracht. Seine Angehörigen wurden von Banditen grausam umgebracht.
jdn **um die Ecke bringen** (R1) *bump sb off*	Der Mafiaboss hat Dave in Las Vegas um die Ecke gebracht.
jdn **ums Leben bringen** (R3) *kill sb* (typically premeditated murder or other illegal killing)	Mitte Januar wurden Karl Liebknecht und Rosa Luxemburg verhaftet und ohne Rechtsverfahren ums Leben gebracht.

tragen *wear*
[see also sich an-/ausziehen]

etw **anhaben** (R1) *have sth on* (clothes)	Sie hatte neue Handschuhe, eine rote Bluse, ein schönes Kleid an.
etw **aufhaben** (R1) *have sth on* (on head or nose)	Er hatte einen neuen Hut, eine Mütze auf. Sie hatte ihre Lesebrille nicht auf.
mit etw / A D V **bekleidet sein** (R2/3) *be dressed, clothed in sth / A D V*	Er war mit Hemd und Jeans bekleidet. Die Bettler waren notdürftig bekleidet.
in etw / A D V **gekleidet sein** (R2/3) *be dressed in sth / A D V*	Sie war in eine blaue Bluse gekleidet. Er war gut, schlecht gekleidet.
etw **tragen** *wear sth* (clothes, jewellery, etc.)	Sie trug einen roten Rock, ihren besten Schmuck, eine Perücke, eine Brille. Er trug keinen Bart mehr.

trauen *trust*

(jdm/etw) jdn/etw **anvertrauen** *entrust, confide sb/sth (to sb/sth)*	Dem Botschafter hatte Kohl ein vertrauliches Schreiben für den Präsidenten anvertraut. Warum vertraute sie sich ihm nicht an?
jdm/etw **misstrauen** *mistrust sb/sth, be suspicious of sb/sth*	Sie misstraut jedem Menschen, weil sie selbst falsch und hinterhältig ist. Warum sollte er mir misstrauen?

jdm/etw trauen *trust sb/sth (expect nothing bad from sb/* *sth; often used in negative contexts)*	Ich traue niemandem mehr. Sie traute seinen Worten nicht. Ich traute meinen Augen kaum, als ich das sah. Diesem Mann kann man schon trauen.
sich auf jdn/etw verlassen *rely on sb/sth*	Du kannst dich schon auf mich verlassen. Ich verlasse mich darauf, dass sie es ihm erzählt.
jdm vertrauen *trust sb/sth (be confident that sb/sth is* *trustworthy)*	Ich halte den alten Lehrer für absolut zuverlässig und glaube, dass du ihm unbedingt vertrauen kannst. Sie vertraute ihm blind.
auf jdn/etw vertrauen *(put one's) trust in sb/sth, trust to sb/sth*	Er vertraute auf Gott. Sie vertraute auf ihre Kenntnisse. Du sollst nicht auf ihn vertrauen.
jdm etw zutrauen *consider sb capable of sth*	Ihm traue ich alles, nichts Böses, nur Gutes zu. Niemand hatte ihm damals zugetraut, sich das Lottospielen abgewöhnen zu können.

treffen   *meet*
[see also **finden**, **sammeln**]

jdn antreffen *find, meet, come across sb (in a particular* *place or state)*	Es ist schön, wenn man hier Menschen aus der Heimat antrifft. Ich bin froh, dass ich dich allein angetroffen habe.
jdm begegnen (R3) *encounter sb, meet sb (by chance)*	Niemals mehr war sie ihm allein begegnet. Er begegnete beim Aufstieg drei jungen Leuten, die von der Plattform herunterkamen.
jdn kennen lernen *get to know sb, meet sb (for the first time)*	Sie hatte Peter im Urlaub an der Ostsee kennen gelernt.
jdn treffen [see also **schlagen**] *meet sb (by arrangement or by chance)*	Ich wollte ihn vor dem Rathaus treffen. Ich traf sie letzte Woche zufällig bei Hertie.
auf jdn/etw treffen *come upon/across sb/sth (unexpectedly)*	Die Forscher trafen bei dieser Expedition auf einen bisher unbekannten Volksstamm.
sich (mit jdm) treffen (R1/2) *meet (sb) (by arrangement)*	Wir treffen uns morgen im Volkspark. Ich fuhr in die Stadt, um mich mit Jochen zu treffen.
(mit jdm) zusammenkommen (R3) *collect, assemble, meet (in a previously agreed* *place for a specific purpose)*	Beide waren ohne fragwürdige Absichten zur Besprechung gemeinsamer beruflicher Anliegen zusammengekommen.
(mit jdm) zusammentreffen (R3) *meet (arranged, often important* *individuals)*	Der Präsident wird auf seiner Europareise am 7. Mai mit Bundeskanzler Schröder zusammentreffen.

zusammentreten (R3)
  meet, convene (public bodies, etc.)

Die Führungsgremien beider Landesverbände wollen am Freitag in Düsseldorf zusammentreten.

Treppe   *stairs, steps*

Aufgang, der (¨e)
  (flight of) stairs, steps (leading up to sth, e.g. an entrance or a platform)

Er eilte zum Aufgang und hastete die Stufen hinauf. Sie mussten den anderen Aufgang zum Bahnsteig benutzen.

Rolltreppe, die (-n)
  escalator

In der U-Bahn-Station Trafalgar Square war die Rolltreppe schon wieder kaputt.

Stiege, die (-n) (*SE*)
  (flight of) stairs, staircase

Sie lief die Stiege hinauf und in ihre Kammer, die abzusperren sie in ihrem Schmerz vergaß.

Stufe, die (-n)
  stair, step

Er stand auf der obersten Stufe der Treppe. Ein paar Stufen führten zum Ufer hinunter.

Treppe, die (-n)
  (flight of) stairs, staircase

Jeden Montag musste sie die Treppe putzen. Sie ging die Treppe hinunter in den Keller.

Treppenhaus, das (¨er)
  stairwell, staircase (esp. a separate part of a building, e.g. in an apartment block)

Jeden Morgen begegnete Peter seiner Nachbarin im Treppenhaus. Er schlug die Wohnungstür hinter sich zu, befand sich im Treppenhaus.

tun   *do*

etw (mit jdm/etw) **anfangen** (R1) [see also
  anfangen]
  do sth (with sb/sth) (get somewhere, achieve sth with sb/sth)

Was soll ich damit anfangen? Sie hat es geschickt, verkehrt angefangen. Mit dem Buch konnte ich nichts anfangen. Ich weiß nicht, was ich mit dem Gerät, mit dem Kind anfangen soll.

etw **anstellen** (R1)
  do sth (esp. sth naughty); *attempt sth, manage sth*

Was habt ihr da schon wieder angestellt? Sie hat alles Mögliche angestellt, um ins Haus zu kommen. Sie weiß nicht, wie sie es anstellen soll.

jdm etw **antun**
  do sth to sb (esp. harm or injury)

Was hat man ihm in der Schule angetan? Das kannst du mir doch nicht antun.

etw **machen**
  do sth, make sth

Was wollen wir heute Abend machen? Was machen wir, wenn es morgen schneit? Hier dürfen wir alles machen. Dagegen ist nichts zu machen. Der Stuhl ist aus Holz gemacht.

etw tun *do sth*	Was wollen wir heute Abend tun? Er verstand nicht, was er getan hatte. Heute Mittag gibt es noch viel zu tun. Was kann ich für Sie tun?
etw unter'lassen (R3) [see also **lassen**] *not do sth, refrain from (doing) sth*	Er hat es unterlassen, ihr Hilfe zu leisten. Wir haben alles unterlassen, was zu einer Verschärfung des Konflikts hätte führen können.

NB: In the sense 'do sth', i.e. 'carry out an action', there may be little difference in meaning between *machen* and *tun*. In general, *machen* is used more in less formal registers and suggests less important actions, where *tun* is more typical of more formal registers and suggests more important actions, or that they might have (had) serious consequences. Only *machen* can be used in the sense 'make sth', and there are numerous idioms where only one or the other is possible.

sich **übergeben**   *be sick, vomit*

brechen (R1/2) *be sick, throw up*	Nach dem Pilzessen mussten wir alle heftig brechen.
(sich/etw) erbrechen *vomit (sth), be sick*	Der Betrunkene musste (sich) mehrmals erbrechen. Der Patient erbricht alle Speisen.
kotzen (R1*) *throw up, puke*	Der hat gestern Abend zu viel gesoffen und er hat schließlich auf der Straße vor der Kneipe gekotzt.
speiben (*SE*) *throw up, be sick*	Der Max hat gespieben, wo er aus dem Beisel gekommen ist.
sich über'geben *vomit, be sick*	Nach dem Essen wurde ihm plötzlich übel und er hat sich übergeben.
vomieren (R3b) *vomit*	Die Ärztin fragte den Krankenpfleger, ob der Patient in der Nacht vomiert habe.

überrascht   *surprised*
[see also **wundern**]

baff (R1) *flabbergasted, gobsmacked*	Da bist du baff, was? Da war ich aber baff, als ich das erfahren habe.
befremdet (R3) *disconcerted, taken aback*	Jedenfalls waren die Leute ziemlich befremdet, als sie die Rede hörten.
erstaunt *astonished, amazed*	Als ich am Morgen wach wurde, war ich nicht erstaunt darüber, daß Marie gegangen war.

platt (R1)
flabbergasted, gobsmacked

Ich war einfach platt, als ich das Geschenk von ihr gesehen habe.

sprachlos
speechless, dumbfounded

Ihre Augen wurden rund, sie war sprachlos vor Staunen und Verblüffung.

überrascht
surprised

Ich war völlig, angenehm überrascht (darüber), dass sie nach Berlin gekommen war.

verblüfft
stunned, amazed, stupefied

Sie war so verblüfft, dass sie kein Wort mehr herausbrachte. Er starrte Barbara verblüfft an.

verdattert (R1)
dazed, surprised, confused

Elfriede erschien verdattert im rosa Neglige am Fenster.

verdutzt (R1/2)
baffled, taken aback

Ellen war so verdutzt, dass sie nur nickte. Sie verpasste dem verdutzten Lehrling ein paar kräftige Ohrfeigen.

verwundert
astonished, amazed, taken aback (quite strong)

Ihre Stimme klang etwas verwundert. Sie sah ihn ein paarmal verwundert hin und her blicken.

überzeugen   *persuade*

jdn **bequatschen (R1)**
talk sb round

Sie hat ihren Vater so lange bequatscht, bis er ihr das Auto überlassen hat.

jdn (zu etw) **beschwatzen (R1)**
talk sb round (to sth)

Ich nehme an, dass der Händler ihn endlich zum Kauf beschwatzt hat.

jdn (zu etw) **bewegen (R3)**
induce sb to (do) sth

Was konnte ihn dazu bewogen haben, so freimütig von seinem eigenen Unfall zu berichten?

jdn (zu etw) **´breitschlagen (R1)**
talk sb round (to sth)

Sie hat sich endlich breitschlagen lassen und ist doch mit Michael in Urlaub gefahren.

jdm etw **einreden**
talk sb into believing sth, persuade sb of sth

Zum Schluss hat sie ihm eingeredet, dass er gut spielen konnte.

jdn zu etw **über´reden**
talk sb into (doing) sth, persuade sb to do sth

Man überredete ihn auch nicht leicht zu einem Theaterbesuch. Sie überredete ihren Mann sogar, einen Mercedes zu kaufen.

jdn (von etw) **über´zeugen**
convince, persuade sb of sth

Ich bin fest (davon) überzeugt, dass ich sein Angebot annehmen soll.

jdm **zureden**
talk to sb (trying to persuade sb of sth, or encouraging sb to do sth)

Wenn du ihm gut zuredest, so hilft er dir wohl. Sie musste ihm lange zureden, bis er doch die Stelle aufgab.

Unfall   *accident*
[see also **Ereignis**]

Desaster, das (-) (**R3**)
disaster

Die Expedition nach dem Südpol endete mit einem Desaster.

Havarie, die (-n) (**R3b**)
accident, damage from an accident (ships, planes; *AU* also cars)

Die Ursache der Havarie beim Tunnelbau ist noch unbekannt, aber in sechs bis acht Wochen haben wir den Schaden behoben.

Katastrophe, die (-n)
disaster; catastrophe

Fünf Häuser brachen unter dem Ansturm der Lawine zusammen, und die Überlebenden der Katastrophe waren ganz auf sich gestellt.

Malheur, das (-s) (**R1**)
mishap (esp. resulting in embarrassment)

Schätzchen, mir ist ein kleines Malheur passiert. Ich habe Kaffee über meinen neuen Mantel verschüttet.

Missgeschick, das (-e) (**R2/3**)
mishap; misfortune

Sie hatte das Missgeschick, ihre Handtasche zu verlieren. Ihr widerfuhr ein großes Missgeschick.

Pech, das (no pl.) (**R1**)
bad luck

Heute habt ihr aber Pech gehabt! 2-0 verloren! Eine Zeitlang war er nur vom Pech verfolgt.

Unfall, der (¨e)
accident (not necessarily fatal)

Tante Else hat gestern Abend einen Unfall gehabt in ihrem Golf. Wir sind gegen Unfall versichert.

Unglück, das (no pl.)
accident, crash (major, with serious casualties); *misfortune; bad luck*

Das Eisenbahnunglück hat mehrere Tote und Verletzte gefordert. Sei vorsichtig, sonst passiert noch ein Unglück. Sie ist vom Unglück verfolgt.

Zufall, der (¨e)
chance, coincidence

Es war kein Zufall, daß er sie dort an der Brücke sah. Ich habe durch Zufall gesehen, wo sie sich versteckt hat. Das verdankte er nur einem Zufall.

---

ungewöhnlich   *unusual*
[see also **seltsam**]

ausgefallen
out of the ordinary (very unusual, a little odd)

Wegen seiner ausgefallenen Kleider ist das Mädchen bei den Einwohnern unbeliebt.

außergewöhnlich
out of the ordinary, exceptional

Schon früh zeigte sie eine außerordentliche Begabung. Am Freitag findet eine außerordentliche Sitzung des Vereinsvorstands statt.

ungebräuchlich *uncommon (not often used)*	Heute ist dieser Ausdruck, diese Methode, dieses Wort ungebräuchlich.
ungewöhnlich *unusual*	Es ist ungewöhnlich, dass man hier so viele Vögel sieht. Er trug einen ungewöhnlichen Hut.
ungewohnt *unfamiliar, unaccustomed*	Diese Umgebung war ungewohnt und neu für ihn. Sie sagte es mit ungewohnter Schärfe.
unüblich *not usual, not customary*	Die Weltraumbehörde NASA verschanzte sich hinter einer in Amerika völlig unüblichen Geheimnistuerei.

Unsinn   *nonsense*

Absurdität, die (-en) (**R3**) *absurdity*	Am besten gelang diesem Autor die Darstellung alltäglicher Absurditäten.
Blödsinn, der (no pl.) (**R1**) *nonsense, rubbish, stupid actions*	Der Robert hat nur Blödsinn im Kopf. Mach mir doch keinen Blödsinn!
Dummheit, die (-en) *stupidity, stupid thought/action*	Er hat nichts als Dummheiten im Kopf. Ich habe ihr gesagt, sie soll keine Dummheiten machen.
Käse, der (no pl.) (**N**) *rubbish, twaddle (esp. spoken)*	Was der Peter dir gestern erzählt hat, das war doch alles reiner Käse.
Quark, der (no pl.) (**R1**) *rubbish (esp. spoken)*	Das ist doch alles Quark, was sie gesagt hat. Red doch keinen Quark!
Quatsch, der (no pl.) (**R1**) *rubbish, piffle, nonsense*	Ich will mir diesen Quatsch nicht länger anhören. Der war doch reiner Quatsch, dieser Film.
Stuss, der (no pl.) (**NW**) *nonsense, rubbish, codswallop*	Der Gerhard hat aber heute Morgen nur Stuss geredet.
Unsinn, der (no pl.) *nonsense (stupid thoughts or actions)*	Das war doch reiner Unsinn, bei dem Wetter eine Bergtour zu machen. Er glaubt jeden Unsinn, den man ihm erzählt. Hör doch auf mit dem Unsinn!

Urlaub   *holiday*

Feiertag, der (-e) *public holiday, bank holiday*	In Österreich hat man viel mehr Feiertage als in den USA. Der 3. Oktober ist seit 1990 gesetzlicher Feiertag in der Bundesrepublik Deutschland.

Ferien, die (pl.)
holiday(s) (institutional break, e.g. from school, college, or vacation spent away from home)

Nächstes Jahr sind die Schulferien in Thüringen sehr früh. Wir verbringen dieses Jahr die Ferien in Kärnten.

Freizeit, die (no pl.)
free time, leisure time (i.e. time off work)

Was macht sie in ihrer Freizeit? Gehen Sie in Ihrer Freizeit auch einmal ins Theater?

Urlaub, der (-e)
holiday(s) (leave from work, or vacation spent away from home)

Im Sommer wollen die Familien gemeinsam ihren Urlaub in Florida verbringen. Ich habe dieses Jahr keinen Urlaub mehr.

Ursache *cause*

Anlass, der (¨e) [see also **Gelegenheit**]
cause, occasion (immediate cause or trigger of sth)

Ich habe ihm keinen Anlass gegeben, sich zu beschweren. Der unmittelbarer Anlass des Krieges war die Erschießung des Thronfolgers in Sarajewo.

Beweggrund, der (¨e) (**R3**)
motive

Haben sie sich bei ihrer Entscheidung von rein humanitären Beweggründen leiten lassen?

Grund, der (¨e)
reason (often in plural, to mean 'grounds')

Er musste sich aus gesundheitlichen Gründen pensionieren lassen. Er hat keinen Grund zum Klagen.

Motiv, das (-e)
motive

Die Polizei meinte, das Motiv für den Mord sei sicher Eifersucht gewesen.

Ursache, die (-n)
cause (ultimate, deep-seated), *reason*

Man versuchte, die Ursache des Unfalls zu ermitteln. Die eigentlichen Ursachen des Streites sind längst vergessen.

Veranlassung, die (no pl.) (**R3**)
cause, reason (significant)

Sie beschuldigte ihn ohne die geringste Veranlassung. Er hat keine Veranlassung, einen solchen Schritt zu unternehmen.

verbessern *improve*

etw **aufbessern** (**R2/3**)
improve sth (slightly, in quality or quantity)

Die Angestellten können damit rechnen, dass ihre Gehälter bald aufgebessert werden.

etw **ausbessern**
repair sth (make good the defects)

Die Handwerker sollten die alten Sozialwohnungen in Gelsenkirchen ausbessern.

jdn/etw **berichtigen** (**R2/3**)
correct, rectify sth

Ich muss diese völlig falschen Angaben von Herrn Schröder berichtigen.

jdn/etw **bessern** (**R3**)
make sb/sth better (in a limited way; of people used esp. in a moral sense, i.e. 'reform')

sich **bessern**
improve (become rather better, esp. health, morals, social conditions, situation in life)

(jdn/etw) **korrigieren**
put (sb/sth) right, correct (sb/sth), mark (sth)

jdn/etw **verbessern**
improve (on) sth, correct sb/sth (bring sth closer to the ideal, put sb/sth right)

sich **verbessern**
improve, get better, correct o.s., better o.s. (in career, sport, etc.)

Die Zuchthausstrafe hat ihn nicht gebessert. An den Verhältnissen ist noch vieles zu bessern. Der Aufenthalt hat ihre Gesundheit gebessert.

Ihr Augenlicht besserte sich von Tag zu Tag. Nach einiger Zeit besserte sich das Verhältnis zwischen Jan und meiner Mama.

Die Lehrerin korrigierte die Aufsätze. Sie korrigierte ihn, als er etwas Falsches sagte. Darauf musste er seine Meinung korrigieren.

Die Qualität unserer Software muss verbessert werden. Sie verbesserte den Weltrekord auf 3.53,8 Minuten. Sie hat mich jedesmal verbessert, als ich Fehler in meinem Englisch machte.

Die Erträge haben sich 1998 verbessert. Die Frage war schlecht gestellt, und ich verbesserte mich sogleich. Sein Zustand hat sich jetzt verbessert.

Verdacht   *suspicion*

Ahnung, die (-en) [see also **Idee**]
inkling, suspicion, hunch, presentiment (vague, typically instinctive notion or idea)

Argwohn, der (no pl.) (**R3a**)
suspicion (intuitive hunch or distrust)

Misstrauen, das (no pl.)
distrust, mistrust, suspiciousness

Verdacht, der (no pl.)
suspicion (justified surmise that sth is wrong)

Vermutung, die (-en)
supposition, hunch, guess

Vorahnung, die (-en) (**R2/3**)
presentiment, premonition

Vorgefühl, das (no pl.) (**R3**)
anticipation, presentiment

Ich habe keine Ahnung gehabt, dass sie so krank war. Ich hatte eine düstere Ahnung, dass es so kommen würde.

Schon das Aussehen des Unbekannten erregte seinen Argwohn.

Die deutsche Regierung hegt ein gesundes Misstrauen gegen den Atomsperrvertrag.

Der Verdacht fiel sofort auf Ellen. Nun wurde sein Verdacht, den er schon lange hegte, bestätigt.

Damit zog er die Konsequenzen aus meinen Vermutungen.

Sie hatte eine Vorahnung, dass etwas Schlimmes passieren würde.

Im Vorgefühl der Heimreise fühlte sie sich an dem Tag eher unbekümmert.

verdächtig   *suspicious*

argwöhnisch (R3a)
  suspicious (inclined to feel suspicion)

Meine Tante Käthe ist schon immer etwas argwöhnisch gewesen.

misstrauisch
  suspicious, distrustful (i.e. having suspicion)

Der Beamte sah ihn misstrauisch an. Im Westen ist man Fremden gegenüber leicht misstrauisch.

stutzig
  [only used with *werden* and *machen*]
  suspicious (as a reaction)

Diese Frage von Lorenz wenige Tage zuvor hatte ihn stutzig gemacht. Bei näherem Mitdenken über diese Entwicklungen wird man jedoch stutzig.

suspekt
  suspicious (i.e. arousing suspicion)

Das Experiment halte ich für eine sehr suspekte Angelegenheit. Ihr Verhalten kam mir suspekt vor.

verdächtig
  suspicious, suspect (i.e. arousing suspicion)

Jedoch schien mir die ganze Sache sehr verdächtig. Dem Polizisten sah sie aber höchst verdächtig aus.

---

verderben   *spoil*

(jdm) (etw) verderben
  spoil, ruin (sth) (for sb), go bad (food, etc.)

Die Milch verdirbt in der Sonne. Das schlechte Wetter hat uns den Ausflug verdorben.

etw verfuhrwerken (*CH*)
  spoil sth, mess sth up, bungle sth

Andreas ist immer ein ungeschickter Bursche gewesen und hat zum Schluss alles verfuhrwerkt.

jdm etw vergällen (R2/3)
  spoil sth for sb (i.e. make it bitter, e.g. fun, life)

So hat uns diese Frau auch die Arbeit in dem Jugendverein vergällt.

(jdm) etw verkorksen (R1)
  mess, foul, screw sth up (for sb)

Wenn der mitkommt, verkorkst er uns sicher den ganzen Abend. Die Fotos waren völlig verkorkst.

jdm etw verleiden
  spoil sth for sb (take the fun out of it)

Herr Schumacher wollte dadurch seinen Nachbarskindern das Ballspiel verleiden.

(jdm) etw vermasseln (R1)
  mess, foul sth up (for sb)

Wollen Sie wirklich Ihrem ehemaligen Klub die Meisterschaft vermasseln?

(jdm) etw vermiesen (R1)
  spoil sth (for sb) (take the fun out of it)

Der Landregen fiel leicht, aber unablässig, hernieder und war augenscheinlich willens, uns den ganzen Tag zu vermiesen.

etw vermurksen (R1)
  mess sth up, botch sth (up)

Dieser Installateur hat nichts getaugt, der hat uns die Duschanlage total vermurkst.

etw **verpatzen** (**R1**) *mess sth up*	Der Weltmeister ist bei der Olympiade zweimal übergetreten und hat auch den letzten Sprung verpatzt.
etw **verpfuschen** (**R1**) *botch sth, mess sth up*	Er hat die Arbeit, das Bild, seine Karriere, sein Leben, die Prüfung verpfuscht.
(jdm) etw **versauen** (**R1★**) *mess sth up, ruin sth (for sb)*	Du willst dir doch nicht die Zukunft versauen? Die letzte Klassenarbeit habe ich versaut.

vereinigen   *unite*

jdn/etw **einen** (**R3**) *unite sb/sth (form into a single whole)*	Alle waren fest davon überzeugt, dass Europa geeint werden musste.
jdn/etw **einigen** (**R3**) *unite sb/sth (form peoples, states, tribes, etc. into a unit, esp. politically)*	Schließlich ist es ihm gelungen, die sieben nördlichen Provinzen unter seiner Herrschaft zu einigen.
jdn/etw/sich **vereinen** (**R3**) *unite (sb/sth), combine (sb/sth) (with parts remaining independent or distinctive)*	Er besaß nicht die Gabe, christliche Demut mit einem aktiven Weltleben zu vereinen. Er will den Parteivorsitz mit dem Fraktionsvorsitz vereinen.
jdn/etw/sich **vereinigen** *unite (sb/sth), combine (sb/sth), bring sb/sth together, come together (most general word)*	558 vereinigte Chlotar das Frankenreich noch einmal. Ein gemeinsames Interesse vereinigt heute die Völker der Erde. Das Tief vereinigt sich über Mitteleuropa mit einem großen Tiefdrucksystem.
sich **zusammenschließen** *join together, combine, merge (into larger unit)*	1918 schlossen sich die südslawischen Völker zu einem neuen Staat zusammen.

verfehlen   *miss*
[see also fehlen]

etw **auslassen** *leave, miss sth out*	Er merkte, dass sie bei dem Diktat mehrere Wörter ausgelassen hatte.
daneben + VERB (esp. **R1**) *miss (when carrying out the action indicated by the verb)*	Der Mittelstürmer hat danebengeschossen. Der Ball ging daneben. Er wollte das Papier in den Papierkorb werfen, aber es ging daneben.
(jdn/etw) **entbehren** (**R3**) *miss sth; do without (sth) (in latter sense always with a negative)*	Vielleicht lassen sich diese beiden Räume noch entbehren. Sie konnte ihn als Hilfskraft nicht entbehren.

jdm **entgehen** (R2/3)
   sb fails to notice sth

Ihrem Freund war ihre erstaunte Reaktion nicht entgangen, aber er deutete sie falsch.

sich etw **entgehen lassen**
   miss sth, let sth slip (opportunity)

Natürlich werde ich mir das gemeinsame Frühstück nicht entgehen lassen.

fehlen
   be missing, not be swh

Du hast heute in der Schule gefehlt. In diesem Buch fehlen ein paar Seiten. Er fehlte bei dem Fest.

jdm **fehlen**
   sb lacks, is missing sth (**R1** also with person as subject)

Mir fehlt ein Schraubenzieher. Maike merkte bald, dass ihrem neuen Freund jeder Sinn für Humor fehlte. (**R1**) Du fehlst mir sehr.

jdn/etw **missen** (R3)
   [only used with modal verbs]
   go/do without sb/sth

Ich mag meinen abendlichen Spaziergang nicht missen. In diesem abgelegenen Dorf mussten wir alle Bequemlichkeit missen.

etw **über´hören**
   not hear sth (deliberately or not)

Sie überhörte diese dumme Bemerkung. Sie überhörte das Klingeln an der Haustür.

etw **über´sehen**
   not see sth (deliberately or not)

Der Lehrer hat einige Fehler in dem Diktat übersehen. Das hat sie geflissentlich übersehen.

jdn/etw **verfehlen**
   miss sb/sth (i.e. fail to hit or find, not get the correct one, or the one desired)

Er hat das Ziel verfehlt. Ich habe meine Schwester am Bahnhof verfehlt. Sie hat den Beruf, den richtigen Eingang, den Weg verfehlt.

jdn/etw **vermissen**
   miss sb/sth (notice, feel the absence of sb/ sth)

Ich vermisse ihn sehr, wenn er weg ist. In der Garderobe vermisste ich meinen Regenschirm.

jdn/etw **verpassen**
   miss sb/sth (not catch or take advantage of)

Ich habe den Zug verpasst. Du hast sie verpasst, vor einer Minute war sie hier. Eine solche Gelegenheit sollte man nicht verpassen.

etw **versäumen** (R2/3)
   miss sth (neglect to do sth, let a chance slip)

Schon zweimal hatte sie diese Vorlesung versäumt. Du sollst diese Chance nicht versäumen.

(auf jdn/etw) **verzichten**
   do without (sb/sth)

Ich kann auf Ihre Hilfe nicht verzichten. Auf dieses Vergnügen muss ich leider verzichten.

---

sich **verhalten**   *behave*

sich **aufführen** (R1/2)
   behave (making a particular – good or bad – impression on others)

Er hat sich aber unmöglich / wie ein Verrückter aufgeführt. Ich finde, sie hat sich unter den Umständen gut aufgeführt.

auftreten [see also **geschehen, scheinen**]
behave (making a particular – good or bad
– impression on others)

Ihr jüngerer Bruder tritt immer etwas
arrogant auf. Er trat bescheiden,
selbstbewusst, überheblich, unsicher,
vorsichtig auf.

sich **benehmen**
behave (good or bad, in accordance with
social norms and conventions)

Gestern habe ich mich doch so dumm
benommen. Er hat sich wenigstens anständig
benommen. Ich hatte mich eben so
ungeschickt benommen!

sich **betragen** (R3)
behave, conduct o.s. (in accordance with set
of written or unwritten rules of conduct)

Der Schüler hat sich jederzeit gegen alle
Lehrer der Schule höflich und folgsam zu
betragen. Er hat sich nicht wie ein Offizier
betragen.

sich **gebärden** (R3a)
behave, conduct o.s. (in a way judged to be
unusual or exaggerated; always pej.)

Er gebärdete sich wie verrückt. Sie gebärdete
sich, als könne sie die Schande ihrer Tochter
nicht überleben.

sich **geben**
behave (giving a particular impression,
possibly deliberately deceptive)

Sie hat sich ganz gelassen gegeben, als er ihr
davon erzählte. Er gibt sich immer sehr
nachdenklich.

sich **verhalten**
behave (act in a particular way in response
to sb or sth)

Ich wusste nicht, wie ich mich in dieser
Situation verhalten sollte. Mir gegenüber hat
sie sich immer sehr freundlich verhalten.

NB: All the above verbs are normally used with an adverb of manner, indicating *how*
the subject behaved.

Verhalten   *behaviour*

Auftreten, das (no pl.)
manner, behaviour (how one appears to
others)

Sie war eine große, attraktive Brünette mit
sicherem Auftreten.

Benehmen, das (no pl.)
behaviour (in social context, i.e. in relation
to norms of good manners)

Er hat kein Benehmen. Seine höfliche Art
und sein tadelloses Benehmen hatten
beklemmend auf sie gewirkt.

Betragen, das (no pl.) (R3)
behaviour, conduct (in relation to written or
unwritten rules)

In der Schule war sein Betragen stets
zufriedenstellend gewesen bis auf einen Fall,
an den er nicht erinnert werden möchte.

Führung, die (no pl.)
conduct (esp. in institutions)

Der Strafgefangene wurde wegen guter
Führung vorzeitig entlassen.

Haltung, die (no pl.)
manner, attitude (response to other people
or to the world)

Er zeichnete sich immer durch eine sehr
ruhige Haltung aus. Er hatte eine arrogante
Haltung gegenüber den Lehrlingen.

Manieren, die (pl.)
  manners (good or bad)

Er hatte in Oxford studiert und verfügte über weltmännische Manieren. Sie haben wohl Ihre guten Manieren vergessen?

Umgangsformen, die (pl.)
  manners (good or bad)

Was wir sonst hinter guten Umgangsformen verbergen, das brach da auf einmal durch.

Verhalten, das (no pl.)
  behaviour (in given situations or conditions)

Sein Verhalten ließ keinen anderen Schluss zu. Das Verhalten des alten Generals ist das Resultat seines wachsenden Verfolgungswahns.

---

verkaufen   *sell*

etw **absetzen** (esp. **R3b**)
  sell sth (goods, in commercial quantities)

Wir konnten alle Exemplare absetzen. Wir lieferten dem Land Rohre um 40% billiger, als wir diese auf dem freien Weltmarkt absetzen könnten.

etw **abverkaufen** (*AU*)
  sell sth off (cheaply)

In diesem Geschäft wurden alle Skiausrüstungen schon im Jänner abverkauft.

etw **feilbieten** (**R3a**)
  offer sth for sale

Am Ostermontag wurden Backwaren im Schulhaus feilgeboten.

etw **losschlagen** (**R1**)
  sell sth, flog sth off, get rid of sth (through sale)

Er musste den Mercedes für einen Spottpreis losschlagen.

etw **veräußern** (**R3b**)
  dispose of sth (typically in legal language)

Im Juni 1996 veräußerte sie auch ihr Grundstück am Steinhuder Meer.

etw **verhökern** (**R1**)
  sell sth (quickly, cheaply; pej.), *flog sth off*

Der Minister will nun mit umfangreichen Privatisierungen das Tafelsilber des Bundes verhökern.

(jdm) etw **verkaufen**
  sell sth (to sb)

Herr Eichhoff hat mir sein Fahrrad verkauft. Sie wollte den Schrank für tausend Mark verkaufen.

etw **verkloppen** (**R1**)
  sell sth (quickly, cheaply), *flog sth off*

Mit ihren Töchtern verkloppt sie ihre gebrauchten Klamotten.

etw **verramschen** (**R1**)
  sell sth off (very cheaply), *get rid of sth*

Wer so was noch auf Lager hat, verramscht es jetzt zum Schleuderpreis.

etw **verschachern** (**R1**)
  sell sth off (at inflated price, dishonestly)

Das Manuskript war auf dem Weg zur Druckerei gestohlen und für teures Geld verschachert worden.

etw **verscherbeln** (**R1**)
  sell sth off (very cheaply), *get rid of sth*

Da war auch ein Flohmarktstand, an dem altes Porzellan für Brot für die Welt verscherbelt wurde.

etw **verscheuern** (R1)
sell sth off (very cheaply), *get rid of sth*

Ich kaufe gebrauchte kaputte Maschinen für zwanzig bis dreißig Mark, repariere sie und verscheuere sie für zweihundert bis dreihundert.

etw **versilbern** (R1)
sell sth, turn sth into cash (quickly)

Er hatte sie gezwungen, ihm mehrere Gegenstände auszuhändigen, die er versilbern wollte.

verlangen   *demand*
[see also **brauchen, fragen**]

jdn/etw **anfordern** (R2/3)
request, require sb/sth (to be supplied)

Solche Spezialeinheiten der Amerikaner sind schon angefordert.

jdn (zu etw) **auffordern**
call on sb, challenge sb, invite sb (esp. dance),
require sb (esp. officially) *(to do sth)*

Wir forderten sie zur Teilnahme auf. Wiederholt forderte man ihn auf, sich zu setzen. Ich wurde aufgefordert, mich bei der Polizei zu melden.

etw **beanspruchen** (R2/3)
claim, require sth (to which one thinks one has a right)

Die großen Wildtiere müssen überall weichen, wenn der Mensch ihre Heimat beansprucht. Der Neubau der Kirche beanspruchte fast dreißig Jahre.

jdn/etw **begehren** (R3a)
desire, crave sb/sth

Er hat alles, was sein Herz begehrt. Sie begehrte Schmuck und Edelsteine.

etw **erfordern**
require, call for sth

Die Lage erfordert harte Maßnahmen. Diese Aufgabe erfordert Zeit, Geduld und viel Geld.

etw **fordern**
demand, claim, call for sth (with insistence)

Sie fordern zu viel von mir. Das Unglück forderte drei Menschenleben. Sie forderte, freigelassen zu werden.

etw **verlangen**
demand, want, require sth

Was verlangst du für den alten Mercedes? Der Polizist verlangte seinen Ausweis. Das kannst du von mir nicht verlangen.

vermeiden   *avoid*

jdm/etw **ausweichen**
steer clear of sb/sth, evade sb/sth (sb/sth representing imminent danger or risk)

Das Feuer geht langsam voran, man kann ihm ausweichen. Wir können dieser Frage nicht mehr ausweichen.

sich jdm/etw **entziehen** (R3a)
evade, elude sb/sth, steer clear of sb/sth

Sie entzog sich seinen Zärtlichkeiten. Die Herren haben sich jetzt in ihrer Mehrzahl der Auseinandersetzung entzogen.

jdn/etw **meiden (R3a)** *keep away from sb/sth*	Dieses Land würde von Menschen gemieden werden, wenn nicht reiche Bodenschätze lockten. Lange hatte er menschliche Siedlungen gemieden.
etw **um′gehen** *find a way round sth, circumvent sth*	Die Großstadt Hamburg mussten sie wegen der vielen Verkehrsampeln umgehen.
etw **vermeiden** *avoid sth, manage not to do sth*	Sie wollte einen Streit vermeiden. Wir wollen vermeiden, dass uns das Tier sofort wegläuft. Sie vermieden es, von Anne zu sprechen.

verringern
[see also beschränken]

decrease, reduce

abnehmen *decrease, diminish, decline; lose weight*	Das öffentliche Interesse an diesem Prozess wird bald abnehmen. Seine Kräfte nahmen rasch ab. Ich muss einige Kilo abnehmen.
etw **herabsetzen** *reduce, lower sth (deliberate action)*	Die Geschäfte wollen nach Weihnachten die Preise herabsetzen.
sich/etw **mindern (R3)** *diminish, reduce, weaken (sth)*	Dieser Vorfall hat sein Ansehen stark gemindert. Die Anziehungskraft dieser Parteien mindert sich mit der Zeit.
nachlassen *ease up, subside* (i.e. become weaker or less intensive)	Der Regen, die Begeisterung, der Druck, das Interesse ließ nach. Die Leistungen der Schüler lassen nach.
etw **reduzieren** (esp. **R3b**) *reduce sth (quantity or value)*	Wir müssen die Herstellungskosten auf ein Minimum reduzieren.
etw **schmälern (R3)** *diminish, lessen, detract from sth*	Der Skandal hat sein Ansehen, meine Verehrung für ihn geschmälert.
schwinden (R3) *dwindle, wane, shrink* (decrease gradually and inexorably)	Holz schwindet beim Trocknen. Das Interesse der Bürger an diesem Fall schwindet wohl mit der Zeit. Ihm schwand der Mut.
etw **senken** *reduce sth* (i.e. make sth lower)	Die Regierung möchte die Löhne, die Steuern, die Kosten senken.
sinken [see also fallen] *fall, drop, go down* (i.e. become lower)	Die Preise, der Dollarkurs, der Lebensstandard, das Moral, sein Ansehen ist/sind gesunken.
sich/etw **verkleinern** *reduce (sth) (in size), make sth/become smaller*	Ich möchte diese Bilder verkleinern lassen. Der Ertrag des Grundstücks hat sich verkleinert.

sich/etw **vermindern** *reduce, decrease, lessen (sth) (significantly, in number, quantity or intensity)*	Dadurch wollte er das Risiko vermindern. Der Sturz hatte seine Widerstandsfähigkeit vermindert. Sein Einfluss verminderte sich.
sich/etw **verringern** *reduce (sth) (in quantity or quality)*	Wir wollen durch das Tempolimit die Zahl der Unfälle verringern. Die Anzahl der Teilnehmer hat sich verringert.
zurückgehen *decrease, go down, fall off (return to previous lower level)*	Die Produktion, der Absatz ist seit Mai stark zurückgegangen. Die Börsenkurse sind zurückgegangen.
zusammenschrumpfen *dwindle*	In dieser Zeit ist sein Vermögen um die Hälfte zusammengeschrumpft.

verrückt
[see also dumm]

mad

behämmert (R1) *mad, batty, crazy, nutty*	Du bist vielleicht behämmert! Sie machte einen behämmerten Eindruck.
bekloppt (N) *mad, batty, crazy, nutty*	Du bist wohl bekloppt, oder? Das schaffst du doch nie im Leben!
bescheuert (R1) *mad, batty, crazy, nutty, daft*	Sie machte einen recht bescheuerten Eindruck. Der Alte ist doch bescheuert.
einen **Dachschaden haben** (R1) *have a tile/slate loose, be slightly unhinged*	Was die sich schon wieder einbildet! Die hat wohl einen Dachschaden!
geistesgestört (R2/3) *mentally disturbed, deranged*	Diese Frau, die mit Härte und Unbeugsamkeit das Geschick ihrer Enkel lenken will, ist geistesgestört.
geisteskrank *mentally ill*	In diesem Turm lebte der geisteskranke Dichter bis zu seinem Tod im Jahre 1843.
hirnrissig (S) *hare-brained, batty*	Empörte Eltern bezeichneten dieses Vorhaben der Stadt als hirnrissig.
hirnverbrannt (R1) *hare-brained, batty*	Das ist doch hirnverbrannt, Ulrike. Das kannst du doch nicht ernst meinen.
irr(e) *mad, crazy, insane;* (R1) *crazy, wild, fantastic*	Er sah, dass sie halb irre geworden war vor Angst. (R1) Hamburg ist doch eine irre Stadt. Das war eine irre Party bei Uschi.
irrsinnig *mad, crazy, insane;* (R1) *fantastic, terrific*	Seit diesem schrecklichen Erlebnis ist sie irrsinnig. (R1) Ich habe irrsinnig gut verdient. Der Polizist muss mit einem irrsinnigen Tempo gefahren sein.

eine **Meise** / einen **Vogel haben** (R1)
  be crackers, be nutty

Was denkst du bloß, du hast wohl eine Meise. Der Gerhard hat einen Vogel.

meschugge (R1)
  nuts, barmy

Auf den meschuggenen alten Kerl kannst du nicht mehr setzen. Dabei sind die Mädchen alle meschugge geworden.

piep(s)en (R1): bei jdm **piept es**
  sb is barmy, crazy, nuts

Bei dem piep(s)t es wohl, der redet immer nur so wirres Zeug.

plemplem (R1)
  not right in the head, round the bend

Die da im Schloss, die müssen doch alle ein bisschen plemplem sein.

rappeln (R1): bei jdm **rappelt es** /
  (*AU*) jd **rappelt**
  sb is barmy, crazy, nuts

Da sollst du aber schwer aufpassen, bei der rappelt's manchmal. (*AU*) Die Therese rappelt auch manchmal.

bei jdm ist eine **Schraube locker** (R1)
  sb has a screw loose

Bei der ist wohl eine Schraube locker, sie denkt, dass ich ihr noch hundert Mark geben will.

spinnen (R1)
  be crazy, be nutty, be screwy

Ich euch nach Hause fahren, ihr spinnt wohl! Spinn doch nicht!

nicht alle **Tassen im Schrank haben** (R1)
  be not right in the head, not all there

Du hast wohl nicht alle Tassen im Schrank, der Herr Braun erwischt dich totsicher.

toll (R1)
  crazy, fantastic, terrific; (**R3a**) *mad*

An dem Abend ging es toll zu. Das ist doch toll, was er gemacht hat. Das war doch eine tolle Reise. (**R3a**) Bei dem Lärm kann man toll werden.

übergeschnappt (R1)
  crazy, batty

Du bist wirklich übergeschnappt. Die ist ganz übergeschnappt, seit sie den Andreas kennt.

verrückt
  mad, crazy (lit. and, esp. **R1**, fig.)

Seit dem Unfall ist er verrückt. Du bist wohl total verrückt! Er war verrückt nach ihr. Er trug einen wirklich verrückten Hut. Die fährt wie verrückt!

wahnsinnig
  mad, insane (lit. and, esp. **R1**, fig.)

Kurz vor ihrem Tod ist sie wahnsinnig geworden. Ich hatte wahnsinnige Angst um dich. Das ist eben für die Frau wahnsinnig demütigend.

---

verschieden   *different*

ander
  other, different (i.e. another of the same kind)

Gestern ist er mit einer anderen Frau gekommen. Ich bin jetzt anderer Meinung. Es gibt doch andere Möglichkeiten, nach Berlin zu fahren.

anders (pred. or adv. only)
  different(ly), in a different way

Sie ist ganz anders als ihre Schwester. Du musst es anders anpacken. Das klingt jetzt anders.

andersartig
  different (emphasizing different kind)

Der Mathematiker wollte eine völlig andersartige Lösung dieses Problems finden.

unterschiedlich
  different, differing, variable, varying

Die Qualität dieser Erzeugnisse ist recht unterschiedlich. Diese Autos haben unterschiedlich große Motoren.

verschieden
  different (distinguishing two or more people or things), *various*

Die beiden Schwestern sind in der Größe verschieden. Sie ist verschieden von ihrer Schwester. Wir sind verschiedener Meinung. Sie hat verschiedene Bücher gekauft.

verschiedenartig (R2/3)
  different, diverse (of different or various kinds)

Er besaß ein Gefühl für die Zusammengehörigkeit ganz verschiedenartiger Symptome.

Verstand
[see also **Kenntnis**]

reason, understanding

Auffassungsgabe, die (no pl.) (R3)
  intelligence, grasp (speed of understanding)

Gesucht werden Mitarbeiter mit einer raschen Auffassungsgabe und technischem Know-how.

Denkvermögen, das (no pl.) (R3)
  intellect, understanding (intellectual capacity)

Das Denkvermögen dieser Jugendlichen gilt als sehr beschränkt.

Einsicht, die (-en) (R2/3)
  insight, realization (understanding of sth specific)

Heute ist schon die richtige Einsicht verbreitet, dass die Atombombe nicht abzuschaffen ist. Wir haben interessante neue Einsichten gewonnen.

Geist, der (no pl.) (R2/3)
  mind (thinking faculty)

Sie hatte einen regen, wachen Geist. Er musste seinen Geist anstrengen, um es zu begreifen.

Grips, der (no pl.) (R1)
  sense, nouse (ability to think)

Was er an Grips zu wenig hatte, konnte seine sympathetisches Auftreten nicht wettmachen.

Intellekt, der (no pl.) (R3)
  intellect

Er bewunderte sie vor allem um ihren scharfen Intellekt.

Intelligenz, die (no pl.)
  intelligence

Verheerend war das Ergebnis einer Untersuchung über die Intelligenz der Hochschullehrer an der englischen Universität Cambridge.

Köpfchen, das (no pl.) **(R1)**
  brains (often ironic or humorous)

Köpfchen muss man haben! Das Problem kann man wohl nur mit Köpfchen lösen.

Scharfsinn, der (no pl.)
  mental ability, quickness of mind

Die Durchführung verlangte den außerordentlichen Scharfsinn einiger bedeutender Forscher.

Vernunft, die (no pl.)
  good sense, reasonableness

Er bemühte sich um einen Ton, mit dem gütige Väter bisweilen ihren Söhnen Vernunft beibringen.

Verstand, der (no pl.)
  reason, intellect (ability to understand)

Er hat wenig, viel Verstand. Sie hatte einen klaren Verstand. Dazu reichte sein Verstand nicht aus.

Verständnis, das (no pl.)
  comprehension, sympathy, ability to understand

Für seine Sorgen hatte sie kein Verständnis. In der Tat hat die Bodenforschung wesentlich zum Verständnis des frühen Mittelalters beigetragen.

verstecken   *hide*

jdn/etw **verbergen (R2/3)**
  hide, conceal, not reveal sb/sth

Die schwarze Brille konnte den intelligenten Ausdruck der Augen nicht verbergen. Er versuchte gar nicht, seine Vorurteile zu verbergen.

jdn/etw **verdecken**
  cover sb/sth up, conceal sb/sth

Wolken verdeckten die Sonne. Der Schatten des tief herabgezogenen Huts verdeckte sein Gesicht.

(jdm) etw **verhehlen (R3)**
  conceal sth (from sb), not reveal sth (to sb)

Sie konnte es ihm nicht verhehlen, dass sie über diese Nachricht zutiefst erschüttert war.

(jdm) etw **verheimlichen**
  keep sth secret, conceal sth (from sb) (not tell)

Den Ernst der Lage dürfen Sie uns doch nicht verheimlichen.

jdn/etw **verhüllen (R3)**
  cover sb/sth up, conceal sth

Der Rauch der Zigarette verhüllte sein Gesicht. Er wollte seine Angst durch ein Lachen verhüllen.

(jdm) etw **verschweigen (R2/3)** [see also **schweigen**]
  hush sth up, not reveal sth (to sb)

Die Schwestern verschwiegen ihm die entsetzliche Wahrheit. Ich will ihnen jetzt meine persönliche Meinung nicht verschweigen.

jdn/etw **verstecken**
  hide sb/sth

Sie versteckte den Schlüssel in der untersten Schublade. Sie wollten den Flüchtling verstecken. Er versteckte sich hinter dem Schuppen.

verstehen   *understand*
[see also erkennen, erklären, wissen]

jdn/etw **begreifen**
  comprehend, grasp sb/sth

Ich kann nicht begreifen, warum sie nicht kommt. Ich konnte den Sinn dieser Handlung nicht begreifen. Ich konnte meinen Freund gut begreifen.

etw **checken** (**R1**)
  get sth, cotton on to sth

Hast du das erst jetzt gecheckt? Das hat sie immer noch nicht gecheckt.

etw **fassen**
  [always used with a negative word]
  grasp sth

Es war einfach nicht zu fassen. Er konnte sein Glück kaum/gar nicht fassen. Es ist kaum zu fassen, dass sie bei ihm bleiben will.

etw **erfassen** (**R2/3**)
  grasp, understand sth (essential details)

Er hatte das Wesentliche mit einem Blick erfasst. Sie hatte den Sinn der Frage sofort erfasst.

(etw) **kapieren** (**R1**)
  get, grasp, understand sth

Der hat immer noch nicht kapiert, dass er keine Chancen bei ihr hat.

etw **nachvollziehen**
  understand, comprehend sth (reconstruct sth in one's mind)

Ich kann ihr Verhalten nur schwer nachvollziehen. Seine Reaktion auf diese Bemerkung ist leicht nachzuvollziehen.

etw **schnallen** (**R1**)
  twig, catch on to sth

Bruno fragte mich, ob ich das schon geschnallt hätte.

jdn/etw **verstehen**
  understand sb/sth

Die Kleine verstand kein Deutsch. Sie verstand mich kaum. Er verstand, was ich meinte. Sie verstand, dass sie jetzt rennen musste.

sich auf etw **verstehen**
  be an expert at sth

Herr Pilling versteht sich auf moderne Kunst. Sie versteht sich auf Sportwagen.

---

versuchen   *try*

etw **ausprobieren** (**R1/2**)
  try sth out

Helmut und ich wollten den neuen Motor ausprobieren.

jdn/etw **erproben** (**R3**)
  test sb/sth (out) (thoroughly)

Neue Geräte für die Registrierung kosmischer Strahlen wurden in Frankreich erprobt.

(etw) **probieren** (esp. **R1**)
  try (sth) (out) (also food)

Sie wollen probieren, wie schwer das ist. Nach einem Jahr habe ich es wieder probiert. Opa probierte den Schnaps.

jdn/etw **prüfen**
  examine, test, check sb/sth

Ich musste die Bremsen prüfen lassen. Der Professor hat die Studenten geprüft. Sie prüfte, ob die Rechnung stimmte.

jdn/etw (auf etw) **testen**
    test sb/sth (for sth) (evaluate quality by a
    test)
	Er testete die Kandidatinnen. Man testete
	den neuen Kunststoff auf seine Festigkeit.

(etw) **versuchen** *try, attempt (sth)*	Er versucht, den Motor zu reparieren. Versuch's doch mit einem anderen Schlüssel! Sie hat alles Mögliche versucht.

verweigern   *refuse*
[see also **leugnen**]

jdn/etw **ablehnen** *decline, refuse, reject sb/sth, turn sb/sth down*	Man hat auch das Angebot, den Antrag, diesen Kompromiss abgelehnt. Das Ministerium hat es abgelehnt, dazu Stellung zu nehmen.
(jdm) etw **abschlagen** *refuse (sb) sth* (esp. requests, wishes, desires)	Wer könnte diesen Wunsch schon abschlagen? Sie konnte ihren Kindern nichts abschlagen.
jdn/etw **abweisen** *refuse, reject sb/sth, turn sb/sth down* (firmly)	Das Landesgericht hat die Klage abgewiesen. Der Minister hat alle Bittsteller schroff abgewiesen.

etw **ausschlagen**
    refuse, turn sth down (esp. offer,
    unexpectedly)
	Er hat das günstige Angebot des großen
	italienischen Vereins ausgeschlagen.
	Deinetwegen habe ich einmal zehntausend
	Mark ausgeschlagen.

jdm einen **Korb geben** (R1) *turn sb down* (esp. marriage offer or similar)	Ich habe gehört, dass die Gertrud ihm doch einen Korb gegeben hat.
jdm etw **versagen** (R3) *refuse, deny sb sth*	Der Deutsche Fußball-Bund versagte dem HSV die Genehmigung zum Kauf dieses Spielers.
(jdm) etw **verweigern** *refuse (sb) sth*	Allen westlichen Journalisten wurde die Einreise verweigert. Die Regierungssprecher verweigern rundheraus jede Aufklärung.

etw **verwerfen** (R3)
    reject sth (as inadequate, unsatisfactory or
    reprehensible)
	Der Bundesgerichtshof verwarf die Klage.
	Die Partei hat unzweideutig das alte Konzept
	des Sozialismus verworfen.

sich **weigern** (+ zu + INF) *refuse (to do sth)*	Meine Wirtin weigerte sich, mir mit Geld für das Taxi auszuhelfen. Der Arzt weigerte sich, einen Totenschein auszustellen und alarmierte die Kripo.
etw **zurückweisen** (R3) *reject, refuse sth* (as wholly unacceptable)	Der Beamte hat die Vermutung als absurd zurückgewiesen. Der Parteivorsitzende wies diese Behauptungen der Zeitung entschieden zurück.

vollkommen   *complete*

absolut
  [use as adverb esp. common in **R1**]
  absolute(ly), complete(ly)

Hier herrscht absolute Ruhe. Das lässt sich nicht mit absoluter Sicherheit behaupten. Das ist aber absolut unmöglich.

durchaus (adv. only)
  absolutely, thoroughly, perfectly

Es ist durchaus möglich, dass es heute noch regnet. Sonst sind wir uns durchaus einig.

ganz
  quite, entire(ly), wholly

Die ganze Stadt war zerstört. Sie hat ein ganzes Brot gegessen. Das habe ich ganz vergessen. Sie war ganz nass, als sie nach Hause kam.

zur **Gänze** (*AU*)
  completely, fully, entirely

Sein erstes Ziel war es, die Folgen dieser Verträge zur Gänze zu beseitigen.

gänzlich
  [only **R3** as adj.; not pred.]
  total(ly), utter(ly), complete(ly)

Sie brachte eine gänzlich neue Einstellung zur Kunst. Das war ihm gänzlich fremd. Er merkte einen gänzlichen Mangel an Bereitschaft dazu.

hundertprozentig (**R1**)
  absolutely, totally

Sie ist bisher hundertprozentig sicher gewesen. Das kann ich nicht hundertprozentig garantieren.

komplett (**R1**)
  [not pred.; esp. **R1** as adv.]
  complete(ly)

Du bist aber komplett verrückt. Das war kompletter Unsinn. Die jungen Piloten sollten eine komplette zweijährige Ausbildung in den USA erhalten.

perfekt
  perfect

Seine Frau spricht perfekt Englisch. Mit dem dritten Tor war der Sieg der Kölner perfekt. Er ist ein perfekter Ehemann.

total
  [not pred.; esp. **R1** as adv.]
  total(ly) (in **R2/3** usually only of negative things)

Der neue Film von ihm ist total cool. Das ist doch total unmöglich. Das ist ja totaler Wahnsinn. Der Ausflug war ein totaler Misserfolg.

vollendet (only attrib.)
  perfect, consummate (mastering the skill)

Ist diese Frau eine eiskalte Mörderin, die wie eine vollendete Schauspielerin vor Gericht auftritt?

vollends (**R3**) (only adv.)
  completely

Das Reich jenseits des Mondes blieb dem Menschen bis vor kurzem vollends verschlossen.

völlig (not pred.)
  complete(ly)

Das ist mir völlig egal. Das hatte sie völlig vergessen. Das ist völlig normal. Der Versuch endete in einem völligen Misserfolg.

vollkommen
perfect, absolute; (esp. **R1**; not pred.)
complete(ly)

Kein Mensch ist vollkommen. Er hatte die vollkommene Macht in Preußen. Das verstehe ich vollkommen. Das ist doch vollkommen blöd.

vollständig
[adv. use is mainly **R1**]
complete(ly) (not missing any part), *entire(ly)*

Die Sammlung ist jetzt fast vollständig. Eine vollständige Darlegung findet sich auf Seite 37. Das Problem ist noch nicht vollständig gelöst.

vollzählig (rarely attrib.)
complete, all present (not missing any part or any person)

Wenn wir jetzt vollzählig sind, können wir schon fahren. Die geladenen Gäste erschienen vollzählig.

Vorhang   *curtain*

Fensterladen, der (¨; **N**: -)
(folding) shutter (with opening and shutting doors)

Die Fensterläden klapperten und der Wind heulte in den Kaminen. Sollte man nicht die Fensterläden verriegeln?

Gardine, die (-n)
curtain, drape (typically light, but not necessarily translucent)

Er wollte durch das Fenster zu seinem Nachbarn hineinschauen, was ihm jedoch eine unfreundlich dunkle Gardine verwehrte.

Jalousie, die (-n)
(venetian) blind

Am Abend hat Sabine die Jalousien heruntergelassen.

Rollladen, der (¨; **N**: -)
(rolling) shutter (let down outside a window, usually by means of an internal sash)

Er ging in das Schlafzimmer und ließ langsam die Rollläden herunter. Am Morgen zog er die Rollläden hoch.

Rollo, das (-s)
roller blind

Eines der Rollos schloss nicht ganz dicht. Sie hat das Rollo hochgezogen.

Store, der (-s)
net curtain (under main curtain)

Vorsichtig schob er dann Store und Übergardine, deren Teile zwischen Fenster und Tür übereinanderfielen, ein kleines Stück beiseite.

Übergardine, die (-n)
curtain (heavy curtain used over *Gardinen* or *Stores*)

Die Übergardinen ziehen wir eigentlich nur im Winter zu. Die dunkle Übergardine war mit Ausnahme einiger heller Tupfen rot.

Vorhang, der (¨e)
curtain (typically very heavy, reaching down to the floor; *AU*, *CH* also a light curtain)

Von draußen kam kein Licht rein, denn wir hatten die dicken Vorhänge zugezogen. Sie zog die Vorhänge auseinander und stellte fest, dass es nicht regnete.

NB: *Der Laden* also means 'shop' (see **Laden**). To avoid misunderstanding, *Fensterladen* or *Rollladen* is normally used to make it clear that a 'shutter' is meant. However, in **R1**, the simple form *der Laden* is often used for 'shutter' if it is clear that you cannot be referring to a 'shop'.

sich **vorstellen**   *imagine*
[see also denken]

sich jdn/etw **denken** (R1/2)
imagine sb/sth (form a picture of sb/sth in the mind, whether true or false)

Was hast du dir eigentlich dabei gedacht? Ich denke ihn mir groß und schlank. Du kannst dir denken, wie ich mich dabei gefreut habe.

sich etw **einbilden**
imagine sth (falsely, illusorily)

Einmal habe ich ihn noch husten hören, aber vielleicht habe ich mir das auch nur eingebildet.

sich jdn/etw **vorstellen**
imagine sb/sth (form a picture of sb/sth in the mind, whether true or false)

Ich hatte ihn mir ganz anders vorgestellt. Wie stellst du dir den Urlaub eigentlich vor? Ich stelle mir vor, dass ich schnell damit fertig werde.

jdn/etw **wähnen** (R3a)
imagine, believe sb/sth (wrongly)

Er wähnte sich frei von jedem Vorurteil. Sie wähnte, die Sache sei längst erledigt.

vortäuschen   *pretend*
[see also betrügen]

Jedenfalls geben sie sich den Anschein, sich um wenig zu kümmern. Er gab sich den Anschein, als ob er etwas von Kunst verstehen würde.

sich den **Anschein geben** (R3) [see also Schein]
give the (false) impression, pretend

etw **fingieren** (R2/3)
fake, fabricate sth, make sth up

Er hat diese Rechnungen alle fingiert. Dabei hat es sich durchweg um fingierte Namen gehandelt.

(etw) **heucheln** (R2/3)
simulate, fake (sth) (esp. feelings)

Für hunderttausend Mark war wohl jeder fähig, Liebe zu heucheln.

so **tun, als ob** (R1/2)
give the (false) impression, pretend

Das Mädchen tat so, als ob sie ihn gern hätte. Er tat so, als ob er sie nicht gesehen hätte.

sich (ADJ) **stellen**
pretend to be (ADJ)

Als ihn der Polizist einholte, stellte er sich dumm. Ich glaube, sie hat sich bloß krank gestellt.

sich **verstellen**
pretend (conceal one's feelings)

Du brauchst dich nicht zu verstellen, ich weiß genau was du davon hältst.

etw **vorgeben**
[usually with zu + INF]
pretend sth (make a false claim)

Sie gab vor, schon eine Verabredung zu haben. Sie jammerte und gab vor, auf alle Düfte verzichten zu wollen.

(jdm) etw **vorspiegeln** (R3)
feign, sham sth (to sb)

Sie fürchtete, dass er ihr diese guten Absichten nur vorspiegelte.

(jdm) etw **vortäuschen**
  fake, feign, pretend sth (to sb)

Man hat den Arbeitern Verhandlungsbereitschaft vorgetäuscht, damit sie nicht auf die Straße gehen und laut protestieren.

vorwerfen   *reproach*
  [see also **beschuldigen, kritisieren**]

jdn **abkanzeln** (**R1**)
  give sb a dressing down (esp. a subordinate)

Der Chef hat ihn heute Morgen gewaltig abgekanzelt.

jdn **anscheißen** (**R1★**)
  give sb a bollocking (felt to be undeserved)

Deswegen lass ich mich nicht vom Chef anscheißen.

jdn **ausschelten** (**R3**)
  scold sb

Die Mutter hat die beiden Jungen ausgescholten, als sie sie erwischte.

jdn **ausschimpfen** (**R1/2**)
  tell sb off

Mein Vater hat sie tüchtig ausgeschimpft, als er sie gesehen hat.

jdm aufs **Dach steigen** (**R1**)
  give sb a piece of one's mind

Die ist mir aufs Dach gestiegen, weil ich mich mit Jürgen gestritten habe.

jdn ins **Gebet nehmen** (**R1**)
  take sb to task

Sie hat ihn ins Gebet genommen, weil er Karlas Geburtstag vergessen hat.

jdn **herunterputzen** (**R1**)
  tear a strip off sb (and humiliate him/her)

Der Lehrer hat ihn vor der ganzen Klasse furchtbar heruntergeputzt.

jdn **rüffeln** (**R1**)
  tell, tick sb off

Die Mutter hat ihn wegen der schlechten Note gerüffelt.

jdn (wegen etw) **rügen** (**R3**)
  rebuke, reprimand sb (for sth)

Sie wurde wegen ihres schlechten Benehmens schwer gerügt.

etw **rügen** (**R2/3**)
  censure, criticize sth

Man hat sein Verhalten, seinen Leichtsinn, seine Faulheit gerügt.

(auf/über jdn/etw) **schelten** (**R3; S**)
  curse, rail (at/about sb/sth)

Er hat gescholten, weil ihm niemand helfen wollte. Sie schilt ständig über seine Unpünktlichkeit.

mit jdm/jdn **schelten** (**R3; S**)
  berate sb, tell sb off

Die Großmutter hat das Kind / mit dem Kind gescholten.

(auf/über jdn/etw) **schimpfen** (**R1**)
  moan, grumble, curse, get angry (at/about sb/sth)

Meine Mutter hat aber schwer geschimpft, weil ich zu spät gekommen bin. Was haben wir auf ihn / darüber geschimpft!

mit jdm **schimpfen** (**R1**)
  tell sb off

Mutter hat gestern mit dem Christoph geschimpft, weil er sich so dreckig gemacht hat.

jdm **eine Strafpredigt halten** *lecture sb, give sb a dressing down*	Der Schuldirektor hielt den beiden Jungen eine Strafpredigt.
jdn (wegen etw) **tadeln (R3a)** *rebuke, reprimand sb (for sth)*	Sie tadelte ihn wegen seines schlechten Benehmens.
etw **tadeln (R3a)** *censure, criticize sth*	Er hatte an ihrem Benehmen nichts zu tadeln. Sie hat seine Arbeit getadelt.
sich jdn **vorknöpfen (R1)** *give sb a (real) talking to*	Den Helmut werde ich mir demnächst gründlich vorknöpfen.
sich jdn **vornehmen (R1)** *have a word with sb*	Die Else muss ich mir mal bald gründlich vornehmen.
jdm etw **vorwerfen** *reproach sb with sth, accuse sb of sth*	Sie warf mir meine Unhöflichkeit vor. Er warf ihr vor, nicht die Wahrheit zu sagen.
jdn **zurechtweisen (R3)** *rebuke, reprimand sb*	Der Lehrer hatte aber die Beschimpfung gehört und hat ihn scharf zurechtgewiesen.
jdn **zusammenstauchen (R1)** *tear a strip off sb*	Der Chef hat sie wegen ihrer schlampigen Arbeit zusammengestaucht.

wachsen
[see also zunehmen]

grow

etw **anbauen** *grow, cultivate sth (as agriculture)*	Die Bevölkerung besteht aus Kleinbauern, die Mais, Zuckerrohr und Erdnüsse anbauen.
wo/wie **aufwachsen (R2/3)** *grow up swh/somehow (of people)*	Er war geschwisterlos aufgewachsen. Sie ist in einem Heim in Izmir aufgewachsen.
erwachsen sein *be adult/grown up*	Ihre Kinder sind schon erwachsen. Du bist nun erwachsen.
groß werden (R1/2) *grow up*	Yvonne ist in einem entlegenen Alpental groß geworden.
heranwachsen (R3) *reach maturity, grow up (of people, last stage of development to adulthood)*	Eine neue Generation von Ärzten wächst heran. Er hat heranwachsende Töchter. Sie ist zu einer eleganten Dame herangewachsen.
wachsen *grow, increase (in quantity or number)*	Die jungen Vögel wachsen sehr schnell. Unkraut wächst überall. Die Stadt ist inzwischen gewachsen. Sein Zorn wuchs immer mehr.
etw **ziehen** *grow sth (plants)*	Neuerdings zieht unser Nachbar auch Rosen und Chrysanthemen.

etw **züchten**
  grow, cultivate, breed sth (plants, animals)

Man lernte, diese Nashörner in Gefangenschaft zu züchten. Meine Schwester züchtet Orchideen in ihrem kleinen Gewächshaus.

---

wählen   *choose, select*

jdn/etw **auslesen (R2/3)**
  select sb/sth (by quality)

Zuerst müssen wir die faulen Äpfel auslesen. Dazu haben wir die besten Rekruten ausgelesen.

jdn/etw **aussondern**
  select sb/sth, pick sb/sth out

Er sah sich die Bibliothek an und sonderte sorgfältig die wertvollsten Bücher aus.

etw **aussortieren**
  sort, pick sth out (all of the same kind)

Die abgetragenen Stücke werden schon aussortiert und an die Seite gelegt.

(sich) jdn/etw **aussuchen (R1/2)**
  choose, select, pick sb/sth (make a choice)

Haben Sie (sich) schon etwas Passendes ausgesucht? Sie wollte sich einen neuen Badeanzug aussuchen.

jdn/etw **auswählen (R2/3)**
  choose, select, pick sb/sth (make a choice)

Überdies müssen die Piloten auf das sorgfältigste ausgewählt werden.

sich (für jdn/etw) **entscheiden** [see also **beschließen**]
  decide (on sb/sth) (from alternatives on offer)

Sie hat sich noch nicht entschieden. Sie entschieden sich für einen Fenstertisch. Zum Schluss entschied ich mich für einen roten Golf.

jdn/etw **heraussuchen**
  pick sb/sth out (for a particular purpose)

Zur Untersuchung haben sie 3500 gesunde Personen zwischen 39 und 59 Jahren herausgesucht.

etw **selektieren (R3b)**
  select sth (systematically)

Wir müssen die Kriterien überprüfen, nach denen die Hersteller selektiert werden.

eine **Wahl treffen**
  make a choice

Unsere Fachkräfte waren schockiert, aber wir wussten, wir hatten die richtige Wahl getroffen.

(jdn/etw) **wählen**
  choose (sb/sth)

Haben Sie schon gewählt? Welches Buch hast du gewählt? Er musste zwischen den beiden Möglichkeiten wählen.

---

warm/kalt   *hot/cold*

bitterkalt
  bitterly cold (most often of weather)

Draußen lag hoher Schnee, und es war bitterkalt. Der Wind war bitterkalt.

eiskalt *icy (cold)*	Er sprang erneut in das eiskalte Wasser. Sie legte ihre eiskalten Hände in meine Achselhöhlen.
heiß *(very) hot, extremely hot*	Der Kaffee ist zu heiß, ich kann ihn nicht trinken. Der Juli war sehr heiß. Vorsicht, der Topf ist heiß. Die Haube des Autos war glühend heiß.
kalt *cold*	Draußen ist es sehr kalt. Mir ist kalt hier. Ich möchte ein Glas kaltes Wasser.
kühl *cool*	Abends wird es ziemlich kühl hier. Das Wasser ist doch angenehm kühl.
lau *(pleasantly) mild, lukewarm*	Das Badewasser war lau geworden. Es ist ein Sonntag, und die Frühabendluft ist leicht und lau.
lauwarm *lukewarm (not used of weather)*	Das Bier war lauwarm. Sie spülte den Mund mit lauwarmem Wasser aus.
saukalt (R1*) *bloody cold*	In Toronto sind die Winter aber saukalt. Es war eine saukalte Nacht.
warm *warm, hot (but not too hot)*	Das Zimmer hatte warmes und kaltes Wasser. Er nahm ein warmes Bad. Hier sind die Nächte sehr warm. Ich habe heute nichts Warmes gegessen.

warten   *wait*

(jdn/etw) **abwarten** *wait (for sb/sth) (wait and see patiently, with fair expectation of desired outcome)*	Wir können bloß abwarten. Wir müssen abwarten, ob er durchkommt. Er muss die Polizei abwarten und eine amtliche Starterlaubnis bekommen.
jdm **auflauern** *lie in wait for sb, waylay sb*	Er saß im Auto und lauerte mit dem Gewehr auf dem Schoß den beiden Verbrechern auf.
ausharren (R3) *wait (hang on under difficult conditions)*	Der verunglückte Bergsteiger musste noch sechs Stunden auf dem vereisten Gipfel ausharren.
sich die **Beine/Füße in den Bauch stehen** **(R1)** *hang around for a long time*	Ich habe mir die Beine in den Bauch gestanden, bis sie endlich gekommen ist.
jdn/etw **erwarten** *expect sb/sth; wait for sb/sth (impatiently)*	Wir erwarten sie um acht. Das konnten wir nicht erwarten. Sie erwartete ihn am Bahnhof. Er konnte das Wochenende kaum erwarten.

jds/einer Sache **harren** (R3a)
await sb/sth

Diese Fragen harren noch einer Antwort.
Das ist eine Aufgabe, die noch ihrer Lösung
harrt.

(auf jdn/etw) **lauern**
lie in wait for sb/sth; (**N**) *wait for sb/sth*
(impatiently)

Was lauert im dunklen Wald auf dich? Wir
lagen morgens immer im Fenster und
lauerten auf den Briefträger.

auf jdn/etw **passen** (**S**)
wait for sb/sth (impatiently)

Die ganze Nacht ist er an der Tür gesessen
und hat auf die Kleine gepasst.

(auf jdn/etw) **warten**
wait for sb/sth

Ich musste zwei Stunden warten. Ich habe
lange auf dich gewartet. Sie hat mich warten
lassen.

zuwarten (R2/3)
wait (patiently and expectantly)

Die Polizei durfte nicht länger zuwarten, bis
sie eingriff.

waschen   *wash*

(etw) **abspülen**
rinse (sth) (off) (remove all dirt, etc.); *wash
up*

Mit diesem Programm können Sie auch das
Geschirr kurz kalt abspülen. Jetzt spülen wir
ab.

(etw) **abwaschen**
wash sth off, wash sth down; (**N**) *wash (sth)
up*

Er wäscht den Schmutz vom Gesicht. Er
wäscht das Pferd ab. Jetzt waschen wir (das
schmutzige Geschirr) ab.

(etw) **aufwaschen** (**N**)
wash (sth) up

Meine beiden Brüder sind in der Küche und
waschen (das schmutzige Geschirr) auf.

etw **ausspülen**
rinse sth (out), wash sth out

Ich muss mir den Mund ausspülen. Sie hat
die Gläser ausgespült.

etw **auswaschen**
wash sth out

Er wollte den Fleck auswaschen. Er musste
die Gläser auswaschen. Ich habe mir die
Wunde ausgewaschen.

etw **schwemmen** (*AU*)
rinse sth (washing)

In diesen neuen Maschinen wird die Wäsche
automatisch geschwemmt.

(etw) **spülen**
rinse, flush sth, wash (sth) up (esp. dishes)

Er spülte den Pullover mit klarem Wasser.
Ich spüle immer und mein Bruder trocknet
ab. Das Treibholz wurde ans Ufer gespült.

(jdn/etw) **waschen**
wash (sb/sth)

Sie hat sich / das Kind (gründlich)
gewaschen. Sie wäscht sich das Haar. Sie
wäscht das Auto, das Kleid.

wecken   *wake (up)*

aufbleiben
    stay up

Wegen mir sollst du aber nicht aufbleiben.
Die ältesten Kinder durften noch ein wenig
aufbleiben.

aufstehen
    get up (out of bed, chair, or from ground)

Meine Mutter steht immer früh auf. Ich
musste aufstehen und mir die Zähne putzen.

aufwachen
    wake up (become wide awake)

Sie war mitten in der Nacht plötzlich
aufgewacht. Ich wache jeden Morgen um
sieben auf.

jdn **aufwecken**
    wake sb up, rouse sb (completely awake)

Das Klingeln an der Haustür weckte ihn auf.
Sei bitte leise, sonst weckst du das Kind auf.

erwachen (R3)
    wake up, awake, come round (from sleep or
    state of unconsciousness)

Er erwachte aus seiner Bewusstlosigkeit und
irrte durch den Wald. Ich erkannte sie schon,
bevor ich erwacht war.

etw **erwecken (R2/3)**
    arouse, awaken sth (esp. emotion, suspicion,
    impression)

Jedoch hat sein Brief diesen Eindruck
erweckt. Ich darf keinen Argwohn
erwecken. Die Tatsache erweckt unser
Staunen.

wach sein
    be awake

Bist du immer noch wach? Ich war die ganze
Nacht wach.

wach werden (R1/2)
    wake up

Wann bist du wach geworden? Ich bin durch
diesen Krach wach geworden.

wachen (R3)
    be, stay awake

Sie hat die ganze Nacht gewacht. Sie hat die
ganze Nacht bei ihrer kranken Schwester
gewacht.

jdn **wecken**
    wake sb up, rouse sb

Willst du mich bitte um halb sieben wecken?
Dieser Lärm hat ihn geweckt.

weggehen   *go away, depart, leave*
[see also **fliehen**]

abdampfen (R1)
    leave, hit the road

Komm, Jungs, jetzt wollen wir aber
abdampfen. Die ganze Bande ist schon
abgedampft.

abfahren
    leave, depart (means of transport)

Wann fährt der Zug nach Hildesheim ab?
Beeile dich, der Bus fährt gleich ab.

abhauen (R1)
    clear off, push off

Hau ab! Ich kann dich nicht mehr sehen. Er
ist abgehauen, als er die Polizisten an der
Ecke sah. Sie ist mit dem ganzen Geld
abgehauen.

abreisen
leave, depart (of people, on a journey)

Sie ist schon nach Dresden abgereist. Wir reisen morgen in aller Frühe nach Venedig ab.

abtanzen (R1)
go away, leave

Angelika ist kurz vor zwölf mit dem Michael abgetanzt.

abzwitschern (R1)
go off, take o.s. off (usually hum.)

Um 11 Uhr sind wir dann abgezwitschert. Nach dem Frühstück ist Tante Lise dann endlich abgezwitschert.

aufbrechen
set out, off

Wir wollen schon um halb sieben nach Goslar aufbrechen. Er ist vor einer Stunde aufgebrochen.

davonfahren
depart, drive off, away (transport)

Der Bus fuhr schon davon, als wir die Haltestelle erreichten.

sich **empfehlen (R3a)**
take one's leave (old-fashioned or hum.)

Er empfahl sich und verließ den Saal durch eine Seitentür.

sich **entfernen (R3)**
go/move away, depart

Sie entfernte sich rasch durch den Hof. Die Schritte entfernten sich.

fortgehen (R2/3)
leave, go away (people)

Der Unbekannte ging schnell fort, ohne sich zu verabschieden.

Leine ziehen (R1)
clear off, push off

Sie rafften schnell ihre Sachen zusammen und zogen Leine.

losfahren (R1)
leave, set off (transport)

Wir wollen morgen gleich nach dem Früstück losfahren.

losgehen (R1)
leave, set off (people)

Wir müssen gleich losgehen, wenn wir rechtzeitig ankommen wollen.

sich **schleichen (SE)**
clear off

Schleich dich! Ich will jetzt endlich mal allein sein.

sich auf die **Socken machen (R1)**
get going, get started

Es ist jetzt höchste Zeit, dass wir uns auf die Socken machen.

starten (R1)
set off (on a journey)

Wir starten morgen um sieben nach Füssen. Sie sind gestern in den Urlaub gestartet.

sich **verabschieden**
take one's leave, say good-bye

Sie verabschiedete sich und ging rasch die Treppe hinab. Jetzt ist es Zeit, dass ich mich von euch verabschiede.

sich **verpissen (R1★)**
clear off, piss off

Verpiss dich, wir brauchen dich hier nicht. Wir sollten uns schleunigst verpissen.

verschwinden (R1)
clear off

Jetzt sollst du aber verschwinden. Verschwinde! Ich will mit deinem Vater sprechen.

sich verziehen (R1)
   take o.s. off (inconspicuously)

Um elf Uhr verzog ich mich (ins Bett). Sie verzog sich in eine stille Ecke.

sich auf den Weg machen
   set off/out

Eines Tages machte er sich nach Feierabend wieder auf den Weg zur Baustelle am Kuhsee.

wegfahren
   leave, depart, drive off (transport)

Wann seid ihr gestern Abend in Kopenhagen weggefahren?

weggehen
   leave, go (away) (people)

Wir sind schon vor dem Schluss weggegangen. Dann habe ich gewusst, dass ich weggehen wollte. Sie konnte noch nicht weggehen.

NB: Especially in **R1**, simple, unprefixed *fahren, gehen* or *reisen* are often used in the sense of 'leave', if this meaning is otherwise clear from the context.
   Almost any verb of motion can be prefixed with *ab-, davon-, fort-, los-* or *weg-*, to combine the sense of 'leave' or 'go away' with the inherent meaning of the base verb, e.g. *abzotteln* (**R1**) 'toddle off'; *davoneilen*, 'hurry off'; *fortsausen*, 'rush away'; *loswandern*, 'set off' (on a hike); *wegrasen*, 'rush away'.

---

weich   *soft*

gelind(e) (R3)
   mild, gentle (not severe)

ein gelinder Frost, Regen, Schmerz, Wind, eine gelinde Strafe. (**R2**) Das war, gelinde gesagt, etwas unhöflich von dir.

mild
   mild, gentle; lenient (not severe or harsh)

Hier herrscht ein mildes Klima. Er bekam eine milde Strafe. Er rauchte eine milde Zigarre.

sacht(e)
   soft, gentle, light (of touch, using care)

Sie berührte ihn sacht. Er fasste es sachte an. Sie befreite sich sacht aus seinen Armen.

sanft
   gentle (not rough or violent)

Er hatte eine sanfte Stimme. Sie berührte ihn sanft. Sie klopfte sanft an die Tür. Sie hatte eine sanfte Art. Ein sanfter Regen fiel.

weich
   soft (not hard or harsh)

Ich schlafe nicht gern in einem weichen Bett. Ihre Stimme war weich. Dieser Stoff ist sehr weich.

zart
   tender, delicate, fragile

Man muss ihn zart behandeln. Ich liebe diese zarten Farben. Das Fleisch ist sehr zart.

zärtlich
   tender (loving and affectionate)

Sie strich zärtlich über die Wange ihres Kindes. Sie wandte den Kopf und sah ihn zärtlich an.

weinen

cry

[see also **rufen**]

brüllen (esp. **R1**)
bawl, howl, yell (very loud)

Das Kind hat gebrüllt, weil es nicht ins Bett wollte.

flennen (*S*)
cry, blub (loud)

Die beiden Kinder sind in der Ecke gesessen und haben geflennt, bis ihre Mutter gekommen ist.

greinen (**R1**)
whine, snivel

Hör doch auf zu greinen, du kriegst bald was zu essen.

heulen (**R1**)
bawl, howl, wail (esp. children)

Im Abteil waren zwei kleine Mädchen, die ständig geheult haben.

plärren (**R1**)
bawl, howl (loud and unpleasant, esp. children)

Das Säugling fing sofort an zu plärren, als er die Krankenschwester sah.

schluchzen
sob

Sie warf sich auf das Bett und begann zu schluchzen.

in **Tränen ausbrechen**
burst into tears

Sie ist sofort in Tränen ausgebrochen, als sie das hörte.

Tränen vergießen
shed tears

Über diese Schmach hatte sie schon bittere Tränen vergossen.

weinen
weep, cry

Sie weinte so lange, bis die Tränen versiegten. Er weinte stundenlang, ehe er sich wieder beruhigen konnte. Angela weinte still vor sich hin.

wimmern
whimper

Sie wimmerte vor Schmerzen. „Ich werde dich nicht mehr sehen", wimmerte er.

winseln
whimper, whinge (pej.; of dogs and people)

Lux winselte vor mir und rieb sich an meinen Knien. Er lag am Boden und winselte um Hilfe.

---

weitermachen

continue

mit etw **fortfahren** (**R3**)
continue (with) sth

Adelheid ließ sich nicht stören und fuhr mit ihrer Arbeit fort.

fortfahren (+zu + INF) (**R3**)
continue (to do/doing sth)

Adelheid ließ sich nicht stören und fuhr fort zu arbeiten.

etw **fortführen** (**R3**)
continue, carry on sth (without interruption), *take sth over*

Herr Schumacher hat das Geschäft seines Vaters fortgeführt. Eine solche Politik führte die Linie von 1938 fort.

fortgehen
go on

Das ging so fort, bis plötzlich eine Änderung eintrat. Mein Leben wird so fortgehen wie bisher.

etw **fortsetzen (R3)**
continue, resume sth (i.e. not necessarily without some interruption)

Nach dem Krieg setzte er seine Studien fort. Er setzte seinen Weg durch den Wald fort. Hier setzten wir bewusst eine alte Tradition fort.

etw **weiterführen**
continue sth (and take it further); *extend sth* (object, line)

Die Verhandlungen, Gespräche werden morgen weitergeführt. Die neue Straße wird am Fluss entlang weitergeführt.

weitergehen
go on, not stop

So kann es einfach nicht weitergehen. Unser Weg geht noch ein paar Kilometer weiter. Das Leben geht weiter. Und wie ging die Geschichte dann weiter?

(etw / mit etw) **weitermachen (R1)**
carry on (with sth)

Sie haben diese / mit dieser Politik weitergemacht. Wir konnten nicht weitermachen. Mach nur so weiter! (ironic)

weiter + VERB
carry/keep/go on verbing (i.e. continue the action expressed in the verb)

weiterarbeiten 'continue to work'; weiterbrennen 'continue to burn'; weiterfeiern 'carry on partying'; weiterschlafen 'continue to sleep'; weiterschreiben 'continue to write'

---

wenden   *turn*

(wohin) **abbiegen**
turn off (swh)

Hier musst du (nach) rechts abbiegen. Wir hätten in Vielbrunn abbiegen sollen.

sich/etw **abwenden**
turn (sth) away

Er wandte das Gesicht von ihr ab. Sie wandte sich von ihm ab.

wohin **biegen**
turn swh

Der Wagen bog um die Ecke. Am Marktplatz müssen wir in die Pfeilgasse biegen.

sich/jdn/etw **drehen**
turn (sb/sth) (over), revolve, rotate, twist (sb/sth) (on its own axis, or round a centre)

Er drehte sich zur Wand. Das Schiff drehte sich dreimal im Strudel. Ich drehte die Leiche auf die Seite. Sie drehte rasch den Kopf zur Seite. Ich drehte das kleine Fläschchen in der Hand.

in etw **einbiegen**
turn into sth (road or street)

Sie fuhr bis zum Bahnhofsplatz und bog in die Kolbstraße ein.

sich/jdn/etw **herumdrehen**
turn (sb/sth) ((right) round/over)

Die Frau drehte sich ruckartig zu Karl herum. Der Schlüssel passte und ließ sich lautlos herumdrehen.

sich/etw nach/zu jdm/etw **hinwenden**
turn (sth) to(wards) sb/sth

Dann wandte sie den Kopf zu ihm hin. Er wandte sich zu seiner Mutter hin.

etw (wohin) **kehren** (**R3**)
turn sth (esp. body part) (swh) (in a particular direction)

Er kehrte die Augen zum Himmel. Sie kehrte das Gesicht zur Sonne. Sie kehrte ihm den Rücken. Sie kehrten nach Hause.

(etw) **kehren** (*CH*)
turn (sth) (to face in other direction)

Das Auto, der Trend, der Wind hat gekehrt. Yvonne hat den Wagen gekehrt.

kehrtmachen
turn round/back (and retrace one's path)

Wir sahen das Gewitter kommen, also haben wir am Waldrand kehrtgemacht.

sich/jdn/etw ´**umdrehen**
turn (sb/sth) (over/round/upside-down) (on its own axis, or round a centre; esp. of people)

Im Türrahmen drehte er sich um. Ich drehte den Schlüssel zweimal um. Sie drehte die Schallplatte um. Wir müssen die Matratze umdrehen.

´**umdrehen**
turn round/back

Dort hörte der Weg auf, und Sigrid musste umdrehen.

´**umkehren**
turn back

Die Hubschrauber, die zur Suche gestartet waren, mussten wegen schlechten Wetters umkehren.

etw ´**umkehren**
turn sth inside out, invert sth

Er kehrte seine Taschen um, konnte den Schlüssel aber immer noch nicht finden.

etw ´**umwenden**
turn sth over

Langsam wendete sie die Seiten des dicken Buches um.

sich (wohin) ´**umwenden** (**R3**)
turn round (swh) (towards sb/sth)

Jim wich erst ein Stück vom Tisch zurück, ehe er sich halb umwandte. Er wandte sich nach ihr um.

sich/jdn/etw **wenden** (**R2/3**)
turn (sb/sth) (over, or to face in another direction)

Sie wandte sich zur Tür. Sie wendete den Blick zur Seite. Er wendete den Kopf. Er wendete das Blatt Papier. Hilfst du mir bitte die Matratze wenden?

wenden
turn (vehicles)

In dieser engen Einfahrt kann ich doch nicht wenden.

sich/etw jdm **zudrehen**
turn (sth) to(wards) sb

Leo drehte sich mir fragend zu. Sie drehte ihm den Rücken zu.

sich/etw jdm/etw **zuwenden** (**R2/3**)
turn (sth) to(wards) sb/sth

Sie wendete ihm den Rücken zu. Er wendete sich dem Direktor zu, der neben ihm saß.

Werbung   *advertising*

Annonce, die (-n)
  advertisement (small ad in newspaper)

Sie wollte eine Annonce in die Zeitung
setzen. Sie hat auf seine Annonce
geantwortet.

Anschlag, der (¨e)
  poster, bill, notice, placard

Sie stand vor dem Schwarzen Brett und las
die Anschläge.

Anzeige, die (-n)
  advertisement (newspaper), *announcement*
  (birth, marriage, death)

Ich möchte eine Anzeige aufgeben. Wir
haben gestern die Anzeige ihrer Verlobung
in der Zeitung gesehen.

Inserat, das (-e)
  advertisement (i.e. small ad in newspaper)

Das Inserat steht heute in der Zeitung. Sie
hatte sich auf ein Inserat gemeldet.

Plakat, das (-e)
  poster, bill, placard, advertisement (posted on
  pillar, wall, etc.)

Es ist strengstens verboten, hier Plakate
anzukleben. Er hatte mehrere Plakate an der
Litfaßsäule angebracht.

Reklame, die (-n)
  advertising, publicity; (**R1**) *advertisement*

Das ist schon eine geschickte, erfolgreiche
Reklame. Für diesen Film wird viel Reklame
gemacht. Im Briefkasten lag nichts als
Reklamen.

Werbe + N O U N
  advertising N O U N

die Werbeaktion 'advertising campaign'; die
Werbesprache 'advertising language'; der
Werbetext 'advertising copy, text'

Werbespot, der (-s)
  TV commercial, advertisement

Bei den Privatsendern dauern die Werbespots
durchschnittlich etwas länger als eine
Minute.

Werbung, die (no pl.)
  advertising, publicity, sales promotion (general,
  neutral sense)

Die Werbung blieb erfolglos. Sie ist in der
Werbung tätig. Wir müssen mehr Werbung
für dieses Produkt treiben. Seit 1990 sind die
Kosten für die Werbung ständig gestiegen.

werfen   *throw*

jdn/etw **hinauswerfen**
  throw sb/sth out

Der Wirt hat den Betrunkenen
hinausgeworfen. Sie warf die Tasche zum
Fenster hinaus.

jdn/etw **schleudern**
  hurl, sling, fling sth (throw with some force)

Beim Unfall wurde sie auf die Straße
geschleudert und schwer verletzt. Wütend
schleuderte sie die Illustrierte auf den
Teppich und sprang auf.

etw **schmeißen** (**R1**)
  chuck, sling, throw sth

Wolfgang ist hereingekommen und hat
seinen Schulranzen in die Ecke geschmissen.

jdn/etw umwerfen *throw, knock sb down, knock sth over*	Der große Hund hätte ihn fast umgeworfen. Die Katze hat die Flasche mit der Milch umgeworfen.
etw wegwerfen *throw sth away*	Ich dachte, die Uhr wäre doch kaputt, also habe ich sie weggeworfen.
jdn/etw werfen *throw sb/sth*	Er warf seine Mütze auf die Bank. Sie warf einen Blick aus dem Fenster. Er warf ihm einen Stein an den Kopf. Er warf den Ball in den See.
jdm etw zuwerfen *throw sth to sb, cast sth* (a glance) *at sb*	Sie hat mir den Ball zugeworfen. Er warf dem Kommissar einen fragenden Blick zu.

---

wirklich   *real(ly)*

echt
   real, genuine (not faked); (esp. **R1**) *really, very*

Sind das echte Perlen? Seine Freude darüber war echt. Diese Unterschrift ist nicht echt. Er war ihr ein echter Freund. (**R1**) Ich hab's echt eilig.

eigentlich
   actual(ly), real(ly) (in actual fact, possibly despite the appearances)

Was will sie eigentlich? Eigentlich wollte ich hier bleiben. Erst später erkannte er ihre eigentlichen Absichten. Das eigentliche Problem liegt anders.

faktisch
   (**R3**) *actual, real* (in actual fact); (**R1**, esp. *AU*) *more or less, in practice*

Der Atomkrieg ist faktisch ein Doppelselbstmord der Gegner. Das kommt faktisch auf dasselbe heraus.

genuin (**R3**)
   genuine

Selten begegnet man einer so genuin künstlerische Leistung.

real (**R3**)
   real

Die freie Welt steht unter der realen Drohung des expansiven Totalitarismus.

reell
   real (actually existing)

Meinst du, er hat da eine reelle Chance, das Spiel zu gewinnen?

tatsächlich
   real, actual (in accordance with the real facts)

Er hat die tatsächliche Situation verkannt. Sie hat tatsächlich diese Meinung geäußert.

wahr (not used as adverb) [see also **richtig**]
   true, veritable, real (not false)

Das kann doch nicht wahr sein! Es ist eine wahre Geschichte. Er war ihr ein wahrer Freund. Das war eine wahrer Segen.

wahrhaft (only adverb except in **R3**)
   true, real, veritable (emphatic)

Er machte eine wahrhaft unglückliche Figur. Er zeigte seine wahrhafte Liebe zu ihr.

wahrhaftig
  (adv.) *really, truly*; (**R3**, adj.) *truthful*

Sie hatte ihn wahrhaftig beleidigt. Sie ist bekannt durch ihre wahrhaftigen Milieuschilderungen.

wirklich
  real (actually in existence)

Kommt sie heute wirklich? Das wirkliche Leben hier ist doch anders. Er ist ein wirklicher Künstler. Das tut mir wirklich Leid.

---

wissen   *know*
  [see also **erkennen, verstehen**]

jdn/etw **kennen**
  know sb/sth (be familiar with people, places, books, etc.; have learnt sth, e.g. a trade, rules of a game; have heard or perceived sth)

Kennen Sie Herrn Flick? Ich kenne ihn gut. Ich kenne den Schwarzwald. Ich kenne die Stelle, wo er begraben liegt. Er kennt sein Handwerk, die Regeln des Spiels. Ich kenne seinen Namen.

etw **können**
  know sth (have learnt sth, so that one is able to do it, speak it or perform it)

Ich kann gut Russisch. Kannst du jetzt das Gedicht? Kann sie auch die Melodie der britischen Nationalhymne? Kannst du Skat?

(etw) **wissen**
  know sth (i.e. have knowledge of information)

Weißt du, wo sie wohnt / ob sie kommt? Ich wusste nicht, dass sie krank war. Ich weiß von ihm. Sie weiß alles darüber. Ich weiß, wie man es macht. Weißt du den Weg? Ich weiß ihren Namen nicht.

NB: Although, in general, *wissen* is less common with a following noun object than *kennen*, it can be used, esp. in **R1**, if reference is to a specific piece of information, so that both *Ich kenne ihren Namen* and *Ich weiß ihren Namen* are possible. There can be a difference of meaning, though. Compare: *Ich kenne den Trick* (I have seen it done); *Ich kann den Trick* (I can do it myself); *Ich weiß den Trick* (I know how it's done).

---

wundern   *surprise*
  [see also **überrascht**]

jdn **erstaunen (R3)**
  astonish, astound, amaze sb (strongly)

Ihre Fragen erstaunten mich sehr. Sein zwangloses Französisch hat sie erstaunt.

(über jdn/etw) **staunen**
  be astonished, amazed (at sb/sth) (strong, often visible reaction)

Da staunst du, was! Ich staunte selbst über meine Geistesgegenwart. Ich staunte, wie gefasst sie blieb.

Staunen erregen (R3)
  arouse astonishment

Sein unerwarteter Erfolg bei diesem Spiel hat unser Staunen erregt.

jdn in **Staunen (ver)setzen (R3)**
  astonish, amaze sb

Diese Nachricht hatte die ganze Familie in Staunen versetzt/gesetzt.

jdn **über´raschen**
  surprise sb (take by surprise, catch unawares)

Er überraschte seine Frau und ihren Liebhaber im Bett. Dieses Gewitter überraschte mich.

jdn **´umwerfen (R1)**
  stun sb, bowl sb over

Die Erkenntnis, dass so etwas vorkommen konnte, hat sie umgeworfen.

jdn **verblüffen**
  stun, amaze sb

Lass dich nicht verblüffen! Ihre Reaktion hat ihn verblüfft.

jdn **verwundern (R2/3)**
  astonish, amaze sb (strongly; often with negatives)

Es darf niemanden verwundern, dass er doch gekommen ist. Diese Nachricht hat mich verwundert.

sich (über jdn/etw) **verwundern (R3)**
  be astonished, amazed (at sb/sth)

Ich verwunderte mich immer wieder über das umfangreiche Wissen der Journalisten.

jdn in **Verwunderung setzen (R3)**
  astonish, amaze sb

Diese Nachricht hat alle seine Kollegen in Verwunderung gesetzt.

jdn **wundern**
  surprise sb (mild surprise at sth unexpected)

Dieser Vorfall hat mich gewundert. Sein Verhalten hat sie gewundert. Mich wundert gar nichts mehr.

wundern: (es) **wundert** jdn
  be surprised (mild surprise at sth unexpected)

Mich wunderte / Es wunderte mich, ihn hier zu sehen / dass er es nicht wusste.

sich (über etw) **wundern**
  be surprised (at sth) (not be able to grasp sth); (CH) wonder

Ich wunderte mich sehr über ihr Benehmen. Sie hat sich aber gewundert, als sie mich sah. Da wunderst du dich, oder?

jdn **wundernehmen (R3)**
  astonish, amaze sb

Es hat mich wundergenommen, dass er dabei nicht umgekommen ist.

Zahl   *number*

Anzahl, die (no pl.)
  (used esp. with indefinite article)
  number (vague, indefinite)

Blattläuse besitzen eine große Anzahl natürlicher Feinde. An der Untersuchung hat sich eine große Anzahl von deutschen Frauenärzten beteiligt.

Nummer, die (-n)
  number (in a list or a series, e.g. house, telephone, tram)

Weißt du ihre Hausnummer? Unter welcher Nummer kann ich Sie erreichen? Wir fuhren mit der Nummer 7 zum Bahnhof.

Zahl, die (-en)
  number (specific)

Die Zahl der Anwesenden stieg auf 5000. Palmen wachsen dort in großer Zahl. Wir haben die Zahlen aufgerundet. Wir waren fünf an der Zahl.

Ziffer, die (-n) *number* (the written symbol)	Darauf stand sowohl die Ziffer 22 wie auch in Worten zweiundzwanzig. Ich beobachtete, wie die Ziffern aufleuchteten: vier, drei, zwei, eins.

zahlen   *pay*

etw **abstottern** (R1) *pay sth off* (in instalments)	Den neuen Golf muss ich noch abstottern. Ich musste monatlich zweihundert Mark abstottern.
etw **abzahlen** *pay sth off* (in instalments)	Dreißig Jahre lang hat mein Vater dieses Haus abzahlen müssen.
etw **aufzahlen** (*AU*) *pay sth extra* (surcharge or supplement)	In diesem Zug haben wir hundert Schilling aufzahlen müssen.
(jdm) etw **auszahlen** *pay sth out* (to sb)	Man soll ihm den Gewinn in den nächsten Tagen auszahlen.
etw **begleichen** (R3b) *settle, pay sth* (bill, invoice, debt)	Erst als er die Summe begleichen sollte, gestand er seine Zahlungsunfähigkeit.
(etw) **berappen** (R1) *fork (sth) out* (sum of money, unwillingly)	Dafür hat er über tausend Mark berappen müssen, und das hat weh getan.
(jdn/etw) **bezahlen** *pay (sb/sth for sth)*	Wer hat (die Rechnung) bezahlt? Ich habe das Essen schon bezahlt. Ich habe sechzig Mark bezahlt. Wir haben den Metzger nicht bezahlt.
(etw) **blechen** (R1) *fork (sth) out* (an excessive sum of money)	In England haben wir bei jedem Schloss ganz schön blechen müssen, um reinzukommen.
etw **entrichten** (R3b) *pay sth* (fees, dues, taxes, etc. to official body)	Für jede auf Wunsch ausgestellte Zeugnisabschrift ist eine amtlich festgesetzte Gebühr zu entrichten.
etw **hinblättern** (R1) *fork (sth) out* (considerable sum)	Für den neuen Mercedes musste sie natürlich ein hübsches Sümmchen hinblättern.
etw **löhnen** (R1) *fork (sth) out* (considerable or excessive sum)	Noch nie war ein Rock-Konzert so teuer, rund hundert Mark löhnt der Fan für ein Ticket.
(etw) **zahlen** *pay (sth)* (sum of money)	Erst wenn Sie 20 000 Mark gezahlt haben, kriegen sie die Unterlagen! Sie zahlte einen hohen Preis. Er zahlt immer pünktlich. Ich möchte bitte zahlen.

(jdm) etw zurückzahlen *pay sth back (to sb)*	Ich möchte ihm das Geld, das er mir geliehen hat, möglichst bald zurückzahlen.

NB: The distinction between *etw bezahlen* 'pay for sth' and *etw für etw zahlen* 'pay sth (i.e. a sum of money) for sth' is no longer consistently upheld, esp. in **R1**, and the two verbs are used almost interchangeably.

---

zeigen   *show*
[see also scheinen]

etw anzeigen *indicate, show, signal sth (giving information, also measurement on instrument)*	Das Barometer zeigte schönes Wetter an. Ein Stromausfall wird durch ein rotes Lämpchen angezeigt.
etw aufweisen *show, exhibit, display sth (particular qualities or properties)*	Diese Tiere weisen einen eigenartigen Zellbau auf. Der Reifendruck muss den vorgeschriebenen Wert aufweisen. Der Plan weist große Mängel auf.
etw aufzeigen (R2/3) *demonstrate, show sth (provide clear evidence)*	Es lässt sich bestimmt aufzeigen, was Grotewohl unter politischer Freiheit verstanden hat.
(jdm) etw beweisen *prove, demonstrate sth (to sb)*	Ich kann dir beweisen, dass das falsch ist. Dieser Brief beweist doch gar nichts.
(jdm) etw erweisen (R3) *prove sth, show, display sb sth (e.g. respect), do sth for sb (e.g. favour, service)*	Es ist erwiesen, dass Rauchen schädlich ist. Er hat ihr Achtung erwiesen. Damit hat sie der deutschen Politik einen guten Dienst erwiesen.
etw herzeigen (R1) *show sth (to speaker; often in commands)*	Zeig's doch her! Er hat aber die Maus nicht herzeigen wollen, die er gefangen hatte.
etw nachweisen *prove, demonstrate sth (establish proof of sth)*	Es lässt sich nachweisen, dass er um diese Zeit in Frankfurt war. Sie hat die Existenz dieses Tieres nachweisen können.
etw vorweisen (R3) *show, produce sth (for official inspection)*	Der Student wurde verhaftet, weil er keinen Ausweis vorweisen konnte.
etw vorzeigen *show, produce sth (for official inspection)*	An der ungarischen Grenze mussten wir schon wieder unsere Pässe vorzeigen.
jdm etw weisen (R3) *show sb sth (esp. directions)*	Er begegnete einer alten Bauersfrau, die ihm den Weg wies.
(jdm) (etw) zeigen *show (sb) (sth)*	Willst du es mir bitte zeigen? Zeig doch, was du kannst! Sie zeigte ihm den Weg. Er zeigte sein großes Interesse. Das zeigt erst die Erfahrung.

| von etw **zeugen** | Ihr Gesichtsausdruck zeugte von Verwirrung. |
| *show sth* (provide evidence for sth) | Sein Verhalten zeugte von seinem Interesse. |

ziehen   *pull*

jdn/etw / an etw **reißen**
tear, pull sb/sth / on sth (away from fixed place with considerable force)

Der Wind riss ihm den Hut vom Kopf. Sie riss mir die Zeitung aus der Hand. Plötzlich riss er das Lenkrad nach rechts. Der Hund riss an der Kette.

jdn/etw **schleifen**
drag, haul sb/sth (along ground, with great difficulty)

Ich kämpfte mit einer Ohnmacht, als man mich zum Ausgang schleifte. Er schleifte den Sack über den Hof.

jdn/etw **schleppen**
drag, lug, haul, tow sb/sth (typically pulling or carrying a heavy resistant object or person)

Sie schleppten zwei Kästen mit Sprudel herbei. Wir mußten eigenhändig unsere Koffer schleppen. Die Polizei schleppte den Bewusstlosen weg.

jdn/etw/an etw **zerren**
tug sb/sth/at sth, pull, drag sb/sth (heavy, resistant object with jerky, violent movement)

Das Tier zerrte die Leiche ins Gebüsch. Die unbekannten Täter zerrten ihn aus dem Auto. Der Hund zerrte an der Leine.

(jdn/etw)/(an etw) **ziehen**
pull (sb/sth)/(at/on sth) (without undue force being used, or necessary)

Die Lokomotive zog zwei Waggons. Die Kinder zogen den kleinen Wagen. Er zog mit aller Kraft. Er zog eine Pistole. Sie zogen an dem Seil.

(etw)/(an etw) **zupfen**
pluck sth / at sth (gently)

Sie zupfte einen Faden vom Pullover. Erleichtert zupfte sie den Liebsten am Ärmel. Emma zupfte an ihrem Trauerkopftuch.

Zimmer   *room*
[see also **Diele**]

Bude, die (-n) (**R1**)
room (simple, esp. student bedsit)

Ich kann mir Mama als Studentin mit einer Bude nicht vorstellen.

Gemach, das (¨er) (**R3**)
chamber, apartment (in palace)

Mit den Prachtgemächern im Quirinal-Palast ließ sich mein kleines Zimmer nicht vergleichen.

Halle, die (-n)
hall (large, single space, e.g. hotel lobby, factory shed, aircraft hangar)

Er blickte durch die Glastür in die erleuchtete Halle des Hotels. Sie müssen in der großen Halle im Terminal 2 einchecken.

Kabinett, das (-s) (**AU**)
room (small, with a single window)

Bei Tante Resi habe ich immer in einem kleinen Kabinett im zweiten Stock geschlafen.

Kammer, die (-n)
   room (small boxroom); (old **R3a**; *S*)
   chamber, bedroom

Der Staubsauger ist in der kleinen Kammer neben dem Badezimmer. Er lief die Stiege hinauf und in ihre Kammer.

Raum, der (¨e) [see also **Ort**]
   room (esp. in public building, or in **R3b**)

Wir trafen uns im Gesellschaftsraum. Diese Büro hat schöne, helle Räume. Ich verkaufe eine Wohnung mit vier Räumen.

Saal, der (Säle)
   hall, room (very large, esp. for meetings, concerts and public gatherings)

Die Kommunisten forderten den Rücktritt der Regierung und verließen zum Protest den Saal. Die Hörsäle der Universitäten sind überfüllt.

Stube, die (-n) (**R3a**; *S*)
   room (esp. living-room, parlour)

Emma schlägt die Vorhänge zurück, öffnet das Fenster, lässt Luft und Morgensonne in die Stube.

Zimmer, das (-)
   room (esp. in private house)

Unser Haus hat ein Wohnzimmer, ein Esszimmer, drei Schlafzimmer und ein Badezimmer.

---

zögern   *hesitate*

fackeln (**R1**)
   [used most often with *nicht lange*]
   hesitate, dither

Wir brauchen keine Diskussionen, hier wird nicht lange gefackelt! Mein Bruder hat nicht lange gefackelt, der ist sofort in den Garten gerannt.

schwanken
   waver, vacillate, dither

Sie schwankte zwischen den beiden Alternativen. Er hat lange geschwankt, bevor er sich entschied.

(sich) unschlüssig sein
   be undecided, waver

Ich war (mir) noch unschlüssig, ob ich einen Gebrauchtwagen kaufen sollte.

zaudern (**R3**)
   hesitate, vacillate (through indecision)

Karl zauderte auch in diesem Fall nicht lange, das Projekt in Angriff zu nehmen.

zögern
   hesitate

Der Mann zögerte mit der Antwort. Ich hatte ihre Nummer inzwischen gefunden, zögerte aber noch, sie zu wählen. Sie hat nicht lange gezögert.

---

zufällig   *accidentally*

unabsichtlich
   unintentionally

Sie hat den Brief unabsichtlich fallen lassen. Sie hatte ihn unabsichtlich tief beleidigt.

aus **Versehen**
   inadvertently, by mistake

Er hatte sie nur aus Versehen gekränkt. Sie hatte den Zettel aus Versehen weggeworfen.

versehentlich

versehentlich
  inadvertently, by mistake

durch / (**R1**) per **Zufall**
  by chance

zufällig
  by chance

In Heidelberg bin ich versehentlich in den falschen Zug gestiegen.

Ich bin nur durch Zufall darauf gestoßen. Ich habe sie durch Zufall kennengelernt.

Ich habe sie heute zufällig in der Universität gesehen. Es passierte aber ganz zufällig.

---

zufrieden stellen   *satisfy*

sich mit jdm/etw **abfinden**
  come to terms with sb/sth (have to be satisfied with sb/sth)

jdn/etw **befriedigen**
  satisfy, gratify sb/sth (fulfil sb's wishes, needs or desires, incl. sexual)

sich (mit etw) **begnügen**
  be content/satisfied with sth (even though one might have had or done a little more)

etw **entsprechen** (**R3**)
  fulfil, meet, comply with sth (demand, request, wish)

etw **erfüllen**
  satisfy, meet, fulfil sth (condition, demand, requirement)

(jdm/etw) **genügen** (**R3**)
  satisfy, meet, fulfil sth (condition, demand, requirement); *be sufficient (for sb)*

mit jdm/etw **vorlieb nehmen** (**R3**)
  make do with sb/sth, put up with sb/sth

sich mit etw **zufrieden geben**
  (have to) be content/satisfied with sth

(mit jdm/etw) **zufrieden sein**
  be satisfied/happy (with sb/sth)

jdn **zufrieden stellen**
  satisfy sb

Er hat sich noch nicht ganz mit dieser Niederlage abgefunden. Wir müssen uns damit abfinden, dass er zum Schluss doch noch gewonnen hat!

Diese Stelle konnte seinen Ehrgeiz auf die Dauer nicht befriedigen. Diese Erklärung hat uns nicht befriedigt. Er musste seinen Appetit befriedigen.

Sie mussten sich mit einer standesamtlichen Trauung begnügen. Im Slalom begnügte sie sich mit dem dritten Platz hinter Karen Knutsch.

Damit entsprach sie meiner Bitte. Das Gericht entsprach den Anträgen des Staatsanwaltes. Sie hat meinen Wünschen voll entsprochen.

Handle erst, wenn alle Voraussetzungen erfüllt sind. Seine erste Forderung war schon vorher erfüllt worden.

Das genügte mir / meinen Anforderungen, meinen Ansprüchen, allen Bedingungen. Damit glaubte ich, meiner Bürgerpflicht genügt zu haben.

Wir mussten einfach mit dem vorlieb nehmen, was da war.

Frau Henne musste sich mit dieser Antwort zufrieden geben.

Ich bin mit dem neuen Angestellten sehr zufrieden. Sie ist ganz zufrieden mit ihrer neuen Wohnung.

Diese Antwort hat sie zufrieden gestellt. Es ist nicht leicht, den Chef zufrieden zu stellen.

zunehmen   *increase*
[see also heben, steigen, wachsen]

etw **anheben**
    increase sth (by relatively small amount)

    Im Januar wurde der Diskontsatz von 3 auf 3,5 Prozent angehoben.

anschwellen
    increase, swell up (in volume or intensity, with possibly dangerous consequences)

    Am nächsten Morgen war das Fußgelenk stark angeschwollen. Der Lärm schwillt an. Nach dem Sturm war der Bach angeschwollen.

ansteigen
    rise, increase (esp. further or repeated rise)

    Im Juli sind die Preise wieder angestiegen. Die Zahl der Abonnenten stieg an.

anwachsen
    grow, increase (slow, steady increase)

    Ihre Schulden wuchsen ständig an. Ihre Sammlung dieser Modelle war auf 500 Stück angewachsen.

etw **erhöhen**
    raise sth, make sth higher (i.e. increase amount or quantity)

    In unserem Betrieb wurden die Löhne nur um 2.5 Prozent erhöht. Der Patient hat eine erhöhte Temperatur. Die Kosten erhöhen sich ständig.

etw **heraufsetzen**
    increase sth, put sth up (prices, taxes, etc.)

    Die Wirtin will nach Weihnachten die Mieten schon wieder heraufsetzen.

steigen
    rise, go up, increase

    Im Winter ist die Zahl der Arbeitslosen gestiegen. Die Kosten steigen immer noch. Unsere Chancen steigen noch. Die Stimmung steigt.

sich/etw **steigern**
    raise, increase sth; rise (often suggesting an increase in intensity)

    Sie konnte ihre Leistungen steigern. Der schöne Einband steigert den Wert des Buches. Während der Vorstellung steigerte sich die Spannung.

sich/etw **vergrößern**
    increase, enlarge sth; increase, be enlarged (referring to size)

    Durch diese Anlage wollte sie ihr Kapital vergrößern. In diesem Jahr hat sich der Umsatz dieses Produktes vergrößert.

sich/etw **vermehren**
    increase, multiply (sth) (esp. referring to extent, quantity or intensity)

    Er hat seinen Besitz vermehren können. Die Zahl der Flüchtlinge vermehrte sich täglich. Sie vermehren sich wie Kaninchen.

sich/etw **verstärken**
    increase (sth) (in intensity)

    Das verstärkte ihre Zweifel an seinen wahren Absichten. Der Lärm verstärkte sich.

wachsen
    grow, increase (number or quantity)

    Diese jungen Vögel wachsen sehr schnell. Unkraut wächst überall. Die Stadt ist inzwischen gewachsen. Sein Zorn wuchs immer mehr.

zunehmen	Der Drogenmissbrauch, die Zahl der
increase (the most general word, indicating extent, quantity, intensity, size, weight, etc.)	Arbeitslosen, ihre Angst, die Produktion, die Kälte, sein Gewicht, die Aufregung, die Spannung nimmt zu.

zustimmen

[see also **erlauben**]

agree

etw (mit jdm) **abmachen** (**R1**)	Alles Übrige war mit ihr schon abgemacht.
agree (on) sth (with sb)	Wir hatten abgemacht, nicht mehr darüber zu reden.
etw (mit jdm) **ausmachen** (**R1**)	Hat sie schon einen neuen Termin beim
agree (on) sth (with sb)	Facharzt ausgemacht?
sich (zu etw) **bereit erklären** (**R3**)	Zum Glück hatte er sich bereit erklärt, die
be prepared to (do) sth	Killer zu identifizieren. Amerika hatte sich schon damals zu diesem Plan bereit erklärt.
etw **billigen** (**R3**)	Der Minister hat diesen Vorschlag gebilligt.
approve (of) sth	Wir können diese Politik der FPÖ nicht länger billigen.
(sich) (mit jdm) **einig sein**	Über eines sind sich alle einig: sie haben den
be of the same opinion (as sb)	härtesten Job ihres Lebens erwischt. Ich bin mit Georg darüber einig, dass wir bezahlen müssen.
sich (mit jdm) **einigen**	Man einigte sich auf einen Kompromiss.
reach an agreement (with sb)	Sie hat sich mit ihm über ihre Zukunft geeinigt.
mit etw **einverstanden sein**	Ich bin mit diesem Vorschlag einverstanden.
agree to sth (have no objection to sth)	Ich war (damit) einverstanden, sie taufen zu lassen.
in etw **einwilligen** (**R3**)	Die Ehefrau des Bäckers wollte aber
consent to sth	keineswegs in eine Scheidung einwilligen.
übereinkommen	Die Ärzte sind übereingekommen, dass man
agree (reach an agreement on course of action)	einem Patienten nicht sagen soll, dass er sterben muss.
(mit jdm/etw) **übereinstimmen** (**R2/3**)	Darin hat Außenminister Fischer mit Herrn
agree (with sb/sth) (concur with sb, tally with sth)	Cook übereingestimmt. Jedoch haben die Aussagen der beiden Zeugen völlig übereingestimmt.
etw **verabreden** (**R1/2**)	Ein genauer Termin ist noch nicht
agree (on) sth, arrange sth (date, plan, etc.)	verabredet worden. Wir verabredeten ein Wiedersehen.

etw **vereinbaren** (R2/3)
  agree (on) sth, arrange sth (dates, plan, etc.,
  esp. after some negotiation)

Die Reise wurde zwischen ihm und seinem
spanischen Kollegen vereinbart. Er
vereinbarte eine Vertragsverlängerung mit
Schalke 04.

(jdm/etw) **zustimmen**
  agree (with sb/to sth) (be in agreement with
  sb's opinion or a proposed course of
  action)

Er hat diesem Beschluss zugestimmt. Man
fordete ihn auf, Friedensverhandlungen
zuzustimmen. Ich kann Ihnen in diesem
Punkt nicht zustimmen.

zwingen   *force*

sich/etw jdm **aufdrängen**
  force, impose o.s./sth on sb (who is
  unwilling)

Sie versuchte, der Witwe ihre Freundschaft
aufzudrängen. Das ist der Anschein, der sich
mir aufdrängt.

jdm etw **auferlegen** (R3)
  impose sth on sb (esp. as a duty)

Du brauchst dir keinen Zwang aufzuerlegen.
Diese Linie wird der Nation nicht auferlegt
werden.

jdm etw **aufzwingen**
  force, impose sth on sb

Zum Schluss gelang es ihr doch, Manfred
ihren Willen aufzuzwingen.

jdn/etw **bezwingen**
  overcome, defeat sb/sth

Er konnte seinen Zorn nicht bezwingen. Sie
konnten den Gegner nicht bezwingen.

etw (von jdm) **erzwingen** (R3)
  obtain sth (from sb) (by force or persistence)

Sie erzwangen den Zutritt zur Wohnung.
Liebe lässt sich nicht erzwingen. Er erzwang
ein Geständnis von mir.

jdn (zu etw) **nötigen** (R3)
  force, compel, urge sb (to do sth)

Die Umstände nötigen mich zu dieser
Maßnahme. Sie nötigte ihn, den Brief zu
unterschreiben.

jdn (zu etw) **zwingen**
  force, compel sb (to do sth)

Diese Situation zwingt uns zum
Nachdenken. Er zwang ihn (dazu), die ganze
Geschichte zu erzählen.

jdn/etw (wohin) **zwängen**
  force, squeeze, cram sb/sth (swh)

Er zwängte sich durch eine Lücke im Zaun.
Er zwängte die dicken Bücher in seine
Aktentasche.

Bibliography

Agricola, E., Görner, H. and Küfner, R. (eds.), *Wörter und Wendungen. Wörterbuch zum deutschen Sprachgebrauch.* 8th edn. VEB Bibliographisches Institut: Leipzig 1977.

Batchelor, R.E., *Using Spanish Synonyms.* Cambridge University Press: Cambridge 1994.

Batchelor, R.E. and Offord, M.H., *Using French Synonyms.* Cambridge University Press: Cambridge 1993.

Beaton, K.B., *A Practical Dictionary of German Usage.* Clarendon Press: Oxford 1996.

Benware, W.A., 'German synonyms. A bibliography of works explaining their usage'. *Die Unterrichtspraxis* 22 (1989), 69-81.

Bertelsmann: Die neue deutsche Rechtschreibung. By U. Hermann. Revised by L. Götze. Bertelsmann Lexikon Verlag: Gütersloh 1996.

Bulitta, E. and Bulitta, H., *Wörterbuch der Synonyme und Antonyme.* Krüger: Frankfurt/Main 1983.

Buscha, A. and Buscha, J., *Deutsches Übungsbuch.* Verlag Enzyklopädie: Leipzig 1990.

Collins German–English English–German Dictionary. Ed. P. Terrell et al. 3rd edn. Harper Collins: Glasgow 1997.

Cruse, D.A., *Lexical Semantics.* Cambridge University Press: Cambridge 1986.

Der kleine DUDEN: Der passende Ausdruck. Ein Synonymenwörterbuch für die Wortwahl. Dudenverlag: Mannheim, Wien, Zürich 1990.

Diersch, H., *Verben der Fortbewegung in der deutschen Sprache der Gegenwart. Eine Untersuchung zu syntagmatischen und paradigmatischen Beziehungen des Wortinhalts.* Akademie-Verlag: Berlin 1972.

dtv-Atlas zur deutschen Sprache. Ed. W. König. 10th edn. Deutscher Taschenbuch Verlag: München 1994.

dtv-Wörterbuch der deutschen Sprache. Ed. G. Wahrig. Revised edn. by R. Wahrig-Burfeind. Deutscher Taschenbuch Verlag: München 1997.

Dückert, J. and Kempcke, G. (eds.), *Wörterbuch der Sprachschwierigkeiten. Zweifelsfälle, Normen und Varianten im gegenwärtigen deutschen Sprachgebrauch.* VEB Bibliographisches Institut: Leipzig 1984.

DUDEN: Richtiges und gutes Deutsch. Wörterbuch der sprachlichen Zweifelsfälle. 3rd edn. by D. Berger, G. Drosdowski et al. Dudenverlag: Mannheim, Wien, Zürich 1985.

DUDEN: Sinn- und sachverwandte Wörter. Wörterbuch der treffenden Ausdrücke. 2nd edn. by W. Müller. Dudenverlag: Mannheim, Leipzig, Wien, Zürich 1986.

DUDEN: Das große Wörterbuch der deutschen Sprache. 2nd edn. 8 vols. Dudenverlag: Mannheim, Leipzig, Wien, Zürich 1993-5.

DUDEN: Die deutsche Rechtschreibung. 21st edn. Dudenverlag: Mannheim, Leipzig, Wien, Zürich 1996.

Durrell, M., *Using German. A Guide to Contemporary Usage.* Cambridge University Press: Cambridge 1992.

Ebner, J., *Wie sagt man in Österreich? Wörterbuch der österreichischen Besonderheiten.* 2nd edn. Dudenverlag: Mannheim, Leipzig, Wien, Zürich 1980.

Eichhoff, J., *Wortatlas der deutschen Umgangssprachen.* 2 vols. Francke: Bern and München 1977/8.

Wortatlas der deutschen Umgangssprachen. Vol. 3. Saur: Bern 1993.

Farrell, R.B., *Dictionary of German Synonyms.* 3rd edn. Cambridge University Press: Cambridge 1977.

Ferenbach, M. and Schüßler, I., *Wörter zur Wahl. Übungen zur Erweiterung des Wortschatzes.* Ernst Klett: Stuttgart 1970.

Fleischer, W., Barz, I. and Schröder M., *Wortbildung der deutschen Gegenwartssprache.* Max Niemeyer: Tübingen 1995.

Gansel, C., *Semantik deutscher Verben in kognitionspsychologischer Sicht.* Peter Lang: Frankfurt/Main, Berlin, etc. 1992.

Geckeler, H. (ed.), *Strukturelle Bedeutungslehre.* Wissenschaftliche Buchgesellschaft: Darmstadt 1978.

Gerling, M. and Orthen, N., *Deutsche Zustands- und Bewegungsverben. Eine Untersuchung zu ihrer semantischen Struktur und Valenz.* Narr: Tübingen 1979.

Gildhoff, H., *Fehler ABC Deutsch–Englisch.* Ernst Klett: Stuttgart 1973.

Hausmann, F.J., 'Kollokationen in deutschen Wörterbüchern'. In: H. Bergenholtz and J. Mudgan (eds.), *Lexikographie und Grammatik.* Max Niemeyer: Tübingen 1985, pp. 118-29.

Helbig, G. and Schenkel, W., *Wörterbuch zur Valenz und Distribution deutscher Verben.* 4th edn. VEB Bibliographisches Institut: Leipzig 1978.

Hornby, A.S. (ed.), *Oxford Advanced Learner's Dictionary of Current English.* Oxford University Press: Oxford 1980.

Kaempfert, M., *Wort und Wortverwendung. Probleme der semantischen Deskription anhand von Beobachtungen an der deutschen Gegenwartssprache.* Kümmerle: Göppingen 1984.

Karcher, G.L., *Kontrastive Untersuchung von Wortfeldern im Deutschen und Englischen.* Peter Lang: Frankfurt/Main 1979.

Langenscheidts Großwörterbuch Deutsch als Fremdsprache. Das neue einsprachige Wörterbuch für Deutschlernende. Ed. D. Götz et al. Langenscheidt: Berlin, München, etc. 1993.

Latzel, S., *Die Verben „wissen", „kennen" und „können". Eine Bedeutungs- und Gebrauchsbeschreibung mit Übungen für das Fach „Deutsch als Fremdsprache".* Goethe-Institut: München 1978.

Latzel, S., *Die Verben ,,ändern", ,,wandeln", ,,wechseln", ,,tauschen" und ihre Zusammensetzungen mit ,,ver-", ,,um-", ,,ab-", etc.* Goethe-Institut: München 1979.

Lehrer, A., *Semantic Fields and Lexical Structure.* North Holland: Amsterdam and London 1974.

Leisi, E., *Der Wortinhalt. Seine Struktur im Deutschen und Englischen.* 5th edn. Quelle und Meyer: Heidelberg 1975.
Praxis der englischen Semantik. 2nd edn. Carl Winter: Heidelberg 1985.

Lipka, L., *An Outline of English Lexicology. Lexical Structure, Word Semantics, and Word-Formation.* 2nd edn. Max Niemeyer: Tübingen 1992.

Longman Dictionary of the English Language. Longman: London 1984.

Lutzeier, P.R., *Lexikalische Semantik.* Metzler: Stuttgart 1985.
Lexikologie. Ein Arbeitsbuch. Stauffenburg Verlag: Tübingen 1995.

Lutzeier, P.R. (ed.), *Studien zur Wortfeldtheorie – Studies in Lexical Field Theory.* Max Niemeyer: Tübingen 1993.

Lyons, J., *Semantics.* 2 vols. Cambridge University Press: Cambridge 1977.
Linguistic Semantics. An Introduction. Cambridge University Press: Cambridge 1995.

Meldau, R., *Sinnverwandte Wörter und Wortfelder der deutschen Sprache. Handbuch für den Deutschunterricht.* Mit einer Einführung von Wolfhard Kluge. Ferdinand Schöningh: Paderborn 1978.

Meyer, K., *Wie sagt man in der Schweiz? Wörterbuch der schweizerischen Besonderheiten.* Dudenverlag: Mannheim, Leipzig, Wien, Zürich 1989.

Oxford-Duden: Bildwörterbuch Deutsch und Englisch. Dudenverlag: Mannheim, Wien, Zürich 1979.

Oxford-Duden: German Dictionary. Revised edn. by W. Scholze-Stubenrecht and J.B. Sykes. Clarendon Press: Oxford 1997.

Oxford English Dictionary. A New English Dictionary on Historical Principles. 12 vols. Ed. J. Murray et al. Oxford University Press: Oxford 1884-1928.

Paul, H., *Deutsches Wörterbuch.* 9th edn. by Helmut Henne, Georg Objartel and Heidrun Kämper-Jensen. Max Niemeyer: Tübingen 1992.

Roos, E., *Kollokationsmöglichkeiten der Verben des Sehvermögens in Deutsch und Englisch.* Peter Lang: Bern 1975.

Schenkel, W., *Zur Bedeutungsstruktur deutscher Verben und ihrer Kombinierbarkeit mit Substantiva.* Verlag Enzyklopädie: Leipzig 1976.

Schepping, M.-T., *Kontrastive semantische Analyse von Verben des Visuellen im Französischen und Deutschen.* Narr: Tübingen 1982.

Schierholz, S.J., *Lexikologische Analysen zur Abstraktheit, Häufigkeit und Polysemie deutscher Substantive.* Max Niemeyer: Tübingen 1991.

Schmitz, W., *Übungen zu synonymen Verben.* Max Hueber: München 1967.

Schneider, J., *Neuer deutscher Wortschatz.* 2nd edn revised by T. Biesma and H.J. Fischer. Wolters-Noordhoff: Groningen 1996.

Schreiber, H., Sommerfeldt, K.-E. and Starke, G., *Deutsche Wortfelder für den Sprachunterricht. Verbgruppen.* Verlag Enzyklopädie: Leipzig 1990. *Deutsche Adjektive. Wortfelder für den Sprachunterricht.* Langenscheidt / Verlag Enzyklopädie: Berlin, München, Leipzig, etc. 1991. *Deutsche Substantive. Wortfelder für den Sprachunterricht.* Langenscheidt / Verlag Enzyklopädie: Leipzig, Berlin, München, etc. 1993.

Schröder, J., *Lexikon deutscher Präfixverben.* Langenscheidt / Verlag Enzyklopädie: Berlin, München, Leipzig, etc. 1992. *Lexikon deutscher Verben der Fortbewegung.* Langenscheidt: Leipzig, Berlin, München, etc. 1993.

Schüler-Duden. Die richtige Wortwahl. Ein vergleichendes Wörterbuch sinnverwandter Ausdrücke. 2nd edn. by W. Müller. Dudenverlag: Mannheim, Wien, Zürich 1990.

Schumacher, H. (ed.), *Verben in Feldern. Valenzwörterbuch zur Syntax und Semantik deutscher Verben.* De Gruyter: Berlin and New York 1986.

Schwitalla, J., *Gesprochenes Deutsch. Eine Einführung.* Erich Schmidt: Berlin 1997.

Seibicke, W., *Wie sagt man anderswo? Landschaftliche Unterschiede im deutschen Wortgebrauch.* Dudenverlag: Mannheim, Wien, Zürich 1972.

Snell-Hornby, M., *Verb-descriptivity in German and English. A Contrastive Study in Semantic Fields.* Carl Winter: Heidelberg 1983.

Sommerfeldt, K.-E. and Schreiber, H., *Wörterbuch der Valenz etymologisch verwandter Wörter. Verben, Adjektive, Substantive.* Max Niemeyer: Tübingen 1996.

Swan, M., *Practical English Usage.* Oxford University Press: Oxford 1980.

Turneaure, B.M., *Der treffende Ausdruck. Texte, Themen, Übungen.* 2nd edn. Norton: New York and London 1996.

Vliegen, M., *Verben der auditiven Wahrnehmung im Deutschen und Niederländischen.* PhD thesis, KU Nijmegen 1986.

Wiese, I., *Untersuchungen zur Semantik nominaler Wortgruppen in der deutschen Gegenwartssprache.* Max Niemeyer: Halle/Saale 1973.

Zindler, H. and Barry, W., *Fehler ABC English-German.* 2nd edn. Ernst Klett: Stuttgart 1975.

Index of English words

abandon	**lassen**	advantage, take	**benutzen**
abide by	**behalten**	advertisement	**Werbung**
ability	**Leistung**	advertising	**Werbung**
ability to understand	**Verstand**	advice, give sb a piece of	**raten**
mental ability	**Verstand**	advise	**raten, sagen**
abnormal	**seltsam**	affair	**Ding**
abscond	**fliehen**	state of affairs	**Tatsache**
absolute(ly)	**sehr, vollkommen**	affirm	**sagen**
absurdity	**Unsinn**	afford	**erlauben, geben**
accept	**annehmen[1], erkennen**	afraid	
access, point of	**Eingang**	be afraid	**Angst haben**
accident	**Unfall**	feel afraid	**Angst haben**
accumulate	**sammeln**	make afraid	**Angst haben**
accurate	**klar**	after all	**schließlich**
accuse	**beschuldigen, vorwerfen**	afternoon coffee	**Essen[2]**
accustomed		aggressive	**ärgerlich**
be accustomed	**gewohnt sein**	agitated	**aufgeregt**
get accustomed	**gewohnt sein**	ago	
make accustomed	**gewohnt sein**	a few days ago	**neulich**
achievement	**Leistung**	a little while ago	**neulich**
acknowledge	**annehmen[1], erkennen**	long ago	**neulich**
acquire	**besorgen, kaufen**	agony	**Sorge**
act	**Tat**	agree	**zustimmen**
action	**Tat**	agree on	**zustimmen**
execution of an action	**Leistung**	agree with	**annehmen[1]**
stupid action	**Unsinn**	agreement	**Abmachung**
active, be	**arbeiten**	reach an agreement	**zustimmen**
activity	**Arbeit, Tat**	alarm	**Angst haben**
actual(ly)	**wirklich**	alien	**seltsam**
add	**mischen**	alike	**gleich**
address a question	**fragen**	alive	**lebendig**
adhere	**behalten**	be alive	**leben**
admission	**Eingang**	all	
admit	**annehmen[1]**	all in	**müde**
admittance	**Eingang**	all present	**vollkommen**
adroit	**klug**	not be all there	**verrückt**
adult		alley	**Straße**
adult education centre	**Schule**	allow / be allowed	**erlauben, geben**
be adult	**wachsen**	alter	**ändern**
advanced technical school	**Schule**	alternate	**ändern**

be bad	**schaden**	bell	**Klingel**
go bad	**verderben**	belong	**gehören**
baffled	**überrascht**	belongings	**Eigentum**
bag	**Tasche**	belt, give sb a	**prügeln**
shopping bag	**Tasche**	bench	**Stuhl**
travel bag	**Tasche**	bend, round the	**verrückt**
bake	**kochen**	berate	**vorwerfen**
bald	**nackt**	best-seller	**Buch**
bale	**Paket**	bestow	**geben**
ball	**Ball**	better (*adj.*)	
bang (*noun*)	**Geräusch**	get better	**verbessern**
bang (*verb*)	**schlagen**	make better	**verbessern**
bang shut	**schließen**	better (*verb*)	**verbessern**
bank holiday	**Urlaub**	between	
banquet	**Essen**^{2}	between times (in)	**manchmal**
bar	**Gaststätte**	bid	**befehlen**
barbecue	**kochen**	big	**groß**
bare	**nackt**	bill (*of bird*)	**Mund**
barge	**Schiff**	bill (*poster*)	**Werbung**
bark	**Haut**	billfold	**Tasche**
barmy	**verrückt**	bird	**Mädchen**
barren	**nackt**	bitch	**Frau**
base	**Boden**	bitter(ly)	
batty	**verrückt**	bitter(ly) cold	**warm/kalt**
bawl	**rufen, weinen**	blab	**sprechen**
be		blame (*noun*)	
be in existence	**leben**	be to blame	**beschuldigen**
be one of	**gehören**	lay the blame	**beschuldigen**
beak	**Mund**	blame (*verb*)	**beschuldigen**
beam	**glänzen**	blaze	**Feuer**
bear in mind	**sich erinnern**	bleed to death	**sterben**
beat	**prügeln, schlagen**	blether	**sprechen**
beat it	**fliehen**	blind	**Vorhang**
beat up	**prügeln**	roller blind	**Vorhang**
become		venetian blind	**Vorhang**
become aware of	**erkennen, merken**	blissful	**glücklich**
become caught	**fangen**	block (*noun*)	
become entangled	**fangen**	block of flats	**Haus**
become smaller	**verringern**	block, tenement	**Haus**
become wider	**ausbreiten**	block (*verb*)	**schließen**
bed, ready for	**müde**	block off	**schließen**
bedroom	**Zimmer**	bloke	**Mann**
beef	**Kuh**	bloody	**sehr**
befall	**geschehen**	blot	**Schande**
beg pardon	**entschuldigen**	blotto	**betrunken**
begin	**anfangen**	blow	**atmen**
begin to move	**bewegen**	blows, come to	**kämpfen**
begrudge	**erlauben**	blub	**weinen**
behave	**scheinen, sich verhalten**	blunder	**Irrtum**
behaviour	**Verhalten**	boat	**Schiff**
believe	**denken, sich vorstellen**	bob up and down	**schwanken**
make believe	**betrügen**	body	**Körper**
believing, talk into	**überzeugen**	boil	**kochen**

days		detect	merken
a few days ago	neulich	determine	beschließen, entdecken
in the last/next few days	neulich	determined, be	beschließen, entdecken
dazed	überrascht	detract from	verringern
dazzling	farbig	detrimental, be	schaden
dead beat	müde	develop	ändern
dealing with	Leistung	deviate	behalten
dear	freundlich	devour	essen
death		dexterous	klug
bleed to death	sterben	die	sterben
choke to death	sterben	die of cold	frieren, sterben
freeze to death	frieren, sterben	die of hunger	sterben
starve to death	sterben	die of thirst	sterben
deathly quiet	ruhig	diet	Essen[1]
debate	besprechen	different(ly)	verschieden
deceive	betrügen	in a different way	verschieden
decent	ehrlich	differing	verschieden
decide	beschließen, wählen	difficult	schwierig
decision, make/reach a	beschließen	diligent	fleißig
deck-chair	Stuhl	be diligent	arbeiten
declare	sagen	dim	dumm, dunkel
decline	verringern, verweigern	diminish	verringern
decrease	verringern	din	Geräusch
decree (noun)	Gesetz	dine	essen
decree (verb)	befehlen	dirty	schmutzig
deed	Tat	disaster	Unfall
deep	niedrig	discern	entdecken, erkennen
defeat	zwingen	disconcerted	überrascht
defect	Irrtum	discover	entdecken, erkennen, finden
defer	ausbreiten	discuss	besprechen
definite(ly)	sehr, sicher	disgrace	Schande
definitive(ly)	schließlich	dish	Essen[1], Teller
defraud	betrügen	dismiss	entlassen
delete	schneiden	disown	leugnen
deliberate	denken	dispatch	schicken
delicate	dünn, weich	disperse	ausbreiten
delighted	glücklich	displace	bewegen, ersetzen
deliver	retten	display	zeigen
delusion	Fantasie	dispose	verkaufen
demand	verlangen	dispute	leugnen
demonstrate	zeigen	dissatisfaction, express	sich beschweren
dense	dick, dumm	disseminate	ausbreiten
deny	leugnen, verweigern	distance	Entfernung
depart	weggehen	distant view, good	Sicht
department store	Laden	distress	Notwendigkeit
deputize	ersetzen	distribute	ausbreiten
deranged	verrückt	district	Gegend
desert	lassen	distrust (noun)	Verdacht
desire	verlangen	distrust (verb)	trauen
desist	aufhören, lassen	distrustful	verdächtig
desk	Stuhl	disturbed, mentally	verrückt
detached house	Haus	dither	zögern
detain	behalten, halten	dive	springen

glow (*noun*)	**Feuer**	ground	**Boden**
glow (*verb*)	**glänzen**	grounds	**Boden, Gegend**
go	**gehen, weggehen**	grouse	**kritisieren**
be going on	**geschehen**	grow	**wachsen, zunehmen**
get going	**weggehen**	grow up	**wachsen**
go away	**weggehen**	grown up, be	**wachsen**
go bad	**verderben**	grub	**Essen**[1]
go down	**verringern**	grumble	**kritisieren, vorwerfen**
go and get	**nehmen**	guess (*noun*)	**Verdacht**
go off	**weggehen**	have a guess	**erraten**
go on	**weitermachen**	guess (*verb*)	**erraten**
go shopping	**kaufen**	gullet	**Hals**
go to sleep	**schlafen**	gun	**Schusswaffe**
go for a stroll	**gehen**	submachine gun	**Schusswaffe**
go towards	**sich nähern**	guy	**Mann**
go up	**steigen, zunehmen**		
go up close	**sich nähern**	habit, get into the	**gewohnt sein**
go up to	**sich nähern**	hail	**regnen**
go without	**verfehlen**	half	
keep going	**behalten**	half asleep	**müde**
let go	**lassen**	half awake	**müde**
gob	**Mund**	hall	**Zimmer**
keep one's gob shut	**schweigen**	entrance hall	**Diele**
gobble	**essen**	hallway	**Diele**
gobsmacked	**überrascht**	halt, come to a	**halten**
good	**ausgezeichnet**	halt (*verb*)	**halten**
good-natured	**freundlich**	hamlet	**Stadt**
good sense	**Verstand**	hammer into	**lehren**
in good spirits	**glücklich**	hamper	**hindern**
in good time	**früh**	hand	**geben**
remain in good condition	**behalten**	hand over	**geben**
good-bye, say	**weggehen**	handbag	**Tasche**
goof	**Irrtum**	handbrush	**Bürste**
gossip	**sprechen**	handle	**Griff**
grab, make a	**greifen**	hang	**fliegen, stellen**
grab (*verb*)	**fangen, greifen**	hang around	**warten**
grant	**erlauben, geben**	happen	**geschehen**
grasp (*noun*)	**Verstand**	happening	**Ereignis**
grasp (*verb*)	**greifen, verstehen**	happy/-ily	**glücklich**
gratify	**zufrieden stellen**	be happy	**zufrieden stellen**
gratifying(ly)	**glücklich**	hard	**schwierig**
grave	**ernst**	think long and hard	**denken**
greasy	**dick**	hardship	**Notwendigkeit**
great	**ausgezeichnet, groß**	hardworking	**fleißig**
grief	**Sorge**	be hardworking	**arbeiten**
grill	**kochen**	harebrained	**verrückt**
grim	**ärgerlich, dunkel**	harm	**schaden**
grimace	**Gesicht**	harmful, be	**schaden**
grimy	**schmutzig**	hasten	**sich beeilen**
grin	**grinsen**	hasty	**schnell**
grip	**greifen**	haul	**ziehen**
grope	**berühren, fühlen**	have	
gross	**dick**	have command	**befehlen**

illusion	**Fantasie**	infringe	**berühren**
imagination	**Fantasie**	infuriated	**ärgerlich**
imagine	**sich vorstellen**	ingenious	**klug**
immaculate	**ausgezeichnet**	injure	**schaden**
immense	**groß**	inkling	**Idee, Verdacht**
impair	**schaden**	inn	**Gaststätte**
impeccable	**richtig**	insane	**verrückt**
impede	**hindern**	inside out, turn	**wenden**
imperative	**nötig**	insight	**Verstand**
implementation	**Leistung**	inspect	**ansehen, berühren**
imply	**bedeuten**	inspire	**beleuchten**
impose	**zwingen**	instruct	**befehlen, lehren**
impossible, make	**hindern**	instruction	**Erziehung, Gesetz**
impression	**Schein**	give sb an instruction	**befehlen**
give the impression	**vortäuschen**	instructions, give	**befehlen**
imprisonment	**Gefängnis**	intellect	**Verstand**
improve	**verbessern**	intelligence	**Verstand**
in		intelligent	**klug**
in between times	**manchmal**	intend	**bedeuten**
in conclusion	**schließlich**	intensity	**Macht**
in a different way	**verschieden**	inter	**begraben**
in the end	**schließlich**	intercept	**fangen**
in the final analysis	**schließlich**	interfere	**mischen**
in good spirits	**glücklich**	interpret	**erklären**
in good time	**früh**	interrogate	**fragen**
in the last few days	**neulich**	interrupt	**aufhören, brechen**
in the next few days	**neulich**	interval	**Entfernung**
in practice	**wirklich**	intoxicated	**betrunken**
in time	**früh**	invert	**wenden**
inadequate	**dünn**	invigilation	**Sorge**
inadvertently	**zufällig**	invite	**fragen, verlangen**
inaugurate	**öffnen**	irrational	**dumm**
incensed	**ärgerlich**	irritable	**aufgeregt**
incident	**Ereignis**	irritated	**ärgerlich, aufgeregt**
incline	**Berg**	issue	**Buch**
income	**Einkommen**		
private income	**Einkommen**	jacket	**Jacke**
increase	**wachsen, zunehmen**	jail	**Gefängnis**
incredibly	**sehr**	jar	**Kasten**
indicate	**zeigen**	jaws	**Hals**
indignant	**ärgerlich**	job	**Beruf**
indispensable	**nötig**	have a job	**arbeiten**
indisputable/ly	**sicher**	join together	**vereinigen**
individual (*adj.*)	**einzig**	jolly	**glücklich**
individual (*noun*)	**Mensch**	jostle	**stoßen**
induce	**überzeugen**	jovial	**glücklich**
indulge	**essen**	joyful	**glücklich**
industrious	**fleißig**	jump	**springen**
be industrious	**arbeiten**	junk, buy cheap	**kaufen**
inebriated	**betrunken**	just now	**neulich**
infant	**Kind**	justice	**Gesetz**
inferno	**Feuer**	justification	**Gesetz**
inform	**sagen**	juvenile	**Mensch**

keen	**fleißig**	latterly	**neulich**
keep	**behalten, hindern, retten**	law	**Gesetz**
keep away from	**vermeiden**	lay	**stellen**
keep an eye	**sorgen**	lay down	**befehlen**
keep one's gob shut	**schweigen**	lay the blame	**beschuldigen**
keep going	**behalten**	lazy	**fleißig**
keep one's mouth shut	**schweigen**	lead (*noun*)	**Schnur**
keep possession	**behalten**	lead (*verb*)	**nehmen**
keep quiet	**schweigen**	leafless	**nackt**
keep safe	**behalten**	leak	**entkommen**
keep secret	**verstecken**	lean	**dünn**
keep unchanged	**behalten**	leap	**springen**
keep up	**folgen**	learn	**entdecken, lernen**
kerb	**Bürgersteig**	lease	**mieten**
kick	**schlagen**	leave, take one's	**weggehen**
kick the bucket	**sterben**	leave	**aufhören, lassen, weggehen**
kid	**Kind**	leave behind	**lassen**
kill	**töten**	leave no room for doubt	**sicher**
kill off	**töten**	leave out	**lassen, verfehlen**
killed, be	**sterben**	lecture	**vorwerfen**
kind(ly)	**freundlich**	leisure time	**Urlaub**
kindergarten	**Schule**	lend	**leihen**
kip	**schlafen**	lengthen	**ausbreiten**
kit out	**sich an-/ausziehen**	lenient	**weich**
knackered	**müde**	less, more or	**wirklich**
knapsack	**Tasche**	lessen	**verringern**
knob	**Griff**	lessons	**Erziehung**
knock	**schlagen**	let (*hire*)	**mieten**
knock down	**werfen**	let (*leave*)	**lassen**
knock in	**schlagen**	let go	**lassen**
knock over	**werfen**	let know	**sagen**
know	**sich erinnern, wissen**	let slip	**verfehlen**
get to know	**entdecken, treffen**	level (*adj.*)	**niedrig**
know how to use	**benutzen**	level (*noun*)	**Lage**
let know	**sagen**	levy	**heben**
knowledge	**Erziehung, Kenntnis**	liberate	**entkommen, retten**
		license	**erlauben**
labour	**Arbeit**	lie in wait	**warten**
lack	**fehlen, verfehlen**	lies, tell	**betrügen**
lad	**Mann**	lift	**heben, steigen**
lady	**Frau**	lift up	**heben**
lake	**Meer**	light (*adj.; not dark*)	**blass, farbig**
land	**Boden**	light (*adj.; gentle*)	**weich**
landscape	**Gegend**	light (*noun*)	
lane	**Straße**	come to light	**scheinen**
lapse	**Irrtum**	shed light	**beleuchten**
large	**groß**	light up	**beleuchten, glänzen**
lash out	**prügeln**	lightning, like (greased)	**schnell**
last		like	**gern haben**
at last	**schließlich**	limit	**beschränken**
in the last few days	**neulich**	line	**Schnur**
lately	**neulich**	listen	**hören**
later, save for	**behalten**	listen out	**hören**

mess	**verderben**	move away	**weggehen**
mess up	**verderben**	move close	**sich nähern**
message, give a	**sagen**	move unsteadily	**schwanken**
metropolitan area	**Stadt**	moved	**aufgeregt**
midday meal	**Essen²**	moving, stop	**halten**
might	**Macht**	mow	**schneiden**
mild	**warm/kalt, weich**	much, very	**sehr**
mind	**Verstand**	mucky	**schmutzig**
bear in mind	**sich erinnern**	mug	**Mund**
call to mind	**sich erinnern**	ugly mug	**Gesicht**
come to mind	**sich erinnern**	multi-coloured	**farbig**
give sb a piece of one's mind	**vorwerfen**	multiply	**zunehmen**
have in mind	**bedeuten**	municipality	**Stadt**
quickness of mind	**Verstand**	murder, commit	**töten**
mindless	**dumm**	murder (*verb*)	**töten**
minister	**Geistliche(r)**	murky	**dunkel**
minor	**niedrig**	mutiny	**Revolution**
miserly, be	**sparen**	muzzle	**Mund**
misfortune	**Sorge, Unfall**	muzzy-headed	**betrunken**
mishap	**Unfall**		
miss (*noun*)	**Mädchen**	nab	**fangen**
miss (*verb*)	**fehlen, verfehlen**	nag, old	**Pferd**
miss by oversleeping	**schlafen**	naïve	**dumm**
miss out	**lassen, verfehlen**	naked	**nackt**
missing, be	**fehlen, verfehlen**	stark naked	**nackt**
mistake	**Irrtum**	nape	**Hals**
by mistake	**zufällig**	narrow (*adj.*)	**breit/schmal**
mistrust (*noun*)	**Verdacht**	narrow down	**beschränken**
mistrust (*verb*)	**trauen**	nasty	**schlecht**
misunderstanding	**Irrtum**	natter	**sprechen**
mite, little	**Kind**	naughty	**schlecht**
mix	**mischen**	neat	**sauber**
mix up	**ändern, mischen**	necessary	**nötig**
moan	**kritisieren, vorwerfen**	necessity	**Notwendigkeit**
modify	**ändern**	neck	**Hals**
moist	**nass**	need (*noun*)	**Notwendigkeit**
money	**Geld**	be in need of	**brauchen**
mop	**sauber machen**	need (*verb*)	**brauchen**
mop up	**sauber machen**	negative	
more or less	**wirklich**	answer in the negative	**leugnen**
motion, be in	**bewegen**	neighbourhood	**Gegend**
motive	**Ursache**	nervous	**aufgeregt**
motorway	**Straße**	net curtain	**Vorhang**
mould	**gießen**	next few days, in the	**neulich**
mountain(s)	**Berg**	nibble	**essen**
mountain pasture	**Feld**	nice	**freundlich**
mountain range	**Berg**	nick (*noun*)	**Gefängnis**
mountainside	**Berg**	nick (*verb*)	**stehlen**
mouse, quiet as a	**ruhig**	niggle	**kritisieren**
mouth	**Mund**	nimble	**schnell**
keep one's mouth shut	**schweigen**	nipper	**Junge, Kind**
move on, get a	**sich beeilen**	nod off	**schlafen**
move	**berühren, bewegen, gehen**	noise	**Geräusch**

pack	**Paket**	pelt down	**regnen**
package	**Paket**	penitentiary	**Gefängnis**
packet	**Paket**	pension	**Einkommen**
packing-case	**Kasten**	people	**Leute**
page	**rufen**	perceive	**merken**
painstaking	**sorgfältig**	perfect(ly)	**vollkommen**
paint	**malen**	performance	**Leistung**
palace	**Burg**	perfume	**Geruch**
pale	**blass**	perish	**sterben**
palish	**blass**	permission, give	**erlauben**
pallid	**blass**	permit	**erlauben**
pant	**atmen**	persecute	**folgen**
paperback	**Buch**	person	**Mensch**
parcel	**Paket**	persuade	**überzeugen**
pardon, beg	**entschuldigen**	petrol-station	**Garage**
pardon (*verb*)	**entschuldigen**	pew	**Stuhl**
parish	**Stadt**	phenomenal	**ausgezeichnet**
parish priest	**Geistliche(r)**	phenomenon	**Schein**
parson	**Geistliche(r)**	pick	**wählen**
part of, be	**gehören**	pick out	**wählen**
partake	**essen**	pick up	**heben**
party	**Fest**	picture, mental	**Idee**
pass	**geben**	piece	
come to pass	**geschehen**	artillery piece	**Schusswaffe**
pass away	**sterben**	break into pieces	**brechen**
pass a resolution	**beschließen**	give sb a piece of advice	**raten**
passage	**Diele**	give sb a piece of one's mind	**vorwerfen**
passageway	**Diele**	piece of work	**Arbeit, Beruf**
passenger	**Fahrgast**	piffle	**Unsinn**
front-seat passenger	**Fahrgast**	pile up	**sammeln**
pasture	**Feld**	pinch	**stehlen**
mountain pasture	**Feld**	piss	
pasty	**blass**	piss down	**regnen**
pat	**berühren**	piss off	**weggehen**
path	**Straße**	pissed	**betrunken**
pause	**aufhören**	pistol	**Schusswaffe**
pavement	**Bürgersteig**	pitch dark	**dunkel**
paw	**berühren**	placard	**Werbung**
pay (*noun*)	**Einkommen**	place	**Ort**
pay (*verb*)	**zahlen**	place of work	**Beruf**
pay attention	**sorgen**	take place	**geschehen**
pay back	**zahlen**	take the place of	**ersetzen**
pay extra	**zahlen**	plain(ly)	**einzig, klar**
pay heed	**hören**	plan	**beschließen**
pay off	**zahlen**	plastered	**betrunken**
pay out	**zahlen**	plate	**Teller**
peaceful	**ruhig**	platter	**Teller**
peak	**Berg**	plead	**fragen**
peculiar	**seltsam**	pleasant	**freundlich, glücklich**
peek	**sehen**	pleased	**glücklich**
peel	**Haut**	plot	**Boden, Tat**
peep	**sehen**	pluck (at)	**ziehen**
peer	**sehen**	plump	**dick**

puzzle	denken	recently	neulich
		reckon	erraten
quake	schwanken	recognition	Kenntnis
quarrel, get into a	kämpfen	recognize	annehmen[1], erkennen
quarrel (*verb*)	kämpfen	recollect	sich erinnern
quarter	Gegend	recollection	Gedächtnis
question, ask a	fragen	recommend	raten
question (*verb*)	fragen	recover	retten
quick	schnell	rectify	verbessern
quickness of mind	Verstand	reduce	verringern
quiet	ruhig	redundant, make	entlassen
deathly quiet	ruhig	reel	schwanken
keep quiet	schweigen	refectory	Gaststätte
quiet as a mouse	ruhig	reflect	denken
quite	sehr, vollkommen	refrain	aufhören, lassen, tun
quiver	schwanken	refuge	
		find refuge	entkommen
race	rasen	seek refuge	fliehen
racket	Geräusch	refuse	verweigern
rail	vorwerfen	region	Gegend, Ort
rain, spit with	regnen	regret	Sorge
rain (*verb*)	regnen	regulation	Gesetz
raise	heben, zunehmen	reject	leugnen, verweigern
rake, thin as a	dünn	release	retten
ramble	gehen	reliable/-y	sicher
rampart	Mauer	relieve	retten
range, mountain	Berg	rely	trauen
rapid	schnell	remain	
rascal	Junge	remain in good condition	behalten
rash	schnell	remain silent	schweigen
reach	greifen	remember	denken, sich erinnern
reach an agreement	zustimmen	remembrance	Gedächtnis
reach a decision	beschließen	remind	sich erinnern
reach maturity	wachsen	reminiscent, be	sich erinnern
ready/-ily	bereit	remit	schicken
ready for bed	müde	remove	sich an-/ausziehen
ready to work	fleißig	rent	mieten
real(ly)	wirklich	repair	verbessern
real estate	Eigentum	repeated occasions, on	oft
real property	Eigentum	repeatedly	oft, manchmal
reality	Tatsache	replace	ändern, ersetzen
realization	Kenntnis, Leistung, Verstand	reply, give sb a	antworten
come to the realization	erkennen	reply (*verb*)	antworten
realize	annehmen[1], entdecken, erkennen, merken	report, make a	sagen
		report (*verb*)	sagen
really	sehr, wirklich	reprimand	vorwerfen
rearrange	ordnen	reproach	vorwerfen
reason	Ursache, Verstand	request	fragen, verlangen
reasonableness	Verstand	require	brauchen, verlangen
rebellion	Revolution	required	nötig
rebuke	vorwerfen	requirement(s)	Notwendigkeit
recall	sich erinnern	rescue	retten
receive	bekommen	resist	kämpfen

scenery	**Gegend**	sense (*noun*)	**Verstand**
scent	**Geruch**	good sense	**Verstand**
get the scent	**riechen**	sense of shame	**Schande**
school	**Schule**	sense (*verb*)	**annehmen**[2]**, fühlen, merken**
advanced technical school	**Schule**	sensible	**klug**
comprehensive school	**Schule**	separate	**einzig**
elementary school	**Schule**	serious	**ernst, schlecht**
high school	**Schule**	service	**Teller**
nursery school	**Schule**	set of circumstances	**Tatsache**
school bag	**Tasche**	set	**bedecken**
secondary school	**Schule**	set in	**anfangen**
upper school	**Schule**	set off	**weggehen**
scold	**vorwerfen**	set out	**weggehen**
scout out	**entdecken**	settee	**Stuhl**
scraggy	**dünn**	settle	**beschließen, zahlen**
scrap	**kämpfen**	settlement	**Stadt**
scrawny	**dünn**	several times	**manchmal, oft**
scream	**rufen**	severe	**ernst, schlecht, schwierig**
screech	**rufen**	shake	**schwanken**
screw loose, have a	**verrückt**	shallow	**niedrig**
screw up	**verderben**	sham	**vortäuschen**
screwy	**verrückt**	shame	**Schande**
scrutinize	**ansehen**	sense of shame	**Schande**
scurry	**gleiten**	sharp	**klug, schnell**
sea	**Meer**	shatter	**brechen, platzen**
seal	**schließen**	shattered	**müde**
seam	**Rand**	sheaf	**Paket**
seat	**Ort, Stuhl**	shed	**gießen**
seating	**Stuhl**	shed light	**beleuchten**
secondary		shed tears	**weinen**
secondary road	**Straße**	shell	**Haut**
secondary school	**Schule**	shift	**bewegen**
secret, keep	**verstecken**	shimmer	**glänzen**
sector	**Gegend**	shine	**glänzen**
secure (*verb*)	**besorgen**	ship	**Schiff**
secure(ly)	**sicher**	shit scared, be	**Angst haben**
sedate	**ernst**	shiver	**schwanken**
see	**erkennen, sehen**	shooter	**Schusswaffe**
see by looking at	**ansehen**	shop (*noun*)	**Laden**
not see	**verfehlen**	shop (*verb*)	**kaufen**
seek refuge	**fliehen**	shopping	
seem	**scheinen**	go shopping	**kaufen**
seep	**fließen**	shopping bag	**Tasche**
seize	**greifen**	shopping centre	**Laden**
seize hold	**greifen**	shopping mall	**Laden**
select	**wählen**	short story	**Buch**
selfsame	**gleich**	shortcoming	**Irrtum**
sell	**verkaufen**	shotgun	**Schusswaffe**
sell off	**verkaufen**	shout	**rufen**
send	**schicken**	shove	**schlagen, stoßen**
send for	**fragen**	show	**zeigen**
send off	**schicken**	shrewd	**klug**
send out	**schicken**	shrill	**farbig**

sofa	**Stuhl**	stagger	**schwanken**
soft	**weich**	stair(s)	**Treppe**
soil	**Boden**	staircase	**Treppe**
soiled	**schmutzig**	stairwell	**Treppe**
sole	**einzig**	stallion	**Pferd**
solemn	**ernst**	stance	**Lage**
sombre	**dunkel**	stand	
sometimes	**manchmal**	stand in for	**ersetzen**
sorrow	**Sorge**	stand up	**lassen, steigen**
sort	**ordnen**	standpoint	**Meinung**
sort out	**ordnen, wählen**	standstill	
sound	**Geräusch**	be at a standstill	**halten**
soundless	**ruhig**	come to a standstill	**halten**
souvenir	**Gedächtnis**	stare	**sehen**
sozzled	**betrunken**	stark naked	**nackt**
space	**Entfernung, Ort**	start	**anfangen, öffnen**
spacious	**groß**	start to move	**bewegen**
span, spick and	**sauber**	start up	**anfangen**
spare	**sparen**	started, get	**anfangen, weggehen**
sparkle	**glänzen**	startle	**Angst haben**
sparkling	**klug**	startled, be	**Angst haben**
sparse	**dünn**	starve to death	**sterben**
speak	**sprechen**	state	**Lage**
speechless	**überrascht**	state of affairs	**Tatsache**
speed	**rasen**	stately home	**Burg**
speedy	**schnell**	station, petrol-/gas-	**Garage**
sphere	**Ball, Gegend**	stay	**leben**
spick and span	**sauber**	stay awake	**wecken**
spill	**gießen**	stay up	**wecken**
spindly	**dünn**	steal	**gehen, stehlen**
spirits, in good	**glücklich**	steal away	**fliehen**
spit with rain	**regnen**	steam	**kochen**
splash, fall with a	**fallen**	steamed up	**nass**
splash	**gießen**	steamer	**Schiff**
splendid	**ausgezeichnet**	steed	**Pferd**
splinter	**brechen**	steer clear	**vermeiden**
splotch	**malen**	step(s) (*noun*)	**Tat, Treppe**
spoil	**verderben**	step (*verb*)	**gehen**
spot (*noun*)	**Ort**	stew	**kochen**
spot (*verb*)	**entdecken, sehen**	stick to	**behalten**
spotless	**sauber**	stingy, be	**sparen**
spray	**gießen**	stink (*noun*)	**Geruch**
spread	**ausbreiten**	stink (*verb*)	**riechen**
spread out	**ausbreiten**	stipulate	**befehlen**
spring (*noun*)	**Frühling**	stir	**bewegen, mischen**
spring (*verb*)	**springen**	stool	**Stuhl**
sprinkle	**gießen**	stop (*noun*)	
spy	**entdecken**	bring to a stop	**halten**
squabble	**kämpfen**	come to a stop	**halten**
square	**Ort**	stop (*verb*)	**aufhören, halten, hindern,**
squawk	**rufen**		**weitermachen**
squeal	**rufen**	stop moving	**halten**
squeeze	**stoßen, zwingen**	stop working	**halten**

bring together	**vereinigen**	try to find	**finden**
come together	**vereinigen**	try out	**versuchen**
gather together	**sammeln**	tub, old	**Schiff**
join together	**vereinigen**	tubby	**dick**
tolerate	**annehmen**[1]	tuck in	**essen**
tome, hefty	**Buch**	tug	**ziehen**
tone	**Geräusch**	tumble	**fallen**
tongue	**Mund**	tumble to	**entdecken**
topple over	**fallen**	turn	**wenden**
torment	**Sorge**	turn away	**wenden**
total(ly)	**vollkommen**	turn back	**wenden**
totter	**schwanken**	turn into cash	**verkaufen**
touch	**berühren**	turn down	**verweigern**
touched	**aufgeregt**	turn inside out	**wenden**
tough	**schwierig**	turn off	**wenden**
tow	**ziehen**	turn out	**scheinen**
town	**Stadt**	turn over	**wenden**
market town	**Stadt**	turn round	**wenden**
town house	**Haus**	turn up	**scheinen**
track	**Straße**	turn upside-down	**wenden**
track down	**finden**	turns, take	**ändern**
trade	**Beruf**	TV commercial	**Werbung**
traditional	**gewöhnlich**	twaddle	**Unsinn**
training	**Erziehung**	twig	**verstehen**
occupational training	**Erziehung**	twilight	**dunkel**
professional training	**Erziehung**	twinkle	**glänzen**
vocational training	**Erziehung**	twist	**wenden**
transfer	**bewegen**	two	
transform	**ändern**	break in two	**brechen**
transport	**nehmen**	cut in two	**schneiden**
trap (*noun*)	**Mund**		
trap (*verb*)	**fangen**	ultimately	**schließlich**
travel	**gehen**	umpteen times	**oft**
travel bag	**Tasche**	unaccustomed	**ungewöhnlich**
traveller	**Fahrgast**	unambiguous	**klar**
tread	**gehen**	uncanny	**seltsam**
treat	**arbeiten**	unchanged, keep	**behalten**
treaty	**Abmachung**	unclean	**schmutzig**
tremble	**schwanken**	uncommon	**ungewöhnlich**
tremendous	**groß**	uncovered	**nackt**
tremendously	**sehr**	undecided, be	**zögern**
trickle	**fließen**	understand	**verstehen**
trim	**schneiden**	give sb to understand	**sagen**
trouble	**Arbeit, Sorge**	understanding	**Abmachung, Verstand**
troubles	**Sorge**	undo	**öffnen**
trudge	**gehen**	undoubtedly	**sicher**
true	**ehrlich, richtig, wirklich**	undress	**sich an-/ausziehen**
truly	**wirklich**	undressed, get	**sich an-/ausziehen**
trunk	**Körper, Tasche**	uneasy	**aufgeregt**
trust in, put one's	**trauen**	unequivocal	**klar**
trust	**trauen**	unfamiliar	**seltsam, ungewöhnlich**
truthful	**wirklich**	unfold	**geschehen**
try	**versuchen**	unhinged	**verrückt**

unintelligent	**dumm**	vicar	**Geistliche(r)**
unintentionally	**zufällig**	vicinity	**Gegend**
unique	**einzig**	victuals	**Essen**[1]
unite	**vereinigen**	view(s) (*noun*)	**Meinung, Sicht**
university	**Schule**	hide from view	**bedecken**
technical university	**Schule**	view (*verb*)	**ansehen**
unknown	**seltsam**	villa	**Haus**
unlock	**öffnen**	village	**Stadt**
unquestionable/-ly	**sicher**	virgin	**Mädchen**
unsatisfactory, find	**kritisieren**	virtually	**sehr**
unsteady, be	**schwanken**	viscous	**dick**
unusual	**seltsam, ungewöhnlich**	visibility	**Sicht**
up and down, bob	**schwanken**	vision	**Schein, Sicht**
upbringing	**Erziehung**	field of vision	**Sicht**
upper school	**Schule**	visit	**ansehen**
upright	**ehrlich**	vivacious	**lebendig**
uprising	**Revolution**	vivid	**lebendig**
upside-down, turn	**wenden**	vocational training	**Erziehung**
uptake, slow on the	**dumm**	volume	**Buch**
urge	**zwingen**	vomit	**sich übergeben**
urgent	**schnell**		
be urgent	**sich beeilen**	wad	**Paket**
use (*noun*)		waffle	**sprechen**
be of use	**benutzen**	wag	**schwanken**
find a use	**benutzen**	wage(s)	**Einkommen**
make use	**benutzen**	wail	**weinen**
put to use	**benutzen**	waistcoat	**Jacke**
use (*verb*)	**benutzen**	wait	**warten**
use up	**benutzen**	wake up	**wecken**
know how to use	**benutzen**	walk	**gehen**
used		walk away from	**lassen**
be used	**gewohnt sein**	wall	**Mauer**
get used	**gewohnt sein**	wallet	**Tasche**
make used	**gewohnt sein**	wan	**blass**
usual	**gewöhnlich**	wander	**gehen**
utilize	**benutzen**	wane	**verringern**
utter(ly) (*adj.*)	**vollkommen**	want (*noun*)	**Notwendigkeit**
utter (*verb*)	**sagen**	want (*verb*)	**verlangen**
		want to find	**finden**
vacillate	**schwanken, zögern**	want to have	**fragen**
vacuum-clean	**sauber machen**	want to see	**fragen**
valid, take as	**annehmen**[1]	warm	**freundlich, warm/kalt**
variable	**verschieden**	warm-hearted	**freundlich**
various	**verschieden**	wash	**waschen**
vary	**ändern**	wash down	**waschen**
varying	**verschieden**	wash off	**waschen**
venetian blind	**Vorhang**	wash out	**waschen**
verge	**Rand**	wash up	**waschen**
veritable	**wirklich**	watch	**ansehen**
very	**sehr, wirklich**	watch television	**ansehen**
very much	**sehr**	water	**gießen**
vest	**Jacke**	watercourse	**Fluss**
vibrate	**schwanken**	water-meadow	**Feld**

waver	**schwanken, zögern**	wild	**verrückt**
way	**Straße**	willing	**benutzen**
in a different way	**verschieden**	willing to work	**fleißig**
find a way round	**vermeiden**	wily	**klug**
make one's way	**gehen**	wind of, get	**entdecken**
way in	**Eingang**	wind up	**beenden**
waylay	**warten**	wipe	**sauber machen**
weak	**dünn**	wipe clean	**sauber machen**
weaken	**verringern**	wipe up	**sauber machen**
wealth	**Eigentum**	wire	**Schnur**
wear	**tragen**	wise	**klug**
weedy	**dünn**	withered	**dünn**
weep	**weinen**	withhold	**behalten**
weird	**seltsam**	without	
welcome	**glücklich**	without a doubt	**sicher**
well built	**groß**	without any clothes on	**nackt**
well fed	**dick**	witty	**klug**
well (*verb*)	**fließen**	wobble	**schwanken**
wet	**nass**	woman	**Frau**
soaking wet	**nass**	wonderful	**ausgezeichnet**
whatsit	**Ding**	word, have a	**vorwerfen**
wheeze	**atmen**	work (*noun*)	**Arbeit**
while		place of work	**Beruf**
every once in a while	**manchmal**	work (*verb*)	**arbeiten**
a little while ago	**neulich**	work hard	**arbeiten**
whimper	**weinen**	work out	**entdecken**
whine	**weinen**	working, stop	**halten**
whinge	**weinen**	works	**Arbeit**
whistle, clean as a	**sauber**	worried, be	**sorgen**
white coat	**Jacke**	worry (*noun*)	**Sorge**
whitewash	**malen**	worry (*verb*)	**Angst haben**
whizz	**fliegen, rasen**	worthy	**ehrlich**
whole/-ly	**vollkommen**	wrestle	**kämpfen**
wicked	**ausgezeichnet, schlecht**		
wide	**breit/schmal**	yarn	**Schnur**
wider		yell	**rufen, weinen**
become wider	**ausbreiten**	yell out	**rufen**
make wider	**ausbreiten**	youth	**Junge**
widen	**ausbreiten**		
widespread	**gewöhnlich**	zealous	**fleißig**
wife	**Frau**		

Index of German words

ab		absenden	schicken
ab und an	manchmal	absetzen	verkaufen
ab und zu	manchmal	sich absetzen	fliehen
abändern	ändern	absolut	vollkommen
abbiegen	wenden	absonderlich	seltsam
Abbitte leisten/tun	entschuldigen	absperren	schließen
abbrechen	aufhören, brechen	sich abspielen	geschehen
abdampfen	weggehen	Absprache	Abmachung
abdecken	bedecken	abspülen	waschen
Abendbrot	Essen²	Abstand	Entfernung
Abendessen	Essen²	abstottern	zahlen
abfahren	weggehen	abstreiten	leugnen
abfangen	fangen	abstürzen	fallen
sich abfinden	zufrieden stellen	Absurdität	Unsinn
abgehen	fehlen	abtanzen	weggehen
abhalten	hindern	abtasten	berühren
Abhang	Berg	abtöten	töten
abhauen	weggehen	abverkaufen	verkaufen
abkanzeln	vorwerfen	abwarten	warten
Abkommen	Abmachung	abwaschen	waschen
abkratzen	sterben	sich abwechseln	ändern
ablegen	sich an-/ausziehen	abweisen	verweigern
ablehnen	verweigern	(sich) abwenden	wenden
ableugnen	leugnen	abzahlen	zahlen
abmachen	zustimmen	abzwitschern	weggehen
Abmachung	Abmachung	Acht geben	sorgen
abmurksen	töten	achten	sorgen
abnehmen	verringern	Acker	Feld
abraten	raten	ackern	arbeiten
Abrede		Affaire	Ding
in Abrede stellen	leugnen	Affäre	Ding
abreisen	weggehen	affengeil	ausgezeichnet
absammeln	sammeln	Agreement	Abmachung
abschicken	schicken	ahnen	annehmen²
abschlagen	verweigern	ähnlich	gleich
abschließen	beenden, schließen	Ahnung	Idee, Verdacht
Abschluss	Ende	Akt	Tat
zum Abschluss bringen	beenden	Aktenmappe	Tasche
zum Abschluss kommen	beenden	Aktentasche	Tasche
abschneiden	schneiden	Aktion	Tat

ausfragen	**fragen**	auswechseln	**ändern**
Ausführung	**Leistung**	ausweichen	**vermeiden**
ausgefallen	**ungewöhnlich**	(sich) ausweiten	**ausbreiten**
ausgehen	**beenden**	auszahlen	**zahlen**
ausgezeichnet	**ausgezeichnet**	(sich) ausziehen	**sich an-/ausziehen**
ausgießen	**gießen**	auszusetzen	**kritisieren**
ausgleiten	**gleiten**	Autobahn	**Straße**
ausharren	**warten**		
Ausklang	**Ende**	babbeln	**sprechen**
(sich) auskleiden	**sich an-/ausziehen**	Baby	**Kind**
ausklingen	**beenden**	Bach	**Fluss**
auskneifen	**fliehen**	backen	**kochen**
auskommen	**entkommen**	baff	**überrascht**
auskundschaften	**entdecken**	Balg	**Kind**
auslassen	**lassen, verfehlen**	sich balgen	**kämpfen**
auslegen	**erklären**	Ball	**Ball**
(sich) ausleihen	**leihen**	Ballen	**Paket**
auslesen	**wählen**	Ballungsgebiet	**Stadt**
ausmachen	**zustimmen**	Ballungsraum	**Stadt**
ausnutzen	**benutzen**	Band	**Buch**
ausnützen	**benutzen**	bange	**Angst haben**
ausprobieren	**versuchen**	bangen	**Angst haben**
Ausrede	**Entschuldigung**	Bank	**Stuhl**
ausreißen	**fliehen**	Bankett	**Essen**[2]
ausrichten	**sagen**	Bar	**Gaststätte**
ausrotten	**töten**	Bargeld	**Geld**
ausrücken	**fliehen**	Bartwisch	**Bürste**
ausrufen	**rufen**	Bau	**Gebäude**
ausrutschen	**gleiten**	Bauch	
ausschelten	**vorwerfen**	die Beine/Füße in den B. stehen	**warten**
ausschicken	**schicken**	baumlang	**groß**
ausschimpfen	**vorwerfen**	Bauwerk	**Gebäude**
(sich) ausschlafen	**schlafen**	beängstigen	**Angst haben**
ausschlagen	**verweigern**	beanspruchen	**verlangen**
ausschließlich	**nur**	beanstanden	**kritisieren**
aussehen	**scheinen**	beanständen	**kritisieren**
Aussehen	**Schein**	beantworten	**antworten**
aussenden	**schicken**	bearbeiten	**arbeiten**
Äußere(s)	**Schein**	beauftragen	**befehlen**
außergewöhnlich	**ungewöhnlich**	Bébé	**Kind**
äußern	**sagen**	beben	**schwanken**
außerordentlich	**sehr**	Bedarf	**Notwendigkeit**
äußerst	**sehr**	bedecken	**bedecken**
aussetzen	**aufhören**	bedeuten	**bedeuten**
an etwas auszusetzen haben	**kritisieren**	sich bedienen	**benutzen**
Aussicht	**Sicht**	bedrohen	**drohen**
aussondern	**wählen**	bedürfen	**brauchen**
aussortieren	**wählen**	Bedürfnis	**Notwendigkeit**
ausspülen	**waschen**	sich beeilen	**sich beeilen**
aussuchen	**wählen**	beeinträchtigen	**schaden**
austauschen	**ändern**	beenden	**beenden**
auswählen	**wählen**	beendigen	**beenden**
auswaschen	**waschen**	Beendigung	**Ende**

Beschäftigung	**Arbeit**	bewegt	**aufgeregt**
Bescheid sagen	**sagen**	Bewegung	
bescheißen	**betrügen**	sich in Bewegung setzen	**bewegen**
bescheuert	**verrückt**	beweisen	**zeigen**
beschlagen	**nass**	bewilligen	**erlauben**
beschließen	**beenden, beschließen**	bewusst	**erkennen**
Beschluss		bezahlen	**zahlen**
einen Beschluss fassen	**beschließen**	bezichtigen	**beschuldigen**
beschneiden	**schneiden**	beziehen	**bedecken**
(sich) beschränken	**beschränken**	Bezirk	**Gegend**
beschuldigen	**beschuldigen**	bezwingen	**zwingen**
beschummeln	**betrügen**	bibbern	**schwanken**
beschuppen	**betrügen**	bieder	**ehrlich**
beschupsen	**betrügen**	biegen	**wenden**
beschwatzen	**überzeugen**	bienenfleißig	**fleißig**
sich beschweren	**sich beschweren**	bierernst	**ernst**
beschwindeln	**betrügen**	bieten	**bieten**
beschwipst	**betrunken**	Bildung	**Erziehung**
(sich) besehen	**ansehen**	Bildungsanstalt	**Schule**
Besen	**Bürste**	Bildungswesen	**Erziehung**
besichtigen	**ansehen**	billigen	**zustimmen**
Besitz	**Eigentum**	Bindfaden	**Schnur**
Besitztum	**Eigentum**	bisweilen	**manchmal**
besoffen	**betrunken**	bitten	**fragen**
Besoldung	**Einkommen**	um Entschuldigung bitten	**entschuldigen**
besorgen	**besorgen**	um Verzeihung bitten	**entschuldigen**
Besorgnis	**Sorge**	bitterböse	**ärgerlich**
(sich) besprechen	**besprechen**	bitterkalt	**warm/kalt**
(sich) bessern	**verbessern**	blass	**blass**
bestatten	**begraben**	blässlich	**blass**
bestehen	**leben**	blau	**betrunken**
bestehlen	**stehlen**	blechen	**zahlen**
bestellen	**befehlen, sagen**	bleich	**blass**
bestimmen	**beschließen**	Blick	**Sicht**
bestimmt	**sicher**	blicken	**sehen**
bestreiten	**leugnen**	Blickfeld	**Sicht**
Bestseller	**Buch**	blinken	**glänzen**
betasten	**berühren**	Blitz, wie der / ein geölter	**schnell**
sich betätigen	**arbeiten**	blitz(e)blank	**sauber**
betatschen	**berühren**	blitzen	**glänzen**
betrachten	**ansehen**	blitzsauber	**sauber**
sich betragen	**sich verhalten**	blitzschnell	**schnell**
Betragen	**Verhalten**	blöd(e)	**dumm**
betreuen	**sorgen**	Blödsinn	**Unsinn**
betrügen	**betrügen**	blödsinnig	**dumm**
betrunken	**betrunken**	bloß	**nackt, nur**
bettreif	**müde**	Boden	**Boden**
Beutel	**Tasche**	Boot	**schicken**
Bevölkerung	**Leute**	Bordkante	**Bürgersteig**
bewahren	**behalten, retten**	Bordstein	**Bürgersteig**
Bewältigung	**Leistung**	Bordsteinkante	**Bürgersteig**
(sich) bewegen	**bewegen, überzeugen**	(sich) borgen	**leihen**
Beweggrund	**Ursache**	Böschung	**Berg**

böse	**ärgerlich, schlecht**	Dame	**Frau**
Boutique	**Laden**	damisch	**dumm**
Brand	**Feuer**	dämlich	**dumm**
braten	**kochen**	dämm(e)rig	**dunkel**
brauchen	**brauchen**	dämpfen	**kochen**
brechen	**brechen, sich übergeben**	Dampfer	**Schiff**
breit	**breit/schmal**	daneben-	**verfehlen**
(sich) breiten	**ausbreiten**	dann und wann	**manchmal**
breitschlagen	**überzeugen**	darbieten	**bieten**
Brieftasche	**Tasche**	sich darstellen	**scheinen**
bringen	**nehmen**	davonfahren	**weggehen**
um die Ecke bringen	**töten**	davonkommen	**entkommen**
in Erfahrung bringen	**entdecken**	davonlaufen	**fliehen**
ums Leben bringen	**töten**	sich davonmachen	**fliehen**
in Ordnung bringen	**ordnen**	decken	**bedecken**
zum Stehen/Stillstand bringen	**halten**	(sich) dehnen	**ausbreiten**
Brosamen	**Brot**	denken	**denken, sich erinnern**
Brösel	**Brot**	sich denken	**sich vorstellen**
Brot	**Brot**	Denkvermögen	**Verstand**
Brötchen	**Brot**	deppert	**dumm**
Brotkrumen	**Brot**	derselbe	**gleich**
brüllen	**rufen, weinen**	Desaster	**Unfall**
Brunch	**Essen²**	deuten	**erklären**
Bub	**Junge**	deutlich	**klar**
Buch	**Buch**	Devisen	**Geld**
Büchse	**Kasten, Schusswaffe**	dicht	**dick**
Buckel	**Berg**	dichthalten	**schweigen**
Bude	**Zimmer**	dick	**dick**
büffeln	**lernen**	dickflüssig	**dick**
Bulle	**Kuh**	dickleibig	**dick**
Bündel	**Paket**	dicklich	**dick**
Bunker	**Gefängnis**	Diele	**Diele**
bunt	**farbig**	Diner	**Essen²**
Burg	**Burg**	Ding	**Ding**
Bürgersteig	**Bürgersteig**	Dings	**Ding**
Bursch(e)	**Mann**	Dingsbums	**Ding**
Bürste	**Bürste**	Dingsda	**Ding**
		Dirndl	**Mädchen**
Café	**Gaststätte**	diskutieren	**besprechen**
Chance	**Gelegenheit**	Distanz	**Entfernung**
checken	**verstehen**	doof	**dumm**
Chose	**Ding**	Dorf	**Stadt**
City	**Stadt**	Dose	**Kasten**
clever	**klug**	dösen	**schlafen**
cool	**ausgezeichnet**	Draht	**Schnur**
Couch	**Stuhl**	drall	**dick**
		(sich) drängeln	**stoßen**
Dach		(sich) drängen	**stoßen**
aufs Dach steigen	**vorwerfen**	dreckig	**schmutzig**
Dachschaden		(sich) drehen	**wenden**
einen Dachschaden haben	**verrückt**	sich dreschen	**kämpfen**
dahinterkommen	**entdecken**	drohen	**drohen**
dalassen	**lassen**	drücken	**stoßen**

Duft	**Geruch**	Einbildung	**Fantasie**
dufte	**ausgezeichnet**	Einbildungskraft	**Fantasie**
duften	**riechen**	einbringen	**sammeln**
dumm	**dumm**	eindeutig	**klar**
Dummheit	**Unsinn**	einen	**vereinigen**
dümmlich	**dumm**	einengen	**beschränken**
dunkel	**dunkel**	einfach	**einzig**
dünn	**dünn**	Einfahrt	**Eingang**
sich dünn(e) machen	**fliehen**	Einfall	**Idee**
dünsten	**kochen**	einfallen	**denken, sich erinnern**
durchaus	**sehr, vollkommen**	einfältig	**dumm**
durchbrechen	**brechen**	Einfamilienhaus	**Haus**
durchbrennen	**fliehen**	einfangen	**fangen**
durchdenken	**denken**	einfrieren	**frieren**
Durchführung	**Leistung**	Eingang	**Eingang**
durchhauen	**prügeln**	eingehen	**sterben**
durchkauen	**besprechen**	eingießen	**gießen**
durchnässt	**nass**	einhalten	**aufhören, behalten**
durchprügeln	**prügeln**	einholen	**fangen**
durchschneiden	**schneiden**	einig	**zustimmen**
durchschnittlich	**gewöhnlich**	einigen	**vereinigen, zustimmen**
durchsprechen	**besprechen**	Einkäufe machen	**kaufen**
durchtrieben	**klug**	einkaufen	**kaufen**
dürfen	**erlauben**	Einkaufstasche	**Tasche**
dürftig	**dünn**	Einkaufszentrum	**Laden**
dürr	**dünn**	einkleiden	**sich an-/ausziehen**
düsen	**rasen**	Einkommen	**Einkommen**
duss(e)lig	**dumm**	Einkünfte	**Einkommen**
duster	**dunkel**	einladen	**fragen**
düster	**dunkel**	Einlass	**Eingang**
		sich einmieten	**mieten**
echt	**sehr, wirklich**	sich einmischen	**mischen**
Ecke		einnehmen	**essen, sammeln**
um die Ecke bringen	**töten**	einnicken	**schlafen**
ehrbar	**ehrlich**	einordnen	**ordnen**
ehrenhaft	**ehrlich**	einpauken	**lehren**
ehrenwert	**ehrlich**	sich einprägen	**sich erinnern**
ehrlich	**ehrlich**	einräumen	**erlauben**
eifrig	**fleißig**	einreden	**überzeugen**
eigenartig	**seltsam**	Einreise	**Eingang**
eigentlich	**wirklich**	einsammeln	**sammeln**
Eigentum	**Eigentum**	Einsatz	**Arbeit**
eigentümlich	**seltsam**	einscharren	**begraben**
Eigentumswohnung	**Haus**	einschenken	**gießen**
Eile		einschlafen	**schlafen, sterben**
Eile haben	**sich beeilen**	einschlagen	**brechen, prügeln, schlagen**
in Eile sein	**sich beeilen**	einschlummern	**schlafen**
eilen	**sich beeilen**	einschränken	**beschränken**
eilig	**sich beeilen, schnell**	einsehen	**annehmen[1], erkennen**
einäschern	**begraben**	einseifen	**betrügen**
einatmen	**atmen**	einsetzen	**anfangen**
einbiegen	**wenden**	Einsicht	**Verstand**
sich einbilden	**sich vorstellen**	einspringen	**ersetzen**

erhalten	**behalten, bekommen**	erstehen	**kaufen**
erheben	**heben**	ersticken	**sterben**
sich erheben	**steigen**	erstklassig	**ausgezeichnet**
Erhebung	**Revolution**	(sich) erstrecken	**ausbreiten**
erhellen	**beleuchten**	ersuchen	**fragen**
erhöhen	**zunehmen**	ertappen	**fangen**
(sich) erinnern	**sich erinnern**	erteilen	**geben**
Erinnerung	**Gedächtnis**	die Erlaubnis erteilen	**erlauben**
erkennen	**erkennen**	einen Rat erteilen	**raten**
Erkenntnis	**Kenntnis**	ertrinken	**sterben**
zu der Erkenntnis kommen	**erkennen**	erwachen	**wecken**
erklären	**erklären, sagen**	erwachsen	**wachsen**
sich bereit erklären	**zustimmen**	erwägen	**denken**
erkunden	**entdecken**	erwarten	**warten**
sich erkundigen	**fragen**	erwecken	**wecken**
Erlass	**Gesetz**	sich erweisen	**scheinen, zeigen**
erlauben	**erlauben**	(sich) erweitern	**ausbreiten**
Erlaubnis		erwerben	**besorgen, kaufen**
die Erlaubnis erteilen/geben	**erlauben**	Erwerbstätigkeit	**Beruf**
erläutern	**erklären**	erwidern	**antworten**
Erlebnis	**Erfahrung**	erwischen	**fangen**
erledigen	**beenden**	erzählen	**sagen**
erledigt	**müde**	Erziehung	**Erziehung**
erlernen	**lernen**	erzürnt	**ärgerlich**
erleuchten	**beleuchten**	erzwingen	**zwingen**
erlösen	**retten**	essen	**essen**
ermangeln	**fehlen**	Essen	**Essen^1, Essen^2**
ermitteln	**entdecken**	Etui	**Kasten**
ermorden	**töten**	etwa	**manchmal**
ermüdet	**müde**	exakt	**klar**
ernst	**ernst**	existieren	**leben**
ernsthaft	**ernst**	explizieren	**erklären**
ernstlich	**ernst**	explodieren	**platzen**
eröffnen	**öffnen**	extrem	**sehr**
erörtern	**besprechen**	exzellent	**ausgezeichnet**
erproben	**versuchen**		
erraten	**erraten**	fabelhaft	**ausgezeichnet**
erregen, Staunen	**wundern**	Fachhochschule	**Schule**
erregt	**aufgeregt**	Fachoberschule	**Schule**
erretten	**retten**	Fachschule	**Schule**
Errungenschaft	**Leistung**	fackeln	**zögern**
ersaufen	**sterben**	Faden	**Schnur**
erscheinen	**scheinen**	Fähigkeit	**Leistung**
Erscheinen	**Schein**	fahl	**blass**
Erscheinung	**Schein**	Fahrbahn	**Straße**
erschlagen	**töten**	fahren	**gehen**
erschöpft	**müde**	Fahrgast	**Fahrgast**
erschrecken	**Angst haben**	Fahrspur	**Straße**
ersetzen	**ersetzen**	Fakt	**Tatsache**
(sich) ersparen	**sparen**	faktisch	**wirklich**
erst	**nur**	Faktum	**Tatsache**
erstaunen	**wundern**	Fall	**Ereignis**
erstaunt	**überrascht**	fallen	**fallen**

fällen	**schneiden**	fingieren	**vortäuschen**
eine Entscheidung fällen	**beschließen**	finster	**dunkel**
fallen lassen	**fallen**	Fisimatenten	**Entschuldigung**
fallweise	**manchmal**	fisseln	**regnen**
fangen	**fangen**	flach	**niedrig**
Fantasie	**Fantasie**	Flamme	**Feuer**
fantastisch	**ausgezeichnet**	flattern	**fliegen**
farbig	**farbig**	Flecken	**Stadt**
fassen	**greifen, verstehen**	fleckenlos	**sauber**
einen Beschluss fassen	**beschließen**	flehen	**fragen**
einen Entschluss fassen	**beschließen**	Fleischer	**Fleischer**
Fauteuil	**Stuhl**	Fleischhauer	**Fleischer**
fechten	**kämpfen**	fleischig	**dick**
fegen	**rasen, sauber machen**	fleißig	**arbeiten, fleißig**
fehlen	**fehlen, verfehlen**	flennen	**weinen**
Fehler	**Irrtum**	fliegen	**entlassen, fallen, fliegen**
fehlerfrei	**richtig**	fliehen	**fliehen**
Fehlgriff	**Irrtum**	fließen	**fließen**
Fehltritt	**Irrtum**	flink	**schnell**
Feier	**Fest**	Flinte	**Schusswaffe**
Feierlichkeit	**Fest**	flitzen	**rasen**
Feiertag	**Urlaub**	Flucht	
feilbieten	**verkaufen**	die Flucht ergreifen	**fliehen**
fein	**ausgezeichnet**	(sich) flüchten	**fliehen**
feist	**dick**	Fluggast	**Fahrgast**
feixen	**grinsen**	flunkern	**betrügen**
Feld	**Feld**	Flur	**Diele, Feld**
Felge	**Rand**	Fluss	**Fluss**
Fell	**Haut**	Flüsschen	**Fluss**
Fensterladen	**Vorhang**	fluten	**fließen**
Ferien	**Urlaub**	Fohlen	**Pferd**
Fernblick	**Sicht**	Folge leisten	**folgen**
Ferne	**Entfernung**	folgen	**folgen**
fernsehen	**ansehen**	fordern	**verlangen**
Fernsicht	**Sicht**	sich fortbewegen	**bewegen**
fertig	**beenden, bereit, müde**	fortfahren	**weitermachen**
Fertigkeit	**Leistung**	fortführen	**weitermachen**
fest	**dick**	fortgehen	**weggehen, weitermachen**
Fest	**Fest**	fortlaufen	**fliehen**
Festlichkeit	**Fest**	sich fortschleichen	**fliehen**
feststellen	**entdecken, erkennen**	fortsetzen	**weitermachen**
Festung	**Burg**	fortstehlen	**fliehen**
Fete	**Fest**	Frage	
fett	**dick**	eine Frage richten / stellen	**fragen**
fettig	**dick**	fragen	**fragen**
fettleibig	**dick**	fraglos	**sicher**
feucht	**nass**	Fraß	**Essen**[1]
feudeln	**sauber machen**	Fratze	**Gesicht**
Feuer	**Feuer**	Frau	**Frau**
feuern	**entlassen**	Frauenzimmer	**Frau**
Feuersbrunst	**Feuer**	Fräulein	**Mädchen**
Finale	**Ende**	freimütig	**ehrlich**
finden	**finden**	Freizeit	**Urlaub**

gelegentlich	**manchmal**	gewissenhaft	**sorgfältig**
gelind(e)	**weich**	(sich) gewöhnen	**gewohnt sein**
gelten lassen	**annehmen**[1]	gewöhnlich	**gewöhnlich**
Gemach	**Zimmer**	gewohnt	**gewohnt sein**
Gemeinde	**Stadt**	gewöhnt	**gewohnt sein**
genau	**klar**	gießen	**gießen, regnen**
genehmigen	**erlauben**	gigantisch	**groß**
Genick	**Hals**	Gipfel	**Berg, Brot**
genügen	**zufriedenstellen**	glänzen	**glänzen**
genuin	**wirklich**	glänzend	**ausgezeichnet**
geölt		glauben	**denken**
wie ein geölter Blitz	**schnell**	gleich	**gleich**
geradezu	**sehr**	gleiten	**fliegen, gehen, gleiten**
geraten, sich in die Haare	**kämpfen**	gliedern	**ordnen**
geräumig	**groß**	glitschen	**gleiten**
Geräusch	**Geräusch**	glitzern	**glänzen**
Gerechtigkeit	**Gesetz**	Glocke	**Klingel**
gereizt	**aufgeregt**	glotzen	**sehen**
Gericht	**Essen**[1]	Glück haben	**glücklich**
gering	**klein**	glücklich	**glücklich**
gerissen	**klug**	glücklicherweise	**glücklich**
gern	**gern haben**	glückselig	**glücklich**
gern haben	**gern haben**	glühen	**glänzen**
Geruch	**Geruch**	Glut	**Feuer**
gerührt	**aufgeregt**	gönnen	**erlauben**
Gesamtschule	**Schule**	Gör	**Kind**
Geschäft	**Beruf, Laden**	Göre	**Kind**
geschäftig	**fleißig**	Gosch(e)	**Mund**
geschehen	**geschehen**	Gram	**Sorge**
Geschehen	**Ereignis**	grapschen	**greifen**
Geschehnis	**Ereignis**	grapsen	**greifen**
gescheit	**klug**	Gras	
geschickt	**klug**	ins Gras beißen	**sterben**
Geschirr	**Teller**	grässlich	**schrecklich**
Geschütz	**Schusswaffe**	grauen	**Angst haben**
geschwind	**schnell**	grauenhaft	**schrecklich**
Gesetz	**Gesetz**	grauenvoll	**schrecklich**
Gesicht	**Gesicht**	(sich) graulen	**Angst haben**
Gestank	**Geruch**	graupeln	**regnen**
gestatten	**erlauben**	(sich) grausen	**Angst haben**
Getöse	**Geräusch**	gravierend	**ernst**
gewahr werden	**merken**	greifen	**ausbreiten, greifen**
gewahren	**merken**	greinen	**weinen**
gewähren	**erlauben, geben**	grell	**farbig**
Gewalt	**Macht**	grienen	**grinsen**
gewaltig	**groß**	Griff	**Griff**
gewandt	**klug**	grillen	**kochen**
Gewehr	**Schusswaffe**	grillieren	**kochen**
Gewerbe	**Beruf**	grimmig	**ärgerlich**
gewieft	**klug**	grinsen	**grinsen**
gewiegt	**klug**	Grips	**Verstand**
gewinnen, das Weite	**entkommen**	grölen	**rufen**
gewiss	**sicher**	groß	**groß, wachsen**

hinblättern	**zahlen**	irr(e)	**verrückt**
hindern	**hindern**	irrsinnig	**verrückt**
hinfallen	**fallen**	Irrtum	**Irrtum**
hinhören	**hören**		
hinknallen	**fallen**	Jäckchen	**Jacke**
hinnehmen	**annehmen**[1]	Jacke	**Jacke**
hinrichten	**töten**	Jackett	**Jacke**
hinsehen	**ansehen**	jagen	**rasen**
hinstürzen	**fallen**	Jalousie	**Vorhang**
hintergehen	**betrügen**	jappen	**atmen**
hinterher	**folgen**	japsen	**atmen**
hinterlassen	**lassen**	Jause	**Essen**[2]
hinunterwürgen	**essen**	jetten	**fliegen**
(sich) hinwenden	**wenden**	Job	**Beruf**
hirnrissig	**verrückt**	johlen	**rufen**
hirnverbrannt	**verrückt**	Jugendliche(r)	**Mensch**
hochheben	**heben**	Junge	**Junge**
Hochschule	**Schule**	Jungfrau	**Mädchen**
höchst	**sehr**	Jüngling	**Junge**
Hocker	**Stuhl**	jüngst	**neulich**
Höhe	**Berg**	Jura	**Gesetz**
holen	**nehmen**	Jus	**Gesetz**
Atem/Luft holen	**atmen**		
höllisch	**sehr**	sich kabbeln	**kämpfen**
hopsen	**springen**	Kabel	**Schnur**
hopsgehen	**sterben**	Kabinett	**Zimmer**
horchen	**hören**	Kadaver	**Körper**
hören	**hören**	Kaff	**Stadt**
Hörnchen	**Brot**	Kaffee	**Essen**[2]
Hügel	**Berg**	kahl	**nackt**
hundemüde	**müde**	Kahn	**Schiff**
hundertprozentig	**vollkommen**	kalt	**frieren, warm/kalt**
hüpfen	**springen**	einen kalten Arsch haben	**sterben**
huschen	**rasen**	kaltmachen	**töten**
		Kammer	**Zimmer**
ideal	**ausgezeichnet**	kämpfen	**kämpfen**
Idee	**Idee**	Kanone	**Schusswaffe**
identisch	**gleich**	Kante	**Rand**
idiotisch	**dumm**	Kantine	**Gaststätte**
Illusion	**Fantasie**	Kapee, schwer von	**dumm**
Imbiss	**Essen**[2]	kapieren	**verstehen**
Immobilien	**Eigentum**	kaputt	**brechen, müde**
Individuum	**Mensch**	kaputtgehen	**brechen**
Inferno	**Feuer**	kaputtmachen	**brechen**
informieren	**sagen**	Karton	**Kasten**
innehalten	**aufhören**	Käse	**Unsinn**
Innenstadt	**Stadt**	käsebleich	**blass**
innewerden	**merken**	käsig	**blass**
Inserat	**Werbung**	Kästchen	**Kasten**
Intellekt	**Verstand**	Kasten	**Haus, Kasten**
intelligent	**klug**	Katastrophe	**Unfall**
Intelligenz	**Verstand**	kaufen	**kaufen**
interpretieren	**erklären**	Kaufhaus	**Laden**

Kehle	**Hals**	Knarre	**Schusswaffe**
kehren	**sauber machen, wenden**	Knast	**Gefängnis**
kehrtmachen	**wenden**	Knäuel	**Ball**
sich keilen	**kämpfen**	Knauf	**Griff**
kennen	**wissen**	knausern	**sparen**
kennen lernen	**treffen**	Kneipe	**Gaststätte**
Kenntnis	**Kenntnis**	Knete	**Geld**
in Kenntnis setzen	**sagen**	Knirps	**Junge**
Kenntnisse	**Kenntnis**	knobeln	**denken**
Kerker	**Gefängnis**	knorke	**ausgezeichnet**
Kerl	**Mann**	kochen	**kochen**
keuchen	**atmen**	Kocher	**Herd**
Kies	**Geld**	Koffer	**Tasche**
killen	**töten**	Kohle	**Geld**
Kind	**Kind**	kolossal	**groß**
Kindergarten	**Schule**	komisch	**seltsam**
Kipfe(r)l	**Brot**	kommandieren	**befehlen**
kippeln	**schwanken**	kommen	**gehen**
Kiste	**Kasten**	ums Leben kommen	**sterben**
Kittchen	**Gefängnis**	zu der Erkenntnis kommen	**erkennen**
Kittel	**Jacke**	zum Stehen/Stillstand kommen	**halten**
klagen	**sich beschweren**	zum Vorschein kommen	**scheinen**
klamm	**nass**	komplett	**vollkommen**
Klang	**Geräusch**	können	**wissen**
Klappe	**Mund**	leiden können	**gern haben**
klar	**erkennen, klar**	Kontrakt	**Abmachung**
klipp und klar	**klar**	Köpfchen	**Verstand**
klar machen	**erklären**	Korb	
klasse	**ausgezeichnet**	einen Korb geben	**verweigern**
klatschen	**sprechen**	Kordel	**Schnur**
klauen	**stehlen**	Körper	**Körper**
kleben	**prügeln**	korpulent	**dick**
klecksen	**malen**	korrekt	**richtig**
kleiden	**sich an-/ausziehen**	Korridor	**Diele**
klein	**klein**	korrigieren	**verbessern**
Kleine(r)	**Kind**	Kost	**Essen**[1]
Kleingeld	**Geld**	kotzen	**sich übergeben**
Kleinkind	**Kind**	krabbeln	**gleiten**
Klingel	**Klingel**	Krach	**Geräusch**
Klinke	**Griff**	Kraft	**Macht**
klipp und klar	**klar**	kreidebleich	**blass**
klitschnass	**nass**	kreischen	**rufen**
klitzeklein	**klein**	krepieren	**sterben**
klönen	**sprechen**	Kreuz	
klopfen	**schlagen**	aufs Kreuz legen	**betrügen**
sich kloppen	**kämpfen**	kribb(e)lig	**aufgeregt**
Klubsessel	**Stuhl**	kriechen	**gehen, gleiten**
klug	**klug**	kriegen	**bekommen**
Klumpen	**Boden**	sich in die Haare kriegen	**kämpfen**
knabbern	**essen**	sich in die Wolle kriegen	**kämpfen**
Knabe	**Junge**	Wind kriegen	**entdecken**
Knall	**Geräusch**	kritisieren	**kritisieren**
knallig	**farbig**	kritteln	**kritisieren**

Luft		Meinung	denken, Meinung
Luft holen	atmen	Meise	
lugen	sehen	eine Meise haben	verrückt
lügen	betrügen	melden	sagen
Lunch	Essen²	(sich) mengen	mischen
lustig	glücklich	Mensa	Gaststätte
lütt	klein	Mensch	Frau, Mensch
Lyzeum	Schule	Menschen	Leute
		merken	merken
machen	tun	sich merken	sich erinnern
ausfindig machen	entdecken	merkwürdig	seltsam
Einkäufe machen	kaufen	meschugge	verrückt
ein Ende machen	beenden	Metier	Beruf
sich auf die Socken machen	weggehen	Metzger	Fleischer
sich auf den Weg machen	weggehen	Meuterei	Revolution
Macht	Macht	miefen	riechen
mächtig	groß	Miene	Gesicht
Mäd(e)l	Mädchen	mies	schlecht
Mädchen	Mädchen	mieten	mieten
mager	dünn	Mietshaus	Haus
mähen	schneiden	Mietskaserne	Haus
Mahl	Essen²	Mieze	Mädchen
Mahlzeit	Essen²	mild	weich
mahnen	sich erinnern	(sich) mindern	verringern
malen	malen	(sich) mischen	mischen
Malheur	Unfall	missen	verfehlen
Maloche	Arbeit	Missgeschick	Unfall
malochen	arbeiten	Missgriff	Irrtum
mampfen	essen	misstrauen	trauen
manchmal	manchmal, oft	Misstrauen	Verdacht
Mangel	Irrtum	misstrauisch	verdächtig
mangeln	fehlen	Missverständnis	Irrtum
Manieren	Verhalten	mitbringen	nehmen
Mann	Mann	Mitfahrer	Fahrgast
Mantel	Jacke	mitgehen lassen	stehlen
Mappe	Tasche	mitnehmen	nehmen
Marktflecken	Stadt	Mitreisende	Fahrgast
Maschinengewehr	Schusswaffe	Mittagessen	Essen²
Maschinenpistole	Schusswaffe	mitteilen	sagen
massakrieren	töten	Mittel	Geld
Maßnahme	Tat	Mittelschule	Schule
Matte	Feld	mitunter	manchmal
Mauer	Mauer	mogeln	betrügen
Maul	Mund	mögen	gern haben
das Maul halten	schweigen	leiden mögen	gern haben
mäuschenstill	ruhig	Möglichkeit	Gelegenheit
mausen	stehlen	mollig	dick
meckern	kritisieren	Moneten	Geld
Meer	Meer	Moos	Geld
mehrfach	oft	mopsen	stehlen
mehrmals	manchmal, oft	morden	töten
meiden	vermeiden	Morgenessen	Essen²
meinen	bedeuten, denken	Motiv	Ursache

passen	**warten**	Priester	**Geistliche(r)**
passieren	**geschehen**	prima	**ausgezeichnet**
Pastor	**Geistliche(r)**	Primarschule	**Schule**
Patzer	**Irrtum**	probieren	**versuchen**
pauken	**lernen**	proper	**sauber**
Pech	**Unfall**	Proviant	**Essen**[1]
pendeln	**schwanken**	prüfen	**versuchen**
Penne	**Schule**	prügeln	**prügeln**
pennen	**schlafen**	sich prügeln	**kämpfen**
Pension	**Einkommen**	pummelig	**dick**
perfekt	**vollkommen**	(sich) pumpen	**leihen**
Person	**Mensch**	pünktlich	**früh**
pesen	**rasen**	Puppe	**Mädchen**
Pfad	**Straße**	pur	**sauber**
Pfaffe	**Geistliche(r)**	purzeln	**fallen**
Pfarrer	**Geistliche(r)**	pusten	**atmen**
Pferd	**Pferd**	Putsch	**Revolution**
pfiffig	**klug**	putzen	**sauber machen**
Pflege	**Sorge**		
pflegen	**gewohnt sein, sorgen**	Qual	**Sorge**
phänomenal	**ausgezeichnet**	Quark	**Unsinn**
picobello	**ausgezeichnet**	quasseln	**sprechen**
pieksauber	**sauber**	Quatsch	**Unsinn**
piep(s)en	**verrückt**	quatschen	**sprechen**
Pinsel	**Bürste**	quellen	**fließen**
pinseln	**malen**		
Pinte	**Gaststätte**	Rachen	**Hals**
Pistole	**Schusswaffe**	Radau	**Geräusch**
pitsch(e)nass	**nass**	raffiniert	**klug**
pladdern	**regnen**	ramponieren	**schaden**
Plakat	**Werbung**	ramschen	**kaufen**
plappern	**sprechen**	Rand	**Rand**
plärren	**weinen**	Randstein	**Bürgersteig**
platt	**niedrig, überrascht**	sich ranhalten	**sich beeilen**
Platte	**Herd, Teller**	Ranzen	**Tasche**
Platz	**Ort**	rappeln	**verrückt**
platzen	**platzen**	rasch	**schnell**
plaudern	**sprechen**	rasen	**rasen**
plauschen	**sprechen**	rasend	**ärgerlich**
plemplem	**verrückt**	Rat	
plump	**dick**	einen Rat erteilen/geben	**raten**
plumpsen	**fallen**	raten	**erraten, raten**
polieren, die Fresse	**prügeln**	ratzen	**schlafen**
Polstersessel	**Stuhl**	rauben	**stehlen**
Pony	**Pferd**	(sich) raufen	**kämpfen**
Portmonee	**Tasche**	Raum	**Ort, Zimmer**
Position	**Beruf, Lage**	rausschmeißen	**entlassen**
Posten	**Beruf**	real	**wirklich**
prallen	**schlagen**	Realgymnasium	**Schule**
präzis(e)	**klar**	Realisierung	**Leistung**
prellen	**betrügen**	Realitäten	**Eigentum**
preschen	**rasen**	Realschule	**Schule**
pressieren	**sich beeilen**	Rebellion	**Revolution**

Schänke	**Gaststätte**	schlüpfen	**gleiten**
Scharfsinn	**Verstand**	schlurfen	**gehen**
Schatulle	**Kasten**	Schluss	**Ende**
schätzen	**erraten**	zum Schluss	**schließlich**
schauderhaft	**schrecklich**	Schmach	**Schande**
schauen	**sehen**	schmächtig	**dünn**
schaukeln	**schwanken**	schmal	**breit/schmal, dünn**
Schein	**Schein**	schmälern	**verringern**
scheinen	**glänzen, scheinen**	schmatzen	**essen**
Schelle	**Klingel**	Schmaus	**Essen²**
schelten	**vorwerfen**	schmausen	**essen**
Schemel	**Stuhl**	schmecken	**gern haben**
Schenke	**Gaststätte**	schmeißen	**werfen**
schenken	**geben, gießen**	schmieren	**prügeln**
(sich) scheuen	**Angst haben**	Schmöker	**Buch**
scheußlich	**schrecklich**	schmoren	**kochen**
schicken	**schicken**	schmuddelig	**schmutzig**
sich schicken	**sich beeilen**	schmunzeln	**grinsen**
schieben	**stoßen**	schmutzig	**schmutzig**
in die Schuhe schieben	**beschuldigen**	Schnabel	**Mund**
schielen	**sehen**	schnabulieren	**essen**
Schießeisen	**Schusswaffe**	Schnalle	**Griff**
Schiff	**Schiff**	schnallen	**verstehen**
schiffen	**regnen**	schnappen	**fangen**
schillern	**glänzen**	Schnapsidee	**Idee**
schimmern	**glänzen**	schnauben	**atmen**
schimpfen	**kritisieren, vorwerfen**	schnaufen	**atmen**
Schinken	**Buch**	Schnauze	**Mund**
Schiss haben	**Angst haben**	Schneide	**Rand**
schlachten	**töten**	schneiden	**schneiden**
Schlachter	**Fleischer**	schneien	**regnen**
schlafen	**schlafen**	schnell	**schnell**
schläfrig	**müde**	schnell machen	**sich beeilen**
schlagen	**schlagen**	Schnitzer	**Irrtum**
sich schlagen	**kämpfen**	schnüffeln	**riechen**
schlank	**dünn**	schnuppern	**riechen**
schlau	**klug**	Schnur	**Schnur**
schlecht	**schlecht**	Scholle	**Boden**
(sich) schleichen	**gehen, gleiten,**	schonen	**sparen**
	weggehen	schöpfen, Atem/Luft	**atmen**
schleifen	**ziehen**	Schrank, nicht alle Tassen im	**verrückt**
schlendern	**gehen**	Schraube	
schleppen	**ziehen**	eine Schraube locker	**verrückt**
schleudern	**werfen**	schrecklich	**schrecklich**
schlicht	**einzig**	schreien	**rufen**
(sich) schließen	**beenden, schließen**	schreiend	**farbig**
schließlich	**schließlich**	schreiten	**gehen**
schlimm	**schlecht**	Schritt	**Tat**
schlingen	**essen**	schubsen	**stoßen**
Schloss	**Burg**	schuften	**arbeiten**
schluchzen	**weinen**	Schuhe	
schlummern	**schlafen**	in die Schuhe schieben	**beschuldigen**
Schlund	**Hals**	Schulbildung	**Erziehung**

Schuld		in Kenntnis setzen	**sagen**
die Schuld geben	**beschuldigen**	in Staunen setzen	**wundern**
Schuld haben	**beschuldigen**	in Verwunderung setzen	**wundern**
schuld sein	**beschuldigen**	Shop	**Laden**
Schule	**Schule**	Shoppingcenter	**Laden**
Schulranzen	**Tasche**	sicher	**sicher**
Schultasche	**Tasche**	sicherlich	**sicher**
schumm(e)rig	**dunkel**	Sicht	**Sicht**
schummeln	**betrügen**	sichten	**sehen**
schupsen	**stoßen**	Sichtweite	**Sicht**
Schüssel	**Teller**	sickern	**fließen**
Schusswaffe	**Schusswaffe**	sieden	**kochen**
schütten	**gießen, regnen**	Siedlung	**Stadt**
schwachsinnig	**dumm**	sinken	**fallen, verringern**
schwafeln	**sprechen**	Situation	**Lage**
schwanken	**schwanken, zögern**	Sitz	**Stuhl**
Schwarte	**Buch**	sitzen lassen	**lassen**
schwatzen	**sprechen**	Sitzgelegenheit	**Stuhl**
schwätzen	**sprechen**	Sitzplatz	**Stuhl**
schweben	**fliegen**	Snack	**Essen**[2]
schweigen	**schweigen**	Socken	
schwelgen	**essen**	sich auf die Socken machen	**weggehen**
schwemmen	**waschen**	Sofa	**Stuhl**
schwer	**ernst, schwierig**	Sold	**Einkommen**
schwer von Kapee	**dumm**	sonderbar	**seltsam**
schwierig	**schwierig**	Sorge	**Sorge**
schwindeln	**betrügen**	(sich) sorgen	**sorgen**
schwinden	**verringern**	Sorgfalt	**Sorge**
schwingen	**schwanken**	sorgfältig	**sorgfältig**
schwirren	**fliegen**	sorgsam	**sorgfältig**
See, der	**Meer**	sortieren	**ordnen**
See, die	**Meer**	Spagat	**Schnur**
segeln	**fliegen**	spähen	**sehen**
sehen	**erkennen, sehen**	sparen	**sparen**
Sehenswürdigkeit	**Sicht**	spärlich	**dünn**
Sehkraft	**Sicht**	spazieren(gehen)	**gehen**
sehr	**sehr**	speiben	**sich übergeben**
Sehvermögen	**Sicht**	Speise	**Essen**[1]
seicht	**niedrig**	speisen	**essen**
Seil	**Schnur**	spenden	**geben**
seit kurzem	**neulich**	sperren	**schließen**
Sekundarschule	**Schule**	spillerig	**dünn**
selektieren	**wählen**	spindeldürr	**dünn**
seltsam	**seltsam**	spinnen	**verrückt**
Semmel	**Brot**	spitzbekommen	**entdecken**
senden	**schicken**	spitze	**ausgezeichnet**
senken	**verringern**	spitzkriegen	**entdecken**
seriös	**ernst**	splitter(faser)nackt	**nackt**
Service	**Teller**	sprachlos	**überrascht**
Sessel	**Stuhl**	sprechen	**sprechen**
setzen	**stellen**	spreizen	**ausbreiten**
sich in Bewegung setzen	**bewegen**	springen	**gehen, springen**
ein Ende setzen	**beenden**	spritzen	**gießen**

spülen	**waschen**	zum Stillstand bringen/kommen	**halten**
Spur	**Straße**	stillstehen	**halten**
spüren	**merken**	stimmen	**richtig**
zu spüren bekommen	**fühlen**	stinkbesoffen	**betrunken**
sich sputen	**sich beeilen**	stinken	**riechen**
Staatsstreich	**Revolution**	stockbesoffen	**betrunken**
stad	**ruhig**	stockbetrunken	**betrunken**
Stadt	**Stadt**	stockdunkel	**dunkel**
Stand	**Lage**	stockduster	**dunkel**
Standort	**Lage**	stockfinster	**dunkel**
Standpunkt	**Meinung**	stoppen	**halten**
Stärke	**Macht**	Store	**Vorhang**
starren	**sehen**	(sich) stoßen	**finden, schlagen, stoßen**
starten	**anfangen, weggehen**	Stövchen	**Herd**
Stätte	**Ort**	Strafanstalt	**Gefängnis**
stattfinden	**geschehen**	Strafpredigt	
stattlich	**groß**	eine Strafpredigt halten	**vorwerfen**
staubsaugen	**sauber machen**	strahlen	**glänzen**
staunen	**wundern**	Straße	**Straße**
Staunen		strebsam	**fleißig**
Staunen erregen	**wundern**	Strecke	**Entfernung**
in Staunen (ver)setzen	**wundern**	streichen	**malen, schneiden**
stecken	**stellen**	(sich) streiten	**kämpfen**
stehen	**warten**	streuen	**ausbreiten, gießen**
Stehen		Strick	**Schnur**
zum Stehen bringen	**halten**	Strippe	**Schnur**
zum Stehen kommen	**halten**	Strom	**Fluss**
stehen bleiben	**halten**	strömen	**fließen, gießen**
stehen lassen	**lassen**	Strömung	**Fluss**
stehlen	**stehlen**	strukturieren	**ordnen**
steigen	**sich an-/ausziehen, steigen,**	Stube	**Zimmer**
	zunehmen	studieren	**lernen**
aufs Dach steigen	**vorwerfen**	Studium	**Erziehung**
steigern	**zunehmen**	Stufe	**Treppe**
Stelle	**Beruf, Ort**	Stuhl	**Stuhl**
stellen	**stellen**	stupide	**dumm**
in Abrede stellen	**leugnen**	stürzen	**fallen, rasen**
eine Frage stellen	**fragen**	Stuss	**Unsinn**
sich stellen	**vortäuschen**	Stute	**Pferd**
Stellung	**Beruf, Lage**	stutzen	**schneiden**
Stellungnahme	**Meinung**	stutzig	**verdächtig**
sterben	**sterben**	suchen	**finden**
sternhagelvoll	**betrunken**	das Weite suchen	**entkommen**
stibitzen	**stehlen**	Südfrucht	**Frucht**
Stiege	**Treppe**	super	**ausgezeichnet**
Stiel	**Griff**	superklug	**klug**
Stier	**Kuh**	Supermarkt	**Laden**
stieren	**sehen**	suspekt	**verdächtig**
stiften	**geben**	sympathisch	**freundlich, gern haben**
stiften gehen	**fliehen**		
still	**ruhig, schweigen**	Taburett	**Stuhl**
stillschweigen	**schweigen**	tadeln	**vorwerfen**
Stillstand		tafeln	**essen**

´umgehen	**benutzen**	verabreden	**zustimmen**
umkehren	**wenden**	Verabredung	**Abmachung**
umkippen	**fallen**	sich verabschieden	**weggehen**
umkommen	**sterben**	(sich) verändern	**ändern**
umschalten	**ändern**	Veranlassung	**Ursache**
umschlagen	**ändern**	verarbeiten	**arbeiten**
Umsicht	**Sorge**	verärgert	**ärgerlich**
umsichtig	**sorgfältig**	veräußern	**verkaufen**
Umstand	**Tatsache**	verbergen	**verstecken**
umsteigen	**ändern**	(sich) verbessern	**verbessern**
Umsturz	**Revolution**	verblüffen	**wundern**
umtauschen	**ändern**	verblüfft	**überrascht**
umwandeln	**ändern**	verbluten	**sterben**
umwechseln	**ändern**	verbrauchen	**benutzen**
Umwelt	**Gegend**	(sich) verbreiten	**ausbreiten**
(sich) umwenden	**wenden**	(sich) verbreitern	**ausbreiten**
umwerfen	**werfen, wundern**	Verdacht	**Verdacht**
sich umziehen	**sich an-/ausziehen**	verdächtig	**verdächtig**
unabsichtlich	**zufällig**	verdammt	**sehr**
unbekleidet	**nackt**	verdattert	**überrascht**
unbestreitbar	**sicher**	verdecken	**bedecken, verstecken**
unentbehrlich	**nötig**	verderben	**verderben**
unerlässlich	**nötig**	Verdienst	**Einkommen**
Unfall	**Unfall**	verdrängen	**ersetzen**
ungebräuchlich	**ungewöhnlich**	verdreschen	**prügeln**
ungeheuer	**groß**	sich verdrücken	**essen, fliehen**
ungewöhnlich	**ungewöhnlich**	verduften	**fliehen**
ungewohnt	**ungewöhnlich**	sich verdünnisieren	**fliehen**
Unglück	**Unfall**	verdursten	**sterben**
unheimlich	**sehr, seltsam**	verdutzt	**überrascht**
Universität	**Schule**	vereinbaren	**zustimmen**
unlängst	**neulich**	Vereinbarung	**Abmachung**
unmissverständlich	**klar**	(sich) vereinen	**vereinigen**
unsauber	**schmutzig**	(sich) vereinigen	**vereinigen**
unschlüssig	**zögern**	verenden	**sterben**
Unsinn	**Unsinn**	sich verfangen	**fangen**
unterbelichtet	**dumm**	verfehlen	**verfehlen**
unterbrechen	**aufhören, brechen**	verflucht	**sehr**
´unterhalten	**behalten**	verfolgen	**folgen**
sich unter´halten	**sprechen**	verfügen	**befehlen**
unterlassen	**aufhören, lassen, tun**	verfuhrwerken	**verderben**
Unterricht	**Erziehung**	vergällen	**verderben**
unterrichten	**lehren, sagen**	vergeben	**entschuldigen**
unterschiedlich	**verschieden**	vergießen	**gießen**
Untertasse	**Teller**	Tränen vergießen	**weinen**
unterweisen	**lehren**	vergnügt	**glücklich**
unüblich	**ungewöhnlich**	vergraben	**begraben**
unumgänglich	**nötig**	(sich) vergrößern	**zunehmen**
unvernünftig	**dumm**	sich verhalten	**sich verhalten**
üppig	**dick**	Verhalten	**Verhalten**
Urlaub	**Urlaub**	verhauen	**prügeln**
Ursache	**Ursache**	verhehlen	**verstecken**
		verheimlichen	**verstecken**

sich verheiraten	**heiraten**	verrücken	**bewegen**
verheiratet	**heiraten**	verrückt	**verrückt**
verhindern	**hindern**	versagen	**verweigern**
verhindert	**hindern**	(sich) versammeln	**sammeln**
verhökern	**verkaufen**	versauen	**verderben**
verhüllen	**verstecken**	versäumen	**verfehlen**
verhungern	**sterben**	verschachern	**verkaufen**
verhüten	**hindern**	verschaffen	**besorgen**
verkaufen	**verkaufen**	verscharren	**begraben**
(sich) verkleinern	**verringern**	verscheiden	**sterben**
verkloppen	**prügeln, verkaufen**	verscherbeln	**verkaufen**
verkorksen	**verderben**	verscheuern	**verkaufen**
sich verkrümeln	**fliehen**	verschicken	**schicken**
(sich) verlagern	**bewegen**	verschieden	**verschieden**
verlangen	**fragen, verlangen**	verschiedenartig	**verschieden**
verlassen	**lassen**	verschlafen	**müde, schlafen**
sich verlassen	**trauen**	verschließen	**schließen**
verlegen	**bewegen**	verschlingen	**essen**
verleiden	**verderben**	verschmutzt	**schmutzig**
verleihen	**geben**	(sich) verschnaufen	**atmen**
verletzen	**schaden**	verschonen	**sparen**
verleugnen	**leugnen**	verschreiben	**befehlen**
Verlies	**Gefängnis**	verschütten	**gießen**
sich vermählen	**heiraten**	verschweigen	**schweigen, verstecken**
vermasseln	**verderben**	verschwinden	**weggehen**
(sich) vermehren	**zunehmen**	Versehen	**Irrtum**
vermeiden	**vermeiden**	aus Versehen	**zufällig**
(sich) vermengen	**mischen**	versehentlich	**zufällig**
vermiesen	**verderben**	versenden	**schicken**
vermieten	**mieten**	versetzen	**bewegen**
(sich) vermindern	**verringern**	in Angst versetzen	**Angst haben**
(sich) vermischen	**mischen**	in Staunen versetzen	**wundern**
vermissen	**verfehlen**	versichern	**sagen**
Vermögen	**Eigentum**	versilbern	**verkaufen**
vermurksen	**verderben**	versorgen	**sorgen**
vermuten	**annehmen**[2]	Versorgung	**Sorge**
Vermutung	**Verdacht**	verspüren	**fühlen**
vernehmen	**hören**	Verstand	**Verstand**
verneinen	**leugnen**	verständigen	**sagen**
Vernunft	**Verstand**	Verständnis	**Verstand**
verordnen	**befehlen**	(sich) verstärken	**zunehmen**
Verordnung	**Gesetz**	verstecken	**verstecken**
verpachten	**mieten**	(sich) verstehen	**verstehen**
verpassen	**prügeln, verfehlen**	zu verstehen geben	**sagen**
verpatzen	**verderben**	sich verstellen	**vortäuschen**
verpfuschen	**verderben**	versterben	**sterben**
sich verpissen	**weggehen**	verstummen	**schweigen**
verprügeln	**prügeln**	versuchen	**versuchen**
verputzen	**essen**	verteilen	**ausbreiten**
verramschen	**verkaufen**	Vertrag	**Abmachung**
verrecken	**sterben**	vertrauen	**trauen**
verriegeln	**schließen**	vertreten	**ersetzen**
(sich) verringern	**verringern**	verwahren	**behalten**